管理学发展及其方法论研究

中 国 企 业 管 理 研 究 会
中国社会科学院管理科学研究中心 编
中国社会科学院企业管理重点学科

中国财政经济出版社

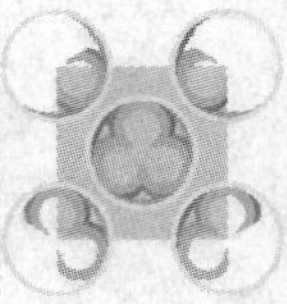

序 言

中国企业管理研究会会长
中国社会科学院副院长 陈佳贵

在信息化和全球化的背景下，中国这个世界第一人口大国，持续成功地推进了市场化改革和高速工业化进程，经济连续20余年保持高速增长。现在，中国的现代化进程已经进入到工业化中期阶段，中国的基本经济国情也已经从农业大国转变为工业大国。我们接下来面临的任务是继续推进工业化进程，使中国这个工业大国发展成为工业强国，最终实现工业化。

世界各国的现代化进程表明，在工业化的实现过程中，尤其是在工业化的中后期阶段，工业化的推进不仅仅取决于技术创新和技术进步，还取决于管理创新和科学化的程度。随着工业化进程的推进，企业规模日益增大，所面临的管理问题变得逐渐复杂起来，对管理的科学化、规范化的要求日益增强，企业管理创新和科学化成为企业生存和发展的基础。实际上，没有泰勒的科学管理，没有福特的流水生产模式，没有丰田的精益生产体制，很难想像有今天的工业化世界。

现在，这个过程又在进入工业化中期阶段的中国重演。一方面，长期处于垄断地位的我国大型国有企业，面临国外大型跨国公司的激烈竞争，需要建立符合市场经济体制要求的科学的管理体系；另一方面，我国很多中小民营企业逐渐成长为大型企业集团，对管理科学化和规范化提出了要求。如何建立科学化的管理模式，成为中国企业面临的重大问

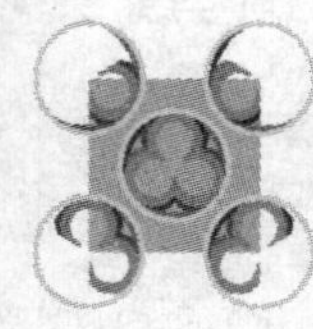

题，而这个问题的解决与否，又直接对中国工业化进程有着重要的影响。

在当今信息化社会的背景下，管理科学化的内涵已经发生了很大变化。20世纪90年代以来，由于信息技术的突破性发展，几乎管理的各个职能领域都由于信息技术的应用而取得了巨大进展，不仅出现了各个职能领域的计算机辅助管理软件，还产生了诸如供应链管理、企业资源计划、敏捷制造、计算机集成制造、大规模定制管理、界面管理、网络营销等依靠信息技术的新管理思想或方法。实际上，管理信息化已经成为管理创新和科学化的主旋律。

探索“中国式管理理论”，是我国企业管理学界的重要任务。伴随着中国经济市场化和国际化进程的加快，中国企业所面临的生存环境发生了本质的变化。中国企业所面对的竞争范式，已经从单一维度的竞争转向了立体竞争的格局，已经从国内竞争转向了国际竞争。另外，从我国企业所处的生命周期而言，有相当数量的企业已经走过了萌芽期、成长期和成熟期，正在面临着两种选择，要么完成企业的“蜕变”，再写辉煌；要么是步入“衰退”阶段，淡出市场。可以说，无论是从外部环境的变化来看，还是从企业自身的发展阶段来看，都对未来中国企业管理创新和科学化提出了新的挑战。在复杂、变革、不确定的环境下，中国企业正在进行着一系列的创新。例如，企业成长思维逐步呈现出战略导向；组织管理创新逐步呈现出网络化导向，人力资源管理创新逐步呈现出战略匹配导向和心理契约导向，等等。与我国企业推进管理科学化进程相适应，我国管理学术界同样面临如何推进我国管理科学化进程、提升我国管理科学研究水平、构建我国管理学科学理论和方法论体系的任务。

“中国式管理理论”的出现必须考虑本土化的特点。在这里我仍然要强调的是“以我为主、博采众长、融合提炼、自成一家”的研究思路。

“以我为主”就是要从我国的国情出发，我国企业的实际情况出发，借鉴国外的研究成果，这应该成为研究的起点。中外企业管理环境存在着巨大的差异，作为经济转轨国家，我国的管理问题具有复杂化和多样性的特点。也就是说，我国的管理问题是发展中国家和体制转换国家的企业管理问题，与西方发达国家企业管理问题有着不同产生背景和土壤。因此，我们的研究应该首先以中国企业所处的环境为基础。

“博采众长、融合提炼”是正确的学习和研究方法，就是要把握国际管理学的最新研究成果和发展趋势，真正取其精华，为我所用。例如，社会资本理论、实物期权方法、心理契约、关系营销范式，以及国外一些学者运用心理学和神经生物学理论对工作动机展开研究，等等。这些管理学的新进展，都是我们应该跟踪和学习的。

“自成一家”是我们的目标，就是通过深入研究中国的管理科学化问题，分析我国管理科学化进程的规律，对中国企业管理实践和创新进行科学总结，建立具有中国特色的管理科学理论体系和方法论。同时，我们所说的“中国式的管理理论”，还应该能够在国际管理学语境下进行交流，能够进行“跨情景的学术对话”。只有如此，才能够真正称得上是“自成一家”。

总之，在世界各国关注中国经济发展中的“中国经验”和“中国模式”的时候，“中国管理经验”和“中国管理模式”等“中国式管理”问题也势必会成为世人关注的焦点。为此，由中国社会科学院工业经济研究所、中国企业管理研究会、中国社会科学院管理科学研究中心、厦门大学管理学院、《经济管理》杂志社、中国社会科学院重大课题“企业管理科学化及其方法论问题研究”课题组、中国社会科学院企业管理重点学科，共同主办了“管理学发展及其方法论问题”学术研讨会。感谢厦门大学管理学院的大力支持。

以上是有关推进管理学发展，建立中国式管理理论的几点个人看法，希望能够抛砖引玉，引发大家的真知灼见。本书是根据2005年9月23日至24日在厦门大学召开的“管理学发展及其方法论问题”学术研讨会所提交的论文进行编选的，具体编辑工作是由黄速建、黄群慧、王钦三位同志完成的。本书共分四篇：第一篇为管理学方法论问题研究；第二篇为管理学科学化问题研究；第三篇为中国企业管理问题研究；第四篇为管理学学科建设问题研究。我们希望这些研究成果能够对中国管理学发展和科学化起到一定的促进作用。

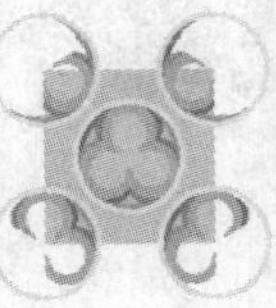

目　录

第一篇　管理学方法论问题研究

第二篇　管理学科学化问题研究

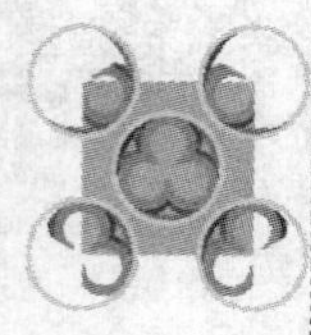

第一篇

管理学方法论问题研究

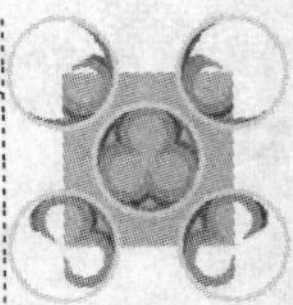

第一章 DIYIZHANG

管理学发展的“多元学科方法论”*

在19世纪末期和20世纪初期，当美国人泰勒开始使用秒表研究如何提高工作效率、法国人法约尔思考组织管理活动的普遍性规律的时候，管理学开始了作为一门具有系统理论和方法的科学或者学科的科学化历程。然而，管理学并没有沿泰勒所设想的方向发展成为一门真正的科学。经过整整一个世纪的发展，虽然管理学已经发展成为具有庞大知识体系和学科分支的复杂学科，管理学知识被广泛地用于指导管理实践，管理效率因此被大幅度地提高，但是，管理学仍很不成熟，管理学家们对于管理学的学科属性、基础理论、方法论体系和发展途径等问题仍在争论不休，还无法走出“管理理论丛林”。显然，管理学家们争论的是有关这门学科存在的根本问题，对管理学未来发展意义重大。本文也是有关管理学学科发展根本问题的研究，试图给出一些新的见解，从而有助于管理学的未来发展。

* 本文是中国社会科学院重大课题《企业管理科学化及其方法论问题研究》的中间成果。课题负责人：黄速建、黄群慧。

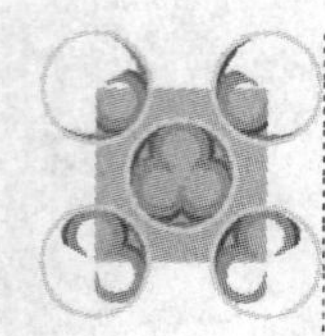

一、管理学是一门科学吗?

"管理是一门科学，也是一门艺术"，这是一个常常被提起的命题。一般认为，管理具有科学性和艺术性双重属性，瑞典学者斯文·艾里克·肖斯特兰曾将管理的两面性比喻为"雅努斯（Janus）因素"[①]。然而，认真地管理学家显然是不能满足于这种折衷的、在管理学教科书中对管理学性质的描述。一方面，一些管理学家坚持管理学是一门科学，虽然这门科学还不成熟，但管理学科学化的方向是毋庸置疑的；另一方面，一些极端反对管理科学理性、强调管理艺术性与非理性的学者则认为：与其称管理学是一门科学，不如说管理学是一门艺术，管理学自诞生之时就步入了"科学"的误区，管理科学化的发展方向使得管理理论与管理实践严重脱节。

实际上，从一般所认可的科学标准看，管理科学化和管理学的发展中的确存在着许多重大问题亟待解决。其中，有两方面问题被认为是十分致命的，是影响到管理学作为一门科学存在的地位的：一是管理理论或者原则具有模糊性，缺乏对管理实践的针对性和指导性。"……管理原则总是成对出现。无论是对哪个原则来说，几乎都能够找到另一个看来同样可信、可接受的对立原则。虽然成对的管理原则会提出两种完全对立的组织建议，可是，管理理论里并没有指明，究竟哪个原则才适用。"[②] 二是管理学缺乏统一的研究方法、范式和有效的管理知识积累模式。早在20世纪60年代著名管理学家孔茨就提出"管理理论丛林"问题，现在"丛林"问题依然存在，而且呈现进一步分化和细化趋势。

---

① 雅努斯是一位长着面对两个相反方向面孔的罗马神，用雅努斯神来比喻管理的两面性，参见斯文·艾里克·肖斯特兰：《管理的两面性——雅努斯因素》，中译本，辽宁教育出版社2000年版，第2－3页。

② 赫伯特·A. 西蒙：《管理行为》，中译本，机械工业出版社，2004年版，第26页。

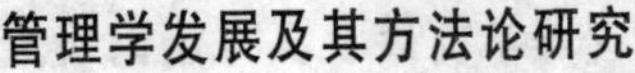
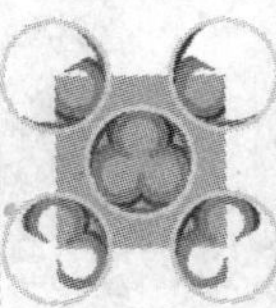

管理科学知识来源是复杂的而各不相关的，在管理学知识体系中，不仅包括依据严格的数学模型和科学逻辑得到科学管理知识（如数理学派对管理知识的贡献），也包括通过叙述故事而总结的管理知识（如经验学派采用案例研究方法提供的管理知识）。由于这两方面问题的存在，如果说管理学是一门科学，但也不是具有广泛性、有效性和精确性的科学。也就是说，管理学不是一门严格意义的科学，相对于自然科学而言，只是一门具有“弱科学属性”的学科。这一点可以借用比彻（Becher，1989）发展的学科属性分析框架来进一步描述。① 比彻提供的学科属性定位分析框架包括两个基本维度和四个基本衡量指标。第一个维度是学科认知维度，具体包括“硬”/“软”度指标和“纯”/“杂”度指标，第二个维度是学科规范维度，具体包括“趋同”/“分野”度指标和“城市”/“乡村”度指标。所谓“硬”/“软”度是衡量某一学科领域对特定研究范式或者理论体系的认同程度，“硬”度大意味着认同程度大，学科研究范式相对单一；“纯”/“杂”度指标是衡量一门学科知识应用于实践的程度，学科越致力于解决“是什么”的问题，则“纯”度就越高，学科越致力于解决“如何做”的问题，则“纯”度就越低；“趋同”/“分野”度指标用于描述一学科内研究人员所具有的思维方式和价值观的差别程度，如果差别程度小，学术标准类似，则“趋同”度高，反之则“分野”度高；“城市”/“乡村”度指标则用于分析一个学科内研究人员相对于研究领域或者问题的相对集中程度，如果一门学科具有清晰的学术边界，具有严格界定的学术团体，相对多的研究人员抢占相对狭小的学术研究空间，研究人员具有充分的交流，则这门学科“城市”度高，相反，“乡村”度高。显然，基于上述对管理学的分析，管理学的“弱科学”学科属性具体表现为高“分野”度、低“城市”度、低“纯”度和高“软”度，也就是说管理学是一个地地道道的“纯”度不高的“软”科学。

① 具体参阅高静美：“社会学分析框架下的管理学学科属性”，《经济管理·新管理》，2003年第22期。

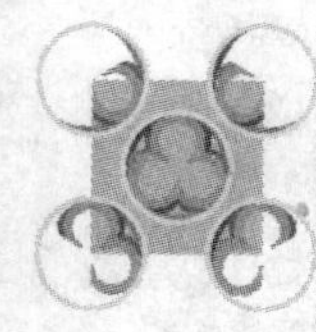

那么，接下来的问题是，在从自然科学到社会科学、人文科学的学科定位频谱中，管理学这个“纯”度不高的“软”科学的“频位”在哪里呢？有的学者认为管理学应该是位于社会科学和人文学科之间的，管理学的科学性是要弱于社会科学的科学性，更接近人文学科。[①] 这意味着如果按照让·皮亚杰关于社会人文学科的分类，管理学科的整体科学性（研究普遍原理的属性）应该低于心理学、政治学、社会学、经济学、人口学、语言学等社会科学，但高于人类学、历史学、法学、哲学、美学和艺术学等人文学科。而坚持管理学是一门艺术的学者则认为管理学根本就属于人文学科，具有历史科学的性质。[②] 这几乎将管理学完全推进了人文学科，认为管理学符合“艺术模式”，而非“科学模式”。但是，与这种将管理学在学科定位频谱中定位于社会科学和人文科学之间、或者完全定位于人文学科不同，另外一种观点是，管理学应该放到自然科学中。支持这种观点的是我国自然科学基金委员会，该委

---

① 李怀祖：《管理科学研究方法论》，西安交通大学出版社 2004 年版，第 14 页。

② 罗岷：《管理学范式理论的发展》，西南财经大学出版社 2005 年版，第 24 – 30 页。需要说明的是什么是所谓人文历史学科，“旨在重构和理解社会生活在时间过程中的一切表现展开的学科称为人文历史学科。……历史学家……不是去从实在抽象出适合建立规律的变量，而是从全部复杂性因而也从不可还原的独特性去把握每个具体过程。……历史学家感兴趣的是事件的个别内容，这内容难以估量，但可加以重构，而历史学家的使命正是在于进行这种重构”（引自让·皮亚杰：“人文科学在科学体系中的地位”，载联合国教科文组织编：《当代学术通观——社会科学与人文科学研究的主要趋势（社会科学卷）》，上海人民出版社 2004 年版，第 34 – 35 页。基于上述对历史科学的理解，显然，将管理学归为历史科学，反对在管理中应用自然科学的概括性规律的方法，更多的是以德鲁克为代表的经验主义学派的观点。而这种极端观点漠视了包括管理科学学派在内的其他管理学派提供大量的、已经被实践证明了十分有价值的管理思想、方法、技术和知识的存在。这种观点的另一个问题在于历史科学是否单独构成一个学科领域是可争议的，因为存在各种形式的历史学科，涉及到各类学科（数学、各类自然科学、社会科学和人文科学等，甚至包括管理学自身）的所特有的“历时向度”。而且，由于计量方法在历史研究中的逐步应用，人们开始认识到“可以成为‘历史的’东西和可以成为‘科学的’东西之间没有明显的界限。科学的方法和技术将日益深入历史学的研究领域”（引自杰弗里·巴勒克拉夫：“历史学”，载联合国教科文组织编：《当代学术通观——社会科学与人文科学研究的主要趋势（人文科学卷·上）》，上海人民出版社 2004 年版，第 178 页。因此，将管理学归为历史科学同样也是定位不清的，也无法由此证明管理学只具有“艺术性”。更进一步，在我们看来，历史科学对于管理学的主要价值在为管理学研究提供了历史学科方法或者范式，这基本上对应了经验主义学派的研究方法。

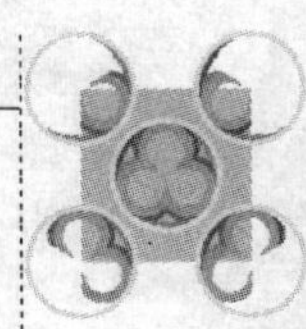

员会将管理学（包括管理科学与工程、工商管理、公共管理等）设在国家自然科学基金资助领域之内，而在哲学社会科学基金资助领域中则没有管理学这门分支。

实际上，即使将管理学归为人文社会科学，从现在的人文社会科学的发展趋势看，也需要寻求具有普遍性管理理论和原理。一般认为，对于人文社会科学而言，能否实现从前科学状态引向普遍原理科学状态的理想，主要受5个因素的影响[①]：一是能否发展一种比较主义的研究方法，将研究者的主观倾向剔除，使研究者的研究从主观个人中心转向客观出发点，这被称为“比较主义去中心化”因素；二是是否存在足够的、合适的本学科研究对象的历史资料，从而能够利用历史资料排除主观倾向（“去中心化”）解释相关的各个发展的因果联系；三是自然科学的方法和模型能够在多大程度上被成功移植应用到人文社会科学领域[②]；四是是否可以通过界定所研究的问题，把不可能达成一致的问题撇在一边，而在可以达成共同判断和可证实的领域中发展该学科[③]；五是能否逐渐发展出专门的、适合于其问题的研究方法，将那些可以证实的东西（通过实验证实或者数学形式化证实）与那些仅仅是依靠反思或者知觉得到的东西区分开来。

虽然管理学离普遍原理科学的理想状态还相差很远，但是应该说，管理学的科学化进程和发展轨迹在很大程度上印证了上述5方面因素的影响，管理学家一直通过各种尝试在上述5方面推进管理学的科学化进程，例如，比较研究方法在管理学研究中的广泛应用（产生了比较管理学这门管理学分之），包括跨国界的管理方式的比较，德鲁克对组织进

① 让·皮亚杰：“人文科学在科学体系中的地位”，载联合国教科文组织编：《当代学术通观——社会科学与人文科学研究的主要趋势（社会科学卷）》，上海人民出版社2004年版，第38–43页。

② 值得注意的是，自然科学的发展同样受到人文社会科学领域的影响，许多人文社会科学的概念和方法也被借用到生物、甚至物理化学科学中。

③ 诸如心理学、社会学的发展，并不是因为其研究对象先天具有科学性、高度精确性，而是因为较好地确定了研究边界。只有当一门科学能够对研究的问题充分界定，这门科学才能够成为一个独立的研究领域，思想的一致性才是可能的。

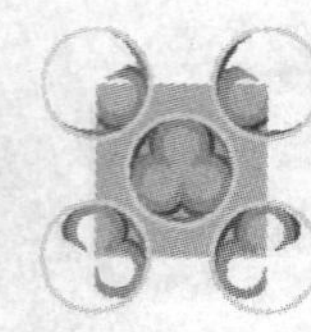

行比较研究等。又如，钱德勒应用历史文献方法从企业史角度的研究解释了技术条件与生产方式变革对企业组织的影响，并提出了“环境决定战略、战略决定结构”的结论。再如，孔茨曾指出，提高管理学科学性的首要任务是划定管理研究领域和知识体系，对分析和研究范围进行必要的限定，因为如果把整个文化世界和物质世界都叫做管理领域，那么管理学不可能取得很大进步。[①] 还如，西蒙在构建起管理理论时就提出要明确区分价值要素和事实要素，然后逐步排除价值要素，从而可以判断事实命题的真伪，从而构建科学的管理理论和真正的管理科学。[②] 但是，迄今为止，管理学家的这些努力还远远没有使管理学成为一门普遍原理的科学。综观整个管理学的知识体系，应该说，对管理学科学化进程和管理学发展最大影响的路径或者方法应该是对其他学科的概念、模型、方法和技术在管理学中的移植。这意味着第三种途径对管理学的科学化进程影响最大，也就是说，管理学对其他各门学科的典型研究方法（我们称之为学科方法）进行成功移植和使用，是管理学科学化进程和管理学科发展的最重要的方法论基础，这些学科不仅包括自然科学，还包括人文社会科学。

二、管理研究范式与“管理理论丛林”存在的必然性

一门学科区别于另一门学科的关键在于研究对象和研究方法的不同。其中，研究对象决定学科属性的根本因素，而能否形成自己的科学研究方法则是一门学科发展的成熟与否的关键标志，科学的研究方法是

① 哈罗德·孔茨：“管理理论丛林”，载迈克尔·T. 麦特森等编：《管理与组织行为经典文选》，中译本，机械工业出版社 2001 年版，第 81 页。

② 赫伯特·A. 西蒙：《管理行为》，中译本，机械工业出版社 2004 年版，第 331－334 页。

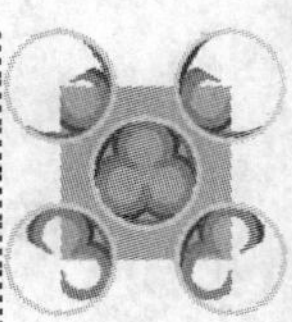

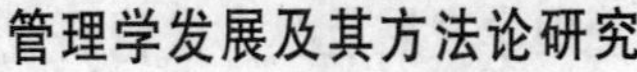

一门学科能够成为科学的保证。经济学与其他社会科学相比，同样也没有形成放之四海而皆准的经济学理论，但却形成了一个一般性的科学研究方法，这使得经济学在科学的殿堂中占有一席之地。对于管理学而言，管理学不仅没有带有普遍性的理论，而且也没有形成公认的科学的研究方法。如果将研究方法分为科学研究和思辨研究两大类，有的学者将管理研究方法概括了三方面特征①：其一，管理研究须兼用科学方法和思辨方法，然而，管理研究方法论仍垂青于科学方法。科学研究方法虽然将不断“蚕食”思辨的内容，不过管理领域中的思辨研究将永远存在，管理研究中总有科学研究无法替代的内容；其二，管理研究要分辨哪些管理学科的分支、内容和研究阶段适合应用科学方法，哪些适合思辨方法。其三，尽管管理研究方法论着重讨论科学方法在管理领域中的应用，但思辨研究的结果无疑应该属于管理研究的成果。这三个特征中的第三点并不独立，可以归为第一点。从方法论研究角度，真正有价值的是第二个特征。因为管理研究方法论的任务并不仅仅在于指出包括科学方法和思辨方法在内的各类研究方法都可以应用到管理研究中，关键在于回答“在管理研究中如何选择和使用各类性质差异巨大、种类众多的方法”这个问题。

从现有的管理研究方法看，各类具体研究方法都在被使用，包括科学研究通常使用的观察、调查、实验、假说演绎、公理化方法、模型方法、系统方法、归纳、比较分类、分析综合、抽象等方法，也包括因袭方法、权威方法、常识方法和直觉思辨方法等各类非科学方法，还有具体从各类自然科学、社会科学和人文科学借鉴、移植来的具体学科方法等等。这些众多的研究方法，如何被有效地使用研究解决管理问题，是管理学方法论的核心问题。实际上，管理学中在使用各类方法研究管理问题往往需要有一个“灵魂”，或者说研究者在选择、使用这些方法的过程中有一个指导框架或者模式。应该说，管理研究方法论的核心任务就是研究这个“灵魂”或者“模式”的形成和发展问题。

① 引自李怀祖：《管理研究方法论》，西安交通大学出版社 2004 年版，30－34 页。

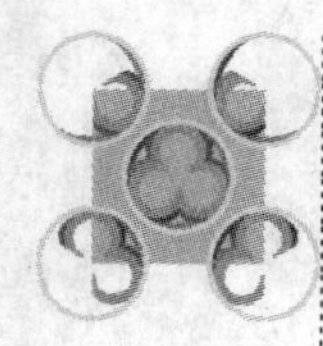

如果按照美国著名哲学家、科学史学家库恩（Thomas Kuhn）的观点，我们可以认为，这个所谓的“灵魂”或者“模式”就是“范式(paradigm)”，因而“范式”问题成为管理研究方法论的核心问题。[①] 虽然库恩没有给出有关什么是“范式”的统一的表述，但是一般认为，“范式”被理解为每一种科学在某一定时间内具有的一个固定的、自身不再被问题化，亦即不再受到质疑的基本看法。每个学科内的每一解释，甚至每一研究总是在一个范式指导下的解释与研究。更准确一点地说，“没有范式，就没有科学，因为范式是理论化的坐标或者罗盘。以此坐标为地基，才有可能将某一研究范围归类与规范化。”[②] 更进一步地说，范式的意义是，“范式决定了我们的着眼点，决定着哪些问题是允许被提出的，同时决定着如何回答所提出的具体问题以及解这种类问题的方法与手段”。[③] 虽然范式的概念是库恩基于自然科学为例得出的概念，但这个概念在人文社会科学中也是适用的。[④] 二者关键的区别在于自然科学范式变化往往意味着科学革命，科学的发展可以分为范式不变的“持续常规期”和范式转换的“转换危机期”，而后者正是科学突变大发展时期；人文社会科学则同时存在多种范式，这些范式往往既不相容，也不相融，而且无法判断谁优谁劣，哪种范式更代表学科的进步。

从这个意义上看，管理学研究范式与人文社会科学的范式的基本相同，同时存在各种不同的范式，虽然每种范式下的具体管理研究方法可

---

① 这一点，与有的管理学者所认为，“管理学研究的研究方法”就是“范式”是相同的。参见罗珉：《管理理论的新发展》，西南财经大学出版社 2003 年版，第 53 页。

② 转引自汉斯·波塞尔：《科学：科学是什么》，中译本，上海人民出版社 2004 年版，第 118 页。

③ 转引自汉斯·波塞尔：《科学：科学是什么》，中译本，上海人民出版社 2004 年版，第 119 页。

④ 例如，在文学研究中，既存在可以从纯语言学角度对文学作品进行解释的范式，也存在从作者生平遭遇出发解释作品的范式，还有从社会背景或者某个思想史观点出发解释作品的范式。历史研究也是如此，不同学者的历史观（即范式）是不同的，如马克思的历史观显然不同于汤因比（Toynbee）的历史观，因而对历史进程的解释也就不同。参见汉斯·波塞尔：《科学：科学是什么》，中译本，上海人民出版社 2004 年版，第 117 页。

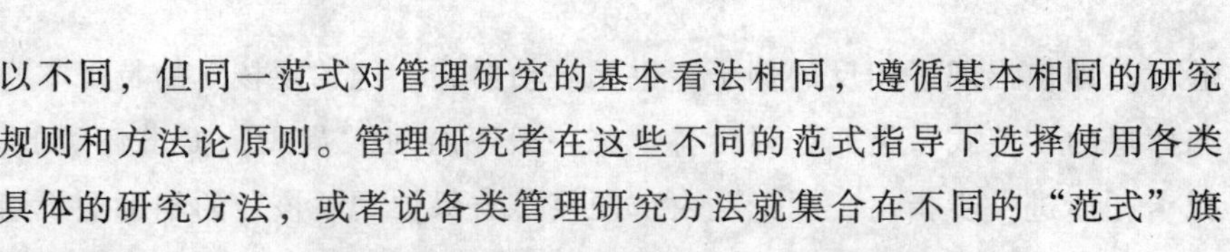

以不同，但同一范式对管理研究的基本看法相同，遵循基本相同的研究规则和方法论原则。管理研究者在这些不同的范式指导下选择使用各类具体的研究方法，或者说各类管理研究方法就集合在不同的“范式”旗帜下发挥着作用。这就形成了管理学中多种知识来源的现实。

基于上述范式的定义，实际上可以看出，管理学中的学派或者“理论丛林”是和“研究范式相对应的，不同的学派具有不同管理分析模式，也就是相应的研究范式。最初孔茨所谓的“管理理论丛林”包括六个学派，即管理过程学派、经验或案例学派、人类行为学派、社会系统学派、决策理论学派和数量学派。这些学派的根本差异就是分析模式或者研究方法的区别，其实也就是研究范式的不同。进入 20 世纪 90 年代，孔茨在其第 10 版《管理学》中又认为这些学派（school）应叫做方法（approach）更为合适，并将这 6 个学派发展为 12 个方法，即经验法或案例法、人际行为法、群体行为法、协作社会系统法、社会技术系统法、决策理论法、系统法、数学或者管理科学法、权变方法、经理角色或者管理任务方法、麦肯锡 7—S（策略、结构、系统、作风、人员、共有价值观、技能）方法、管理过程方法。[①] 实际上，与原来的 6 个学派相比，除了新增加的方法（经理角色方法、麦肯锡 7—S 法）外，这些方法只是在原来研究范式基础上的方法细化。

从研究范式角度看，管理学家在探索走出“管理理论丛林”过程中，不但不能解决这个问题，反而不断产生新的管理学派，问题的关键在于无法形成统一的研究范式。也就是说，由于现有的各个研究范式都不能被否定，新的旨在统一现有各个理论学派的努力最终又转化为新的研究范式。如果按照拉卡托斯的科学研究纲领理论，是由于管理学理论“硬核”的无法统一而难以走出“丛林”的。拉卡托斯认为，一个研究者或者一群科学家在其研究纲领中，总要抓住几个基本的设想，这几个基本设想构成了研究中的“硬核”。“硬核”带有约定俗成性质，具有先

① 哈罗德·孔茨、海因茨·韦里克：《管理学》，中译本，经济科学出版社 1998 年版，第 27－33 页。

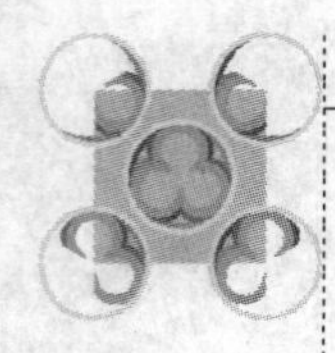

验性，即使出现了相反的例子，也无法动摇它。这“硬核”的特征本身与库恩的“范式”类似，因为科学家一般不会对“范式”提出怀疑的。拉卡托斯进一步指出，理论是由“硬核”与保护“硬核”的辅助假设组成的，虽然“硬核”代表了研究者群体的最基本的假设，本身无法被证伪，但辅助假设随时可能，亦可以被推翻。①

由于管理学的各个学派的管理理论“硬核”（“研究范式”）不同，而且不能够被推翻，于是“管理理论从林”状态也就难以打破。这一点通过管理过程学派的研究“范式”可以进一步说明。如图 1－1 所示，管理过程学派认为，存在一个为管理工作所独有的基本的科学理论核心，这些核心是管理学普遍原则。围绕这些管理普遍原则，各类具体的管理技术和方法同时被使用。这包括基于系统理论的协作社会系统法、社会技术系统法和系统法，基于实际经验的经验法或案例法，基于心理学的人际行为法、群体行为法，基于决策理论的决策理论法，基于数学方法的管理科学法，等等。显然这种通过一个“硬核”或者“范式”为核心，并把各类管理方法和技术组合起来的常识无疑是有价值的，但是，在其他学派（例如经验学派）看来，根本就不存在所谓普遍的管理学原则。也就是说，经验学派是不接受管理过程学派的理论“硬核”或者“研究范式”的。因此，管理理论“硬核”和“研究范式”多元化，管理学理论“丛林”现象也就成为必然。

三、管理学发展的“多元学科方法论”

归结上述两方面的分析，多学科研究方法的移植和研究范式的多元化成为管理学发展的典型方法论特征。我们将其概括为管理学发展的

① 转引自汉斯·波塞尔：《科学：科学是什么》，中译本，上海人民出版社 2004 年版，第 130 页。

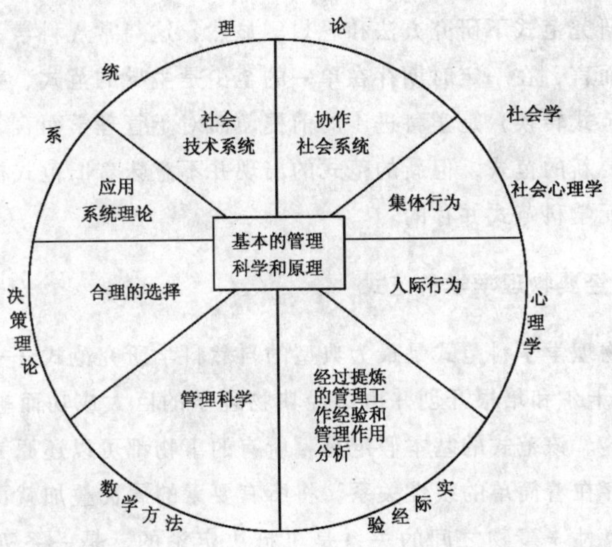

图 1－1　管理过程学派研究范式

资料来源：哈罗德·孔茨、海因茨·韦里克：《管理学》，中译本，经济科学出版社 1997 年版，第 33 页。

"多元学科方法论"（multisubjects methodology）"，或者说是"多元学科研究范式（multisubjects paradigm）"。虽然影响管理学科学化进程与管理学发展的学科较多，但从学科方法论或者研究范式角度看，能够独立构成管理学发展的学科方法论基础，或者说能够成为管理学的一个独立的学科研究范式、形成独立学派的基础方法论的学科主要包括经典物理学、数学、心理学、经济学、历史学、社会学、系统科学等。① 对于整体管理学而言，也许还存在上述 7 个学科范式以外的研究范式，但总体上以这 7 个学科范式为主。这些学科范式在现在的管理学中是同时存在的，而且一个学派可以按照一种研究范式为主进行研究，但同时也可能

① 有的学者指出，现代管理科学的基础学科包括三个学科，数学、经济学和行为科学（参见成思危：《探索中国的管理科学的发展道路》，《管理评论》，2004 年第 5 期），有的学者则认为管理科学的基础学科包括数学、经济学、行为科学和哲学等四个学科（参见吴价宝："21 世纪管理实践与管理科学发展的基本特征"，《经济管理·新管理》，2001 年第 6 期）。所谓管理学的基础学科更多地是从知识体系和管理教育角度对管理学和其他学科的关系的描述，与这里从管理学的学科方法论视角对管理学与其他学科关系分析有所不同。

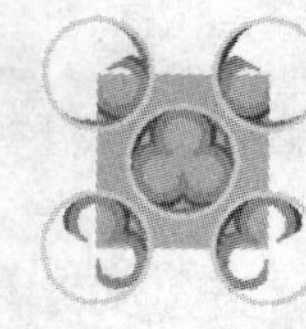

使用其他研究范式下研究方法和思想。显然，这与常规科学不同，对于常规科学而言，在一定时期存在单一的至少是主导的范式、新范式取代旧范式（范式转换）是学科进步的前提，而对于管理学而言，虽然管理学发展需要新的范式，但新的范式的出现并不意味着旧范式被抛弃，管理学是多元学科范式并存的。

（一）经典物理学学科范式

经典物理学学科范式是最为典型的自然科学研究范式——“分析范式”，由笛卡尔和培根开创并由于经典物理学的巨大成功而被很多其他学科所借鉴。该范式的基本假定是：所有的事物都可以还原为要素，而要素之间存在着简单的线性关系，将所有要素的属性叠加就可以把握事物的整体属性。事物之间的关系是机械决定论的，是一系列的因果关系。[①] 依靠这个“分析范式”，泰勒建立了科学管理理论，同样，法约尔和韦伯的古典组织管理理论也是受这种范式支配的。可以说，古典管理学派的管理理论都是以机械论为主导的，旨在通过科学研究的方法对管理现象和管理过程进行分解，探求管理要素的因果关系，发现管理活动的普遍规律。经典物理学学科范式的基本研究方法是实验方法，培根提出“实验是科学之母”的名言。实验方法在自然科学的巨大成功使得社会科学也诸多领域也开始引入实验方法，实验心理学、实验经济学等学科发展迅速。泰勒最早采用实验方法研究如何提高管理效率，梅奥则通过“霍桑实验”创建了人际关系学派，现在管理实验研究方法已经成为管理科学化进程的重要推动力量，形成了实验管理学分支。管理实验方法可以划分为人群实验和人机组合实验两类，而人机组合实验由具体包括以机为主的模拟和以人为主的实验，而计算机模拟实验又分为数值型模拟和分析型模拟两类方法。[②] 管理实验研究方法由假设检验、建摸分析、实验模拟、分析结论等科学过程构成，使管理学研究更加科学和

① 高文武、丁耀：“试论西方管理学理论的演变”，《湖北社会科学》，2002 年第 10 期。

② 万迪昉、谢刚、乔志林：“管理新视角：实验管理学”，《科学学研究》，2003 第 2 期。

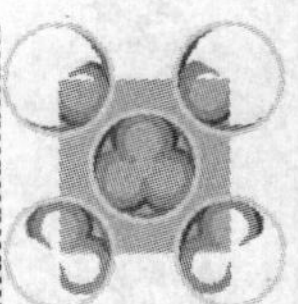

规范。

(二) 数学学科范式

数学学科范式以数学（主要是运筹学）为基本手段，努力把管理学推向精确性科学。数学学科研究范式构成了管理科学学派或者管理数量学派的基本方法论。借助数学方法，管理科学学派从量的角度深化了管理理论。通过数学模型、符号和公式，管理科学学派寻找管理问题的“最优解”。由于数学模型超越了经验管理者的直观思维，能够帮助管理者清晰和系统地考虑各个变量之间的关系，具有可重复性和预测性，从而在精确度要求上使管理学呈现出科学的特征。从严格的科学要求看，如果问题不能够用数学表达，就没有研究价值。因此，数学学科范式是管理学科学化的最高要求。迄今为止，决策理论模型、库存模型、排队模型、线性规划和非线性规划模型、网络模型（计划评审技术）、博弈论模型等，都已经在管理学中广泛地应用，极大地推进了管理学的科学化进程。

(三) 心理学学科范式

由于具有“人”这个共同的研究对象，心理学与管理学具有天然的联系。在19世纪后半叶，受科学主义方法论的影响，科学心理学在德国诞生并获得初步发展，心理学从哲学中逐步分离出来。现在心理学已经发展为具有构造主义（structuralism）、机能主义（functionalism）、行为主义（behaviorism）和格式塔心理学（Gestalt psychology）等诸多学派的重要科学。科学心理学采用真正的实验方法，强调客观观察、行为测量和正式实验。这种实证主义的方法论使得心理学研究范式成为关于人的行为研究的真正的科学研究范式。管理学在其科学化进程中自然需要这种研究人的行为的科学研究范式。在泰勒科学管理时代，莉莲·吉尔布雷斯就写出了《管理心理学》(1916)，而心理学家梅奥等人采用控制组实验法研究人的行为则把管理学带进了现代管理科学阶段，西蒙采用认知心理学方法（人机系统）对决策行为的研究是管理学对管理的本质有

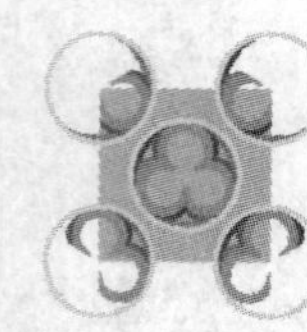

了更深入的认识。管理学中的一个重要学派——行为科学学派，就致力于运用科学方法对企业组织中的人的、可见的与可证实的行为进行研究，而这种科学研究方法就是建立在科学心理学的研究方法论基础之上的。不仅如此，由于现代心理学发展，心理学中的现象学方法论逐渐形成，这又成为人本主义管理的心理学方法论基础。

（四）经济学学科范式

经济学学科的魅力也许不在于经济学的理论，而在于其分析框架和方法。经济学的研究方法十分独特，“最大化行为、市场均衡和偏好稳定的综合假定及其不折不扣地运用便构成了经济分析的核心……经济分析是一种统一的方法，适用于解释全部人类行为。”[①] 现代经济学的分析范式是有视角（perspective）、参照系（reference）和分析工具（tools）三部分组成的。视角是经济学家分析问题的出发点或者基本前提，一般包括经济人的偏好、生产技术和制度约束、可供使用的资源禀赋；参照系也就是所谓基准点，是理解现实问题的标尺，比如一般均衡理论中的阿罗—德布鲁定理、科思定理和莫迪格里安尼—米勒定理等；在经济学家的工具库中，有利的分析工具多是各种图像和数学模型，如成本—收益分析、供求曲线模型、所有权—控制权模型、非对称信息模型、博弈论模型等。[②] 从方法论角度说，经济学分析范式对管理学的影响至少有以下几方面：一是关于人性的基本假设，泰勒科学管理理论基本遵循了经济学学科分析范式中的“经济人”假设，这成为管理科学化进程的起点。二是经济科学学科范式提供的成本——收益技术给企业管理行为提供了一个最基本的科学度量工具。没有精确的测量，也就没有科学。企业管理行为的效率，最终体现为企业的成本和利润数量关系。三是经济科学的各类分析模型为企业管理理论和实践奠定了方

① 加里·S. 贝克尔：《人类行为的经济分析》，中译本，上海三联书店 1995 年版，第 8、11 页。

② 钱颖一：“理解现代经济学”，《经济社会体制比较》，2002 年第 2 期。

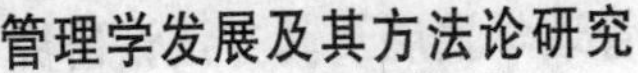

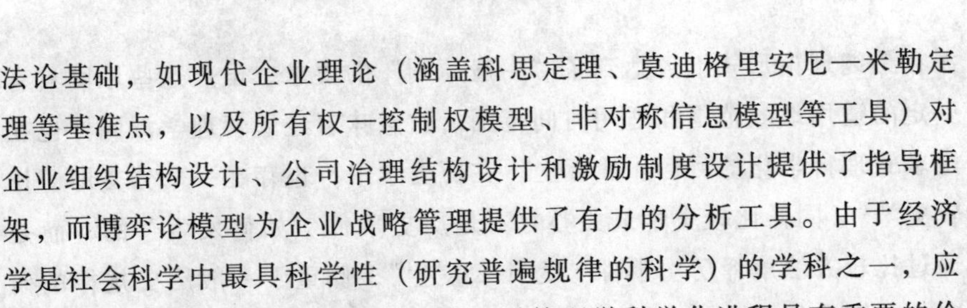

法论基础，如现代企业理论（涵盖科思定理、莫迪格里安尼—米勒定理等基准点，以及所有权—控制权模型、非对称信息模型等工具）对企业组织结构设计、公司治理结构设计和激励制度设计提供了指导框架，而博弈论模型为企业战略管理提供了有力的分析工具。由于经济学是社会科学中最具科学性（研究普遍规律的科学）的学科之一，应用经济学学科范式研究管理学问题，对管理学科学化进程具有重要的价值。

（五）历史学学科范式

历史学是旨在重构和理解社会生活在时间过程中的一切表现展开的学科。历史学科范式是与以经典物理学为代表的自然科学研究范式相对应的。与自然科学所关心的普遍的、一般的自然原则不同，历史学所关心的是独特的、精神的和变化的领域。自然科学是“研究普遍规律”的，而历史学是“研究个别事实”的，历史学家感兴趣的是事件的个别内容。以德鲁克和戴尔为代表的经验主义学派（或者案例学派）将历史学学科范式引入到管理学，认为管理学是说明组织及其管理中的个别具体事物的联系，它具有不可重复性，也没有一般规律。因此，经验管理学派确立了以“问题为导向、以案例为基础”的新的管理研究定位。[①] 在具体应用历史学学科范式进行研究时，主要采用的是比较研究方法。在戴尔看来，比较研究方法就是认识和描述不同组织结构中的基本相同之处，对这些相同点进行收集和分析，从中得出一些能够更好地预测和应用于类似情景的一般结论。比较研究方法的方法论原则有四点：一是要有一个概念框架，用于指导具体的比较研究；二是研究对象之间要具有可比性；三是研究者必须明确表达自己研究的基本目标和价值观；四是比较和结论必须恰当。[②] 由于上述比较研究方法的使用，经验管理学

---

① 张远凤：“再论经验学派的方法论”，《经济管理·新管理》，2003 年第 22 期。

② 张远凤：“经验学派方法论研究”，《经济管理·新管理》，2002 年第 18 期。应该说明的是，比较研究方法可以在不同方面、不同层次进行分析比较，从而使结论更加科学。参见袁治平：“多重比较管理研究方法论及其应用”，《西安交通大学学报》，1997 年 6 月增刊。

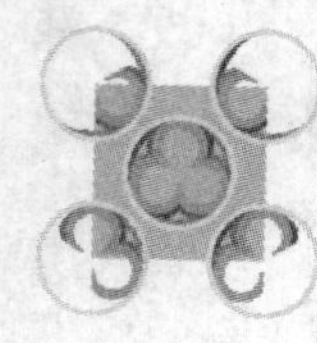

派在最终理论形式上还达到了“一般原则”的要求，虽然这些原则具有一定的适用地域范围和适用时间范围。这意味着经验管理学派同样也在追求管理科学化的目标。实际上，在历史学中，也存在一个分支即“比较史学”，同样比较史学最关心的不是历史事件“如何发生”的，而是通过比较方法解释历史事件“为什么发生”，侧重于一般历史规律的研究。如同我们曾指出，比较研究方法可以理解为是人文社会科学领域中的“实验方法”。因此，经验管理学派的贡献同样是促进了管理学科学化进程（不是“艺术化进程”），只是使用的是历史学学科研究范式，而不是自然科学的研究范式。

（六）社会学学科范式

总体上说，社会学是从社会整体出发，综合研究社会关系及其变化发展规律的一门科学。法国哲学家、社会学家奥古斯特·孔德在提出社会学这门学科时，强调的是要建立一门研究社会的实证科学，即以实证的方法来研究社会现象的独立的学科。虽然现在社会学已经出现了大量流派，但用实证的方法研究社会现实情况和问题，从社会现实出发，形成理论再回到社会现实中去，已经成为社会学的一个重要的特征。迄今为止，社会学已经形成一套完整的可以操作的实证研究方法：研究理论的模式化、研究过程的程序化及测量工具的精确化。尤其是社会学的基本研究方法和技术，包括社会调查方法、社会实验方法和社会统计方法，以及研究组织的技术和社会测量技术等，对管理学研究具有重要的借鉴意义。我们在上一节论述管理学范式分类时，就是根据社会学的范式分类进行论述的，而社会学范式就是根据对组织的各类认识划分的。在对组织的理解上，管理学所理解的组织非常强调组织的社会属性，或者说管理学中的组织就是社会组织。因此社会学研究范式分类是可以直接引进管理学研究中。和经济学相比较，社会学最具特色的一面就是强调社会的相互作用，强调社会结构对个人行为的影响，经济学假定了理性的个人，社会学则假定了嵌入性。社会学学科范式从对管理学的影响，从最初的人际关系学派的“社会人”假设，到后来的组织行为学派

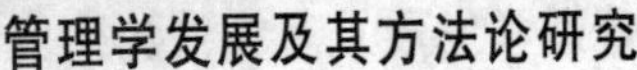

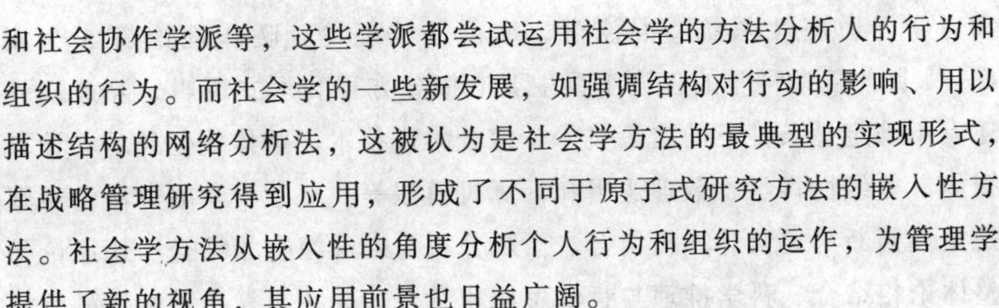

和社会协作学派等，这些学派都尝试运用社会学的方法分析人的行为和组织的行为。而社会学的一些新发展，如强调结构对行动的影响、用以描述结构的网络分析法，这被认为是社会学方法的最典型的实现形式，在战略管理研究得到应用，形成了不同于原子式研究方法的嵌入性方法。社会学方法从嵌入性的角度分析个人行为和组织的运作，为管理学提供了新的视角，其应用前景也日益广阔。

（七）系统科学学科范式

系统科学可以理解为从系统论的角度出发研究系统的有关学科的总称，从传统上认为包括系统论、控制论、信息论、耗散结构论、协同学、突变论、模糊数学、超循环理论等系统理论和工具的学科，以及具体把研究对象作为系统应用上述理论和工具解决具体问题的系统工程学科。系统科学学科范式的核心是系统论，系统论的基本观点是：世界任何事物都可以看作由要素构成的系统，系统的要素之间存在复杂的非线性关系，系统的特性和规律只能从系统整体角度来理解，要素之间的联系也必须立足于系统整体来认识；在价值观取向上，系统论是以系统的整体功能最优为目标的。显然，系统科学的“整体论”是与经典物理学的“还原论”完全不同的。由于系统科学强调“整体大于部分之和”的基本观点，而这正是管理的本质要求，因此在20世纪40年代贝塔朗菲创立系统论后，他的理论很快就被应用到管理学中。巴纳德最早应用系统方法研究管理问题，第一次把企业组织看作一个由物质、生物和社会等方面的要素组成的“协作系统”，创建了社会系统学派。之后，在现代管理理论阶段的许多管理理论都是以系统科学的学科范式为方法论基础的，组织就是一个系统的观点被广泛接受。现在，系统科学发展迅速，对现代管理学发展影响十分深远。我国学者认为系统科学的最重要的发展主要是研究复杂性和复杂系统的复杂性理论方法，这已经逐渐发展为一门独立的学科，即所谓的复杂科学。现在复杂科学主要包括系统

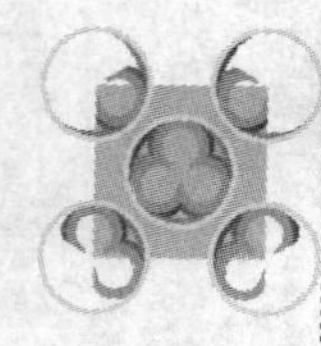

动力学、适应性系统、混沌学、结构基础理论、暧昧理论等5个流派。[①] 目前复杂科学的理论工具主要有微分方程和形式逻辑，除此之外还有不确定性条件下的决策技术、综合集成技术、整体优化技术、计算智能、非线性科学、数理逻辑和计算机模拟等。复杂科学的方法论原则是定性判断与定量计算相结合、微观分析与宏观综合相结合、还原论与整体论相结合、科学推理与哲学思辨相结合。现在，复杂科学学科范式对管理学影响比较大的是系统动力学，学习型组织理论的提出可以认为是这方面的一个应用。混沌学在管理中的研究也日益成为一个热点。现在，复杂科学学科范式作为一个刚刚发展起来的管理科学化方法论，日益被管理学家重视。

归结上述管理学科学化的各个学科方法论，可以将这7个学科范式可以进一步归类为自然科学范式（经典物理学和数学）、社会科学范式（社会学、心理学和经济学）、人文科学范式（历史学）和哲学范式（系统科学和复杂科学）4种类型，或者按照把人文社会科学分为“研究普遍原理”的科学、历史科学、法学和哲学学科的分类，这7个学科范式归类为自然科学范式（经典物理学和数学）、研究普遍原理的社会科学范式（社会学、心理学和经济学）、历史学范式和哲学范式（系统科学和复杂科学）四种类型。

四、管理学“元方法论”与管理学的未来发展

管理学发展的“多元主义”以及“多元方法论（multimethodology）”问题，最早出现在决策和系统科学研究领域中，现在仍集中于系统科学

① 这5个流派的具体内容参见成思危：“探索中国的管理科学的发展道路”，《管理评论》，2004年第5期。

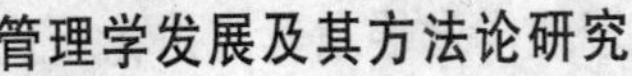

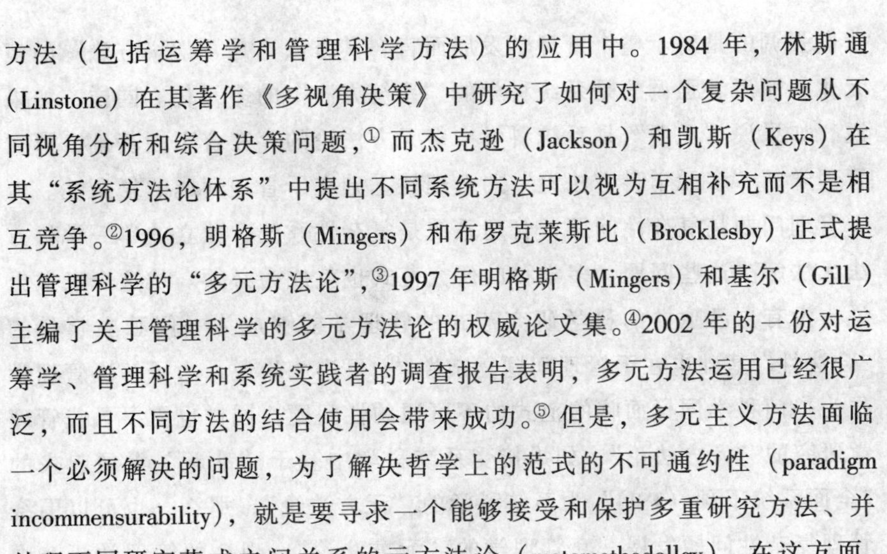

方法（包括运筹学和管理科学方法）的应用中。1984 年，林斯通（Linstone）在其著作《多视角决策》中研究了如何对一个复杂问题从不同视角分析和综合决策问题，[①] 而杰克逊（Jackson）和凯斯（Keys）在其“系统方法论体系”中提出不同系统方法可以视为互相补充而不是相互竞争。[②]1996，明格斯（Mingers）和布罗克莱斯比（Brocklesby）正式提出管理科学的“多元方法论”，[③]1997 年明格斯（Mingers）和基尔（Gill ）主编了关于管理科学的多元方法论的权威论文集。[④]2002 年的一份对运筹学、管理科学和系统实践者的调查报告表明，多元方法运用已经很广泛，而且不同方法的结合使用会带来成功。[⑤] 但是，多元主义方法面临一个必须解决的问题，为了解决哲学上的范式的不可通约性（paradigm incommensurability），就是要寻求一个能够接受和保护多重研究方法、并处理不同研究范式之间关系的元方法论（metamethodollgy）。在这方面，一种被称为“批判系统思考”的系统理论（critical systems thinking，CST)”进行了有效的尝试，提出了所谓的“全面系统干预（total system intervention，TSI)”的系统方法的元方法论。“全面系统干预”的核心思想是，把问题情形视为单单依靠一种视角不能得到解决和分析的“乱题（messes)”，因此必须从多元视角观察问题情形。[⑥]

显然，我们提出的管理学发展的“多元学科方法论”或者说“多元学科研究范式”与系统科学的系统方法的“多元方法论”是一致的，但

---

① Linstone，H. A. *Mulitipe Perspectives for Decision Making*，North - Holland，New York，1984.

② Jackson，M. C. and Keys，. P. Towards a system of systems methodologies，*Journal of the Operational Research Society*，35，1984. 473 - 486.

③ Mingers，J. C. and Brocklesby，J. Multimethodolgy：Towards a framework for mixing methodolgies. *Omega*，25，1996. 489 - 509.

④ Mingers，J. C. and Gill，A. *Multimethodolgy - Theory and Practice of Combining Management Science Methodologies*. John Wiley & Sons，Chichester，UK，1997.

⑤ Munro，I. and Mingers，J. C. The use of Multimethodolgyin pratice：Results of a survey of practitioners. *Journal of the Operational Research Society*，53，2002. 369 - 378.

⑥ “乱题（messes）是指相互依存的复杂的问题系统。有关 CST 的具体内容可参阅迈克尔·杰克逊：《系统思考——适于管理者的创造性整体论》，中译本，中国人民大学出版社 2005 年版，第 275 - 278 页。

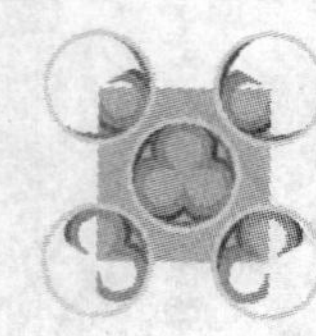

我们强调的是对于整个管理学发展而言，其方法论是“学科方法”的多元化，而后者强调的是系统科学的“系统方法”的多元化。同样，如果说，如果说“乱题”是系统科学中多元方法论的存在合理性基础，那么管理学的“多元学科方法论”的合理性基础在于管理问题的复杂性。由于管理问题是复杂性问题，管理系统是复杂性系统，独立的单一学科方法无法解决这些问题，多学科的研究范式也就成为必须。从这个意义上说，没有自己独立的科学研究范式的管理学能够成为一门独立学科的“合法性”基础也在于管理问题复杂性。① 更进一步说，为了解决管理学作为一门科学同样面临的范式的不可通约性问题，同样也需要寻找管理学研究的“元方法论”，如果接受系统科学中基于“乱题”发展起来的“全面系统干预（TSI）”为系统科学的“元方法论”，那么，也可以围绕管理复杂性问题发展一套管理学的“元方法论”。现今的管理学研究中还不存在这样一个基于管理复杂性的“元方法论”，但这可能是管理学走出“管理理论丛林”的一个重要方向。

管理学发展的“多元学科方法论”表明，在未来管理学发展中，一方面，要接受管理学这种多学科研究方法的方法论原则，在深入研究各个自然和人文社会科学的各个学科研究范式对管理学发展影响的基础上，鼓励将自然和人文社会科学的各种研究方法移植到管理学中。另一方面，要鼓励对管理学发展的“元方法论”问题进行研究，这应该成为管理学术界，尤其是从事管理纯理论研究的学者重要研究方向，从这一点说，关注复杂性科学，无疑是一个正确的选择，但这已经不是本文所能够涵盖的内容了。从方法论角度说，管理科学化进程的推进和管理学的发展，有赖于管理学者对管理学“多元学科方法论”的理解应用和“元方法论”研究的深入。

最后需要强调表明的是本文关于管理学发展问题的态度。根据杰克

① 一门学科的“合法性”，不指是法理上的“合法”意义，主要指的是一门学科能够独立的存在基础。

逊（Jackson）对管理系统方法论的划分，① 我们认为，在管理学发展问题上，可以划分四种价值观：一是“孤立主义（isolationism）”价值观，这是一种只严格信奉一种研究方法或者理论的管理学发展观念，对其他理论或者方法视而不见或者完全排斥；二是“帝国主义（imperialism）”价值观，试图将所有的研究方法或理论都纳入自己偏爱的理论或者方法中，如果不能够纳入就不承认这些理论或者方法的存在（这非常类似于主流经济学的价值观）；第三种是“实用主义（pragmatism）”价值观，是从实用角度出发接收任何“可行的”的方法和理论；第四种是“多元主义（multiplism）”，在对管理学发展规律充分认识和把握的基础上，尊重各种方法和理论的自由发展，并寻找到这些理论和方法与管理问题有效的匹配方式。比较这四种管理学发展观，可以认为“帝国主义”是修正的或者发展的“孤立主义”，而“多元主义”则是理性设计的“实用主义”。显然，从未来管理学发展看，管理学的发展道路应该是“多元主义”的，或者说理性“实用主义”的，在一定的最基础的管理学理论或者原则指导下，针对现实管理问题的解决，科学方法和非科学方法都会在管理研究中得到应用。而且，随着管理科学化进程的推进，科学方法在管理研究的应用领域将越来越大，越来越多的管理问题将可以用科学方法进行解决。然而，管理学研究对象的复杂性决定管理领域中总会有科学方法无法解决的问题，科学方法将无法完全取代非科学方法。这意味着，总体上管理学的科学性会逐渐提高，虽然永远也不会成为一门像自然科学一样的、十足的科学，但管理科学化的进程却是不断推进的，管理科学化的发展方向是必然的。

[参考文献]

1. 成思危：“探索中国的管理科学的发展道路”，《管理评论》，2004 年第 5 期。

2. 高静美：“社会学分析框架下的管理学学科属性”，《经济管理·新管理》，2003 年

---

① Jackson, M. C. Present posionts and future prospects in management. *Omega*., 1987.15, 455 – 466.

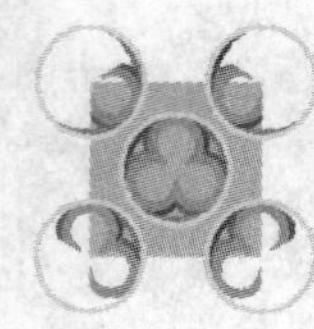

第22期。

3. 高文武、丁耀:“试论西方管理学理论的演变”,《湖北社会科学》,2002年第10期。

4. 哈罗德·孔茨、海因茨·韦里克:《管理学》,中译本,经济科学出版社1998年版。

5. 汉斯·波塞尔:《科学:科学是什么》,中译本,上海人民出版社2004年版。

6. 赫伯特 A. 西蒙:《管理行为》,中译本,机械工业出版社2004年版,第26页。

7. 加里·S. 贝克尔:《人类行为的经济分析》,中译本,上海三联书店1995年版。

8. 李怀祖:《管理科学研究方法论》,西安交通大学出版社2004年版。

9. 联合国教科文组织编:《当代学术通观——社会科学与人文科学研究的主要趋势(社会科学卷)》,上海人民出版社2004年版。

10. 罗岷:《管理学范式理论的发展》,西南财经大学出版社2005年版。

11. 罗珉:《管理理论的新发展》,西南财经大学出版社2003年版。

12. 迈克尔·杰克逊:《系统思考——适于管理者的创造性整体论》,中译本,中国人民大学出版社2005年版。

13. 钱颖一:“理解现代经济学”,《经济社会体制比较》,2002年第2期。

14. 斯文·艾里克·肖斯特兰:《管理的两面性——雅努斯因素》,中译本,辽宁教育出版社2000年版。

15. 万迪昉、谢刚、乔志林:“管理新视角:实验管理学”,《科学学研究》,2003第2期。

16. 吴价宝:“21世纪管理实践与管理科学发展的基本特征”,《经济管理·新管理》,2001年第6期。

17. 袁治平:“多重比较管理研究方法论及其应用”,《西安交通大学学报》,1997年6月增刊。

18. 张远凤:“再论经验学派的方法论”,《经济管理·新管理》,2003年第22期。

19. 张远凤:“经验学派方法论研究”,《经济管理·新管理》,2002年第18期。

20. Linstone, H.A. *Mulitipe Perspectives for Decision Making*, North - Holland, New York, 1984.

21. Jackson, M.C. and Keys, .P. Towards a system of systems methodologies, *Journal of the Operational Research Society*, 35, 1984.473 - 486.

22. Jackson, M.C. Present posionts and future prospects in management. *Omega*., 1987.15, 455 - 466.

23. Mingers, J.C. and Brocklesby, J. Multimethodolgy: Towards a framework for mixing

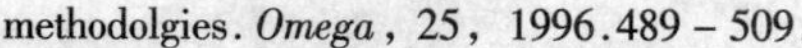

methodolgies. *Omega*, 25, 1996.489 - 509.

24. Mingers, J.C. and Gill, A. *Multimethodolgy - Theory and Practice of Combining Management Science Methodologies*. John Wiley & Sons, Chichester, UK, 1997.

25. Munro, I. and Mingers, J.C. The use of Multimethodolgyin pratice: Results of a survey of practitioners. *Journal of the Operational Research Society*, 53, 2002.369 - 378.

（中国社会科学院工业经济研究所　黄群慧）

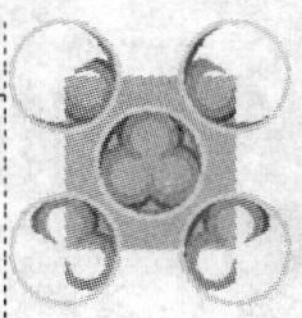

第二章 DIERZHANG

行为经济学和实验经济学的发展对管理学研究的影响

一、引　言

从亚当·斯密1776年出版《国富论》和泰勒1926年发表《科学管理》以来，经济学和管理学均已建立起各自独立的学科体系。虽然"人"在经济学和管理学中都是相应的行为主体，但是由于二者的研究内容不同——经济学主要研究稀缺资源的配置问题而管理学主要研究组织效率的提高和组织目标的实现问题——所以导致其对行为主体的基本假定不同，进而决定了经济学和管理学之间始终存在的一个最根本的区别，就是其对人性的不同假设。然而即使是这样，由于经济学始终作为管理学研究的理论基础和具体方法推动着整个管理学学科体系的发展与完善是不可否认的事实，因此，关注经济学理论界的最新研究动态对于管理学研究肯定有着指导思想和完善方法的双重作用。而就西方经济学界的最新研究动态来看，2001年美国经济学会将该学会的最高奖项——克拉克奖（Clark Medal）——颁发给了为行为经济学的基础理论做出开创性贡献的伯克利加州大学的Matthew Rabin教授；2002年瑞典皇

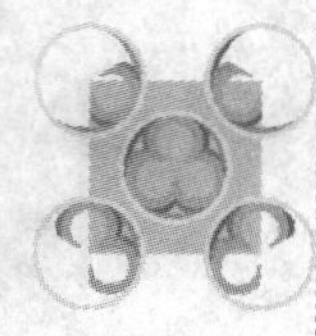

家科学院又将该年度的诺贝尔经济学奖授予了普林斯顿大学的行为经济学家 Denial Kahneman 教授和乔治梅森大学的 Vernon Smith 教授。这两个经济学研究领域的最高奖项的归属标志着行为经济学和实验经济学作为经济学重要分支的学科地位已经得以确认并在不断加强，而这种学科地位的确认和加强势必导致其对传统主流经济学的理论基础和研究方法提出严峻挑战。譬如，已经有学者承认行为经济学的崛起是对整个经济学的“行为革命”，它将促使经济学研究朝着人性化的方向发展；而卡内基·梅隆研究所的乔治·洛文斯坦、加利福尼亚理工学院的科林·卡梅勒和伯克利加州大学的马修·拉宾早在上世纪就曾预言：我们预见未来的一切经济学都将被视为行为经济学。所以，无论从经济学是管理学研究的理论基础和具体方法的角度来看，还是从行为经济学和实验经济学已对传统经济学中的人性假设进行了修正和完善的角度来看，作为一名管理学研究者，我们都应当关注这两个新兴经济学学科的发展对于整个管理学的研究工作将产生的影响。本文正是希望基于对行为经济学和实验经济学的研究内容和成果的简要介绍与分析，探究其对未来的管理学研究内容和方法将产生的影响，并试图对未来管理学学者借助行为经济学和实验经济学可选的研究方向做一定展望。①

二、行为经济学和实验经济学的研究内容与成果

（一）行为经济学的研究内容与成果

行为经济学作为一门以人类行为为基本研究对象的经济理论其最大

① 就目前我们所掌握的文献情况来看，国内将行为经济学和实验经济学的基本思想和具体方法引入管理学研究领域的学者很少，因此我们认为在这个方向上做一些基础研究工作是一种很迫切的需要。

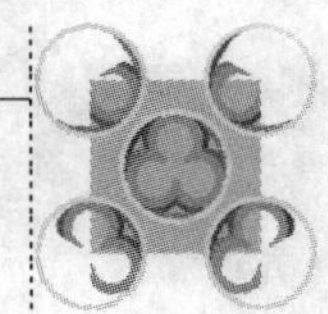

的特点在于大量采用了心理分析（psychoanalysis）的研究方法。虽然早在50多年前，Edwards（1954）就曾发表了一篇关于经济学、统计学和哲学中的决策行为研究的综述性论文，并把决策行为问题的研究介绍给了心理学家，同时指出了这一研究领域对于心理学家而言所具有的重要意义；而几乎与此同时，Simon（1955）也指出：经济学家若想真正理解实际的决策行为，就必须注重对感知、认知和学习等心理因素的研究。但遗憾的是，当 Denial Kahneman 和 Amos Tversky（1979）在《计量经济学》杂志上发表"关于不确定性环境下的判断和决策问题"的经典论文之前，认知心理学研究并没有真正成型。而正是 Kahneman 和 Tversky 在坚持心理学研究传统的同时不断向经济学研究靠拢的努力，使得这两个独立的学科之间建立起了一座有效的沟通桥梁并最终促使了行为经济学研究体系的确立。

1. 不确定性环境下的判断：启发式（heuristics）和偏差

Kahneman 和 Tversky 发现了不确定环境下的判断可以系统地偏离传统经济学的理性假设。他们早期研究的一个基本结论是：人们一般无法充分分析涉及经济判断和概率判断的环境。因此，人们通常依赖于一些思维定式或"捷径"做出直观判断，而这种直观判断通常是存在系统性偏差的。

一个基本的偏差来自于人们经常使用小数定律（Law of small number)，即将小样本均值的统计分布等同于大样本均值的统计分布，因此违反了概率论中的大数定律。例如，在一个著名的实验中他们发现，被实验者认为某一天内60%的新生儿是男孩的概率在大医院和小医院是相同的。很显然人们并不能普遍认识到：一个随机变量的样本均值的方差会随着样本数的增加而减少，这就导致了从少量独立观测中做出"过度判断"（Over - inference）的结果。现实生活中人们遵循小数定律判断的例子很多，比如一个投资者看到一个基金经理近两年的业绩表现均超过行业平均水平时会判断该经理具有较强经营能力，但事实上这

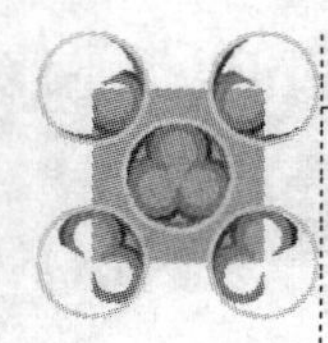

种数据在统计学上是没有什么解释力的。[①] 他们进一步通过一系列实验研究发现：小数定律与代表性直观推断法（representativeness）是紧密相关的。他们的实验证明，代表性直观推断法使人们更在意一些代表性的特征描述而不是其背后的统计学事实；并且使人们认为两个事件的联合概率要大于其中任何一个事件单独发生的概率，而这显然和统计学中的联合概率分布法则相悖。[②]

概率判断中常见的另一种偏差是由信息的可获得性所引起的。人们对概率分布的判断取决于得到信息的难易程度，在判断过程中人们通常给一些容易得到的、容易记忆的信息以很高的权重。认知心理学的发现告诉我们：相对于一些不太熟悉的信息，熟悉的信息更容易给人们留下深刻的印象，同时会被认为更真实或更相关。因此信息的熟悉性和可获得性往往成为准确性和相关性的替代品。例如，人们往往会错误地将媒体反复报道的信息认为是更真实的信息而不管其是否真的准确或真实。

Kahneman关于“判断行为”的一系列研究成果表明：人们的逻辑推理判断往往系统的偏离基本的概率法则。于是，他籍此严肃地质疑了传统基本经济学原理在实证上的有效性。

2. 不确定性环境下的决策：展望（Prospect）理论

现实生活中的许多证据表明，不仅是不确定环境下的判断过程，就连决策过程也系统地偏离了传统经济学的基本假设，特别是不确定性环境下的许多决策偏离期望效用理论的预测结果。早在1953年，Maurice Allais就指出了与Von Neumann - Morgenstein - Savage不确定性环境下期

---

① 已经有学者将小数定律的研究成果用于一般推广，如Rabin（2002）发表的论文就分析了小数定律对经济决策的重要性。参见Rabin，M. Inference by believers in the Law of small Numbers［J］. *Quarterly Journal of Economics*. 2002，117：775 - 816。

② Shleifer（2000）等经济学家将小数定律和代表性直观推断法用于解释许多金融市场上的反常现象，这也是行为经济学具体在金融学领域加以推广和应用后所形成的新的研究方向。而行为金融学也已经成为一个交叉学科研究的典范。参见Shleifer，A. Inefficient Markets - An Introduction to Behavioral Finance［M］. *Clarendon Lectures in Economics*，Oxford University Press，Oxford，2000.

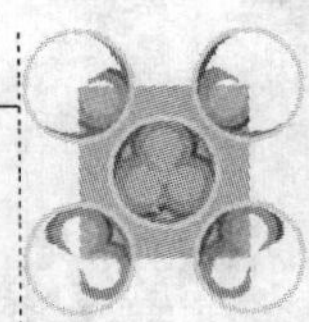

望效用理论的这种偏差，并提出了“阿莱悖论”（Allais paradox）。[①] Kahneman 和 Tversky 在此基础上进一步提供了大量证据表明，决策过程往往与期望效用理论背道而驰。他们的重大发现是：相对于结果的绝对数值而言，人们往往对结果与某一参考水平的偏离程度更为敏感，也就是说人们对于变化更为敏感。这种侧重于变化而非绝对水平的倾向与心理学的认知法则是一致的。同时，他们发现损失给人们带来的痛苦往往大于同等大小的收益给人们的带来的快乐。[②]

Kahneman 和 Tversky 在对传统经济学提出质疑的基础上发展了用来替代期望效用理论的另一种分析框架——展望理论。并指出期望效用理论是用来刻画人类理性行为的公理性推导，而展望理论则是用来描述实际行为的经验性演绎，二者均不可缺少。有关这两种理论的不同之处可用下列公式进行比较：

$$\sum_i p_i u(w_i) > \sum_i q_i u(w_i) \quad (1)$$

$$\sum_i \Pi(p_i) v(\Delta w_i) > \sum_i \Pi(q_i) v(\Delta w_i) \quad (2)$$

式（1）表示遵循期望效用理论的决策过程：假设对于决策者存在一个财富 w_i 的实值函数 u，行为 a 和 b 导致不同财富 w_i 最终实现的概率分别为 p_i 和 q_i，则当且仅当（1）式成立时决策者选择 a 行为。相比较而言，式（2）表示遵循展望理论的决策过程：它有两个实值函数 V 和 Π，并且 $\Delta w = w_i - w_0$ 是财富值 w_i 相对于一个参考水平 w_0 的偏离值，同样，当且仅当（2）式成立时决策者选择 a 行为。

展望理论模型主要说明以下问题：首先，决策者并不太关心决策所带来的财富的绝对值，而更关心决策所带来的财富值相对于某一参考值的变化。于是，Kahneman 和 Tversky 将决策分为两个阶段：编辑阶段和评估阶段，前者帮助决策者建立相应的参考值，后者则根据公式（2）进行相应的计算并做出最终决策。其次，展望理论模型中的价值函数 V

① 具体论述参见：王振中、李仁贵：《诺贝尔经济学家学术传略》[M]，广东经济出版社 2002 年版，第 338－342 页。

② 有关这两个结论的发现过程请具体参见 Kahneman 和 Tversky 在 1979、1991 和 1992 年发表的论文中所列举的实验证据。

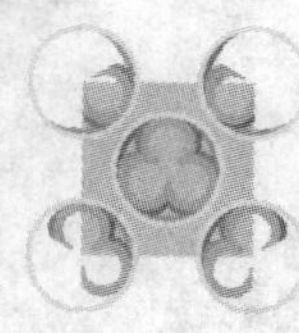

以财富值的偏离水平为自变量，而且函数图形呈 S 型，即对收益水平是凹函数而对损失水平是凸函数，并且正向变化的斜率小于反向变化的斜率，如图 2－1 所示。最后，决策权重函数Ⅱ是客观概率 p 和 q 的函数。该函数单调递增，在 0 和 1 处没有取值，并且对于小概率它始终赋予过大的权重而对于大概率它始终拂过小的权重，如图 2－2 所示。

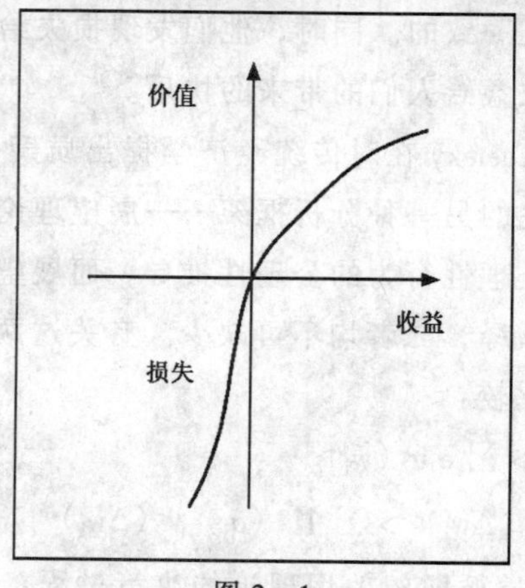

图 2－1

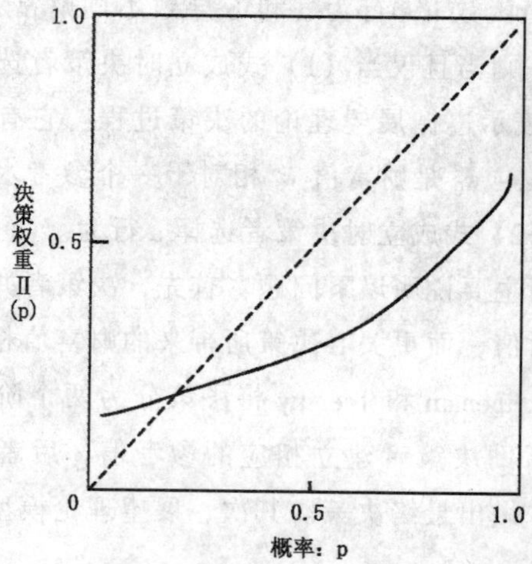

图 2－2

展望理论能够用于解释许多传统经济理论所无法解释的“异常现象”，揭示了不确定性环境下决策的一些一般规律，为经济学研究提供了崭新

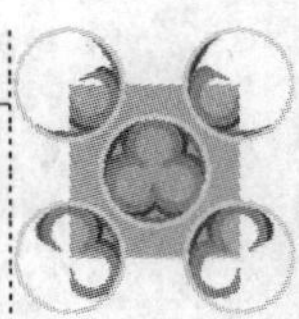

的视角。

（二）实验经济学的研究内容与成果

传统上，经济学被认为是一门非试验性科学，广泛依赖于现场数据：经济学家无法进行类似于化学家和生物学家所进行的那种在受控条件下的试验，因为经济学分析很难控制其他重要因素，与天文学家和气象学家一样，经济学家通常必须依赖于观察。经济学家似乎没有掌握在受控环境下反馈理论和观察到的现象之间的渠道——新的实验结果导致新的理论，而新的理论又导致新的实验——因此，许多人把这一点已看成是经济学持续发展的一个主要障碍。然而，实验经济学的发展对这种观点提出了挑战。

实际上，经济学中的实验性研究同样不乏先例。最早的实验经济学研究可以追溯到 1738 年 Bernoulli 所进行的有关"匹兹堡悖论"的实验。后来，Thurstone（1931）对效用函数的实验研究正式拉开了实验经济学的帷幕；Chamberlin（1948）试图通过实验来检验新古典学派的完全竞争理论；Sauerman 和 Selten（1959）对寡头垄断市场的价格形成机制进行了实验研究；Nash（1954）和 Flood（1959）在实验环境中对博弈论的预测能力进行了研究；而 Siegel 和 Fournake（1959）又讨论了讨价还价的实验结果（转引自孙经纬，2002）。但是，Vernon Smith 无疑是在这个研究领域做出最重要贡献的人，他有关竞争性市场方面的创新性实验（Smith，1962），不同拍卖理论的实验检验（Smith，1965；Coppinger、Smith 和 Titus，1980）以及所谓"诱生性价值判断法"的实验设计（Smith，1976、1982）为整个实验经济学研究奠定了坚实的基础。①

1. 对市场机制的实验检验

Smith（1962）最早受到 Chamberlin（1948）的影响，开始考虑将被

① 结合本文要旨，我们认为 Smith 在实验经济学方法论上的贡献对于整个管理学的研究工作具有更深远的影响，因此本部分我们只简要介绍他在其他方面的主要贡献，而在后面的内容中结合实验经济学对管理学研究方法的完善来具体论述其在实验经济学方法论上的开创性贡献。

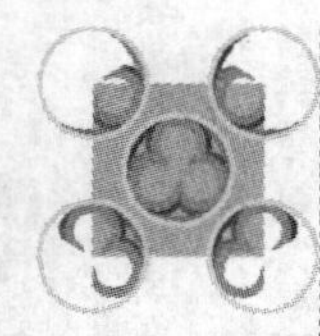

实验者纳入一个更接近于真实市场的实验环境中对竞争性市场机制进行检验。通过对实验过程的有效设计，他发现实际交易价格十分接近理论均衡价格，条件是只要能阻止串谋和确保所有买卖价和交易绝对公开。后来他又与 Plott 进行了一些列类似的实验以检验这一结果是否只是巧合，但几乎所有的实验都更进一步的证实了原来的实验结果。

2. 对拍卖理论的实验检验

拍卖理论作为微观经济理论和博弈论最成功地发展之一出现于上世纪 60 年代早期。Smith 对拍卖理论的假设进行了实验检验，他最先使用可控制实验作为新拍卖设计的“风洞”，因为这些设计在实际运用之前很难进行精确的理论预测。而拍卖理论研究的深入加深了我们对许多现实世界中的市场运行机制的理解。

三、行为经济学对管理学研究思想的指导

在众多学科中，经济学和管理学是两门最依赖于人性假设的学科，因为人性假设是其学科中人的行为分析的逻辑起点。以古典和新古典经济学为代表的传统经济学是建立在“经济人”假设基础之上的，其标准的人的行为模型包括了三个不现实的特征：无限理性、无限自制力和无限自私。行为经济学的发展在很大程度上修正了这种不现实的人性假设。而在管理学的发展历程中，其人性假设较为复杂多变，爱德加·沙因把管理学中的人性假设概括为四种模式：经济人假设、社会人假设、自我实现人假设和复杂人假设（转引自陈昆玉，2002），而在沙因后又相继出现了“文化人假设”、“学习人假设”和“超 Y 理论”等。虽然经济学和管理学中的人性假设的复杂程度是由其研究对象和研究内容的不同所造成的。但是，在此，我们无意讨论经济学和管理学中人性假设之间的区别与联系，而只想试问：管理学中的人性假设能否经历一个由复杂化走向简单化的过程。因为我们已经隐约感觉到管理学中的人性假

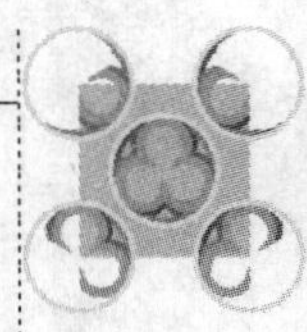

设似乎进入了一个类似于孔茨所描述的“理论丛林”，而一切复杂化、“丛林化”的理论给实践带来的必然是茫然和无助。[①] 正如战略管理领域在经历了多元化战略后已经开始启动新一轮的归核化战略一样，管理学学者能否借助行为经济学修正传统经济学人性假设的相关研究成果和具体方法对管理学学科体系中的人性假设进行一次系统性的“归核化”挑战呢？虽然这可能仅仅只是一种“理想主义”的思考方式，但是既然行为经济学家能够撼摇持续了200多年的传统经济学的理论基础，管理学学者为什么就不能对仅有不到100年发展史中的人性假设问题做更好的系统性总结和展望呢？因此，我们认为，在不否认管理学中人性假设问题的复杂性的前提下，有必要不断致力于使得其在一定程度上尽量简单化和实用化，从而真正实现管理理论对实践的指导。

在传统经济学的三个不现实特征中，对无限理性问题的批判性研究开展的最为广泛，可以说在近代人文社会科学领域（包括经济学、管理学、社会学、哲学等学科）针对无限理性而展开的对非理性问题的研究已经成为一个大的热点。然而随着研究的不断展开，人们开始对“非理性主义”、“非理性因素”和“非理性行为”等基本问题的认识产生了一些误解甚至是迷惘。在管理学界同样存在这样的问题，因为自科学管理诞生以来，理性主义就是现代管理中根深蒂固的传统，所以当面对非理性的冲击时人们很难快速形成准确的认知。首先，非理性因素作为一种客观存在的主观心理形式，与作为一种西方社会思潮的非理性主义应该是有着明显区别的。然而，在管理理论界，有些学者往往不能对非理性因素和非理性主义做出严格区分：他们在否定非理性主义思潮的同时武断的否定了非理性因素的作用，或者在肯定非理性因素作用的同时盲目的宣扬非理性主义，从而造成了二者在理论上的混乱。其次，非理性因素作为决定人类活动的主要因素之一既有其积极作用也有其消极作用，

① 虽然有学者引用黑格尔“凡是现实的都是合理的”的思想认为，各种人性假设均是管理实践催生的产物，因此必然对管理实践产生积极影响。但是我们发现，管理学中的各种人性假设之间存在较大的理论内容上的“交叉区域”，而正是这些“交叉区域”给管理实践造成了一定的混乱和迷茫。

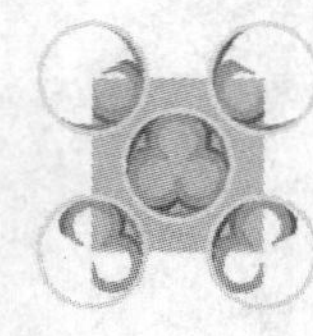

这一点在马克思主义哲学中已经得以确认。可是，在管理理论界，同样有学者往往无法认识到非理性因素的积极作用，认为非理性因素必然导致非理性行为，故而片面的否定非理性因素的存在价值并力图在管理过程中最大限度的降低非理性因素的存在而避免非理性行为的发生。事实上，抛开非理性行为是否真的“危害无穷”不谈，即使是非理性因素也未必一定导致非理性行为，二者之间存在明显的“过渡区”。如果不对这些基本概念及时进行必要澄清，势必将阻碍管理学在非理性问题研究上的进一步深入，进而影响管理学学者对于“人”这个行为主体的进一步深入研究。行为经济学家在认知心理学的基础上将非理性的意义概括为两个方面：一是心理结构上的本能意识或无意识；二是认识结构或主体结构中的非逻辑认识。前者主要涉及人的行为，后者主要涉及人的认识。他们在这种认知的基础上构建起来的研究体系将首先有助于帮助管理学学者明确非理性因素与非理性主义的界限，非理性因素与非理性行为的界限以及非理性因素的积极作用和消极作用等，从而完善管理学对非理性问题进行研究的基础，并在此基础上更准确的探究非理性对现代管理理论与实践的作用和意义。从管理思想史与管理实践两方面来看，在理性管理思想发展的同时，非理性管理思想也作为理性管理的对立面在批评、修正和补充理性管理的过程中不断发展和完善。在可预见的未来，理性管理与非理性管理必将实现动态中的耦合。而对于管理学学者而言，虽然系统管理学派、孔茨等人设计的“经营法”以及彼德斯等人提出的“7－S框架”等都是对理性管理和非理性管理进行融合的积极尝试。但是在新理论的指导下，如何利用行为经济学这一新兴学科为现代管理学研究提供的方法论基础促使二者在理论与实践上的进一步融合将是一项具有创新性的工作。

Simon（1947）在其早期的研究中就曾指出：管理就是决策。而现代管理科学中最大的问题便是如何在不确定性环境下进行高效率决策。虽然主流经济学家已经将不完全信息、处理信息的费用和非传统的决策目标函数引入了经济分析，而运筹学、控制论、系统论和计算机科学等交叉学科的发展又为管理学中决策问题的研究提供了大量有效工具和方

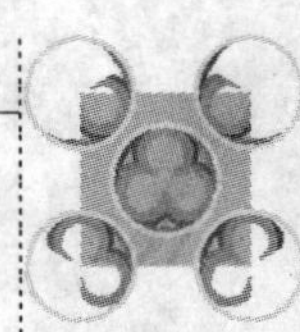

法，但是行为经济学家在认知心理学的指导下对不确定性环境中的判断和决策问题的新研究势必有助于管理学学者在这个领域的进一步深入。在公司战略的制定与执行、人力资源的激励与约束、市场营销中的消费者行为等传统管理学研究领域运用行为经济学的最新研究成果和具体方法都可能会有意想不到的新的理论发现。

四、实验经济学对管理学研究方法的完善

正如上文所述，其实西方实验经济学的研究早从上世纪30年代就已经开始，并在60年代当Smith（1962）提出系统的实验经济学研究方法论后而基本建立起其学科体系，后续的研究基本是对这一研究体系和具体内容的补充与完善。近20年内，西方管理学界应用实验经济学展开理论研究和实践工作的各种成果颇丰。然而，由于我国经济理论界在上世纪90年代末期才开始关注西方实验经济学的研究动态（主要是《经济学动态》杂志最早刊发了一系列有关实验经济学研究的论文，而管理学类学术期刊却鲜见相关研究性论文），因此可想而知，国内的管理学学者更是较晚接触实验经济学的最新理论成果和具体研究方法。事实上，Smith在以"诱生性价值判断法"作为标准工具构建整个实验经济学研究方法论的同时，也为管理学学者提供了崭新的研究方法。在早期几乎所有的市场实验中，对有关理论的检验均要求对实验对象的偏好进行严格的控制，然而这是相当困难的，因为买卖行为一般受实验对象个人损益判断的影响，而实验者几乎无法直接观察这种个人判断。Chamberlin（1948）最早在其对新古典学派的完全竞争理论进行实验检验的时候提出了针对这一问题的解决办法：为实验对象提供恰当的"货

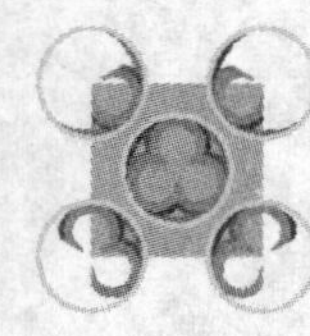

币激励”。[①] Smith 进一步发展了这种研究方法：设想在同质商品市场上，一个实验对象被赋予买方角色。假设实验者要求实验对象在某一价格水平上有相应的需求函数 $q = D(p)$，但是，实验者不知道此人的财富效用函数 $U(w)$。Smith 的方法是，奖励按价格 p 购买任何一定数量产品 q 的人以 $R(q) - pq$ 美元，这样就可以诱生出实验者想要的需求函数。根据经济学理论，实验对象将会选择数量 q 的产品，从而使得通过增加 q 获得的边际收益等于其边际成本，也就是 $R'(q) = p$。只要未知效用函数 $U(w)$ 为增函数和凹函数，即 $(R')^{-1}(q) = p$，实验对象的需求函数就会和实验者想要的需求函数相一致。以此作为基础，Smith 为其他实验经济学家们提供了一个开展实验研究的范式。虽然 Smith 开创的实验方法因其与心理学实验方法之间的差异而引起了众多争论：心理学家们主要对个人行为感兴趣，而 Smith 设计的原创性实验的主要目的是为了分析市场结果，因此关于正确的方法论的实际分歧从未消失。但是，我们不打算在这里探讨关于方法论问题的正反两方面的观点，因为我们更多地看到了 Smith 所开创的实验方法在可控性和可重复性上的巨大贡献，它不仅对经济学家们十分重要，而且对其他社会科学家们也意义非凡。例如，政治学研究领域已开始广泛采用实验手段研究国际关系问题、竞选与选举问题、公共政策以及法律和法规问题等。

虽然，就目前我们所掌握的情况来看，在我国管理学研究领域真正采用实验研究方法的学者和相关研究成果十分有限，但是这绝不能否定实验经济学中的实验研究方法对管理学研究的重要意义，反而更应该促使管理学学者在此研究领域做更多的努力。因为从研究方法上来看，实验方法具有经验研究和理论研究的双重特性：它既能对现有的管理学理论进行证实或证伪的检验，又能通过相关理论建议的实验为寻求新的管理理论提供相应的暗示和具体的线索。接下来，我们便将简要的从检验原有理论和催生新理论两个角度论述实验方法对管理学研究的重要意

① 遗憾的是由于 Chamberlin 的实验结果与新古典市场理论相悖，因此其在后来的研究中放弃了这种实验方法。

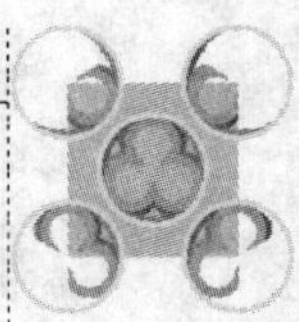

义。首先，从检验原有理论的角度来看。由于经济学始终是管理学的理论基础，而现代西方经济学中的新古典经济学诞生于经典物理学理论发展的鼎盛时期（19 世纪末 20 世纪初），因此新古典经济学家们总是试图把经济学建立成类似于数学物理学一样精密的科学。这种经典物理学对经济学的影响透过经济学是管理学的理论基础和研究方法这一层关系不可避免的影响到了管理学的发展，这从近期管理学研究的数学语言化趋势可见一斑。但是数学语言能够完全、准确的检验相应的管理学理论吗？我们通过图 2-3 进行简要地说明。

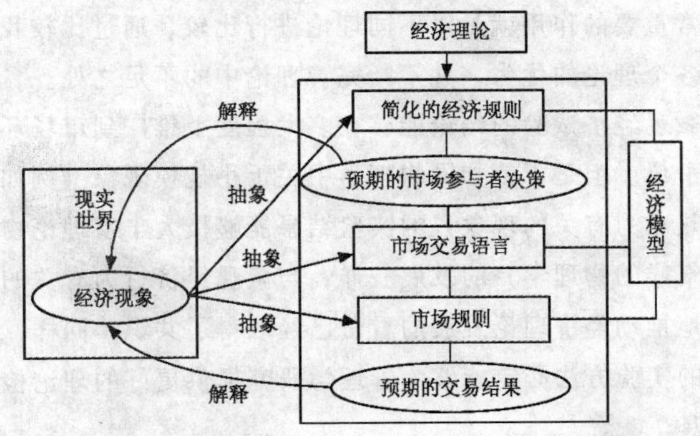

图 2-3　经济现象、经济理论和经济模型间的关系

图 2-3 表明，现实世界中的经济现象经过抽象后形成相应的经济模型，但是经济理论并不仅仅由经济模型构成，它还给出了各种各样的预测，正是通过这些预测经济学理论才能反过头来解释各种经济现象。一个理论的内在逻辑结构的严密性是该理论能否用于指导实践的必要前提，然而我们发现，数学语言只能检验经济理论的模型部分，而对各种假设无法给出有效检验。因此，同样的，从某种意义上来讲，数学推导上再严密的管理学理论也只能证明其模型的逻辑结构是严密的，而无法证明该理论是严密的。然而，利用实验方法在一个封闭环境下（实验

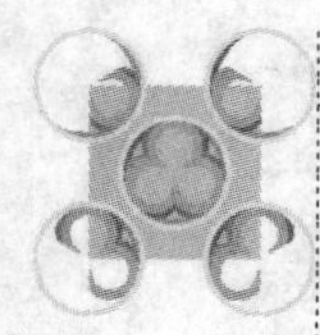

室）对实验条件进行控制，得到的是不借助任何“二级假设”[①] 的结论，因此也是最具说服力和最具检验力的结论。于是，我们可以发现，实验方法对于管理理论的检验效果要明显优于数学方法。其次，从催生新理论产生的角度来看。新理论往往不是对旧理论的全盘否定和推翻，而是部分修正和完善。当我们设计一个实验检验某个管理理论是否成功时，如果实验结果告诉我们该理论是失败的，那么我们就可以进一步探寻该理论失败的原因。通过调整实验中的控制环节，我们可以得到催生新理论的启发和线索，进而探究出新的管理理论和方法。当然，实验还有一个非常重要的作用就是对不同理论进行比较，通过比较我们能很自然的发现各个理论的优劣，并不断完善理论中的不足之处。

虽然微观经济试验的结论能够在多大程度上推广到市场环境中去这一点仍有争议。但是，就如同物理学中关于小规模现象（例如那些与基本粒子和热动力有关的现象）的实验结果能够极大丰富理论物理学（关于宇宙或气候的物理学）的发展一样，与微观经济行为有关的实验结果能够极大地推动经济理论发展的看法已经取得了共识。同样，实验经济学所提供的实验方法必定能够为管理学研究提供更好的理论检验和理论创新的工具。

（厦门大学管理学院　刘文彬）

① 经济学理论除了对经济环境的假设外，还有许多对市场参与者行为的二级假设，例如厂商和消费者分别自觉地运用优化过程来实现利润最大化和消费者效用最大化，还有理性预期假设实际上也是一个二级假设。所有这些二级假设都是经济理论的逻辑出发点，如果去掉这些二级假设，经济学家就无法得到相应的理论。

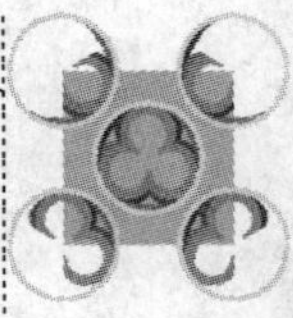

第三章 DISHANZHANG

管理学研究中方法论选择的探讨

一、管理学研究中的方法论需要解决的问题

在对诸多管理学家对管理学的规定性进行分析比较的基础上,芮明杰(1998)认为管理学是研究和探讨组织及组织内资源配置的构造、方式及方法的学科,是一门应用性理论学科。管理学由组织、管理方式方法以及经营三大部分内容组成。据此,笔者认为管理学的方法论面临解决三个重要的问题。

首先,“组织”是管理学研究不可回避的重点。而组织首先是一个由多个作为个体的人,通过彼此之间既定的或可调整的关系,构成的一个具有同简单个体相加有紧密联系,但又深刻不同的行为方式的群体。对个体、个体行为、个体间的关系、个体与群体的关系、群体与群体的关系、群体行为、以及上述6个方面之间的相互影响和作用,成为管理学研究的重要客体。由于人的复杂性和现今对人类自身认识的客观不足,人在试图通过主观意识来了解客观世界的时候,我们的思想与物自体之间却有一个无法逾越的鸿沟(康德语)。那么,什么样的管理学研究方法论可以跨越这样的鸿沟,与管理实践中表明现象背后的客观存在取得一致性的认识?

其次, 管理方式方法研究的是如何对相对稀缺的资源进行有效的安

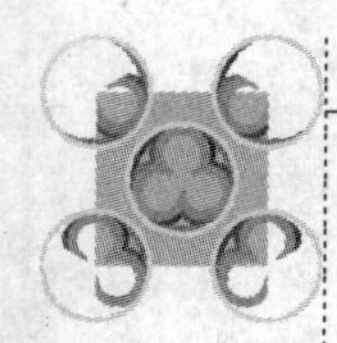

排以达到组织目标。如果以企业管理学为例，一个不可避免的问题是企业作为一个组织的目标究竟是什么？在资本已经逐步退出最稀缺资源行列，所有权和经营权分离导致大型企业组织实际控制权落入在高层经理人手中，技术创新、市场创新、商务模式创新快速发展成为企业组织可持续发展的第一要义的今天，传统的利润最大化假设并非无懈可击。离开了这个曾是准公理性的假设，管理学的方法论还能否实现构建一个类似自然科学的以公理假设为基础的严密的“科学”体系的目标？或者，存在建立一种有着新基点的“科学”体系的可能性？

第三，管理学研究的目的性强，具有典型的应用性特征。由于环境的不断变化和发展，管理理论的生命力通常是逐渐衰减的。缺少自然科学里科学理论近似永恒不变的特质。特别是企业管理理论，由于企业的首要目标是生存，其运作过程中往往很难承受一次长时间的巨大失误，在管理实践中不能起到相对立竿见影的效果的理论首先会被实务界抛弃。这是因为管理对同一决策对象而言，决策本身既包含有实验意义，又具有实施价值，不存在严格意义上的可以重新再来的机会。正是因为管理实践需要耗费大量的时间和资源，同时由于环境的复杂性和不断变化，一些管理实践呈现出不可重复性的社会学学科的特性。李怀祖(1995)认为，管理问题很难像工程技术系统那样将系统本体和环境在一定条件下隔离处理，管理问题的特点在于系统本体和管理意境的不可分性。系统本体和特定的意境组合出千姿百态、各具特性的状态正体现了艺术的特征。对艺术来讲，个性、特点越突出，则价值愈大。反之，自然科学讲求共性，概括层次愈高愈抽象则价值愈高。管理学的方法论如何解决由于不可重复验证带来的管理理论难以通过验证来表明真理性的问题？

二、管理学研究中方法论的选择

实践是检验真理的惟一标准。管理学能否科学化的检验标准也就是

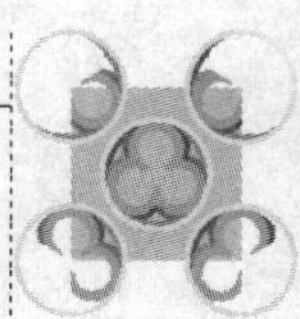

管理学的理论在实际运用中能实现该理论条件框架下的目标。基于此，对于芮先生将“经营”列入广义的管理学范畴，而狭义的管理学研究的对象只包括组织、管理方式方法。笔者认为这种广义与狭义的区分既没有必要，也不是很合适。因为无论是盈利性组织还是非盈利性组织，只有通过经营才能实现组织目标，也只有通过经营的结果才可以检验管理理论的运用是否恰当。也就是说，脱离了“经营”这个环节，管理学的研究是不能够说科学的，至少是不完整的。

从管理学的研究实践看，笔者认为管理学研究的内容可以分化成三大部分，其一是以物为中心的，旨在提高物质资源利用管理效率的研究；其二是以人为中心的，旨在发挥组织内部人员能力的研究；第三是以组织为中心的，旨在促使组织与其内外部环境和谐发展的研究。方法论的统一是建立在研究对象的内在特质的统一的基础上的。笔者认为：三个部分的主要研究对象具有非常不同的属性，难以以统一的标准来衡量和分析是造成管理学研究过程中没有形成统一方法论的主要原因。“管理理论的丛林”正是管理学者从不同的角度与方法尝试对管理学进行分解或综合的结果。三个部分的管理学研究应该采用不同的方法论为主体。①

① 根据卡尔·M. 范米特（1995）向国际社会学研究委员会所属的逻辑与方法论研究委员会的所有成员发函调查结果：(1) 尽管彼此间的对立已经大大减弱，“定量的”和“定性的”依然是两种根本的方法论；(2) 所有的方法论都“不是普遍适用的”；(3) 多方法分析对获得稳定的成果和促进分支学科之间的交流有价值。之所以采用“为主”二字，是因为笔者认同哈默斯利（1982）的观点，即试图把“定性—定量”区别的各个组成部分（包括文字对数字、自然的对人为的环境、意义对行为、归纳法对演绎法、文化模式对科学定律、理想主义对现实主义等等的区别）逐一加以区别是把问题过分简单化了。流行的定性与定量方法的区别容易使我们看不清所面临的问题的复杂性，有使我们的决策比不做这种区别时所可能做的更加无益的危险。孔贝西（1984）和威尔逊（1986）认为，在社会学科的研究中，任何人都是将“定性的”和“定量的”研究方法相结合。两种研究途径是彼此交织、相辅相成的。席酉民(1998) 认为解决管理的科学性与艺术性的问题的可能出路是按内容和问题的性质区别对待，即回答哪些已具有科学性，哪些暂时还只能说是随人和情况变化，具有很强的艺术特点。也就是说，在管理学研究的过程中，定性的和定量的方法论都是可取的，关键是如何根据不同的研究对象进行选取的问题，其本质是根据不同的研究对象的属性，什么样的方法论能保证其研究结果是与人们认识背后的内容的一致性。

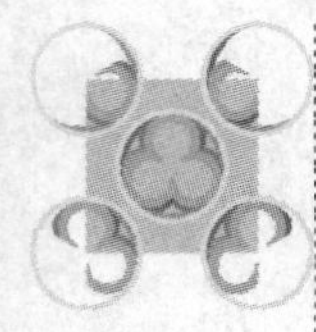

第一，恩格斯认为自然科学其研究对象是运动着的物质、物体。它是从物质在时间空间中的运动、物质运动的不同层次、不同层次的相互关系这个角度去研究整个客观世界。在以物为中心的管理学研究中，由于研究对象具有类似自然科学研究对象的属性，即客观性和普遍性。故采用自然科学的研究，以定量的研究为主，采用观察、测量、控制、实验等方法进行研究是合适的。对此基本不存在异议，本文不再赘述。

第二，李凯尔特把科学分成自然科学和历史的文化的科学。自然科学把与任何价值都无联系的事物和现象看作自己的对象，历史与文化科学则必须从对象的特殊性和个别性记述其不可重复的一次性发展。在以人为中心的、旨在发挥组织内部人员能力的研究中，研究者和被研究者都是由具有主观能动性的、在研究的过程中会受彼此相互影响的、并且受某种共同文化影响（或许由于受不同文化影响面临潜在甚至直接意识冲突）的人组成。认识社会行动者的内心世界是一个非常复杂的、艰巨的任务。狄尔泰认为关于人的科学，“理解”是它惟一可以使用的方法。简单地用自然科学方法去研究人的外部行为，无法解释人们意识到的各种现实。应该从感性资料的外部标志去认识他人内心世界。“客观精神”，即代表着不同层次被制度化的社会结构和规范体系，它正是这样一个能够使得社会个体之间达到相互理解的中介。即通过对客观精神的剖析和理解，才可以跨越主体意识对客观对象认识的鸿沟。

韦伯认为，由于研究的对象是“历史个体”，它具有独一无二的不可重复性，因此研究的结果不属于规律问题，而属于具体因果关系问题。在韦伯的理论体系中，他把这种具体因果关系称为“客观可能性”，而把规律称为必然性。“客观可能性”是一个尽可能妥当地估量出某一原因在随机事件发生的几率上所具有重要性的范畴。韦伯的这个理论解决了对该类管理问题研究结果真理性的检验问题。即在管理理论被赋之实践的过程中，只要在概率统计上同理论预测的结果具有较高同质性即可。由于人的行为受到诸多自身非理性因素和外部环境的影响，因此各种理论虽然在概率统计上具有差异，其对组织中人的行为的解释均有可能是客观可能的。也就是说这些理论的普遍性虽然不容易得到验证，但

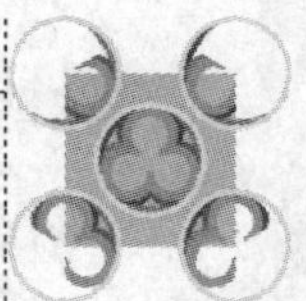

确实存在，至少是在与研究样本主要属性类似的人群中存在普遍性，理论预测具有较高的可信度。

在该类研究的过程中，多采用深入调研、比较研究与归纳演绎相结合的方法，这样的方法正式建立在对“客观精神”的分析和理解上的，其本身也保证了理论来源的客观基础。但是笔者认为需要特别注意的是，在采用历史个体主义，通过“理解”去进行管理学研究的同时，必须牢记韦伯强调的“价值中立”原则。研究者只有在摒弃个人偏好和先验观点的基础上，对现有的材料加以分类分析归纳汇总，才可能得出具有客观性的结论。如果研究者事先带有预设的理论结果，其在原始素材的搜集和过滤过程中出现偏好选择的可能性问题就会大大增加。虽然这样得出的理论结果因为其选取样本的非代表性，缺乏通过实践检验的能力，很难被理论界和实务界所接收，但其造成的理论混乱和非客观的学术研究倾向是管理学学术研究过程中应努力避免的。

第三,在第三类以组织为中心,对组织和环境如何和谐进行研究的主题中,群体的行为以及群体之间的互动成为研究的主要对象。同个人不同,虽然群体是由个人组成,但群体的行为决不是个体行为的简单相加。

首先，管理学研究的群体是以一个组织整体出现的群体。该群体不是个体的简单累加，组织的目标、制度、文化传统、激励惩罚措施等在个体到群体的形成过程中起到深刻的约束和影响。其次，个体的理性选择往往导致群体行为的非理性化。例如股市的追涨杀跌的行为导致市场信号的进一步失真等。曼瑟尔·奥尔森在其著作《集体行动的逻辑》一书中对基于理性个体假设下的集体行为的后果不具有理性的原因做了深刻的分析。古斯塔夫·勒庞在《乌合之众》一书中认为，处于群体环境中的个体有放弃和丧失独立思考能力的倾向，群体的无意识行为代替了个体的有意识行为，在特定情况下甚至容易导致群体行为狂乱。第三，与个体的本身是管理学的研究领域不同，本领域内，群体间关系和行为与互动才是研究的重点。在动态环境下，随着群体目标的改变、群体影响力的改变以及其他因素的变化引起的群体关系和行为的变化直接影响组织目标的实现效率和实现方式。这些研究对象都表现出同个体非常大

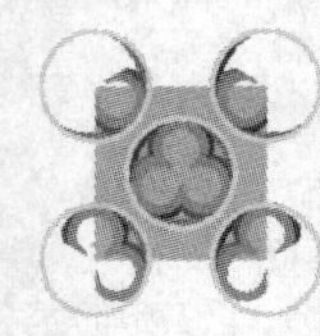

的区别。

虽然管理学研究领域对组织目标的传统公理性假设正面临挑战，但根据韦伯的理论，社会是由行动者组成的系统，行动者的社会行动是有意义的，对社会行动的理解必须伴有经验上的验证才是具有价值的。这种经验上的验证是要寻找某一现象背后的具体的因果关系，而不是探求具有普遍因果效力的规律。实践告诉我们，因果关系通常并非只是单一线性的，而是存在主要原因和次要原因，外部原因和内部原因之分。在管理学的研究中，其目的不仅是寻找主要原因和内部原因，对次要原因和外部原因也要进行高度的关注。通过对主管恰当性、因果恰当性和客观可能性理论的构建，社会学科的认识论应该倡导因果多元论，摆脱线性单义的因果关系框架，即拜托基于"公理"假设的科学框架体系的束缚。这也同时说明了"管理理论丛林"现象存在的必然性和合理性。管理学的体系性也因此并不是呈现为大一统的体系，而是多个体系的复杂交混和相互影响，是一个开放的不断拓展的体系。

笔者认为，从社会学、历史学研究领域借鉴过来的"历史比较方法"在针对组织为中心的管理学研究中具有重要的意义。虽然不同的组织之间具有不同的结构，但管理实践表明，组织结构所依存的群体关系是具有相似性的。这就为通过历史分析获得相对普遍性的关于组织的管理理论提供了客观可能性。虽然没有明确的定义，但通常认为历史比较方法① 是通过对不同时间、不同空间条件下的各种历史现象进行纵向

① 历史比较方法在对人类历史的认识探索中由来已久。汉代司马迁的《史记》就已经有意地将一些具有可比性人物合传（如《韩信卢绾列传》），从而凸现其历史借鉴作用。古希腊的历史学家希罗多德在其著作《历史》一书中也曾使用过比较方法。马克思、恩格斯在研究人类社会历史时，认为比较分析方法是理解各种历史现象的一把钥匙。他们主张："要了解一个限定的历史时期，必须跳出它的局限，把它与其他历史时期相比较。"在具体地研究工作中，他们广泛使用了比较方法。如在研究资产阶级经济学的过程中，恩格斯说："只知道资本主义的生产、交换和分配的形式是不够的。对于发生在这些形式之前的或者在比较不发达的国家内和这些同时并存的那些形式，同样必须加以研究和比较，至少是概括地加以研究和比较。"在研究德国历史时，恩格斯同样认为："只有拿法国的相应的时代来作比较，才可以得出一个正确的标准，因为那里发生的一切正好和我们这里发生的相反。"在《家庭、私有制和国家的起源》中，恩格斯更是出色地运用了比较方法。从 19 世纪末 20 世纪初以来，通过大量实践，比较分析方法与史学研究越来越融合在一起，成为一种体系化的史学研究方法，而倍受推崇。英国历史学家杰·巴勒克拉夫在《当代史学主要趋势》一书中说："如果我们把比较史学说成是历史研究未来最有前途的趋势之一，恐怕没有什么过错。"

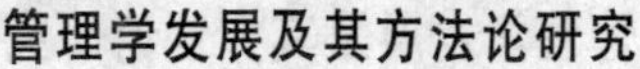
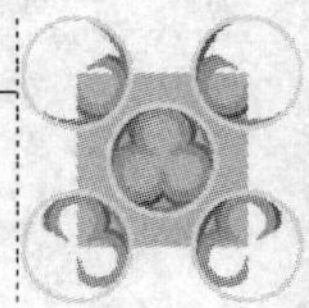

或横向的比较，分析异同，探索社会现象发展的一般客观可能性或特殊性的一种史学分析方法。

运用历史比较方法有助于揭示和认识各种组织现象的历史成因及组织中的各个群体、群体关系、组织与外部组织的关系等发展中的共性以及各自的特殊性。管理实践中的组织表现出的各种现象极为复杂多变，不同时期的各个组织、组织群体、群体关系已经组织关系的发展也是极不平衡的；要探讨和认识隐藏在这些现象后的普遍可能性本质和规律，就需要运用历史比较方法，找出它们的共同点和不同点、共同性和特殊性，并在此基础上加以分析研究，发现其本质和规律。

运用历史比较方法有助于促进各个组织间、组织群体间的了解和理解，从而为组织间和谐发展提供基础。当今世界正在愈来愈甚地作为一个整体而运转，其中各个不同部分被无法解脱地联系在一起。各个组织和群体之间在经济、政治、文化等各个方面的合作日益加强。但是人们越来越强烈地感觉到，在过去的漫长岁月里形成的文化心理信仰等方面的陌生感，以及利益冲突所造成的组织和群体间的偏见，是这种合作进一步发展的阻碍。系统的历史比较分析方法的运用，可以在加强组织和群体间相互了解的基础上，为逐渐淡化和消除这种偏见起到积极作用。

管理学研究中的历史比较方法按照研究目标可划分为：历史类型性比较和作为理论的并行论证的历史比较。前者包括具有同类特征历史现象之间的比较（如东西方企业文化演化的比较；温州模式与晋江模式之间的比较；两个具有代表性企业的组织结构与战略关系之间的比较；美、日企业创新体制的比较；欧、美企业劳工政策比较等等）和历史“渊源”上的比较（如中国企业管理思想演变与外商在国内的投资变化的之间的比较；欧洲各地温州商团之间的比较；闽粤地区家族企业与东南亚地区家族企业之间的比较；台湾地区与日本、南韩企业在产业集群方面比较等等）；后者的历史比较是作为理论证明的一种辅助方式，通过对比历史实例来证明理论观点。通过这种比较类型的运用，旨在说明所探讨的具体实例的特点，并揭示这些特点对所研究的抽象对象的演化进程将会产生什么样的影响。运用这种比较类型的前提是：首先作出管

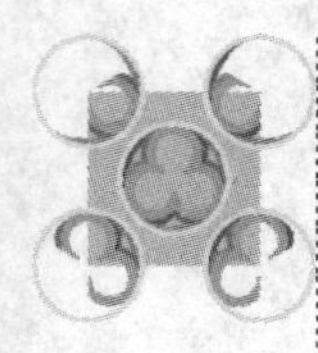

理学意义的结构和过程的因果推论，在此基础上，依据两个或两个以上的基本分析构想进行比较。如钱德勒的《战略与结构》、威廉·大内的《Z 理论》等管理学著作都运用了这种比较类型。

笔者认为在运用历史比较分析作管理学研究的时候，还需在以下四个方面谨慎行事。

第一，虽然历史比较研究对资料不可能穷尽，但在考察管理学的研究对象的历史运动时，应该首先从管理历史的整体观念出发，即保持系统分析的方法。只有在此基础上，才能更深刻地认识整体过程中局部以及整体过程与局部的内在的联系。将管理实践发展的历史过程和自然界一样，也是分成若干层次的。通过对整体过程中的不同层次（如从组织内的单个群体到多个群体再到多组织间关系）的次递研究和对这些层次之间的内在联系的考察，以达到揭示管理学历史整体过程本质和规律的目的。

第二，通过历史结构的比较分析，可将管理学研究中组织的历史系统内部各要素之间某种或深或浅，或明或暗的联系（这种联系就是其内部结构）辨识出来。通过对组织与社会结构的关系和作用的探讨，深刻认识管理实践演化过程中组织与经济、政治、思想、文化、宗教、艺术等方面的交互作用，以及这种作用与历史过程的关系。在运用历史结构比较分析时，应注意既要重视历史整体结构和群体发展趋势，又要注意整体结构中的个体关系，个体特征。

第三，系统论的创始人贝塔朗菲认为："系统的意义可以确定为处于一定的相应关系中的与环境发生关系的各组成部分的总体。"历史环境的比较分析通过分析组织在环境中所维持的作用平衡，以及平衡被破坏和被恢复的多次反复过程，可以考查管理实践历史过程的多变性和方向性，以及管理理论的发展和运动的总趋势。

最后，管理学所研究的组织是一个动态开放系统。只有借助动态的历史比较分析，用开放的思维去研究分析管理发展历史的过程、人物和事件，才能深刻地揭示管理实践发展运动的本质和规律。

总之，在纠正了以自然科学采用的方法论代替科学本身的观点之

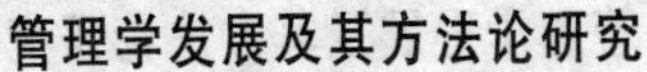
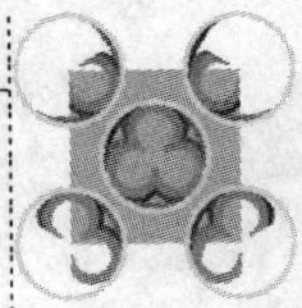

后，通过将管理学能否科学化定义为管理学理论是否可以在实践中存在客观可能性，也就是得到概率性的验证；从物、人、组织三个不同的角度对管理学的研究对象进行区分后，我们发现与之相对应的分别是以实证主义、历史个体主义和历史比较研究为主的方法论，可以保证管理学理论的研究取得与管理实践现象背后存在的认识上的一致性。即，通过以"客观精神"为中介，在动态的环境中，在整体中，按照结构和层次来对个人和历史做出"理解"，来实现对意识鸿沟的跨越；承认因果关系的多元性来解释管理学不能建立类似自然科学的"公理"假设的原因；通过客观可能性主张代替教条的实证主义（证伪主张）来解决管理学理论难以重复性验证的难题。

[参考文献]

1. 卡尔·M. 范米特著，仕琦译："社会学方法论"[J]，《国际社会科学杂志》（中文版），1995（1）.
2. 覃方明："社会学方法论新探"（上）[J]，《社会学研究》，1998 年第 2 期。
3. 覃方明："社会学方法论新探"（下）[J]，《社会学研究》，1998 年第 3 期。
4. 芮明杰："走向 21 世纪的管理学"[J]，《管理科学学报》，1998 年第 12 期。
5. 席酉民："管理与管理研究的几点理论思考"[J]，《系统工程理论与实践》，1998 年第 7 期。
6. 金祖钧、黄景洲："对管理内涵的探索"[J]，《当代财经》，2001 年第 6 期。
7. 叶响裙："两种社会学方法论的比较"[J]，《华中理工大学学报》（社会科学版），1996 年第 1 期。
8. 李怀祖：《论管理意境》[J]，《领导理论与实践》，1995 年第 4 期。
9. [美] 曼瑟尔·奥尔森著，陈郁译：《集体行动的逻辑》[M]，上海三联书店、上海人民出版社 1995 年版。
10. [法] 古斯塔夫·勒庞著，冯克利译：《乌合之众》[M]，中央编译出版社 2005 年版。
11. 侯钧生编：《西方社会学理论教程》[M]，南开大学出版社 2001 年版。
12. [台] 顾忠华：《韦伯学说》[M]，广西师范大学出版社 2004 年版。
13. [美] 阿奇·B. 卡罗尔、安·K. 巴克霍尔茨著，黄煜平等译：《企业与社会》

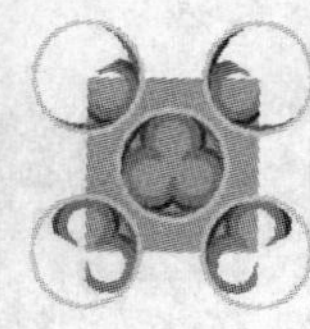

[M]，机械工业出版社 2004 年版。
14. [德] 马科斯·韦伯著，杨富斌译：《社会科学方法论》[M]，华夏出版社 1999 年版。
15. [德] 韦伯著，林荣远译：《经济与社会》[M]，商务印书馆 1998 年版。

（厦门大学管理学院 朱敬恩）

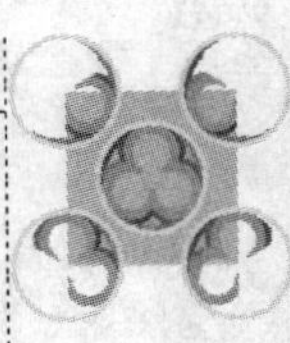

第四章 DISIZHANG

对管理整合结构的反思

什么是管理？是艰深的学院著作？还是流行的商业时尚？抑或一种技巧与诀窍？要给管理下个广为认可的定义确实很难。这主要缘于管理是一门侧重于实践的学科，即使是最严格的科学研究也无法排除人的价值因素和各类情境要素，偏执一辞都无异于盲人摸象，窥豹一斑。要回答好这个问题，不妨对下面具体问题进行一些思考：为什么会出现管理的丛林与层出不穷的管理新概念？管理风尚背后的法则与规律是什么？——这些风尚为什么又会出现、消长？为什么面对如此之多的“管理创新”与管理风尚，管理历史的学者却一再告诫人们很多都是在“重复发明轮子”[①]？“管理既是科学也是艺术”的论断也许并没有风险，但是否是个很好的回答则需有更多的思考；是否可以将所有的管理知识与管理现象进行整合，并统一到一个框架中来呢？

国内外学者一直在对以上问题的回答上做出各种努力并已取得了一些成就。近年来，国外出现的“大师理论（guru theory)”和“管理风尚

① 摩根·威策尔：《管理的历史》，中信出版社 2002 年版。

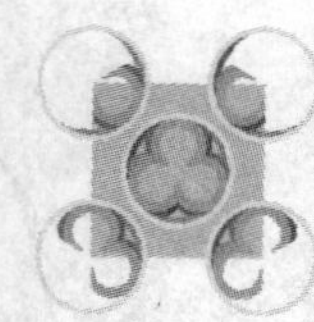

理论（management fashion）”[①]，正回应了世纪之交国外管理学界所提出的对管理理论整合的思潮。而在国内，“接轨”与“反思”已成为社会科学界的两大呼声[②]，对“管理整合”的反思无疑对厘清这一古老命题大有裨益。国内学者对管理要素与结构的思考和对管理本质的反思也在进行，管理整合的轮廓也因此逐渐清晰起来。

一、对管理整合的反思与进展

正如人们所知，在管理学界充斥着名目繁多的所谓概念与理论，市场对于新的管理概念的追捧似乎热情不减，以至于在国内竟然还催生了一批伪书[③]。这些学术的、半学术的、实务的，甚至还有伪观点和概念将本来就面目不清的“管理丛林”变得更加复杂化。2004年末举办的“首届中国管理论坛”上出现的情景竟然与42年前美国一所大学举办的管理会议一样[④]，对一些基本的管理学术语都无法达成共识。若能从混乱中找出规律以把握变中所不变的核心，管理的面目也许就可以崭露了。幸而世纪之交带来了解决这一问题的契机，赋予了众多管理学者一种历史的命题：对管理百年的回顾与反思，从管理丛林中理出头绪。

这其中，具有代表性的学术论文有卡尔森（P. Carson）等人2000年

---

① 管理风尚（management fashion），也翻译作管理时尚、管理流行。国内研究的文献几乎为空白，国外文献除文中所述外，还可见于哈罗德·孔茨，海因茨·韦里克：《管理学》第十版，经济科学出版社，第10页。

② 雷少波，崔祝：“为方法理性鼓与呼”，原载《中华读书报》，2004年3月31日，第15版，转引自罗伯特·K. 殷：《案例研究：设计与方法》，重庆大学出版社2004年版。

③ 参见人民网，《严查“伪书”重建出版诚信》，http：//culture.people.com.cn.

④ 指1962年加州大学洛杉矶分校（UCLA）引发的区分管理教学者和实践者的讨论会。在该会上，赫伯特·西蒙就孔茨提出的“语义学丛林”持不同观点。参见丹尼尔·A. 雷恩：《管理思想的演变》，中国社会科学出版社2000年版，第455～459页。2004年12月在武汉大学举行的“首届中国管理论坛”上与会学者就“核心竞争力”的概念有各自不同的理解。

发表在《管理学会学报》(AMJ) 上的“从管理风尚的丛林中理出一个道路：一些初步的开拓”；艾瑞克 (A. Eric) 等人先后于 1996 年和 1999 年分别在《管理学会评论》(AMR) 和《管理科学季刊》(ASQ) 上发表的“管理风尚”和“管理风尚：生命周期、动因及集体学习机制”，以及胡克金斯基 (A. Huczynski) 于 1996 年出版的专著《管理宗师：世界一流的管理思想》，等等。从这些论文和专著中，我们不难发现它们有一个共同的主题，即提出如何看待与解释众多管理思潮的变迁，如何整合这些看似纷繁芜杂的管理理论。例如，艾瑞克归纳的具有一定普遍性的“管理风尚设定模型”理论，从经济学的供需理论的角度解释，对于管理风尚设定发起者传播管理风尚的动态过程进行了详细的阐述。胡克金斯基的大师理论可被视为李显君先生管理三层次说的蓝本。李先生将大师理论分为学术、咨询和经营三大类。[①] 从某种程度上来看，这些对管理理论的反思与整合也是继承了孔茨 (H. Koontz) “管理丛林”分析的传统。[②] 这也批驳了关于“除孔茨之外，国外学者近年来鲜有有意识、系统的反思”的论断。[③]

表 4-1　半个世纪以来的管理风尚

50 年代	60 年代	70 年代	80 年代	90 年代
目标管理 (MBO) 项目评估与审查技术 (PERT) 雇员支持计划 (EAPs)	敏感性培训与 T-小组	工作生活质量计划 品质圈	企业文化 全面质量管理 (TQM) 国际标准组织 9000 (ISO9000) 标竿管理	雇员授权 水平组织 愿景 再造 灵捷制造 核心竞争力

资料来源：Paula Phillips Carson; Patricia A Lanier; Kerry David Carson; Brandi N Guidry: Clearing a path through the management fashion jungle: Some preliminary trailblazing. *Academy of Management Journal*; Dec 2000; 43, 6; 1144.

---

① 参见胡克金斯基：《管理宗师：世界一流的管理思想》，东北财经大学出版社 2003 年版第 46、53 页。

② 分别发表于 1961 年 AMR 上的“管理理论的丛林”和 1980 年 AMJ 上的“再访管理理论的丛林”(时任管理研究院 AOM 会长)。

③ 参见刘宝宏：“管理理论学派纷争的原因探析”，《经济管理》，2004 年 19 期，第 7 页。当时，他 (在脚注) 也承认“这一判断并没有系统的文献支持，是笔者根据近年来国外管理思潮的演变推测而得。”

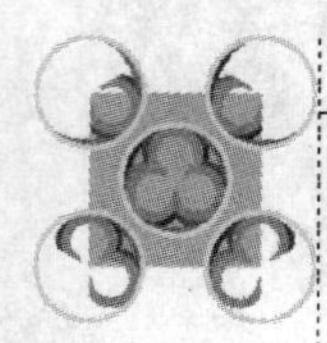

在我国的管理学界，对管理的“反思”与“接轨”也在进行。例如，芮明杰在 1999 年的《管理学：现代的观点》中对管理的划分观点①，李显君于 2004 年出版的《管理之本：结构与整合》中提出的管理理论、管理技术和管理实践的三维结构界定②，以及刘宝宏于 2004 年在《经济管理》上发表的《管理理论学派纷争的原因探悉》，基于库恩（T.S.Kohn）提出的“科学共同体”的视角，从研究对象、研究取向、研究假设和研究方法四个维度分析了管理可能且应该走向统一范式。虽然这些论述中有很多观点有待商榷，如管理学是否可以用范式来分析③，但这种反思体现了我国的管理学界已经不再是简单的引进与介绍，而开始了学者们的思考。

二、管理的要素与结构

对于管理的结构，胡克金斯基和李显君先生认为可以分为三个要素。作者认为，还应该加上第四个要素——管理哲学，且管理四要素是相互关系、相互影响的（如图 4－1 所示）。④ 图中显示，双鱼分别为管

① 芮明杰先生于 1998 年在《管理科学学报》上发表了“走向 21 世纪的管理学”，于 2004 年在《学术月刊》上发表了“21 世纪的选择：新世纪、新企业与新管理”。这也是在世纪之交学者对管理学的一种思考。

② 这本专著很明显是受雷恩的《管理思想的演变》、胡克金斯基的《管理宗师：世界一流的管理思想》的启发，文中有大量的引用。

③ 也有人认为管理学可能是多范式或无范式的，例如格里曼认为，人们也几次试图把这种理论用于社会科学和艺术（比如 Friedrichs，1970，Ritzer，1975），但几乎都失败了。……那么，所得出的逻辑结论就是，要么社会科学是不成熟的科学，要么它们属于一种不能够用库恩的思维方式去理解的科学。参见斯坦因·U. 拉尔森主编，任晓等译：《社会科学理论与方法》，上海人民出版社 2002 年版，第 56、57 页。

④ 李显君、刘宝宏等人认为其三要素可以用层次图显示，而安德鲁·德万认为可以用钟摆图显示，参见 Andrew H. Van De Ven：Strategic directions for the academy of management：this academy is for you，*Academy of Management Journal*；2002，27（2），180. 其中专业学术共同体是用阴阳图显示。综合这些观点，作者认为阴阳图是显示这四个要素的最佳选择。

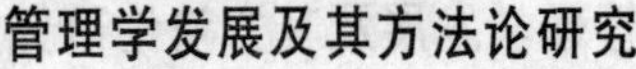

理理论与管理实务；交界是管理技术，而包络于管理哲学之中。据此可将管理理论与实务领域的管理应用，以及各种管理的思潮与管理风尚悉数囊括。管理哲学是指导管理研究与管理实务的灯塔，也是促成一个学派形成的基石，是管理思想演变中基本保持不变的部分；而管理理论则寓于实务之中，经过专业研究人员，即学院派的提炼成为高度抽象的概括；管理技术则是具体使管理理论与管理实务对接的工具，主要产生于管理咨询公司人员，即实战派；最后管理实务是管理哲学、管理理论与管理技术产生与实现的土壤，也是管理理论实现的具体途径，受用于企业高管人员，即实业派。

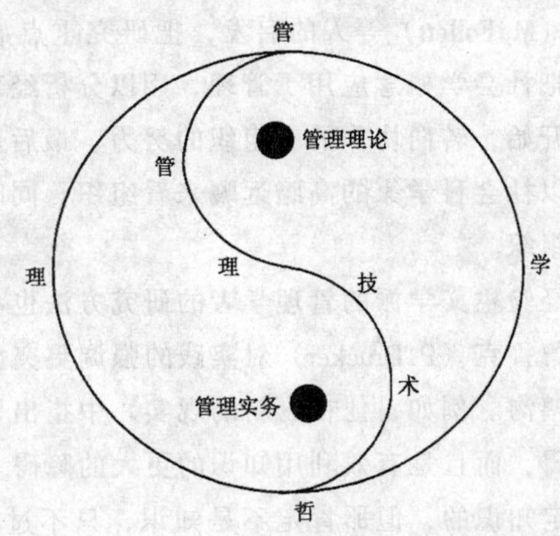

图 4－1　管理的整合框架图

（一）管理哲学及其特点

管理哲学涉及的是对管理的认识论、方法论和本体论问题。对管理目的的探究、管理的科学性的争鸣、管理研究的价值取向等经典问题都可以归结到这一层面。其主要特点为：

1. 浓厚的实用主义色彩

早期的一些管理思想家的特点是以技术为中心的实用主义者。例如，泰勒、吉布雷思（Gilbreth）、甘特（H.Gantt）及其同时代的人，他们所关注、讨论的是一些急待处理的日常问题，如人力和物力的浪费问

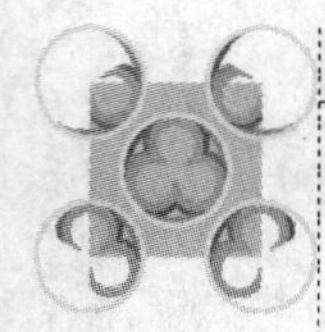

题，组织问题，技术和生产问题等。他们在系统地寻求解决办法的过程中，自然地求助于科学和科学的方法，继而建立了动作研究的科学、工时研究的科学、确定工资报酬的科学方法、用于控制的科学衡量方法等。这些管理学者主张以一种事实和科学推理为依据的管理方式，从而首先对传统的决策方式做出了重大的突破。

随后的管理学者则提出了一些更新的和更有挑战性的管理思想，其中包括有关管理的“正当性”（legitimate）的哲学态度。这种新的态度代表着从纯机械的思想进一步转向价值和价值判断的领域。其代表人物如社会系统学派的巴纳德（C. Barnard），受到谢尔登（Sheldon）、梅奥（Mayo）、福莱特（M. Follett）等人的启发，把研究重点放在组织结构的逻辑分析上，并把社会学概念应用于管理，用以分析经理工作的职能和过程。他从个人开始，转向协作的有组织的努力，最后论述经理人员的职能。巴纳德是以社会科学家的高瞻远瞩来看组织，同时以物理学家的细致态度来分析组织。

直至现代，经验主义学派的管理学者的研究方法也主要是从思辨的角度加以分析。德鲁克（P. Drucker）对实践的强调更突出了学术研究与管理实务之间的鸿沟。例如，他在《新的现实》中指出“专业化正在变成获取知识的障碍，而且是有效利用知识的更大的障碍。学者们是按书本上的东西来界定知识的，但那肯定不是知识，只不过是原始数据。”[①]德鲁克认为：“如果一个人想成为管理者，即如果他想成为一个负有贡献责任的人，他就必须考虑他的“产品——知识，能为别人所使用。”[②]

管理研究之所以强调实用主义哲学，其可能的原因有二：一是开创现代科学管理研究的人大多是实业家，这就导致了理论的应用性导向，同时也起到了一定的“示范”作用；二是理论家（学院派）对自己的理论反思时，造成的不恰当的误解：理论必须从实践中来。[③] 显而易见，

---

① 转引自丹尼尔·A. 雷恩：《管理思想的演变》，中国社会科学出版社 2000 年版。

② 参见彼得·德鲁克：《有效的管理者》，工人出版社 1989 年版（书中有关德鲁克与孔茨的内容部分）。

③ 丹尼尔·A. 雷恩：《管理思想的演变》，中国社会科学出版社 2000 年版。

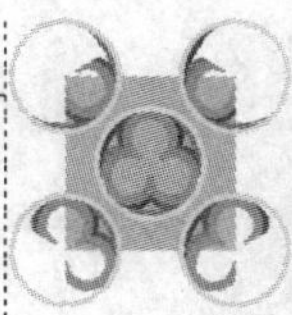

这反映了方法论上的归纳主义。

2. 方法论争鸣的本质是管理哲学的争鸣

在中国"接轨"的呼声中，似乎只有走定量与科学化的研究道路才是与国际同行的接轨，实际上，如何采取科学还是思辨的方式来研究管理问题，在国际学术界的争论也一直在持续。

管理学的理论研究恰好与盛行的通俗商业畅销书形成鲜明的对照，思辨式微而盛行把管理学架构在社会科学的基础之上，用理论、资料搜集和资料分析的方法来积累管理知识，而不是靠哲学和信仰。AMJ、ASQ等主流管理学杂志都秉承科学研究理念，其前提假设都是：管理作为一门科学，可以且也应该通过科学的方式来完成知识的积累。但不容乐观的是，这一观点远未达成统一。

以管理的科学性争鸣为表征，对管理的认识受到了哲学发展的深刻影响。管理科学取向的重要特征就是要排除一切价值判断来客观反映"真实情况"。但是就什么是"真实"的本体论研究中，哲学界经历了三个阶段：首先是前现代观点，即认为眼见为实，这种观点占据了人类历史的大部分时间。但后来渐渐承认不是所有的观点都可以彼此分享。其次是现代观点，即把差异的存在看作是正当的；第三个阶段是后现代观点，认为根本没有客观事实可供观察，只有我们主观的各种观点而已。一方面，实证主义者对客观世界的真实信仰最后要诉诸信念（即人们可以了解合理的秩序和客观的真实），而这是"客观的"科学无法证实的，因为客观的科学本身就是一个研究议题；而后现代主义者认为没有任何事物是客观的，至少感觉不到客观的真实就是事物本身的真实。

那么，应该如何对待两种不同哲学观下的方法论呢？艾尔·巴比（E. Babbie）提出：把他们看作是你手中的两枝不同的箭，各有所用，相互补充。为什么要做选择呢？两者并用吧！[①] 其实，对这个问题，决策理论学派的西蒙（H. Simon）就早已指出，如果说社会科学和自然科学之间存在根本差别，差别的产生就是由于社会科学打交道的是行为受

① 艾尔·巴比：《社会研究方法基础》，华夏出版社2002年版。

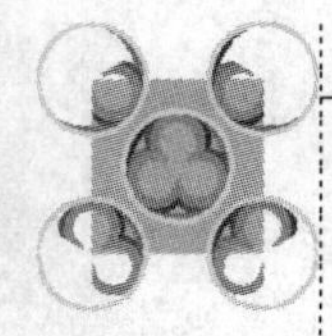

到知识、记忆和预期影响的有意识的人类。科学可以分为理论科学和实践科学，它们只在道德方面存在差异。关于管理过程的命题如果是科学命题，就可以从事实意义上判断其正误。反之，关于管理过程的命题若可以判断其正误，就是科学命题。[①] 显然，管理问题不仅仅存在可以判断正误的命题，还包括了大量无法判断正误的价值命题。

3. 管理的科学性是动态的

如果两种哲学观可以且应该并存，那么两者之间又是如何影响的呢？对此李怀祖先生有精辟的见解。[②] 他认为，思维可以分为逻辑思维和形象思维，自然科学和人文科学分立两端，而社会科学接近自然科学，管理学科是介于社会科学和人文科学之间的。由于引入“人”的因素，管理研究面临两个难点，即管理者的形象思维和管理的意境。导致了逻辑思维为主的科学研究在管理学科应用中的局限性。因此，作者认为管理研究的科学取向应注意三个方面的问题：

首先，管理研究须兼用科学方法和思辨方法，但管理研究方法论仍垂青于科学方法，科学研究不断“蚕食”思辨研究的内容；不过管理领域中的思辨研究将永远存在，管理研究总有科学研究无法替代的内容。“深蓝”电脑与象棋大师的对弈，正说明了对弈过程中的某些直觉判断已经能清晰表达为逻辑程序。明茨伯格（H.Mintzberg）在《哈佛商评》上的获奖文章“左脑规划，右脑管理（Planning on left side，managing on right side）”也正说明了这个道理；

其次，管理研究要分辨哪些管理学科的分支、内容和研究阶段适合应用科学方法，哪些适合思辨的方法。如果把企业的管理层次分为操作层、管理层和决策层，就目前看来则操作层采用科学方法的比重最大，如工业工程中的工作研究；管理层的生产、财务、质量、营销以及人力资源等职能管理研究，科学方法也有充分的发展空间，如绩效考核中的人员测评系统的实现等，但是决策层的管理问题如战略制订与选择，用

① 赫伯特·A. 西蒙：《管理行为》，机械工业出版社 2004 年版。

② 李怀祖：《管理研究方法》，西安交通大学出版社 2000 年版。

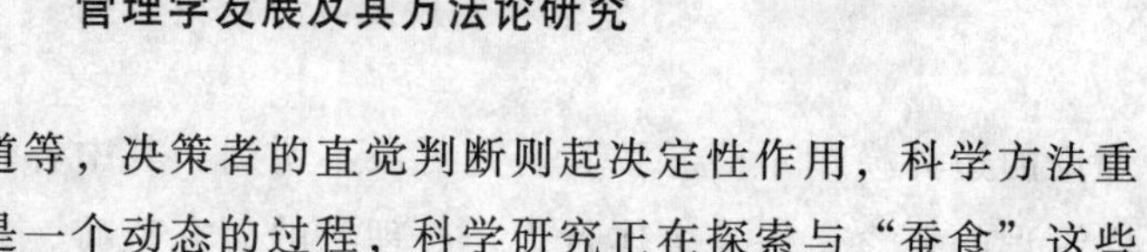

人之道、成功之道等，决策者的直觉判断则起决定性作用，科学方法重重受阻，但这也是一个动态的过程，科学研究正在探索与“蚕食”这些被固认为是不可“非常道”的部分；

最后，尽管管理研究方法论着重于讨论科学方法在管理领域的应用，但思辨研究的结果无疑应属于管理研究的成果。德鲁克关于“有效管理者”等一系列著作，马斯洛（A.Maslow）关于的人的不同层次的需求理论，西蒙的有限理性论等，有的对管理的历史实践经验做出概括，对发展前景做出预测，有的为管理研究提出公理和假设，有的开辟新的管理学科分支，这些都是靠个人的洞察力和思辨研究取得的成果。

（二）管理理论及其特点

管理理论是对管理实践规律性的总结。其特点表现在以下方面：

首先，管理理论来源于实践，又高于实践。人类的管理实践漫长而悠久，但真正有意识地去形成理论始于泰勒时代，始于企业的管理者，所以管理学的研究对象是企业才成为“自明性”的前提。正如美国学者丹尼尔·雷恩·(D.Wren）指出，把管理惯例（规则）整理成理论的动力，来自想把知识更为连贯地传授给那些渴望成为管理实务者的强烈愿望。那些最初试图对管理做出描述的，基本上都是实践家。[①] 这些曾尝试总结提炼自己的经验与观察以供他人应用的实践家有欧文(R.Owen)、麦卡勒姆（D.MeCallum)、泰勒、甘特、法约尔（F.Taylor)和巴纳德。法约尔是第一个提出一般管理理论的人。他把管理理论定义为，用一般管理经验去尝试和检验管理规律、规则、方法和程序的总和。

其次，管理具有丛林论与各管理理论学派。孔茨于1961年和1980年两度在AMJ上撰文，阐述有关管理的丛林的观点。虽然受到西蒙等人的质疑，但至今仍有广泛的影响。仍然是有关管理学各流派划分的参照坐标。之所以存在诸多理论学派的纷争，究其原因是：(1）对于管理

① 丹尼尔·A.雷恩：《管理思想的演变》，中国社会科学出版社2000年版。

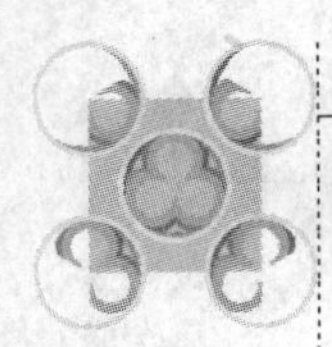

理论的边界模糊不清导致其研究对象不明确，其中各管理大师都遵从宽泛管理的概念，但是个体行为是心理学的研究范畴，集体行为是社会学的研究范畴，混淆其间势必一无所长；(2) 浮躁的实用主义研究取向导致了学术精神的缺失。当管理的学院派为了生存而研究，而非马克思·韦伯（M.Weber）所指的"为科学而科学"的时候，真正的理论难以产生，而一个没有学术传统与积累的学科，试图成为最大范围内意见一致性的科学无疑是不可能的；(3) 管理的核心概念缺乏，基本假设欠失公允。概念是现实事物的抽象，是一个求同存异的结果，但决不是某一个个人经验总结或主观臆断。没有共同的理论内核，发展难以维继；(4) 在研究方法上存在归纳主义为主的研究方法的不彻底性。仅停留在对管理现象的归纳、总结，而没有升华到一般的理论。凡此种种，也就造成了管理学派的林立。[①]

（三）管理技术及其特点

管理技术是实现管理理论的具体方式和技巧。管理技术，作为管理理论与管理实务的"嫁接管道"，必须引起各国尤其中国管理界的足够重视。一个缺乏管理技术的国度，不但其管理缺乏科学体系所赖以存在的实验技能，而且管理理论由于缺乏"嫁接传递"也必然"束之高阁"，进而管理实务也难以跳出"感觉和经验"的藩篱——整体管理难以随着环境的变迁而走上超越和升华之路。

正如哈罗德·孔茨所言，技术在一切操作领域里都是重要的。在管理方面技术也是重要的，即使真正创造出来的重要管理技术为数很少。技术反映理论，是帮助管理人员最有效的开展活动的一种手段。[②] 很难想象，如果泰勒和加尔布雷斯（Gilbreth）夫妇没有时间和动作管理的研究技术、甘特没有甘特图技术、管理中没有编制预算技术、成本会计技术、组织发展技术、决策技术、战略技术、目标管理技术、绩效考评

① 刘宝宏："管理理论学派纷争的原因探析"，《经济管理》，2004 年第 19 期。

② 哈罗德·孔茨，海因茨·韦里克：《管理学》，经济科学出版社。

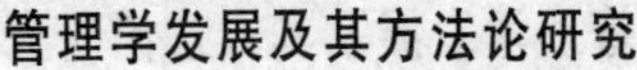

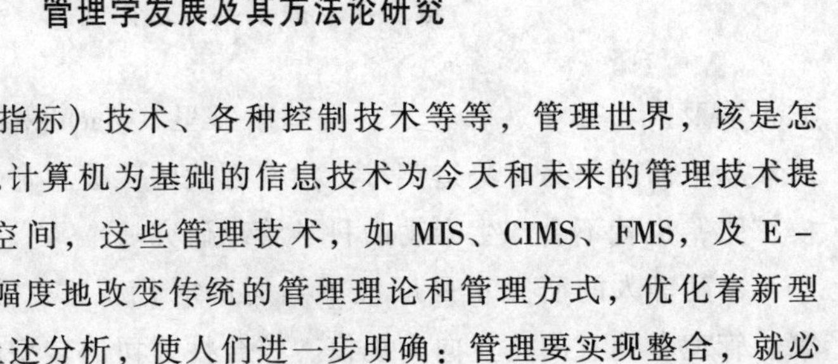

的 KPI（关键绩效指标）技术、各种控制技术等等，管理世界，该是怎样一幅图景呢？以计算机为基础的信息技术为今天和未来的管理技术提供了无尽的创新空间，这些管理技术，如 MIS、CIMS、FMS，及 E－Business 等正在大幅度地改变传统的管理理论和管理方式，优化着新型管理结构。通过上述分析，使人们进一步明确：管理要实现整合，就必须将管理理论、管理技术和管理实务融合为一体，恢复管理一体化过程的原貌，推进管理体系的创新和管理品质的提升，使管理理论更具指导性和应用性、管理技术更具工具性和针对性、管理实务更具思想性和效率性。①

管理风尚大抵可以归结为这一类。艾瑞克 1996 年在《管理学会评论》（AMR）中发表的“管理风尚（Management Fashion）”一文中，归纳成一普遍性的“管理风尚设定模型”。该模型包括了三个部份：第一是管理风尚市场的规范、存在与本质间的关联性解释；第二是解释管理风尚市场的“结构”、“运作”动态过程以及内在诱发因素；第三是探讨外界诱因，这些外界诱因可以用来解释例如管理风尚摆荡的时间点、管理风尚趋势的方向、学者介入干涉管理风尚设定的时机等等。其研究所得主要结论如下：(1) 如果说一个国家或地区他们对于管理风尚发生的频率跟生命周期倾向更频繁、更短，也就代表了管理技术的合理性和发展性标准有较高的要求；(2) 当对于某一种类型的管理技术存在有未被满足的需求时，就会有属于这一类型的一或多种新的管理技术，被管理风尚设定者群体创造、选择、加工、扩散出来；(3) 管理风尚设定推动者在供应管理风尚技术方面持续增加，但各个角色所负责的比例都相当稳定。

（四）管理实务及其特点

首先，生产力的发展是管理产生发展的先导。理论界公认，管理活动自古有之，但对管理进行正式的研究则是近一个世纪的事情。这里并

① 李显君：《管理之本：结构与整合》，中国经济出版社 2004 年版。

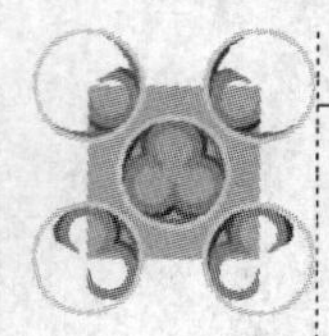

非古埃及人、孙子、韩非子、马基维亚里（Machiavelli）等人的才智不及泰勒，而完全是时势造英雄。没有近代的工业革命，没有工厂的大规模扩张，也就不会产生泰勒的科学管理研究。

泰勒等人的研究正是顺应了当时的时代要求。在美国工业从企业家、管理者拥有的企业向大规模、综合性公司的转型的过程中，泰勒起到了推动作用，也增加了管理思想的可信度。开辟了有效利用资源途径的工程师们转向研究技术问题，并为泰勒和其他人推进科学管理中最得人心的系统管理方法铺平了道路。科学管理是处理人和自然资源的一个十分深刻的指导原则，产业革命产生了动力，泰勒则提出了综合法。雷恩认为，这无疑是一种彼此往复相互促进的力量，在整个历史上作用—反作用的关系。

其次，管理实务既是管理产生发展的沃土，也是管理的具体实现方式。艾瑞克研究发现，从较新的管理风尚分类来看，实业界的研究量领先学术界；从企业管理的基础管理风尚分类看，则学术界研究量领先实业界。目前在我国的情况，不管在学术界或企业界，管理理论大都源自于美国学术界或是咨询顾问界的发展成果。大众企业管理丛书的出版商对管理风尚市场的需求频率越来越高，他所扮演的管理风尚设定推动者的管理风尚推动过程时间也越来越短。

三、结 论

管理结构之间的关系是管理学院派在其管理哲学的指导下，根据管理实务提出的管理理论，管理实战派再据此提出实现管理理论的具体管理技术，企业的管理人员即实业派加以应用。当然这只是一种理想的流程，并没有绝对的划分，许多学院派的研究人员同时也是实战派的企业咨询人员。

经常推出“管理创新”的往往是实务工作领域的工作者，但从管理理论或管理哲学的层次来看，多数并无“创新”可言。而管理理论与管理实务的差距有时并不能简单归咎与理论的无用与空洞，往往是缺乏足够的管理技术来具体实现。相反，一些不言自明的流行“理论”反而丧失了理论的深度。

管理随着生产力的变化也是变动不居的，但缺乏一致性的管理哲学则导致了“语义混乱”的管理丛林，无益于管理整体的发展。另一方面，管理的科学性取向又是在不断异动的，过于保守无异于固步自封，没有知识的积累则永远无法上升到另一个高度。毕竟，更精确、更真实地反映客观的规律是管理发展的永恒主题。反之，只有局部的精确，缺乏整体感与哲学高度的思辨，管理的发展亦会步入歧途。

对于什么是管理，也许是个永恒的追问，“如果小白兔是整个宇宙，而我们人类这是寄居在兔子毛皮深处的微生物，哲学家总是试图沿着兔子的细毛往上爬，以便将魔术师看个清楚。”① 这个划分也许不尽正确，甚至完全错误，但主要是对管理统一思考的一次尝试，培根在《新工具》中说，从错误中比从混乱中更易于出现真理。

[参考文献]

1. 艾尔·巴比：《社会研究方法基础》，华夏出版社 2002 年版。
2. 彼得·德鲁克：《有效的管理者》，工人出版社 1989 年版。
3. 斯坦因·U. 拉尔森主编，任晓等译：《社会科学理论与方法》，上海人民出版社 2002 年版。
4. 摩根·威策尔：《管理的历史》，中信出版社 2002 年版。
5. 丹尼尔·A. 雷恩：《管理思想的演变》，中国社会科学出版社 2000 年版。
6. 哈罗德·孔茨、海因茨·韦里克：《管理学》，经济科学出版社。
7. 赫伯特·A. 西蒙：《管理行为》，机械工业出版社 2004 年版。
8. 雷少波、崔祝：“为方法理性鼓与呼”，《中华读书报》，2004 年 3 月 31 日。
9. 罗伯特·K. 殷：《案例研究：设计与方法》，重庆大学出版社 2004 年版。
10. 胡克金斯基：《管理宗师：世界一流的管理思想》，东北财经大学出版社 2003 年版。

① 贾德：《苏菲的世界》，作家出版社 2003 年版。

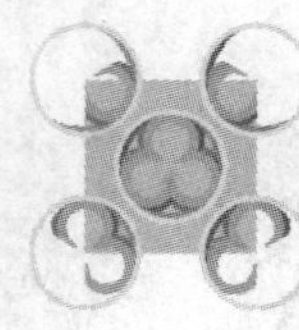

11. 贾德：《苏菲的世界》，作家出版社 2003 年版。

12. 刘宝宏：“管理理论学派纷争的原因探析”，《经济管理》，2004 年 19 期。

13. 李怀祖：《管理研究方法》，西安交通大学出版社 2000 年版。

14. 李显君：《管理之本：结构与整合》，中国经济出版社 2004 年版。

15. 芮明杰：“走向 21 世纪的管理学”，《管理科学学报》，1998 年 12 月第 1 卷第 4 期。

16. 芮明杰：“21 世纪的选择：新世纪、新企业与新管理”，《学术月刊》，2004 年第 2 期。

17. Eric Abrahamson：Management Fashion. *Academy of Management Review*；1996，21（1），254－285.

18. Eric Abrahamson；Gregory Fairchild：Management fashion：Lifecycles，triggers，and collective learning processes，*Administrative Science Quarterly*；Dec 1999；44，4；

19. Harold Koontz：The management theory jungle revisited，*Academy of Management Review*；1980，5（2），175－187.

20. Harold Koontz：The management theory jungle，*Academy of Management Journal*；1961，4（3），174－188.

21. Paula Phillips Carson；Patricia A Lanier；Kerry David Carson；Brandi N Guidry：Clearing a path through the management fashion jungle：Some preliminary trailblazing. *Academy of Management Journal*；Dec 2000；43，6.

22. Thomas Gladwin，James J. Kennelly，Tara－Shelomith Krause：Shifting paradigms for sustainable development－Implications for management theory and research，*Academy of Management Review*；1995，20（4），874－907.

23. Andrew H. Van De Ven：Strategic directions for the academy of management：this academy is for you，*Academy of Management Journal*；2002，27（2），171－184.

（武汉大学商学院 吴欢伟 李燕萍）

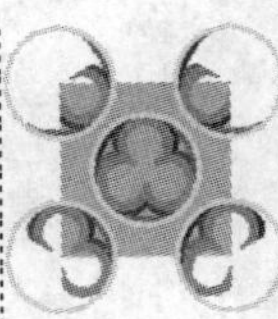

第五章 DIWUZHANG

关于管理学的研究对象的思考

一、企业与市场的区别及相关研究综述

企业与市场的关系也是经济学所关注的问题，产权经济理论对此有许多相关研究。下面先对这些研究文献做出综述，然后再阐述本文的观点。

（一）科斯的企业理论

以科斯为代表的企业观是既基于信息的，也是基于分工的。这种观点认为在组织分工方面，企业与市场没有本质差异。组织分工的实质是资源配置，而优化资源配置的前提是掌握信息。技术条件是外生决定的，即使存在企业中内生的技术知识，但由于其为专业化知识，具有私有性，从而不是企业的知识，对企业而言仍然是信息——知道谁有这种专业化知识。于是，企业和企业家的活动就可以被视为获得信息和利用信息，从而以最优方式调配和使用资源的过程。这样，企业与市场的区别就在于信息的获取、交流、利用的区别。通过市场组织分工，也就是通过交易配置资源，表现为参与交易的各方对信息的搜寻、交流和接

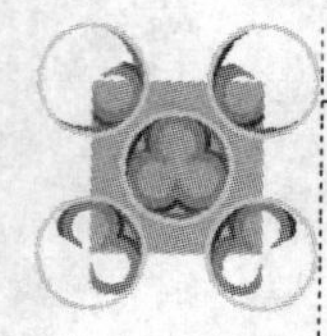

受，由此构成了交易成本。而企业组织分工，其本质意义是通过某种其他方式（权威、计划、要素合约、间接定价等）替代这种信息交流，从而使资源配置更为有效。

科斯提出企业是用权威（计划）替代市场，从而节约了市场配置资源的交易成本（科斯，1937）；张五常提出企业也是市场，是用较少的要素合约替代了更多的产品合约，从而也减少了交易成本（张五常，1983）；杨小凯则认为企业中的要素合约与市场中的产品合约的区别，不但有数量多少的区别，还有定价方式的区别（杨小凯、黄有光，1999）。企业中的要素合约多为间接定价，而市场中的产品合约多为直接定价。在一定情况下，间接定价比直接定价更有效率。然而，张五常和杨小凯认为企业是要素市场的立意，只是对科斯主张的企业是权威替代市场的观点的补充。

（二）团队生产与监督

团队生产与监督理论着重从企业本身讨论信息问题。由于企业中的经济主体的理性行为，归根结底只能源自于竞争压力而不是源自于合作意愿，所以企业的本质在于调和个人与集体在给定技术条件之下的利益背离。阿尔钦和德姆塞茨提出了协作劳动中的“偷闲”问题，在协作劳动中，首先需要得到“偷闲”的信息，然后才能实施有效的监督。阿尔钦和德姆塞茨的“经典资本主义企业”理论的要点是：团队生产必须是使个人化的业绩与奖赏紧密挂钩以防止偷闲行为产生，这就要求建立起一个层层监督的权力系统，所谓企业剩余索取者也就由此出现（阿尔钦和德姆塞茨，1972）。

问题就在于，使个人化的业绩与奖赏紧密挂钩可以实现的逻辑基础只能是分工，因为只有明确的分工，才能有个人化业绩。而非分工合作的业绩是属于集体的或团队的（大小不同的集体或团队），难于量化到个人。尽管团队生产理论已经接触到了集体业绩，但却把关注的视角囿于个人努力或“偷闲”问题，没能对集体业绩的来源做出全面清晰的解释。

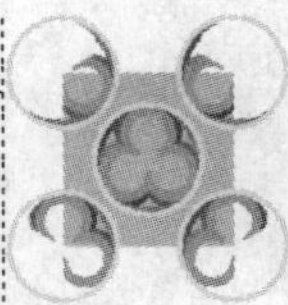

（三）模块化理论

经典的模块化理论认为，模块是指具有某种确定独立功能的半自律的子系统，它可以与其他模块按一定规则相互联系而构成更加繁杂的系统。模块化理论的理论前提是功能分工（社会分工），而前面两种企业理论的理论前提是效率分工（细微分工）。模块化理论认为模块之间的协调效应和配合效应，以及模块内部各经济主体的协调和配合，是模块创新机制的关键。

就笔者的理解，模块化理论强调的协调效应和配合效应，应该是指超越分工合作之外的更紧密的合作。模块化理论所强调的这种合作，仅用“协调效应和配合效应”来描述可能没有完全表述清楚，因为分工合作就是一种协调与配合，模块之间的“协调效应和配合效应”与社会上广泛存在的分工合作区别是什么？尽管模块化理论认同模块中和模块间各经济主体的配合意识，但模块化理论仍然把经济主体的配合意识归结于分工。

（四）集体学习

集体学习的观点是基于知识的。企业作为一个生产系统其中存在着不断的试错过程，试错过程就是创造知识的过程。知识的产生有赖于生产系统中各相关主体的主动学习和主动合作，而不仅是企业家等少数人的创新，即集体学习效应。集体学习并不否认集体中的个人的行为和作用，但集体学习更强调企业中各经济主体的主动性和互动性。集体学习不仅强调知识产生过程中的互动性，还强调知识是整体，即集体知识或知识的集体性。因为集体知识是共同发挥作用的，也很难把集体知识的每一点都量化到个人。

集体学习认为集体知识的积累过程就是企业演进的过程，这样就不能从逻辑上对集体知识的起因和来源加以解释。

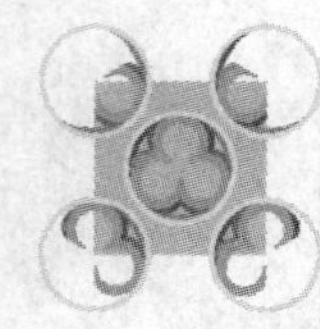

（五）本文观点

凡是需要人们共同劳动的地方，都存在合作。合作是人类劳动的基本特征。斯密在《国富论》中阐述了分工的重要意义以后（斯密，1776），分工和专业化就被认为是效率和生产力的来源，也被作为经济学分析的逻辑起点。近几年，分工又成为新兴古典经济学的主导性分析框架。比较而言，人们对分工合作更为关注，但是对非分工合作和直接合作的关注相对薄弱。

本文认为，合作不仅有分工合作，还存在其他的合作方式——非分工合作与直接合作，它们不仅是效率和生产力的又一来源，而且也是企业与市场的区别所在。企业中不仅存在分工合作，还存在大量的非分工合作、直接合作和不可分离的合作，它们既是企业相对于市场的区别，也是企业相对于市场的优势所在。企业的性质就是扩大了直接合作的范围，更多地利用了非分工合作、直接合作和不可分离合作。而市场性质的合作则更多是间接合作，市场的作用是扩大了间接合作的范围。于是可以说，“管理”就是“组织、协调、控制一个组织或一组人的合作、合作方式、合作方法——包括分工合作、非分工合作、直接合作和不可分离合作”。而市场只能或主要是组织和协调“间接的分工合作”。

产权经济理论认为，企业存在的原因是为了节约交易费用。而本文观点则是，企业存在的原因是为了利用非分工合作和直接合作，由此产生的更多效率和生产力。直接合作与非分工合作有一种特别的经济属性——难于定价，所以直接合作与非分工合作的市场合作成本较高。而企业可以利用间接定价和权威方式达成这些直接合作和非分工合作。这样，似乎又回到科斯、张五常、杨小凯等人的企业观。但本文观点还是与他们的观点有区别。他们强调的是市场组织“分工合作”的交易成本与企业组织分工的内部交易成本的比较，本文强调的是组织“非分工合作”时的市场合作成本与企业内部合作成本的比较。

在科斯、张五常、杨小凯等人看来，由市场组织的合作与由企业组织的合作相比，除交易费用的差别外，劳动合作本身并没有质的区别。

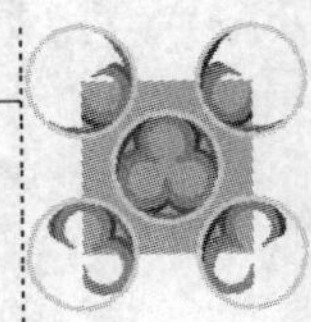
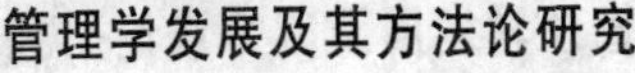

而本文观点是，大部分直接合作和非分工合作，由市场进行组织就很困难或不能组织（市场合作成本极大），而由企业进行组织却很容易（企业合作成本很小）。例如拉动式生产（即看板管理，企业内部的时间直接合作）是一种正常的生产劳动模式；而拉动式采购（市场形式的时间直接合作），实际上是把库存转移到上游企业，可以认为是下游企业利用其强势地位进行的不公平交易，所以不太可能成为市场交易的一般模式。反之，大部分间接分工合作，由市场组织更容易，而由企业组织却成本较大，如决策周期长、决策层次多。这是由于直接合作和非分工合作难于定价，而间接分工合作易于定价。市场是一个基于直接定价的经济形式，组织间接分工合作具有优势，而企业却可以通过间接定价来解决非分工合作的定价问题。所以，企业在组织非分工合作和直接合作方面，比市场更具有优势。企业与市场在组织两类合作上有一定的本质性区别。

二、合作方式探讨

埃米尔在其《社会分工论》一书中提出了“一致性团结”和“分工形成的团结”（埃米尔，1893）。埃米尔把“一致性团结”称为“机械团结”，根据埃米尔的表述，一致性团结是指由共同的理念、思想所形成的社会合作关系。埃米尔又把“分工形成的团结”称为“有机团结”。埃米尔实际上提出了两种合作方式，即差异合作和一致合作。埃米尔的研究表明，在分工合作之外，确实存在其他合作方式：例如一致合作就不是由分工引出的合作。

威廉姆森等提到不可分离的合作，如两人抬箱子的情况（威廉姆森等，1975）。威廉姆森等还认为可以采取一定技术手段使得企业中的大部分不可分离合作成为可以分离的，例如引入缓冲存储，使得上下工序间的联系被削弱。不可分离的合作也就是直接合作，而可以分离的合作

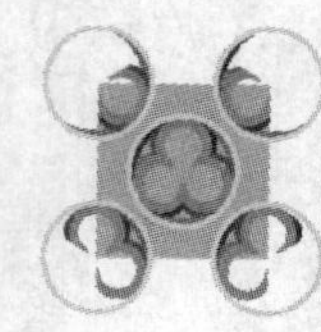

就是间接合作。

间接合作的特点是，劳动或资源在时间上和空间上可以有部分程度上的相分离，劳动和资源的贡献可以单独计量。市场交易往往是间接合作的交易，是以劳动和资源在时间上和空间上可以相分离为特点，相互承认劳动或资源贡献为基本特征的。市场组织分工合作，实现了以间接合作为主的劳动分工和资源分配。市场的贡献是扩大了间接合作的范围。

直接合作的特点是，时间上和空间上相分离的程度较小，包含有不可分离的合作。在不可分离的合作中，合作各方的个别劳动贡献难于计量。直接合作往往以团队劳动形式出现，并以即时性、随机性、相互性为特点。直接合作中并不排斥分工，但直接合作中的分工往往是细微分工，是中间产品的分工与合作。

尽管直接合作与间接合作的界限是一个比较宽的范围，直接合作中可能包含有间接合作的成份，但是还是可以说清两者的区别。直接合作的典型情况如共同狩猎，同一零件加工的上下工序；间接合作劳动的典型情况则比比皆是，只要两种劳动或劳动产品可以交易，并且在时间上和空间上是可以分离的，他们的劳动就是间接合作。

但是，用不可分离的合作来描述合作方式不够准确。以上下工序间的合作为例，上下工序间存在有分工合作是没有疑问的。比较一下引入缓冲存储前后的上下工序的合作差异，分工合作的性质一直保持，但从不可分离的合作变为可以分离的合作——节奏上的合作被削弱了。这种节奏上的合作，即准时生产方式（JIT）和精益（fine）生产方式的核心合作之一，显然不是分工合作，究竟是一种什么性质的合作方式呢？用“不可分离”或“直接”，似乎都没有揭示出问题的本质。

准时生产方式（JIT）和精益（fine）生产方式表明，把直接合作变为间接合作，就会造成损失。例如，引入缓冲存储使得上下工序间的联系被削弱，造成了不一般的损失，是一种重大损失——大量的冗余库存。准时生产方式（JIT）和精益（fine）生产方式表明，不可分离的合作（或直接合作）也是企业效率和生产力的来源。在准时生产方式

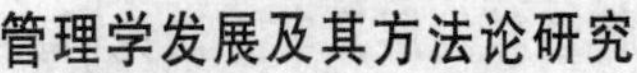

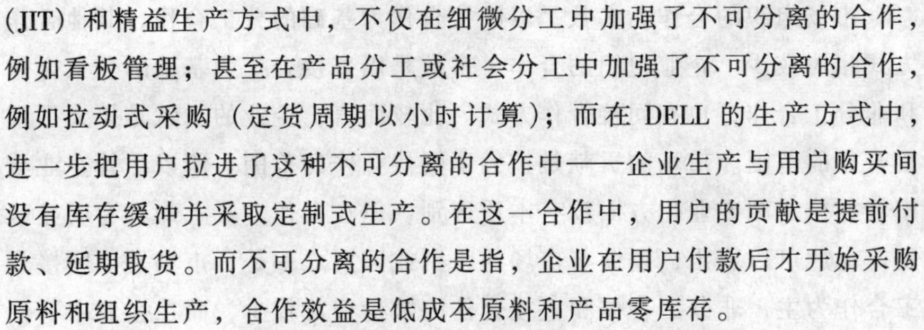

(JIT) 和精益生产方式中，不仅在细微分工中加强了不可分离的合作，例如看板管理；甚至在产品分工或社会分工中加强了不可分离的合作，例如拉动式采购（定货周期以小时计算）；而在 DELL 的生产方式中，进一步把用户拉进了这种不可分离的合作中——企业生产与用户购买间没有库存缓冲并采取定制式生产。在这一合作中，用户的贡献是提前付款、延期取货。而不可分离的合作是指，企业在用户付款后才开始采购原料和组织生产，合作效益是低成本原料和产品零库存。

一般而言，合作之所以发生，只是因为合作会产生福利或效率，所以减少合作一般也会有损失。例如，威廉姆森等提到的把不可分离的合作变为可以分离的合作，并不是为了达成新的合作，恰恰相反，结果是减少了合作——减少了时间上的节奏合作。其实，正是威廉姆森等提到的把不可分离的合作变为可以分离的合作，最终形成了企业中的“过度分工”现象，成为一种管理弊病。把不可分离的合作变为可以分离的合作，不仅是合作方式的改变，更是合作数量的减少，最终是福利的减少，也就是利润减少或成本增加。

既然这种时间或节奏上的合作不是一种分工合作，本文就把这类的合作统称为非分工合作。关于非分工合作，本文还要在下面继续讨论。

图 5－1 表示不同合作方式的组合。

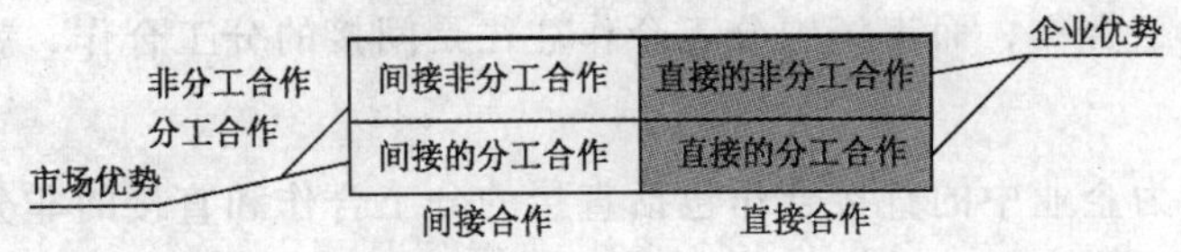

图 5－1 非分工合作、分工合作与直接合作、间接合作的组合

间接的分工合作是指在市场中大量存在的社会分工合作，或企业内部不同部件生产的分工合作；直接的分工合作如企业中的同一工件多工序加工的细微分工合作；间接非分工合作如一个企业的生产同一产品的不同分厂或分部，相互协调以满足市场需求；直接的非分工合作如美国的软件公司与印度的软件公司合作编写软件，利用时差采取了时间接力的合作方式，在这一合作中双方工作性质一样，但在时间和工作交接方面有直接合作。

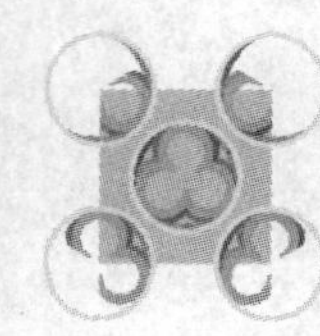

市场组织的合作，多数是以间接合作为基础的分工合作，其他合作方式相对较少。企业组织的合作，多数是以直接合作为基础的分工合作和非分工合作，也有间接合作方式。比较而言，企业的贡献是扩大了直接合作的范围。市场的贡献是扩大了间接合作的范围。所以尽管企业与市场在分工和专业化方面没有本质区别，但在合作方式上却具有明显区别。由此可以看出，企业与市场的区别或区别之一是，市场是以间接分工合作为主，非分工合作和直接合作的数量相对较少，而在企业中不仅有分工合作，更有大量的不可分离的合作、非分工合作和直接合作。在企业中大量存在的非分工合作、直接合作和不可分离合作，是企业区别于市场的特殊性。企业的范围是由非分工合作、直接合作的有效范围决定的。

市场是组织分工合作的形式，企业也是组织分工合作的形式。但市场是一个基于直接定价的经济形式，组织间接合作（主要是间接的分工合作，也包括间接的非分工合作）具有优势，而企业是一个基于间接定价的经济形式，组织直接合作（包括直接的分工合作和直接的非分工合作）更有优势。并不是说企业中就没有直接定价，企业中也有大量的直接定价，如员工的基本工资。但企业中不同利益主体的最终的定价方式却是间接定价，如员工的工资加奖金。之所以企业中的分工合作往往是直接的分工合作，而市场中分工合作往往是间接的分工合作，就与此有关。

正因为企业中的直接合作包括直接的分工合作和直接的非分工合作两种形式，所以企业中既有交易和专业化，也有共享和集体知识。

三、分工劳动的演进——交易和专业化

杨小凯和黄有光在《专业化与经济组织》中论述和分析了社会和企业中分工合作的演进过程。分工劳动的基本合作方式是，首先，分工形

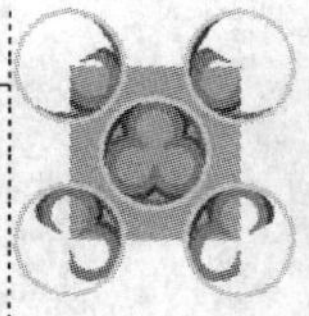

成了不同的利益主体，通过交易实现分工各方的利益；其次，分工形成专业化，专业的劳动积累了经验和技能，从而提高了劳动的效率；第三，专业化分工的演进结果是私人知识的积累和分工劳动的进一步加深。

把“交易”作为企业管理研究的基本研究对象显然不够。尽管企业管理活动中有大量交易活动，但还有其他一些企业活动并不是交易，或者并不直接是交易。但“合作”却可以涵盖所有的企业活动，包括交易。合作比交易的意义更广泛，交易也是一种合作，但合作不一定是交易。

由于分工劳动与合作不是本文的讨论重点，在此不进行过多展开。

四、非分工劳动合作及其演进——共享和集体知识

一般常说“分工与合作”，似乎是分工引起了合作，没有分工就没有合作，其实不然，分工与合作是两个不同的概念。分工是指一些人进行这样的工作，另一些人进行那样的工作，他们的工作是不同性质但有一定联系；而合作是指不同人的活动有互补性，而且由于这种互补性，引起了效率增加或福利增加。按照这一定义，分工必然会有合作，或者说分工本身就意味着合作；但没有分工也可以有合作。这样，就存在有分工合作与非分工合作两种合作方式。

非分工合作的例子比比皆是：最古老的例子——两人共同抬一个箱子；现代的例子——“拼车”、“合住”（上海出现了网上沟通，合乘一辆汽车出行，费用分摊；几位租房一族共住一套居室）；生活中的例子——上网寻找球伴和棋友；企业中的例子——北京保温瓶厂在销售旺季，行政管理人员在生产一线与工人一起加班；心理学或生理学上的例子——“男女搭配，干活不累”（可能是心理作用或激素荷尔蒙作用）。

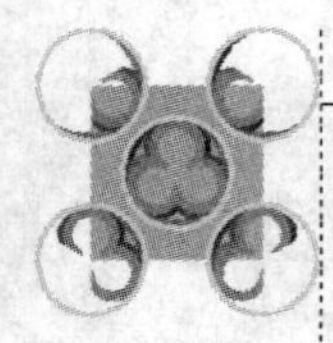

所有这些合作中都没有分工的影子，也不能用分工来解释这些合作。而且这种非分工合作也不会产生专业化的后果——因为在这些合作中就没有分工。

在企业中，非分工合作的例子也大量存在。例如日本丰田汽车的组装生产线上，每一员工都可以在工作中遇到问题时，把生产线暂时停下来，这时其他员工除了可以帮助解决问题以外，需要等待直到问题解决，才能再重新启动组装生产线。这种时间节奏上的高度一致，也是非分工合作。大部分非分工合作往往也是不可分离的合作。

企业中存在的非分工合作大体上可以分为空间合作、时间合作、突发合作、工艺合作、技术合作、学习合作等：

空间合作是指合作双方的福利或效率来自于空间上的相近，而不是来自于分工，或不完全来自于分工。例如，上下工序一般是排在相邻位置，但不相邻也可以分工，也不妨碍分工。难道说上下工序分布在两个城市就不行吗？问题出在距离上，如果上下工序分布在两个城市，工件的运送成本就太高了。设想一下上下工序在两个城市和上下工序相邻在一起的两种情形，两种合作显然在分工合作上没有任何变化，但非分工合作的方式变化了。这种由于空间相邻产生效率的合作就是空间合作，也是一种非分工合作。在市场中也有空间合作，例如上下游企业的相邻，但与企业中的上下工序相邻比较，就太少了。

时间合作是指合作双方，在活动中需要在节奏上相互配合。在看板管理的生产活动中，上下工序间不仅有空间合作，也有时间合作。在DELL的生产方式中，顾客与企业之间存在时间合作而没有空间合作。一般来说，时间合作是以空间合作为前提的，但不绝对。

甚至可以断言，如果空间合作和时间合作对合作双方十分重要，往往会出现从市场向企业转化的趋势，例如上下游一体化。典型的例子是冶炼、浇铸、轧钢的一体化。反之，如果空间合作和时间合作对合作双方不太重要，往往会出现从企业向市场转化的趋势，例如业务外包。这时，组织的作用就是增加合作双方的紧密程度。另外，组织中也会出现更多的新的空间合作和时间合作，而市场中出现新的空间合作和时间合

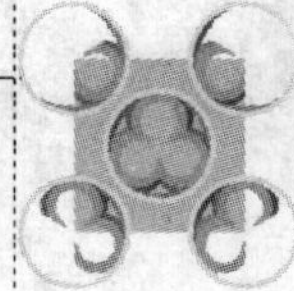

作的几率要少的多。

突发合作是指非例行合作或偶然合作。例如，机械企业的工件加工一般是由工艺部门制订加工工艺，然后由生产车间执行，生产车间和操作工人在执行中也会修改完善加工工艺并反馈给工艺部门。这种合作并不是例行合作，所以属于突发合作。当我在饭馆中点了一份土豆丝时，小姐急忙向厨师招呼："又一份土豆丝"，意思是可以一起炒，也是一种突发合作。

工艺合作是指上下工序不仅有分工合作和空间时间上的合作，而且有工艺方面的相互配合。如连铸连轧，就是利用了上一工序加热的余热。热电联产也是工艺合作。

技术合作是指不同产品或部件间，具有一定的技术互补性。例如A、B两种部件，组合为C的最终产品，A部件在性能上存在某一问题难以解决，但可以通过B部件的某种可行的改进加以克服，从而不影响最终产品C的性能，那么A部件生产与B部件生产之间就存在着技术依赖，也是非分工合作。

学习合作是指专业化知识与集体知识在组织中的扩散过程中的合作。例如互帮互学、传帮带、岗位轮岗等。

非分工合作的具体形式可能很多，并不限于上述内容。总之，分工、特别是专业化分工，本质是你干你的、我干我的，最后用工作成果或产品来合作。而非分工合作是我中有你、你中有我的进程合作。最近在管理界中出现了一个口号，"打破围墙"——当然不是真的打破围墙，而是增加沟通。打破围墙、增加沟通以后要干什么？是寻求合作。这里所寻求的合作只能是非分工合作，因为分工合作是可以有围墙的，是不用打破围墙的，只有非分工合作需要打破围墙。

多数直接合作和非分工合作除需要利用市场或权威来达成合作以外，还存在一个学习过程和知识积累过程，即集体学习和集体知识。以"拼车"为例，这是一种市场组织的非分工直接合作，除需要在网上沟通信息以外，还需要人们具有"市场拼车"意识。这种"市场拼车"意识就是集体知识。之所以上海人可以由市场组织起很多"拼车"合作，

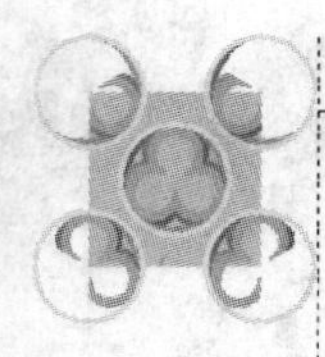

而北京人却很难由市场组织起“拼车”合作，就是因为北京人普遍缺乏这种“市场拼车”意识，甚至不屑于“市场拼车”(集体知识的差异)。

也就是说，分工合作的演进结果是专业知识积累。直接合作、非分工合作和不可分离合作的演进结果是集体知识积累。这样，就大体理清了集体学习集体知识的逻辑起点，及其与专业化学习专业化知识的区别。

专业化分工的知识积累，与直接合作与非分工合作的知识积累，在性质上有所不同。前者是专业化演进过程中的个人私有知识积累，可以采取业绩与奖励挂钩的方式进行交易；后者是种种互动合作演进过程中的集体知识积累，难于进行贡献的个别计量。集体知识的逻辑结果应该是劳资长期合作关系和分享制企业。

分工合作提高的是专业效率。专业效率是指实行专业化分工以后，由于工作注意力专一和专用工具使用等因素的影响，提高了生产效率并增加产出，专业效率指向于规模和数量。专业效率的直接受益者是合作的某一方，只有通过交易，才能使双方受益。

非分工合作产生的是合作效率。合作效率是指合作本身就可以产生的效率和生产力，例如在传统农业中农忙时女人也从事大田劳动，此时劳动的专业效率并没有提高，主要目的是为抢农时，就是一种合作效率。合作效率不是通过交易来使各方受益，一般是通过共享机制来使各方受益。

五、企业是分工劳动与非分工劳动的双重集合

企业是一个进行劳动生产的组织。既然是许多人在一起劳动，当然分工是不可缺少的。但更为重要的是，企业中的劳动生产过程是直接劳动合作，由于直接的劳动合作，就产生了大量的非分工合作。

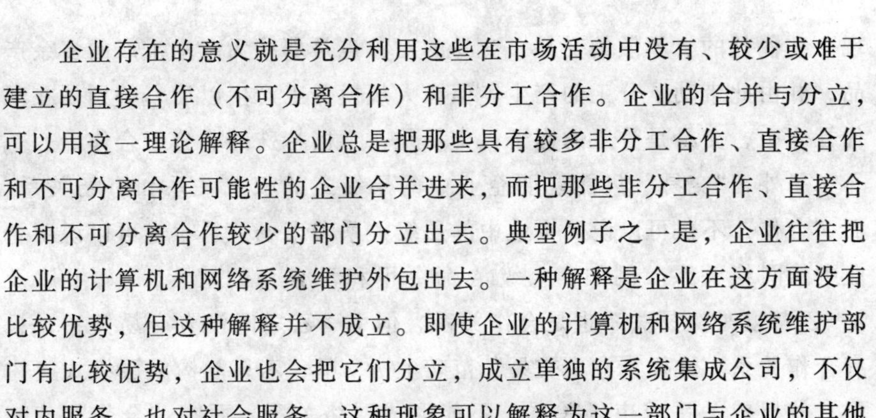

企业存在的意义就是充分利用这些在市场活动中没有、较少或难于建立的直接合作（不可分离合作）和非分工合作。企业的合并与分立，可以用这一理论解释。企业总是把那些具有较多非分工合作、直接合作和不可分离合作可能性的企业合并进来，而把那些非分工合作、直接合作和不可分离合作较少的部门分立出去。典型例子之一是，企业往往把企业的计算机和网络系统维护外包出去。一种解释是企业在这方面没有比较优势，但这种解释并不成立。即使企业的计算机和网络系统维护部门有比较优势，企业也会把它们分立，成立单独的系统集成公司，不仅对内服务，也对社会服务。这种现象可以解释为这一部门与企业的其他部门间的空间合作、时间合作、工艺合作很少，而技术合作也比较简单，即在企业的计算机部门中，企业可以利用、可能产生的非分工合作、直接合作和不可分离的合作很少。

六、现代管理学的基本研究对象是非分工合作

既然企业是分工合作与非分工合作的双重集合，那么从直观上看，企业管理的基本研究对象就应该包括分工合作和非分工合作。但是，管理的侧重点是非分工合作而不是分工合作。我们一般说，管理是协调、管理是决策、管理是一个系统、管理是一个过程，所有这些（协调、决策、系统、过程）处理的都是非分工合作问题。

例如，线性规划是一种管理决策方法，通常用于产品结构的决策问题。显然，线性规划与专业化无关，是分工间的产品结构协调问题。尽管甲产品可以生产 100 件，但由于资源限制，生产 80 件最合理，整体效益最大。这显然是一种非分工合作。

甚至交易本身也是一种非分工合作——设想我们去市场购买物品的经历和过程，其中并没有分工。交易产生于社会分工出现之前，首先出

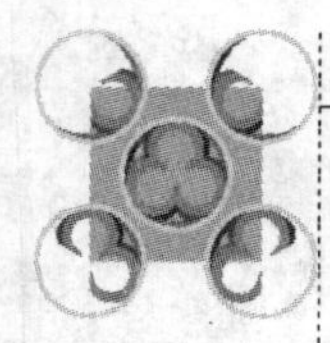

现一些偶然的、零散的交易，交易的对象也是那些无意中生产的多余产品，并由此带动了分工的产生。但在大规模分工产生以后，特别是在现代社会中，交易是分工的影子，交易是一个极特殊的非分工合作。

另外，“交易”只能说明企业中的层级式的权威关系和市场关系，而“合作”不仅可以说明企业中的层级关系和市场关系，也可以说明企业中的网络关系。例如，上级 A 命令甲和乙合作的情形，A—甲以及A—乙都既是交易关系也是合作关系，但甲—乙之间没有交易关系，只有合作关系。这样，在“交易”范畴上 A、甲、乙只能构成层级式（树形）的权威关系或市场关系，不能形成网络关系。而在“合作”范畴上，A、甲、乙构成网络关系。

模块化理论也可以用非分工合作解释。企业中的非分工合作不是均匀分布的，如果把企业设想为一个空间区域，那么其中的某些区域中，非分工合作可能更为稠密（数量多频度高）。可以依据非分工合作的稠密程度，把企业分为不同的合作区域。这种合作区可能正好是一个功能模块，也可能是模块中的一部分，或是模块的某种组合。在一个合作区内，应该加强各经济主体的相互联系，强化非分工合作的数量、质量和频度，尽量不要在合作区内造成分隔。例如一个合作区设为一个业绩考核单位而不是分为几个业绩考核单位，对一个合作区进行整体的授权管理，以合作区为单位进行自主管理等。如果合作区之间非分工合作数量较少或没有非分工合作，那么就可以采取市场化的联系结构，例如设置为不同的利润中心或成本中心，采取模拟市场或价格机制的结构联系，甚至可以分立为独立的公司。如果几个合作区又组成一个更大的合作区或功能模块，就应该为此专门设计相应的合作方式，可以根据模块化理论设计相互间的功能联系，可以根据间接定价理论设计相互间的利益关系。

从模块外部看，模块是存在一定外部联系的独立功能单元；从模块内部看，模块是内部存在大量非分工合作的团队。提升模块本身的效率不仅需要关注模块内部的效率分工，更要关注模块内部的非分工合作——即各经济主体间的协调和配合。模块之间的联动效应和协同效应，

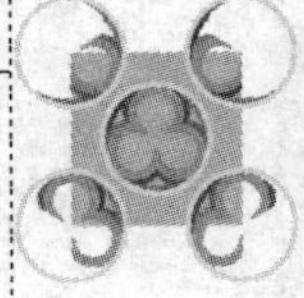

其实就是非分工合作，但模块化理论还没有认识到这一点。

一般而言，分工合作的演化的自然形成，更多地由技术决定；而非分工合作的演化是人为形成的。所以管理学的重点研究对象是非分工合作。也正因为非分工合作的演化是人为形成，从而与企业的全体员工有关，与他们的集体知识有关。所以管理模式的移植往往比较困难，管理的移植过程也会是较长期的，在移植过程中也会发生各种变化（即本地化），这种变化甚至于可以形成一种新的管理模式。

七、结 语

回顾一下工业化以来的管理史，就可以知道，第一阶段的管理是监督管理，工业化初期的管理是以监督为主，那时的监工甚至手中拿着鞭子；第二阶段的管理是科学的监督，泰勒的科学管理其实是把人当作设备来管理；第三阶段的管理效率分工管理，即人为促进专业化的过程，福特的汽车生产线则把此发挥到极致，为了简化动作，不惜割裂正常的生产工艺过程（即过度分工）。福特的名言是，“我需要的是工人一双灵巧的手，不需要工人会捣乱的大脑”。第四阶段的管理是精益生产，当丰田的准时制管理模式出现以后，人为专业化的效率分工式生产管理竟如此不堪一击，以至于当时的日本首相宫泽喜一嘲笑美国人说，“美国工人已到了缺乏劳动道德的地步”。准时制或精益生产的实质是什么呢？不过是时间合作或节奏合作。但时间合作就是非分工合作的一种。未来的管理则是挖掘更多的非分工合作管理。但应该注意到，非分工合作需要全体员工的集体努力，结果是集体知识的积累，所以非分工合作需要一种企业中各利益主体的共享机制作为前提。

如果我们同意管理学的重点研究对象应该转向非分工合作，那么现代管理的重点就应该是设计和促成更多的非分工合作，因为企业与市场的区别就在于企业中存在更多的非分工合作，企业比市场更多效益就来

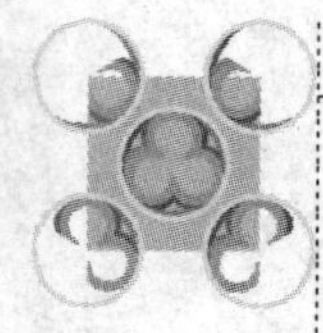

源于非分工合作。

[参考文献]

1. 亚当·斯密：《国民财富的性质和原因的研究》[M]，商务印书馆 1974 年版。

2. 科斯："企业的性质" [J]，《企业的经济性质》[M]，上海财经大学出版社 2000 年版。

3. 阿尔钦，德姆塞茨："生产、信息成本和经济组织" [J]，《企业的经济性质》[M]，上海财经大学出版社 2000 年版。

4. 威廉姆森等：《理解雇佣关系："对专用性交换的分析"》[J]，《企业的经济性质》[M]，上海财经大学出版社 2000 年版。

5. 张五常："经济组织与交易成本" [J]，《经济解释》[M]，商务印书馆 2000 年版。

6. 张五常："企业的合约性质" [J]，《经济解释》[M]，商务印书馆 2000 年版。

7. 杨小凯，黄有光：《专业化与经济组织》[M]，经济科学出版社 1999 年版。

8. 卢荻："分工原则与比较经济制度" [J]，《读书》，2001 年第 6 期。

9. 青木昌彦，安藤晴彦 . 模块时代：《新产业结构的》M，上海远东出版社，2003 年版。

10. 埃米尔·涂尔干：《社会分工论》[M]，三联书店 2000 年版。

11. 托马斯·J. 彼得斯，小罗伯特·H. 沃特曼：《成功之路》[M]，中国对外翻译出版公司 1985 年版。

12. 詹姆斯·P. 沃麦克，丹尼尔·T. 琼斯：《精益思想》[M]，商务印书馆 1999 年版。

（中国社会科学院工业经济研究所　张小宁）

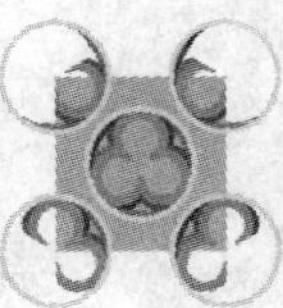

第六章 DILIUZHANG

管理学合法性的反思：基于跨学科研究的视角*

引言：管理学合法性的演进回顾

纵观管理学演进的近百年历史，大致可以将管理学研究分为四个阶段：第一阶段（1900－1930），是以泰勒、韦伯等为代表的古典管理学阶段，其代表性内容是科学管理、管理职能分析和古典组织理论等；第二阶段（1930－1960），是以梅奥、麦格雷戈等为代表的行为科学阶段，其核心内容是以人际关系学说及随后的行为科学理论为主的管理学理论；第三阶段（1960－1980），进入了以多种管理学派并存为特点的“管理丛林”阶段（哈罗德·孔茨，1961，1980）；第四阶段（1980至今），就是学术界兴起的企业文化的研究热潮，即“企业文化”阶段。上述管理学理论的演进过程无疑折射出整个管理学研究重心和主题的变迁，若是从管理学研究的学科角度来看，这一管理思想变革和管理学派

* 本文受到国家自然科学基金项目《基于演化机制下的战略过程与互动管理》（批准号：70402003）和辽宁省教育厅高校科研项目（项目号：2004G016）资助。

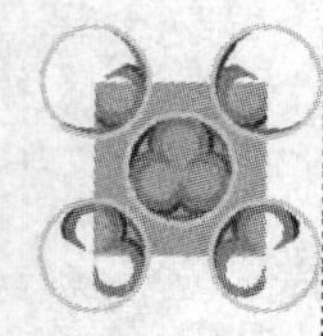

演变的整个进程也反映了管理学这一学科合法性的不断建构过程。

一门学科的“合法性”，并非是法理上的“合法”意义，主要指的是一门学科的存在基础。法国学者 E.Morin 认为，“学科必须是科学知识领域内的一个组成部分，在科学范围内确定自己的研究领域和特长，迎合科学各方面的需要。尽管科学涵盖百科，但每一个学科由于有自己特定的学科界限，有自建的学术用语、研究方法和理论，所以都是独立的”，这种“独立性”就是学科的合法性。具体而言，学科合法性应满足以下几方面的要求：有相对独立的研究范畴、研究领域和研究对象；有特定的概念框架，形成或正在形成规范化的知识体系；建立自己专属的方法论；其形成的原理或规律能够经历一定的验证或论证。

让我们依循这些标准并结合管理学发展历程对管理学的合法性究竟达到了何种程度来加以考察。首先从研究范畴、研究领域和研究对象来看，在众多的管理理论中分别是以物、人、组织或以上任意两种的结合作为研究起点，对此管理学界至今未形成共识，虽然目前其研究对象正向综合发展，但同时又出现了无限扩大研究领域甚至包罗万象的趋向，最终导致了管理学研究的泛化倾向；其次在概念框架上，由于没有形成为绝大多数人认同的人性假定和研究前提，使得管理学迟迟未能建成完整的概念构架，也就很难建立起具有稳定性和连续性的主流理论体系和研究规范；方法论是学科进步的重要推动力量，管理学虽然借鉴其他学科颇多，但始终未能形成自己独特的方法论和分析工具；在与实践的联系中管理学往往处于一种非常尴尬的两难境地，众多原则和原理尚存在“内在模糊性和自相矛盾的缺陷”，这使得管理学很难经得起推敲和考证。以上种种的不完善性，使得管理学的合法性地位不断地受到质疑，从而难以成为具有科学性的一门真正的独立学科。时至今日，在联合国教科文组织的大学学科分类中我们竟然找不到管理学！[①] 这不能不说是

① 联合国教科文组织将大学学科分为六大类：自然科学、工程学、医学科学、农业、社会科学、人文科学与艺术。在社会学科分类下有政治学、经济学、社会学、商业等，而没有管理学。即使在商业的学科分支中也没有管理学或企业管理。

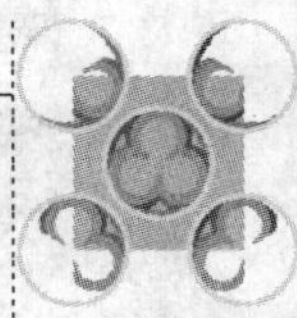

对我们这些从事管理学理论研究工作者的极大讽刺。

为什么管理学合法性如此的脆弱？哈罗德·孔茨和彼得·F. 德鲁克对此做过一些分析和思考，有过一些精辟的见解①。在此基础上，通过考察管理学的发展脉络，分析管理学的研究内容，比较管理学的研究方法，我们发现多学科交叉移植下的跨学科研究几乎贯穿了整个管理学演进的历史。譬如，泰勒的科学管理理论实际上是将工业工程方法引入车间管理；霍桑实验倡导的行为科学依靠心理学研究来考察人们的需求、情绪等内在因素；管理学中的组织理论大多来源于经济学中的分工效率思想和社会学中的科层制分析方法。此类情形在管理学研究中并不乏见。众所周知，当前管理学研究已经融合了数学、系统工程、经济学、信息论及心理学等多种其他学科的研究方法及相关成果。换言之，管理学研究中的借鉴多学科的研究方法已经成为一种趋势。针对管理学的这种多学科借鉴的研究趋势，管理学界产生了两种不同的声音。有的学者（崔援民、黄群慧，1998；黄群慧，2001）认为，跨学科或多学科交叉移植性是管理学的根本特征，管理学作为一个开放的知识体系，任何有利于解决管理问题的知识，无论其隶属于什么学科，都可以被吸收、借鉴到管理学中，这将促进管理学的发展。而有的学者（章迪诚，2002）则认为管理学无限扩大研究领域包罗万象的趋向，及其与其他学科的广泛重复交叉，将会削弱管理学本学科的独立性，把管理学变成无所不及、无所不包的大杂烩，从而大大降低管理学的科学价值。那么，我们到底应该怎样看待跨学科研究在管理学合法性建构中的价值？进一步讲，即跨学科研究能否成为管理学的内在特征？跨学科研究在整个管理学合法性发展中起到了何种作用？在未来管理学发展中应该如何处理和

① 哈罗德·孔茨认为管理学发展存在缺陷是由于语义上的混乱、管理和管理学定义和范围没有取得一致意见、将前人对管理经验的概括和总结看成是“先验假设”而予以摒弃、曲解抛弃了前人提出的一些管理原则、管理学者不能或不愿相互了解这五个方面的原因。彼得·F. 德鲁克（1989，中译本）则认为管理学是一门学科，是因为管理人员付诸实践的是管理学而不是经济学，不是计量方法，不是行为科学。无论是经济学、计量方法还是行为科学都只是管理人员的工具，管理学有着自己的特殊贡献。

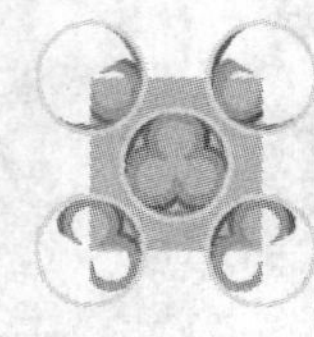

对待跨学科研究？这些问题是管理学发展必须面对而不可逾越的重大问题，不深入分析这种“跨学科困境”，不明晰上述问题，管理学的合法性势必无法得到进一步巩固。尤其是在管理学即将渡过百年历程之际，对跨学科与管理学合法性的关系问题的明晰就更具意义。因而，本文将针对以上问题提出三个命题，通过分析和论证这些命题，从而明晰跨学科研究对整个管理学合法性的影响和价值。

命题一：关于跨学科研究能否作为管理学合法性的建构特征的命题

这一命题还可以进一步表述为：跨学科研究不能作为管理学合法性的建构特征。

要探讨这一命题，首先须明确何为跨学科研究以及跨学科研究的形成机制。所谓跨学科（Interdisciplinary）（有学者亦称其为交叉学科研究或多学科研究、超学科研究），按照 G. 伯杰在《跨学科：大学的教学和科研问题》中的说法，是指两个或两个以上的不同学科之间的紧密或明显的相互作用，包括从简单的交换学术思想，直到全面交流学术观点、方法、程序、认识、术语以及各种资料。从这一界定我们不难看出一般跨学科的特征在研究内容、研究主题和研究方法上都得到充分的体现：它涉及的课题及研究内容大多是总体的、复杂的、多系统的问题；它的研究以问题为核心，需要依靠跨学科、多学科的专家智慧来解决；从研究方法及分析技术体系看，它基本上采用跨学科和多学科的研究方法和手段。

为什么能够实现跨学科研究呢？皮亚杰（1999，中译本）认为，跨学科研究的实现可能出于两种考虑，一种与结构或共同机制有关，另一种与共同方法有关。第一种考虑主要指科学进步、学科发展都有一种“等级顺序”，都存在各种各样把“‘高级’现象还原或非还原为‘低级’现象的问题”，这必然会使得大量科学研究所获得的基本结构在基本逻辑或一些智力结构上呈现出或多或少的相似性。第二种考虑主要从研究方法的深层次解析来看，虽然研究对象有所不同，但各学科的研究方法从哲学层面方法论意义来看，无论是内在推理逻辑、问题形成过程还是

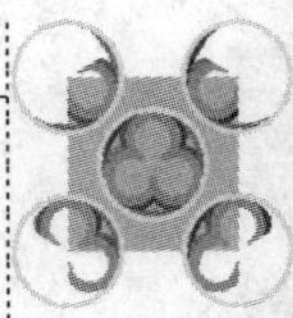

分析技术的使用上都存在很大的相似性。

依照以上逻辑，很多学科都存在趋向跨学科研究的内在机制和特定需要。比如经济学、政治学、社会学及人类学等虽然都有自身的学科界限——经济学侧重市场的研究，政治学侧重对国家的研究、社会学侧重于对市民社会的研究，人类学侧重于人种的研究。难道我们能将“市场”、“国家”、“市民社会”及“人种民族”视为互不相干的实际存在吗？显然，从整个复杂的“高级”整体社会现象来看，这些学科所研究的侧重点仅仅是细化的处于“低级”层次的现象之一，而且这些人为分化的侧重点在较高层次上都或多或少存在着重合和交叉，也即是说在现实的复杂社会层次中这些所谓的“市场”、“国家”、“市民社会”及“人种民族”往往是交错融合的，因而导致在研究中就需要进行大量的概念理论互借、方法移植以及主题融合，同时也就导致以上学科理论研究的结构、结论及内在基本逻辑上必然存在着相似性。我们不难从现有学科的研究逻辑中寻求证明以上论点的“蛛丝马迹”：经济学把竞争理论和决策理论分别输出给政治学和心理学；经济学、社会学分别把政治学的组织理论、权力理论引入各自的学科之中；更有甚者政治学所借用的其他学科的概念数量远远大于自身的专属概念。而且，这些学科研究在相互借鉴彼此分析方法的同时，也越来越多地采用了科学方法尤其是定量分析方法及数学模型，进而使得研究方法的趋同性进一步增强。不仅在社会科学内部，在自然科学内部、在社会科学与自然科学以及与人文科学之间都产生了大量的跨学科研究，许多交叉学科及新兴学科如经济社会学、科学社会学等随之产生，大大地拓展了学科发展的领域，极大地丰富了科学知识的内容（华勒斯坦，1997，中译本）。所以说，跨学科研究是众多学科发展的内在机制和特定需求。

管理学亦不例外，它虽然侧重于研究如何有效管理、运营一个企业（组织）实现所追求的各种目标，但它的研究对象无论是任务、人还是组织，都是处于开放环境之中的，这必然无法避免与其他学科发生联系。在这种联系过程中，管理学不仅作为跨学科的“受体”接受着其他学科的知识，而且也作为跨学科的“供体”向其他学科输出和贡献着自

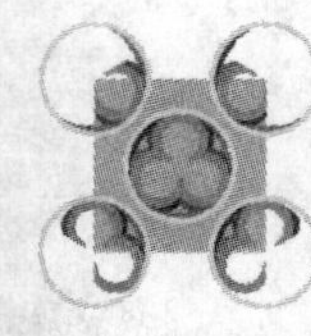

身的成果。当然，管理学所借鉴的其他学科的知识远远超出自身贡献的知识，但我们不能据此就认为跨学科研究只是管理学所独有而不为其他学科所用。譬如，就企业（组织）而言，经济学也通过借鉴管理学知识不断丰富和拓展自身学科对“企业”的研究，经济学最初将之视为一组生产函数，从整个经济系统的角度把企业“黑箱”化，站在整个社会经济角度上，研究企业的性质、企业行为对市场价格机制的影响及对经济运行规律的作用，而对企业内部具体的组织构造、如何有效地进行生产经营以及管理运行机制等问题并不关心。然而，随着研究推进和实践深入，经济学必须要打开“黑箱”深入企业内部研究，必须开始考虑委托—代理、层级结构、激励等微观问题，这时管理学尤其是企业管理学的内容和成果就不断被纳入其中。另外，对“人”研究，经济学、社会学、心理学、人类学等都研究人，但他们对人的视角各有不同——经济学立足于“经济人”“理性人”假设，社会学研究的是阶层下的“人”，人类学研究的民族人种的“人”，心理学侧重更具特质的“人”，但在涉及企业（组织）中的“人”，尤其是管理者时，管理学学科的地位就凸现出来，这些学科就常常和管理学通过概念理论的借用、方法的互引来携手共同研究。所以，无论是对“组织”、“任务”还是对“人”的研究没有哪一个学科能单独承担下来，跨学科研究不仅是必需的，也是必然的。因此，尽管各个学科的跨学科研究的程度有所差异，但总体而言，从概念互借、方法移植到理论融合的跨学科研究是大量学科发展所共有的现象，并不是管理学区别于其他学科所独有的，因此我们不能以跨学科研究作为管理学学科的标志之一，更不能以跨学科研究作为管理学合法性建构的特征。

命题二：关于跨学科研究对管理学合法性发展价值的命题

这一命题还可以进一步表述为：跨学科研究一方面推动了管理学合法性的发展，但同时由于开展跨学科研究的前提条件尚不成熟，而使其消极影响不断地暴露和扩大。

如何看待跨学科研究对于一门学科的价值，这需进行辩证地分析。

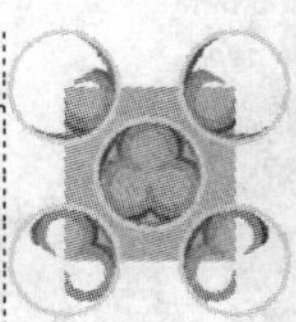

一般而言，跨学科研究的意义在于以下方面（金吾伦，1997）：（1）回答复杂的问题；（2）指导广泛的争论；（3）探索学科与专业的关系；(4) 解决那些超出任何一门单独学科范围的问题；(5) 在一个有限或广阔的范围内完成知识的统一。上述跨学科研究的价值对科学发展进步的影响也十分显著，自 18 世纪以来，科学思潮就进入了一个分析时代。各门实验自然科学以及数学日趋成熟，占据了人类知识领域中至高无上的地位，而社会科学的各个主要学科领域也于 19 世纪 50 年代到二战前的时期先后形成了独立的研究框架，基本确定了本学科的研究对象及范围，为本学科"划界"，并说明它自身与相邻学科之间的关系（尤其是差别）。与此同时，学科分化也带来了很多弊端，一方面它妨碍了学科之间必要的了解和交流，另一方面在面对复杂的实践问题上单独某个学科往往很难有所作为。因此，二战后，跨学科化趋势不断加强，这也促进了传统各学科的融合和重组，从而产生了一系列新的综合性知识分支，而且，在各学科之间的分界处涌现出诸多重大的研究成果。在这一科学史的发展过程中，跨学科研究对于学科发展的巨大价值是显而易见的。

管理学在这一时期也取得了重大进展，从最早的由一些富有实际经验的管理人员（泰勒、法约尔、穆尼等）创设的管理理论，到主要由专业研究学者不断发展形成的哈罗德·孔茨所称之为的"管理理论的丛林"，再到现代的学习型组织、企业再造等管理理论，大量的管理著作和管理学派随之涌现了出来。这些管理学派和管理理论大多都建立在跨学科的研究基础之上，都凸显着其他学科的影子。孔茨在其"管理理论丛林"中列举了 11 个学派，从中我们不难洞悉多数管理学派的学科借鉴渊源（如表 6－1）。与一般跨学科意义相似，这些管理学派的跨学科研究都使得从多个视角审视复杂管理问题成为可能，并引起了管理学领域的广泛讨论，使管理学与其他学科的关系日益密切，极大地丰富了管理学的内容。

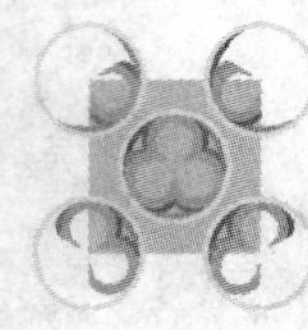

表 6-1　　管理学理论的跨学科借鉴及其局限性

学派名称	借鉴学科	其他学科贡献	学科借用所引致的局限性
管理过程（职能）学派	工程学或医学	依靠原理的建构和启发而加以改进	这些原理缺乏逻辑一致性，导致管理原理价值降低
人际关系学派	心理学或社会心理学	以个人心理学为基础，对人的内在行为研究较为深入	注重心理训练，忽视了管理的计划、组织和控制
群体行为学派	社会学、人类学及社会心理学	关注群体的行为模式，从社会角度研究组织内的群体	忽视群体行为并不等于管理，而且缺乏完整的管理概念、理论和技术
经验（案例）学派	法律学（判例法）	通过案例研究经验，可能得出比管理过程学派更为实用的原理	声称不形成理论的观点限制了其结论的价值，而实际上从事着与管理过程学派同样的工作
社会协作系统学派	社会学	把企业看成是一个受环境压力和冲突支配的社会有机体，把人际行为和群体关系都融入其中	将管理学与社会学混同起来，对于社会协作系统的管理研究过于宽泛
社会技术系统学派	工业工程学	深入研究了技术系统对企业中的社会系统的影响	技术并不是管理的全部，过于强调作业和操作性的办公工作
系统学派	物理学、生物学	能从更广阔的视角去认识组织系统及其子系统与外部环境的关系，运用系统观可更有效地理解管理思想	系统方法仅是提供了一种思考哲学，而在管理学基本知识的建构上并未提供新的方法
决策理论学派	经济学	围绕决策来建立管理理论，强调管理是以决策为特征的理论	没有认识到管理的内容要远比决策丰富，而且其要求的条件很难完全成立
管理科学学派	数学、运筹学	将管理工作提炼成数学过程、概念符号和模型，采用纯粹的逻辑方法，有助于解决一些复杂问题	数学仅是一种工具而不能成为一个学派，管理工作的许多方面并不能模型化

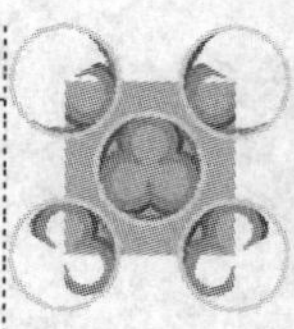

续表

学派名称	借鉴学科	其他学科贡献	学科借用所引致的局限性
权变理论学派	*	管理工作取决于环境条件，通过随机应变理论去思考既定方案对企业行为方式的影响	很难确定所有的随机应变相关因素，更多是提供了一种思考的方法
经理角色学派	*	通过对总经理活动的观察来确定管理人员的工作任务	缺少对一些重要的管理活动（如考核、战略等）的思考，仅从管理者角度还无法建立管理理论

注：本表由作者根据哈罗德·孔茨的《管理理论的丛林》、《再论管理理论的丛林》及相关资料整理而成。*表示借鉴学科尚不明确。

但同时，我们也可以看到，一些所谓的“研究学派”在内容上并没有太大的创新，而仅仅是为管理学的研究提供了分析工具或思考模式，很难称其为学派，而且如表6-1所示，这些跨学科研究也带来了新的缺陷和局限。也就是说，我们同样不能忽视跨学科研究所引致的风险。首先，跨学科研究会招致科学性或有效性的诘难。学科的存在和发展更多是为了知识精确性的进步，在涉及企业活动的因果分析中，在管理现象的本质研究上，如果管理学不能身挑重担而总是寻求其他学科的帮助，这将势必使人怀疑管理学能否存在于科学的殿堂内；其次，跨学科研究会使学科之间产生暧昧或紧张的关系进而影响学科独立性。管理学学科的存在基础、价值和意义就在于它对某些管理问题的洞察力和解释力，过多的跨学科研究极易导致管理学的研究成果散落于各个学科之间，使得管理学和其他学科的关系愈加模糊，尤其是当管理学自身的内核问题尚未明晰之时，过度的引入跨学科研究更容易使管理学被其他学科同化或取而代之；再次，过多的跨学科研究会加深科学功利的风气、削弱科学精神。考察管理研究的现状我们不难看到，跨学科在很大程度上成了一些管理学者研究的捷径，通过跨学科研究而快速推出的各种新概念及新理论时髦新鲜、真假难辨，然而其中真正具有科学价值的却是

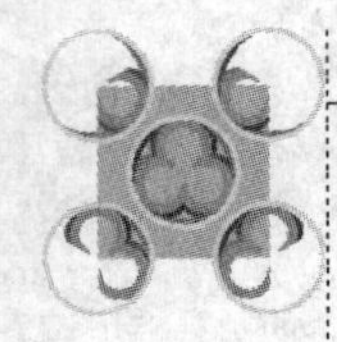

凤毛麟角。倘若管理理论界不能对于跨学科研究这一方式做到趋利避害而滥用跨学科研究，这将不但会降低管理学知识的科学价值，而且也会导致管理学的学科解构从而反过来了又削弱管理学跨学科的意义。

总之，跨学科研究既有价值也有风险。如何趋利避害，对管理学发展至为关键：利用的好则会使学科可持续发展，处理不好则使学科合法性难有进步。发挥跨学科价值而降低风险必须建立在以下前提条件基础上，也就是要有一定的规范机制：研究的分工应该明确；尽量借鉴成熟学科的优秀成果；不影响学科的“核心知识”（包括方法论基础、理论范式等）；应该有通才人物作为跨学科研究的交流中介（刘仲林，1990）；此外还要注意概念的解析及方法的适用性，跨学科的成果应有利于学科本身深化和创新。

依循以上前提条件对管理学的跨学科研究作进一步考察，可以看出，管理学开展跨学科研究的前提条件尚不成熟。首先，管理学在其研究之初就未能在自身学科的“核心知识”上踏踏实实的积累，作为管理学创立者的三位先哲也没有进行很好的沟通交流：泰勒、法约尔和韦伯不仅身处不同的国家，而且对于各自的理论也未能进行很好的批判整合，缺乏一个系统将泰勒的科学管理理论、法约尔的一般管理学说和韦伯的行政组织理论整合成为管理学“核心知识”的过程，这不能不说是管理学发展史的巨大遗憾；其次，这种缺少相互沟通整合和相互批判的研究开端使管理学在此后的发展中难于在理论架构、研究假设、研究方法上实现批判统一，最终导致管理学趋向无限扩大的研究领域，因而很难明确管理学与其他学科的研究分工；同时管理学界如迈克尔·波特这般擅长协调产业组织学和战略管理的优秀学者并不多见[①]，加之研究的功利风气甚重，严谨的研究规范机制缺失，使得诸多跨学科研究成果并

---

① 企业战略问题已经成为经济学中的产业组织理论和管理学中的战略管理共同关注的焦点，但是二者的研究分工比较明确，产业组织理论侧重于市场结构、产业政策等问题，而战略管理侧重于企业的产业定位、战略选择等。迈克尔·波特教授产业定位理论不仅使两者研究界限相对清晰，而且也使两者的联系更加紧密，现在产业组织学和战略管理互相补充，共同发展，但并没有影响自身的“核心知识”的独立性。

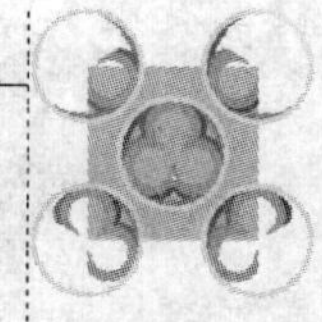

未很好被管理学吸收、深化及创新。因此，我们认为，跨学科研究虽然在历史进程中推动了管理学的发展，但由于管理学尚未经历科学的分析构建阶段，即管理学的建构历史还存在诸多缺憾，所以现阶段我们开展跨学科研究的前提条件尚不成熟；这也同时影响了管理学的跨学科研究对于自身价值的把握，加之较为完善的研究规范机制的缺乏，过多的跨学科研究反而一定程度上弱化了管理学的合法性和独立性。

命题三：关于管理学处理跨学科研究的命题

命题三还可以进一步表述为：管理学合法性的改进不应过分依赖跨学科研究，而应开展管理学的"元研究"，并将跨学科研究作为管理学"元研究"的辅助力量。

如前所述，跨学科研究对管理学的合法性构建可以说是利弊各半。一方面，这些跨学科对管理学的应用性和知识的拓展都有所推动，但另一方面，跨学科研究也使管理学的独立性和科学性有所降低。使跨学科研究扬长避短很好地为管理学发展服务必须建立在一系列前提条件之上，这在上一个命题都有所论及。而且，我们认为，跨学科研究是有层次之分的，它有移植、改造以及互动三个不同的层次，移植处于低级层次，仅是拿来和借用；改造属于较高的层次，即在移植的基础上对从其他学科借用的概念、理论及方法进行改造深化，从而体现出自身学科的独特性；互动在跨学科中属最高的层次，即本学科和其他学科对借用的东西能够相互推动研究的深化，对跨学科双方都有所贡献，而且不至削弱各自的独特地位，这是跨学科研究的"最佳境界"。然而，从上个命题的分析我们不难看出目前管理学的跨学科研究依然处于跨学科中这种多学科移植的低级阶段，对其他学科的很多概念、理论和方法仅仅拿来就用，不假思索和拓展也不深化改造，对其他学科发展的贡献更是大打折扣。

管理学的跨学科研究长期以来一直停滞在低水平的重复移植阶段而难于跃升到改造和互动的高层次，其根本原因在于管理学本身的元研究不足，而这种"元研究"（Meta - research）乃是管理学跨学科研究从移

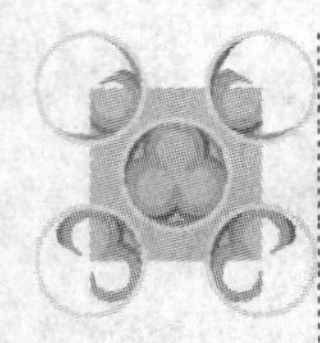

植向改造、互动跃升的基础。当这种学科的基础研究还不够夯实之时，倘若过多的仰赖跨学科研究往往适得其反。

“元”英译为“meta”，是一个古希腊语前缀，意即“……之后”和“超越”。在现代知识发展中，元研究意味着更高层次的对整个学科进行整体性的反思，以批判的态度来审视原来学科的性质、结构以及理论体系。元研究伴随着学科危机产生，尤其是当学科长久难以进展的情况下出现的，是一门学科走向成熟的标志。它不是零散的反思而是系统化的自我反省和批判，也是学科本身自我意识清晰化的过程（李振伦，1996）。针对管理学而言，管理学的元研究就是注重探究管理理论的产生、发展变化过程和理论范式进步的规律，它涉及人们以往的管理学立场之间的矛盾，探究管理理论与其研究者及与社会现实之间的相互关系，以及处理管理学中的有关“真”、“客观性”及“社会现象本性”等一系列关键性的学科问题。我们认为，目前管理学的元研究应该着重以下问题：

（1）管理理论的建构与描述问题。涉及管理理论的术语、概念及命题都是合理的吗？其规则性和有效性如何？其进步的标准是什么？等等。

（2）管理学的基本价值是什么？这将涉及管理学对社会的科学价值、应用价值及教育价值等一系列问题。

（3）管理学的学科属性及分类分析。主要讨论管理学是科学还是艺术？管理学是经验性学科还是规范性学科？管理学如何处理普遍适用性和文化背景之间的关系？等等。

（4）管理学历史发展过程的考察。文化、技术及社会思潮等各种外在条件如何从逻辑上和历史上影响管理学的内在发展进程。

（5）管理学研究具有哪些传统？其学术团体具有哪些特征？即管理学研究的学术共同体对管理学发展可形成哪些重大影响。

（6）管理学与其他学科知识的关系及相互作用。主要涉及管理学借鉴了哪些学科的知识和方法？对自身发展起到了何种作用？这种关系及相互作用将呈现何种趋势？

上述管理学的元研究问题联系紧密，尽管其中还存在着一些重叠和

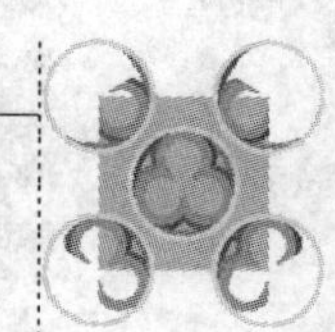

交叉，但其核心就是探讨管理学的合法性问题。如果说管理理论是为管理实践“立法”，那么，管理学的元研究就是为管理学“立法”。通过上述问题的元研究，管理学研究的发展将会更精致、更切实、更具连贯性，我们将能够揭示出哪些管理问题是伪问题，哪些管理问题是具有价值的。管理学的元研究也将有助于我们分辨管理学研究的不同传统及学派之间的虚假争议，进一步透过其表面分歧，发现隐藏在管理学内部的危机及其真正根源。

元研究是联结管理学合法性和跨学科研究的必要桥梁。没有了对管理学深入的元研究，管理学的跨学科研究就成了“无根之水”，不仅正面的推动作用会降低，而且跨学科研究的诸多不利方面将会凸现出来。正如马克思所说，“不论我的著作有什么缺点，它们却有一个长处，即它们是一个艺术的整体，但是要达到这一点，只有用我的方法”。这个“方法”于管理学而言就是管理学驾驭跨学科研究的元研究或基础研究，这也是实现管理学的“艺术整体”的必要路径。长期以来，管理学基础研究严重缺失，至今尚未筑构起有机的、逻辑的管理理论体系，此时倘若盲目地采用跨学科研究必然使得管理学研究中的实用性、功效性倾向日盛，进而导致管理学为实用主义、功利主义所左右，而将管理理论自身的构造及发育摆在一个次要的、甚至无关紧要的位子上，导致管理理论原本应有的理性张力疲软，最终难以满足管理实践的需要，甚至反过来解构了管理学学科的合法地位。因此，我们认为，目前应该将元研究作为管理学发展的主要导向，管理学发展还不宜过分依赖跨学科研究，而应将跨学科研究作为管理学元研究的辅助力量来发挥作用。

结　论

在管理学发展即将进入百年之际，跨学科研究对于管理学合法性建构的意义已经成为一个重要的学术课题。本文站在学科定位及其发展的

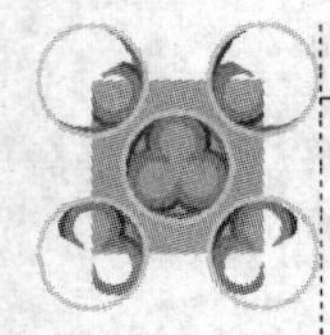

角度上系统地探讨了管理学的跨学科角色、价值和认识及对待导向等问题。本文的论点是：跨学科研究是大量学科发展所共有的现象，并不是管理学区别于其他学科所独有的内在特征；虽然跨学科研究对管理学发展有一定的推动作用，但管理学的自身的建构历史存在诸多缺憾，这使得管理学的跨学科研究并没有很好地把握自身价值，也没有形成较完善的研究规范机制，现阶段对管理学进行跨学科研究的前提条件还不很成熟；管理学发展的当前主要任务是对管理学进行深入的元研究（Meta－analysis），而不宜过分依赖跨学科研究。

总体而言，管理学还是一个不成熟的学科，就像大多数的学科发展一样，它正在经历着自身发展合法性危机的反思。而跨学科研究与管理学的关系处理将是一个于管理学发展而言不可回避的关键命题。对待跨学科研究，既要使其对管理学“法”起到正面的推动作用，又不致使其削弱管理学的合法地位，这确实需要深入持续的分析和思考，本文还尚存很多不足和亟待改进的地方。本文提出这一命题，旨在引起管理学界及广大研究者和实践者的关注，希望能对管理学的发展和进步有所贡献。

[参考文献]

1. Harold koontz：*The Management Theory of Jungle*，*Academy of Management Journal*，Vol.3，No.4，1961.

2. Harold koontz：*The Management Theory of Jungle Revised*，*Academy of Management Journal*，Vol.5，No.2，1980.

3. 彼得·德鲁克著，帅鹏等译：《管理实践》，工人出版社1989年版。

4. 彼得·德鲁克著，王伯言、沈国华译：《组织的管理》，上海财经大学出版社2003年版。

5. 崔援民、黄群慧：“21世纪管理学发展与现代管理方法论”，《中国软科学》，1998年第3期。

6. 华勒斯坦著，刘锋译：《开放社会科学：重建社会科学报告书》，三联书店1997年版。

7. 黄群慧：“经济学与管理学：研究对象与方法及其相互借鉴”，《经济管理》，2001

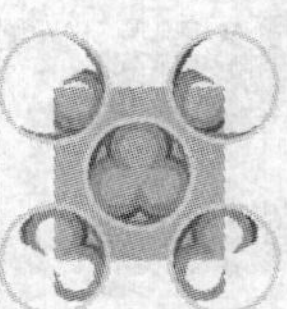

年第2期。

8. 黄速建、黄群慧："管理科学化与管理学的科学性"，《经济管理·新管理》，2004年第18期。
9. 金吾伦主编：《跨学科研究引论》，中央编译出版社1997年版。
10. 李振伦："元理论与元哲学"，《河北学刊》，1996年第6期。
11. 刘仲林主编：《跨学科学导论》，浙江教育出版社1990年版。
12. 丹尼尔·A. 雷恩著，赵睿等译：《管理思想的演变》，中国社会科学出版社2000年版。
13. 赫伯特·西蒙：《管理行为》，中译本，北京经济学院出版社1988年版。
14. 牛晓帆：《产业组织理论及相关问题研究》，中国经济出版社2004年版。
15. 皮亚杰著，郑文彬译：《人文科学认识论》，中央编译出版社1999年版。
16. 芮明杰、孙继伟："论经济学和管理学的根本区别"，《世界经济文汇》，1998年第4期。
17. 斯图尔特·克雷纳：《管理百年——20世纪管理思想与实践的批判性回顾》，海南出版社2004年版。
18. 孙耀君主编：《西方管理学名著提要》，江西人民出版社2005年版。
19. 泰勒尔：《产业组织理论》，中译本，中国人民大学出版社1997年版。
20. 乌家培："经济学与管理学的关系"，《管理科学学报》，2000年第3期。
21. 章迪诚："管理学的缺憾"，《光明日报》，2002年9月17日。

（东北财经大学 韵 江）

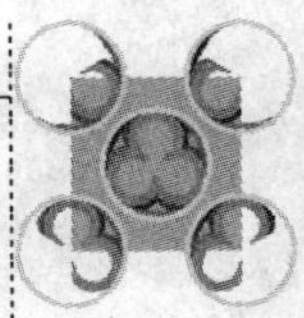

第七章 DIQUZHANG

管理研究方法论的梳理*

一、引 言

人们在使用“方法论”这个术语时往往有不同的所指。刘大椿(1994)认为“科学方法论首先应该被理解为关于科学认识活动的体系、形式和方式的原理的学说”，“属于哲学反思的性质”。他进一步指出，“这种反思对于科学活动过程，特别是对于科学理论的形成、确定和内容的解释过程，起着具有原则性的重要作用”。崔援民、黄群慧（1998）认为“管理研究方法论是指各种管理方法组成的集合以及集合内各种管理方法的本质、作用、适用范围以及相互关系的研究，尤其侧重于从管理学发展角度进行探讨”。李怀祖（2004）认为管理研究方法论是“阐述管理学科研究工作的基本原则、途径和程序，在总结前人经验的基础上，提出有效的研究工作规范，包括问题阐述、文献综述、假设提出、数据收集、统计分析、信度和效度判断以及研究报告或论文的撰写等各个环节的规范”。这三种观点分别代表了人们在提及方法论或管理研究

* 本文获“厦门大学新世纪优秀人才支持计划资助”。

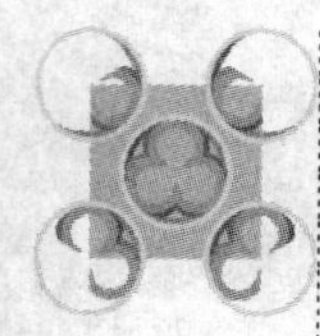

方法论时所指的三个层次：哲学层次的、学科层次的、操作规范层次的。本文将在综合考察管理研究方法论的各种研究成果和观点的基础上，分别这三个层次对管理研究方法论进行系统的梳理，对在管理研究中经常被混淆的“方法论”与“方法学”这两个术语进行澄清，并在这三个层次上对方法论与方法学进行了对比分析。

二、管理研究方法论的三个层次体系

（一）哲学层次的管理研究方法论

必须首先明确的是，尽管称之为“哲学层次的管理研究方法论”，但此处的方法论决不局限于管理研究，而是具有普适性的方法论。下面的论述将从几个不同的角度来展开。

1. 研究对象是什么样子：机械观和系统观

首先来看机械观。从认识论的角度，机械观的思维方式相信，原则上其他一切学科都可以归结为物理学这门学科。在研究中，必须对纷繁复杂的问题加以限制，把注意力集中在确定的方面，利用已有的精密的自然科学的一般原理来对各种现象加以解释。从方法论的角度，机械观的思维方式主张，只有一种真实的、同质的获得知识的方法论。一切真实的知识，都能以这种方法论加以规范。机械观实质上是还原论的一种具体的历史形态，也就是说，机械观包含着还原论的重要思想。理论的主要目标是解释现象，当用构造性语言把现象纳入某个理论模型，就给现象提供了某种解释。从这个意义上，解释相当于还原。还原论无论是在自然科学研究中还是在社会科学研究中都产生了丰富而重大的成果。而它之所以有效，主要是因为这种思想在研究中对复杂的问题加以限制，可以把注意力集中于确定的方面。解释的基本要求正是寻找并确定不变量，把复杂现象归结为简单的规律。

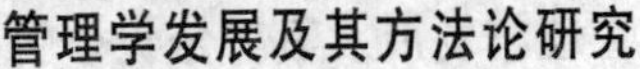

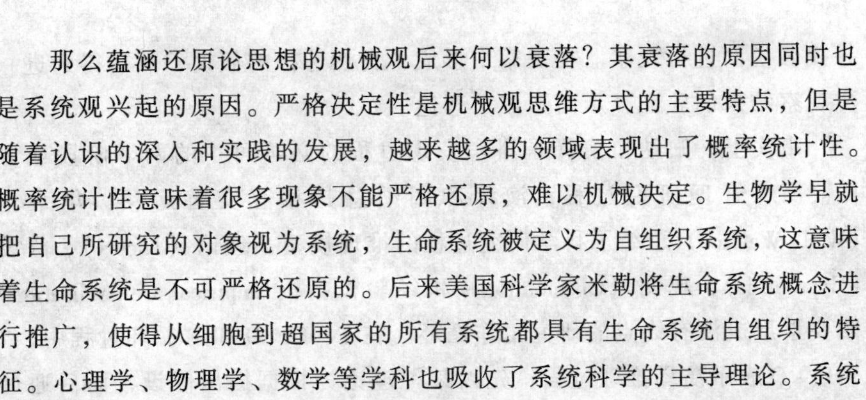

那么蕴涵还原论思想的机械观后来何以衰落？其衰落的原因同时也是系统观兴起的原因。严格决定性是机械观思维方式的主要特点，但是随着认识的深入和实践的发展，越来越多的领域表现出了概率统计性。概率统计性意味着很多现象不能严格还原，难以机械决定。生物学早就把自己所研究的对象视为系统，生命系统被定义为自组织系统，这意味着生命系统是不可严格还原的。后来美国科学家米勒将生命系统概念进行推广，使得从细胞到超国家的所有系统都具有生命系统自组织的特征。心理学、物理学、数学等学科也吸收了系统科学的主导理论。系统观的着眼点是处在特定时空中的有结构的事件集合体，即研究对象的组织性。作为系统观之核心的组织性，其意义包括：不可还原性、自我保持性、变异革新性和层次性。这更符合包括管理研究在内的社会科学研究对象的特点。

但是机械观并非一无是处。其所包含的还原论思想仍然是现代研究工作中非常重要的思想工具；其所强调的构造性体系和可控实验的传统，在现代研究中仍然大显身手。一定意义上，机械观的还原论偏重于“分析”，而系统观偏重于“综合”。所以，系统观应该是和还原论互补的。回头来看管理研究，我们可以发现，任何一次管理研究，都必然体现着还原论和系统论之中的一种或两种。

2. 推理方式：演绎模式和归纳模式

亚里士多德最早提出了归纳—演绎方法，他主张，科学家应该从要解释的现象里归纳出解释性原理，然后再从包含这些原理的前提中演绎出关于现象的陈述。后来人们认为应该再补充一个步骤即假说检验。研究始于问题，而不是始于观察和实验，这是演绎模型的关键。也就是说，研究始于试探性的假说，它决定在科学研究指定的问题上应该收集什么事实材料，它是演绎模式的出发点。波普所发展的演绎模型则更极端。他强调科学发现不是来自对事实的归纳。每次观察都有期望或假说在先，它们给出一个有意义的观察范围。

达尔文以他的进化论为归纳法提供了强有力的支持。根据他的日记，他在进行观察时，头脑中并未存在假说的指导，倒是可以认为是为

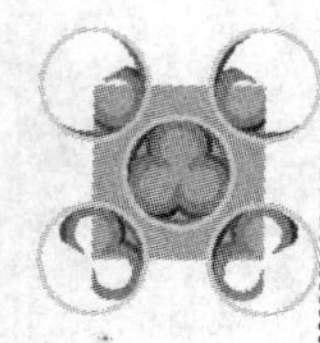

寻找假说而进行观察。在观察中形成了自然选择的假说，然后得到进一步观察结果的验证，从而形成了理论。

事实上，归纳和演绎是科学发现过程的必不可少的两个阶段或方面。反观管理研究过程，演绎和归纳总是相互交替运用。华莱士（W.L.Wallace）总结了科学研究过程的推理模型，理论（Theory）、假设（Hypothesis）、观测（Observation）和经验概括（Empirical Generalization）四要素形成没有终点的研究工作循环。在T、H、O和E循环过程中，T－H－O表示演绎推理过程，先以某种理论为根据提出假设，而后通过观测来验证之。当然这里所说的观测是在一定假说即假设引导下进行的，而假说的形成不单是基于已有的理论指导，为形成这种假说而进行的事先的观察也是不可或缺的。尽管华莱士模型中T－H－O过程没有体现假说形成之前的观察，但它确实是不可少的。而O－E－T则重在归纳过程，首先为检验前面的假设而观察，进而进行经验概括，最终提炼成理论。华莱士模型反映了研究工作的归纳和演绎的两面，而在实际的管理研究中，归纳和演绎同样会发挥各自的魅力。自泰勒的研究开始，行为科学研究、组织理论研究、领导理论研究、战略管理研究等等，无不存在归纳和演绎的身影。

3. 研究路径：实证科学方法和哲学思辨方法

实证科学在认识论和方法论上具有如下特点：客观性、实证性、可检验性、概括性等。从哲学的角度讲，可检验性是关键。科学方法论中非常重要的、后来被称为实证原则的可证实性标准，正是科学可检验性特征的一个哲学反思。简言之，科学的基本特征可以表述为原则上的可检验性，即逻辑上具有检验的可能性。实证主义思潮对管理研究产生了深刻影响。管理发展史上的许多重大进展，都与实验以及其他实证方式密切相关，如泰勒的时间研究、动作研究，梅奥的霍桑实验以及现代管理科学中的数理方式等。（张钢，1995）20世纪70、80年代之前组织行为学研究的方法论原则可以概括为：用研究结果的内部逻辑一致性来衡量研究的有效性。而内部逻辑一致性多采用受控实验来保证，从而从侧面表明了实证主义的影响。

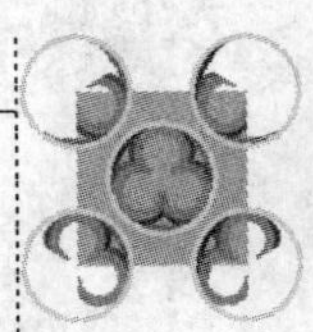
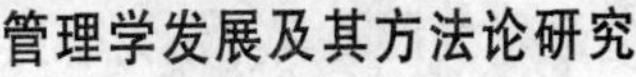

哲学在认识论和方法论上则具有思辨性、歧义性和难以检验性等特点。其中思辨性是哲学方法的关键。思辨性产生了歧义性和难以检验性，同时也带来了与实证方法不同的功能。之所以在认识世界的过程中需要思辨方法，首先是因为它对科学思想的发展具有开拓作用。若没有超验的思辨性观念，许多重要的科学发现是不可能的。其次科学理论中常常包含着一些无法用经验直接说明的、也无法从理论本身推倒出来的假设。这些思辨性的假设的存在保证了理论体系的开放性。当代科学哲学家发现，思辨方法或者说是非证实性原则在科学活动中所起的作用，集中表现在科学家在从事研究之前已经具备某种思维框架这件事上。在管理研究中，思辨也具有很重要的作用。例如，霍桑实验前期几乎没有什么成果，后来梅奥参与并主持该实验，创造性地提出了“社会人”的假设。在这里思辨方法就起到了非常重要的作用。

现代管理研究中，科学方法倍受推崇，并且有广阔的天地可供其作为。而思辨方法也仍是促进管理学发展的重要推动力量。二者各有所长，各有局限，相互补充。

4. 研究规范：程式化和“反对方法”

方法论研究的基本目标之一，是为科学认识活动建立相对稳定的工具系统。从思维方式的角度而言，则要求形成某种行之有效的、有约束力的定式或框架。从这个意义上，方法越是程式化，越是易于掌握，就越能够发挥作用。逻辑实证主义就为程式化做了不少努力。总的来看，程式化意味着某种方法的凝结，可以直接为人类所继承和利用。

然而，有关方法的程式化的努力不应当限制人类认识的无限可能性；换言之，为了创造性地提出和完成新的认识任务，人们必须能够自觉摆脱某种固定方法程式的束缚。这是方法论研究的另一个基本目标。科学发现并无一定之规，常常要另辟蹊径。大凡有成就者，在其研究工作难以进展之时，总是会首先反思自己所用的研究方法是否存在弊端。美国科学哲学家 P. 费耶阿本德认为，不阻碍科学进步的惟一原理是：怎么都行。他在其 1975 年出版的著作《反对方法》中写道：“我的目的倒是让读者相信，一切方法论，甚至最明显不过的方法论，都有其局限

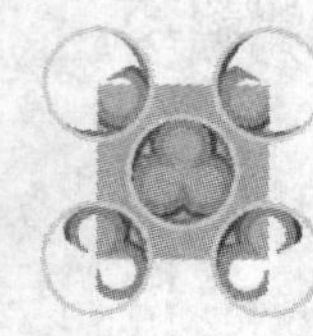

性。”费耶阿本德的思想在管理学上的反映当属权变管理理论。在对管理方法的发展和选择上，权变管理理论认为没有哪种管理理论、方法和模式可以适用于所有的组织和环境条件。

恰当的态度或许是：学习已有的科学方法和方法论思想，但决不要把任何一种方法和方法论思想绝对化。对于管理研究而言，这种态度同样适用。

哲学思想宝库中的宝藏远远不止上述这些，此处仅简要论述几种主要的、对研究活动（主要是管理研究）有深刻而明显的影响的哲学思想。考虑到哲学思想对管理研究的深刻影响，进一步对其进行考察是有意义的。

（二）学科层次的管理研究方法论

这个层次体现出了明显的跨学科性。就学术涵义而言，刘仲林（1990）认为跨学科至少可以包含或引申出三层不同的涵义，其中一种涵义是：打破学科壁垒，把不同的学科理论或方法有机地融为一体的研究或教育活动。管理研究方法论的跨学科性显然从属于这个涵义。下面的讨论就从这个意义上对其跨学科性进行展开。

管理研究方法论的跨学科性来源于两个方面的作用：系统科学方法论、部门学科的知识结构和方法。

1. 管理研究中的系统科学方法论

系统科学方法论是一组以系统为主要研究对象的现代科学方法论体系的总称。它主要包括一般系统论、信息论、控制论、耗散结构论、突变论、协同论等。那么，系统科学方法论是怎样影响管理研究的呢？这主要是从两个方面：(1) 它影响人们对研究对象的认识。例如，促使人们将管理研究的对象视为一个系统，系统之间、系统内的元素之间、元素与系统之间通过信息进行交流和控制；在远离平衡态并且存在内部非线性作用机制的开放系统中，通过与外界的能量和物质交换，产生信息流或负熵流，从而可以形成和维持稳定的宏观有序结构等等。人们对研究对象的认识，影响着研究假设的形成和研究着眼点的选择，也影响研

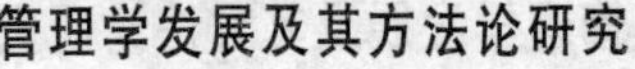

究方法的选择。(2) 它既为其他学科知识和方法向管理研究领域推广和移植提供了依据，同时它本身也为管理研究提供了方法。一般系统论创始人、美籍奥地利生物学家贝塔朗菲曾指出："从方法论上说，一般系统论应该是刺激和控制人们把一个领域的原理转移到另一个领域的重要方法；再没有必要在彼此隔绝的不同领域，一再重复地去发现同一原理。"[①] 他还说，"在不同领域中表现出结构上的相似性或同构性"，可以看作一般系统论形成的一种重要依据。[②] 可见，一般系统论从理论上说明了其他部门学科知识和方法向管理研究领域推广的可行性和适当性。关于部门学科在管理研究方法论中的体现，在下一部分会展开讨论。关于系统科学方法论本身所提供的研究方法，简述如下：(1) 系统分析法。运用系统原理进行目标、结构、功能、环境及其他变化规律的深入剖析，从中选择达到预期目标的最优或最满意方案。系统学派的理论和认识结构是系统分析法在管理研究中应用的一个例证。(2) 信息方法。撇开对象的具体运动形态，把系统的运动过程抽象为信息过程，研究系统与环境之间的输入输出关系。组织管理、人员激励、部门协调、市场经营等活动，都贯穿着信息在各要素之间的流动。撇开具体运动形态，简化了研究。(3) 黑箱方法。这是一种在不知道系统的内部结构的情况下，通过考察系统的输入、输出来认识系统的功能特性、行为方式、运行规律的控制方法。(4) 绝热消去法。快驰豫参量对系统的演化不起重要作用，为简化研究，可忽略其影响而主要考虑慢驰豫参量的变化。[③] (5) 其他还有功能模拟法、系统模型法、三维结构法等等。

---

① 贝塔朗菲：《一般系统论：基础、发展和应用》[M]，清华大学出版社 1987 年版，第 75 页。转引自刘仲林：《跨学科学导论》[M]，浙江教育出版社 1990 年版，第 251 页。

② 王雨田：《控制论、信息论、系统科学与哲学》[M]，中国人民大学出版社 1986 年版，第 427 页。转引自刘仲林：《跨学科学导论》[M]，浙江教育出版社 1990 年版，第 252 页。

③ 绝热消去法是哈肯在研究激光理论时所采用的一种方法。在系统的演化过程中，不同的参量有不同的变化方式。哈肯将各种参量的变化划分为两类：一类是阻尼大、衰减快、寿命短的参量，称为快驰豫参量；另一类是阻尼小、衰减慢、寿命长的参量，称为慢驰豫参量。快驰豫参量对系统的演化不起重要作用，为简化研究，可忽略其影响而主要考虑慢驰豫参量的变化。这就是绝热消去法。

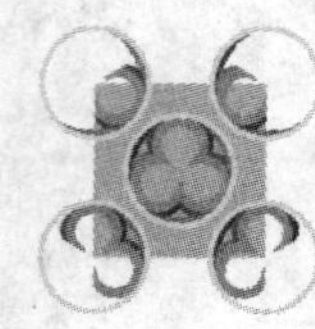

2. 管理研究中的部门学科方法

管理学在时间维度的发展史上经历了若干次研究重心的转移。这种转移最根本的是由于管理实践的发展和深化，但其他学科方法向管理学研究领域渗透，也是一个有力的推动因素。崔援民、黄群慧（1998）用表格的形式汇总了管理学发展的各种学科基础，见表7－1。

表7－1 管理学发展的各种学科方法基础

学科方法	对管理学贡献的说明
工业工程方法	计量、分析物质、动作、时间等因素，以提高效率，例如泰勒发明了高速切削刀具和工作研究方法
经济学方法	最优配置企业各类生产要素，谋求利润最大化，例如斯密（Adam·Smith）的分工理论阐明了分工与提高生产效率的关系
财务会计方法	记录、分析企业的各类行为，为企业决策提供依据，例如麦克金塞（J.Mckinsy）发展了预算理论
统计学方法	运用概率论、数理统计等知识来推断事实和处理不确定性问题，例如休哈特（W.A.Shewhart）的统计质量管理方法
数学方法	建立各类模型求解最优或最满意解，为管理决策提供科学依据，例如丹兹各（G.Dantzig）的线性规划方法
心理学方法	对人们需求、知觉和情绪因素进行研究，以确定科学有效的管理行为和模式，例如梅奥的霍桑实验
社会学方法	研究社会中人群内部以及人群之间的关系，可以用于解决管理组织问题，例如韦伯的组织理论

资料来源：崔援民、黄群慧："21世纪管理学发展与现代管理方法论"［J]，《中国软科学》，1998年第3期。

事实上，如今这张表格里面可以增加更多的学科方法：文化学、法学、生态学、计算机科学等等。例如，文化学在企业文化研究中起到了基础性的作用，丰富了人们对企业的认识，并有利于建立长期有效的文化激励机制；法学原理有助于扩展人们在研究公司治理结构时的视角；计算机科学不但丰富了管理的技术方法方式和手段，促进电子商务的发展和管理环境的变革，其科学思想和思维模式也推动了管理研究的发

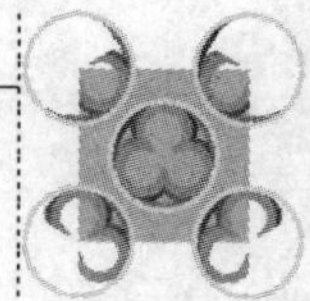

展；生态学为管理学提供了一种全新的有机生态的世界观和现代的思维方式，强调管理环境的作用，并为管理研究提供了一种新的范式。

3. 对跨学科性的讨论

崔援民、黄群慧（1998）将其他各种部门学科方法向管理研究领域渗透的特征称为多学科移植交叉性。这与“跨学科性”术语的含义应当是一致的。关于为什么管理研究活动会呈现跨学科性或所谓的多学科移植交叉性，可以从内外因两个角度进行分析。内因在于管理研究对象的复杂性。关于管理研究对象是何，众说纷纭，但观点的差异通常只在于细节。此处采用芮明杰（1998）的观点，即研究对象不外乎三类内容：组织、管理方式方法、经营。这种观点较为全面地涵盖了现代管理研究的范围。显而易见，这三类都受到多种多样因素的影响，例如经济因素、政治因素、法律、心理、历史、文化、技术、自然条件等等。研究对象的复杂性内在地决定了管理研究必须要利用相关学科的各种知识和分析方法。外因在于这些学科的思想方法和知识具有可推广性，并且方法对研究工作具有强大的推动力。方法通常不是独立形成的，而是在研究发现过程中形成并提炼出来的。但是方法在形成之后，就会产生一种强大的反作用力，反过来促进各个领域研究工作的进展。

对于这种跨学科性，一些人表示不满。芮明杰（1998）在一篇文章中提出了对21世纪管理学的发展展望，其中有这样两点：夯实管理学的理论体系、形成管理学的方法论。仔细考虑他对这两点的阐述就会发现，与其称之为展望，不如称之为期望。他在文中说道，“管理学的进入壁垒低下，任何一个人不管其原来是学什么的，也不知其是否知道一些管理学的基本知识，便可以以其认识结构来对管理学发一通议论”，“21世纪的管理学将在其方法论方面伴随着其理论体系的重整与进一步发展得到同样的升华，即形成自己比较稳定的独特的方法体系，一种真正的主流”。[①] 事实上，其他学科的学者从他们自身的学科认识结构评点管理学，恰恰是管理研究吸纳新的认识方法和拓宽新的认识角度的契

① 芮明杰：“走向21世纪的管理学”［J］，《管理科学学报》，1998年12月第1卷第4期。

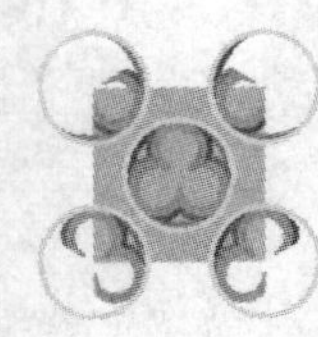

机。至于形成成熟的具有自身特色的方法论体系，结合前文哲学层次的研究规范，可以认为，成熟的方法论体系是有价值的，但是不应因此而排斥和拒绝新的方法、新的视角，即使这些方法和视角是来自于其他学科。

（三）操作规范层次的方法论

这一层次的研究方法论重在阐述管理研究工作的基本原则、途径和程序，提出在研究工作的各个环节中应遵循的规范。

1. 关于管理研究的基本要素

包括概念、定义、变量、假设、理论、推理、分类等。其中，概念的含义是对所观测事物本质的抽象表达，建立的概念要能够简化思考、便于沟通，并且具备可测性。定义的含义是提示概念和名词所表达的共同属性（即内涵）的一种逻辑方法。在管理研究中，对概念和名词的定义需要做到清晰、确切，而且在同一研究中一以贯之，不得做随意的更改和置换。变量是指具有可测性的概念，其属性在幅度和强度上的变化程度是可以衡量的。可测性既是变量的特征，又是设置变量时需要满足的要求。另外，变量之间的关系需要在研究中进行明确。假设是命题的一种，是对某种行为、现象或事件做出的一种合理的、尝试性的并有待检验的解释。提出假设之前必须查阅相关文献；假设必须建立在可靠的理论基础之上；要尽可能清晰和具体地表述变量之间的关系；必须是可以验证的；已经被证实的假设，其适用范围需要慎重设定。而理论是一组结构化的概念、定义和命题，用来解释和预测现实世界的现象。理论必须具备三个要素：概念框架、说明各种特性或变量间关系的一组命题、供验证的背景。推理则是从命题出发，逻辑地推出另一个命题；换言之，是遵循一定的逻辑规范，根据前提推导出结论。在这个过程中，严格的逻辑规范是推理的正确性和可信度的保证。分类是辨明概念外延的逻辑方法，需要遵守完备性、准则一致性、种的独立性、不得跳跃逻辑等级等四个规则。

2. 管理研究设计

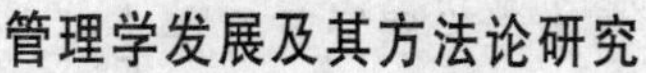

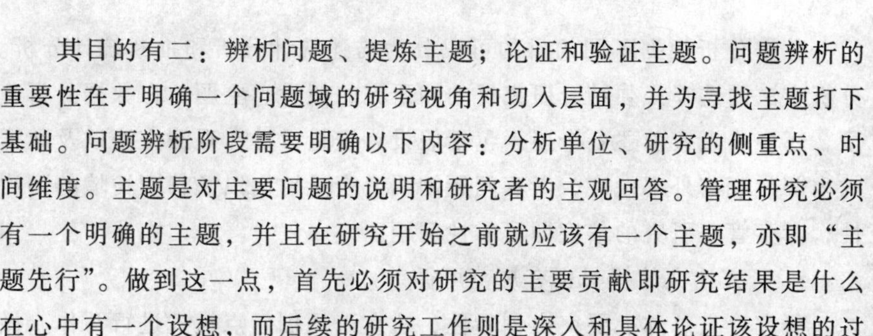

其目的有二：辨析问题、提炼主题；论证和验证主题。问题辨析的重要性在于明确一个问题域的研究视角和切入层面，并为寻找主题打下基础。问题辨析阶段需要明确以下内容：分析单位、研究的侧重点、时间维度。主题是对主要问题的说明和研究者的主观回答。管理研究必须有一个明确的主题，并且在研究开始之前就应该有一个主题，亦即“主题先行”。做到这一点，首先必须对研究的主要贡献即研究结果是什么在心中有一个设想，而后续的研究工作则是深入和具体论证该设想的过程。这可以保证整个研究都是围绕创新点而进行的。论证和验证主题，需要将研究中的各种概念转换成现实中的可观可测的变量。

3. 数据观测和收集阶段

确定主题、设计变量之后，就要着手论证所提出的主题，论证的途径大致分为理论研究和实证研究，其下又可进一步分类。每一种论证的路径都有特定的规范。(1) 实验研究中，为了比较实验组和控制组的状态并确定实验变量产生的影响，两组的组成要素必须尽可能类似。可以采用配对和随机化两种方式来保证两组的类似。实验研究还需要注意内部效度和外部效度的问题。进行实验设计时，应当注意排除历程、成熟程度、测试经验、测试工具等因素对内部效度的影响。为了保证外部效度，需要提高样本的代表性，以及可以采取双盲实验的方式降低实验环境效应。(2) 统计调查研究要收集样本或总体中所有成员规范化的定量信息，为了保证数据的可比性，应对所有被调查者提出同样的问题。通过问卷法进行调查，问卷的设计质量至关重要。问卷设计应当尽可能遵循简明、便于回答、有吸引力、不带诱导性等原则，还要对问卷填写做出必要的指导。通过访谈进行调查，事先须准备书面的提纲，访谈问题尽可能简单清晰。(3) 实地研究要考虑的一个问题是，研究者以何种身份进行观测。也就是说，需考虑研究者身份的暴露可能会对研究产生的影响。实地研究的缺点在于非规范性，观察和研究结果取决于研究者个人的经验和技能。对这种非规范性，还是应当尽可能加以抑制。此外还有其他一些论证路径，此处不做赘述。

4. 数据分析阶段

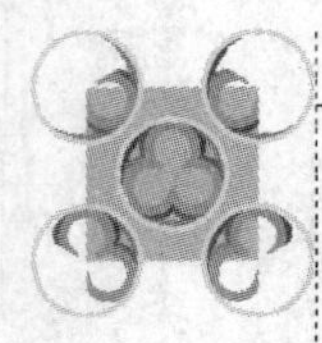

数据分析根据不同的目的可以分为描述统计分析和推断统计分析。分析方法的选择必须结合研究目的和研究的假设、主题。在数据分析阶段，还应当考察前述各个要素包括假设、变量设计、观测方法以及数据的内部效度与外部效度，考察问题阐明、变量输出以及管理情境的可测性，考察管理研究的信度即可靠性问题。

5. 研究论文的撰写也有规范可循

研究论文总体上要突出创新性，适宜采用创新点模式进行写作，做到主题先行。摘要、绪论、论证章、结果和讨论、参考文献部分都分别要表达对应的内容，做到分工良好，呼应结合。(1) 摘要部分必须突出创新点，并且具有单独的可读性。摘要中引导性和支持性的解释词句应尽量少；不能写成目录式；对论文价值的描述应采用陈述式；要写明自己做出了什么。(2) 绪论部分旨在阐明问题。从研究逻辑上，这是选题阶段。选题应当做到“小题大做”，即选题狭窄而研究深入。要阐明问题，需要对问题实际背景进行描述，并对问题进行界定。阐明问题部分的文献综述旨在交代主题的理论背景，从而引出论文主题并衬托第一层次的创新点。假设的提出应该清晰表达主观预期的变量之间的关系，并符合可供检验和验证的要求，要落实到变量层次，其内容要和创新点相一致。(3) 论证章要明确研究对象和研究情境的定位，围绕假设向深处和细处展开，并且知识性的内容越少越好。从研究逻辑上说，论证章涵盖了管理研究的变量设计、数据收集、数据分析三个环节，从而，论证章的各个相应部分也还应当遵循各个环节的规范。论证章部分的综述旨在衬托第二、三层次的创新点以及论证技术或工具的创新。④结果和结论。结果部分宜开门见山地列举本文的主要创新点，侧重对数据处理和分析结果的描述，并且应避免主观的评议，强调论证过程的客观和科学性。结论部分包括分析结果的理论和实际意义的讨论，也可提出在本研究基础上有待进一步研究的问题和建议。

操作规范层次的研究方法论关注管理研究工作各个要素和环节的规范化。

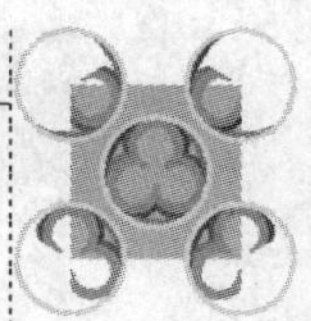

三、一个需要辨明的区别：方法论和方法学

方法学专门研究方法的本质、发展演变的规律性以及方法机理和应用规律。通常的对方法基本内容、基本特点及其发展的考察，应当属于方法学的范围。具体而言，研究主要涉及下列问题：(1) 方法本身。例如科学研究中普遍应用的经验方法和理论方法，在方法学中，就要研究它们的含义、理论基础、操作步骤等。对于实验方法，方法学就要考察如何设计一个将要进行的实验才会有效地发现研究对象内在的规律。(2) 方法使用前提。使用任何一种科学方法，都是以使用某种或某几种一般逻辑方法（比较和分类、分析和综合、抽象、归纳和演绎等）为前提的。研究的目的不仅是要发现事实，而且要对已经确立的命题从逻辑上加以整理。因此，逻辑，尤其是形式逻辑，成了理解科学所必需的框架。从而，对逻辑进行研究，就成了方法学的基础工作之一。(3) 方法的发展。随着研究工作的发展和科学的进步，方法也必然发展着。方法学需要对方法的发展规律和路径进行研究，以保障方法对研究工作的支持。通俗地简而言之，方法学就是关于方法自身及其如何规范应用的学问。

方法学与哲学方法论既相联系，又有区别。二者都以方法为研究对象，都对方法进行一定的提炼和总结。但方法学是关于方法的科学，通常不涉及非科学的方法。哲学方法论是方法的根本观点，所涉及的方法未必都是科学的（如唯理论、经验论、诡辩论、机械论）。另外哲学方法论往往不重视方法的具体应用，而侧重于方法观点的探讨。方法学则十分重视方法的应用性、操作性和功能行为的特点。哲学方法论属于哲学范畴，方法学则属于科学范畴。

方法学与学科层次的管理研究方法论也有区别。后者所包含的学科方法不应排斥在方法学的研究范围之外，而需要由方法学进行规范化。

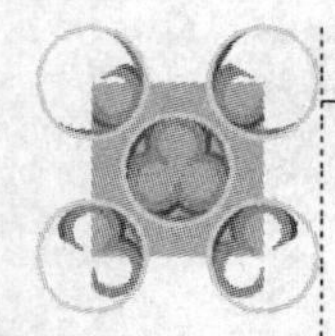

但是二者的角度或出发点是不同的。方法学重在对方法进行规范和发展，而学科层次的方法论重在为管理研究提供多学科视角和认识结构。二者是从不同的角度来促进管理研究的。

在内涵上与方法学最接近的大概应属操作规范层次的管理研究方法论。首先，对管理研究本身进行规范化，需要关注所采用的研究方法的应用规范问题；而方法学对方法的发展，离不开对研究实践的考察。其次，二者的出发点或角度具有很大的相似性，都从“规范”的角度对各自的研究对象进行了考察。区别在于对象不同：方法学要进行规范的对象是管理研究过程中所使用的方法，而操作层次的管理研究方法论所要规范的是管理研究要素、研究过程和环节。

在与方法学进行对比的基础上，我们可以从研究对象的角度提炼出三个层次的管理研究方法论的共性，这个共性可以作为管理研究方法论的初步的定义：管理研究方法论是对管理研究活动本身进行的实然研究和应然研究。具体而言，针对管理研究活动的目的、目标、推理方式、研究路径和规范等进行哲学反思，形成了哲学层次的管理研究方法论；针对管理研究活动的视角进行拓展性研究（将其他学科的知识和认识结构引入管理研究），形成了学科层次的管理研究方法论；针对管理研究活动的规范化进行研究，形成了操作规范层次的管理研究方法论。可以说，管理研究方法论不是“论方法”，而是“论管理研究”；而方法学才是在“论方法”。

四、结 论

如前文所述，人们在使用“方法论”这个术语时往往有不同的所指。综合考察对管理研究方法论的各种研究成果和观点，本文认为存在三个层次的方法论，并对三个层次的方法论进行系统的梳理，目的在于使管理研究方法论的各个层次明晰化，从而既有利于在此基础上进一步考察管理研究方法论，又可使管理研究工作中所使用的方法得以明晰，促进管理研究工作的进展。管理研究的方法论和管理研究工作是相互促进、相辅相成的，管理研究的进展需要管理研究方法论的支持，同时前者也会促进后者的发展。

本文还对在实际研究中经常被混淆的两个概念“方法论”和“方法学”进行了澄清，提炼了方法学的一个重要的作用即意义所在：对方法进行规范化。并分别指出了方法学和三个层次的管理研究方法论的区别与联系。

关于上述三个层次管理研究方法论以及方法学在管理研究过程中分别所起的作用，可以用一个比较形象的比喻来说明：我们将管理研究比喻成要建造一座管理理论大厦，哲学层次的管理研究方法论决定了大概的整体轮廓、功用和结构，潜在地影响建设的方式；部门学科层次的管理研究方法论提供了学科材料和学科性的局部结构；系统科学方法论将大概的整体轮廓和结构与学科材料和学科性的局部结构有机整合，形成较为明确的工程图；操作规范层次的管理研究方法论在细节处下工夫，侧重于对材料进行细节上的处理，规范建造过程；方法学则对具体的施工方式进行量体裁衣式的调整，或者开创新的施工方式。各个层次的方法论以及方法学共同作用，推进管理研究的发展，形成牢固的管理理论大厦。

[参考文献]

1. 刘大椿：《互补方法论》[M]，世界知识出版社 1994 年 6 月版。
2. 廖士祥：《经济学方法论》[M]，上海社会科学院出版社 1991 年版。
3. 刘仲林：《跨学科学导论》[M]，浙江教育出版社 1990 年版。
4. 刘蔚华：《方法学原理》[M]，山东人民出版社 1989 年版。
5. 王晖：《科学研究方法论》[M]，上海财经大学出版社 2004 年版。
6. 李怀祖：《管理研究方法论》[M]，西安交通大学出版社 2004 年版。
7. 尹卫东：“方法论谱系中的管理学：一种哲学话语研究”[J]，《江苏社会科学》，2003 年第 5 期。
8. 席酉民：“管理与管理研究的几点理论思考”[J]，《系统工程理论与实践》，1998

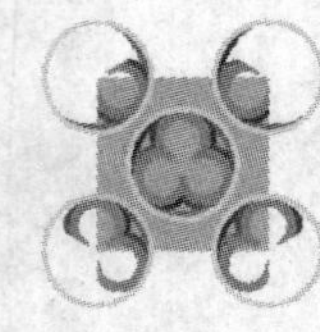

年7月。

9. 芮明杰："走向21世纪的管理学"[J],《管理科学学报》,1998年12月第1卷第4期。

10. 崔援民、黄群慧："21世纪管理学发展与现代管理方法论"[J],《中国软科学》,1998年第3期。

11. 孔冬："管理生态学—理解和研究组织与管理环境相互关系的一种新范式"[J],《经济与管理》,2003年3月。

12. 张钢："论组织行为学研究方法的转向"[J],《浙江大学学报》,1995年3月第9卷第1期。

(厦门大学管理学院 唐炎钊 王子哲)

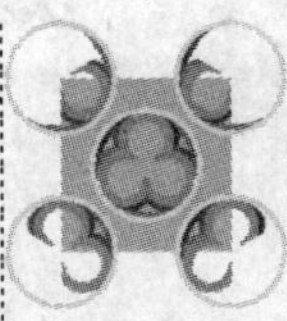

第八章 DIBAZHANG

最佳管理实践是否真的最佳

——基于平衡计分卡研究现状的案例分析

一、问题的提出

近年来，来自国外的各种最佳管理实践（Best practice）充斥中国的管理图书、刊物及其他媒体上。这些管理实践包括平衡计分卡、6希格玛、电子商务、客户关系管理、供应链管理、知识管理、精益企业、服务管理、商业模式等。国内一些商学院教授和管理咨询顾问也在案例研究基础上，模仿西方最佳管理实践的营销模式，在媒体和学术刊物上推出一些基于中国本土企业成功案例的最佳管理实践，例如陈春花的领先之道、东方赢的超速模式等。研究结果显示，作为管理时尚的最佳管理实践在现代组织中变得更加流行，最佳管理实践对管理理论贡献的作用也日益突出，同时，全球企业应用这些最佳实践的数量也在不断增加（Kolb & Wolk，2000），这种数量增加还随着越来越多的企业采用含有一些最佳管理实践功能的ERP软件而加剧（殷俊明等，2005）。

众多最佳管理实践的流行对企业管理者和管理问题研究者均提出了

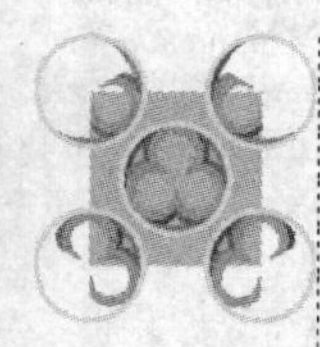

新的挑战。对管理者而言，如何在众多流行的最佳管理实践中挑选出适合自己企业的管理实践？如何成功实施最佳管理实践？对管理问题研究者而言，是否存在适合所有企业的最佳管理实践？如果存在，如何加以识别？最佳管理实践是否能实现其承诺的最佳实施效果？最佳管理实践如何有效进行转移？除了极少的最佳管理实践倡导者，绝大多数的管理研究者不能仅参与最佳实践的传播，更重要的是应当通过研究，帮助管理实践者选择有利企业发展的有效的管理实践，并促进管理知识的积累。本文的目的是通过比较分析国内外学术界对正流行的平衡计分卡的研究内容和研究方法，分析目前我国最佳管理实践研究的现状以及研究方法存在的问题，从而对我国学术界进一步开展最佳管理实践的研究提供帮助。

二、最佳管理实践

（一）最佳管理实践的定义

Merrian - Webster（2003）字典定义最佳是超过他人的最大的劳动生产率或优势、效用、满意；实践是指经常、通常或习惯的做事或运作。美国生产和质量中心认为最佳管理实践是那些经过系统的过程选择，通过实例成功验证，已经被证明能够产生优异结果的管理实践。这些最佳管理实践然后被应用于一个特定的企业（American Productivity and Quality Centre，1999）。最佳管理实践的定义可以分成两种。第一种是指企业通过标杆管理方式寻找的最佳管理实践，它是指某个企业针对管理现存问题而寻找在解决该问题方法上处于领先的企业，通过收集和分析业绩、过程、运作方面的差距，寻找能改进业绩的管理实践（Camp，1995）。这种改进企业管理的方法称为标杆管理。通过标杆管理，企业从被学习的组织中获得最佳管理实践，这些最佳管理实践对企业问题具有针对

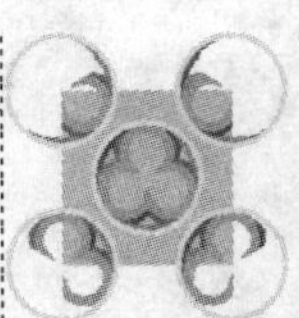

性，被学习的企业和管理实践明确并具体。

第二种定义的最佳管理实践是指流行的管理时尚，它是以一种简单的形式应对几乎所有类型组织和情形并预先承诺结果的管理技术(Donaldson & Hilmer, 1998)。这些流行的最佳管理实践通常来自对成功企业的案例研究，然后通过商学院、明星企业家的成功故事宣传和管理咨询公司的包装和推荐而形成的（Kolb & Wolk, 2000）。Abrahamson (1996) 详细介绍了这种时尚的最佳管理实践形成过程。首先，倡导者提出某个他们所认为能够普遍改善企业经营状况的最佳管理实践，这里倡导者是指那些在商学院和经理人聚会场合传授他（她）管理思想的作者，他们可能是管理研究者、管理咨询顾问或公司成功领导人。然后，倡导者和管理咨询公司、商学院、出版物一起推动了最佳管理实践的传播。本文的研究对象是第二种作为管理时尚的最佳管理实践。

（二）最佳管理实践的研究内容

1. 最佳管理实践是否存在?

最佳管理实践倡导者认为存在适合所有企业的管理实践[①]。但问题是是否存在这种管理实践？如果存在，如何加以识别？Wareham 和 Gerrits (1999) 指出，最佳管理实践的基本假设是：如果有些企业有着优异的业绩，那么他们一定有一些独特的管理实践。在实际中，最佳管理实践通常是首先通过企业成功的案例研究、然后通过包括学术研究、企业家英雄般的成功故事、管理咨询等方面推广而形成（Kolb & Wolk, 2000)。另外还有部分的最佳管理实践可能还来自对企业样本的横向研究，通过研究企业的管理技术对企业业绩指标的影响，如果发现某些管理技术对企业业绩的影响比较大，就可能被纳入最佳管理实践的范畴。但这些研究存在一个问题，即企业的优秀业绩是否确实来自所确定的最

---

① 例如《领先之道》一书是这样介绍其提出的中国企业成功模型：“……更为关键的是，这些观点不局限于任何一类企业，对不同地区、不同规模、不同行业的各种企业都产生积极的影响。”资料来源：陈春花等：《领先之道》，中信出版社 2004 年版。

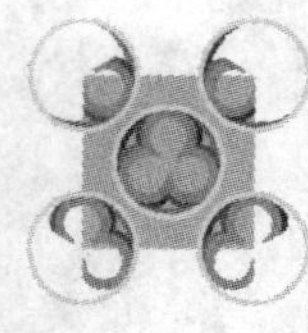

佳管理实践？最佳管理实践常常仅提供一个成功的原因，而很少考虑其他的因素。从系统的角度来看，一个组织的成功或失败是一系列相关组合活动的结果，导致企业成功的许多因素是难以被察觉的，这些因素包括公司管理层和员工的特性以及公司文化等，而且这些因素可能需要花费数年的时间才能对结果产生影响（Wyner，2000），因此 Kolb 和 Wolk (2000) 认为，除非我们能控制那些影响业绩的其他变量，否则我们将难以确定哪个管理实践是最佳的。

最佳管理实践的另一个基本假设是：某一时间导致一个组织成功的实践可以被其他企业所重复并获得相同的成功。但根据以资源为基础的战略理论，导致企业成功的资源是难以模仿和替代的，因而也难以被其他企业所重复。过去已有的最佳管理实践案例也说明这一点，Seng (1999) 对美国企业进行 TQM 这一最佳管理实践实际推广案例的研究结果显示，美国企业之所以没有取得和日本相同实施效果的原因是美国的管理者忽视了团队学习的技能而过分强调了管理的计划和目标。Seng 甚至认为，美国的公共教育体系也是导致实施效果欠佳的原因之一。这些研究结果表明，即使我们可以确认并成功模仿一个最佳管理实践，但也难以保证组织可以创造一个使企业有效运作所需的各个要素，因为这些导致某些管理实践成功的不可知的因素并不是在所有企业都存在。

2. 最佳管理实践是否带来最佳效果？

最佳管理实践的定义意味着“应用过的和真实的”，其背后的涵义是存在一系列最佳管理实践成功应用的案例（Abarahamson，1996）。但这些研究常常是叙述性和描述性的，很少提供证明最佳管理实践实际实施效果的规范性科学检验，企业实施最佳实践时，常常仅仅关注实施后的效果，而忽略了对实施前后的比较。另外，研究者还少关注那些应用相同方法却不那么成功的案例。事实上，在一系列支持最佳管理实践的案例研究中，不成功的企业大都是在描述最佳实践被应用之前的情景中被提及，而实施失败的企业则很少被提及和研究（Wyner，2002）。最佳管理实践经常通过被他人的应用的例子而不是实际实施效果的科学检验而被合法化的。

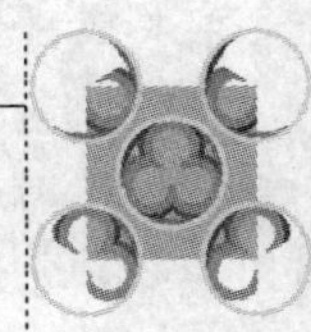

对最佳管理实践效果检验的困难还在于评估标准的选择。最佳管理实践的一个基本假设是它在一定程度上可以定义什么是最佳，这意味着存在某些绝对的通用的评价指标来测量这些最佳实践的实施效果。但问题是这种通用的指标是否存在？事实上，由于不同的企业具有不同的战略目标，因而其对业绩的评价也不相同，实施成本领先战略和采用差异化战略企业对业绩的评价标准可能存在差异，前者可能更关注成本，而后者则更注意顾客忠诚。如果在一个企业强行采用一个外来的标准来评估其实施效果，可能损害其公司竞争优势基础（Little，2003）。例如，企业瘦身（Downsizing）和外包（Outsourcing）可能可以提升公司的业绩，但也可能导致其丧失知识创造的能力。

3. 最佳管理实践如何有效实施？

最佳管理实践的一个基本假设是当一个管理实践在某些企业情景中得以成功应用的时候，常常也被理所当然的认为在其他情景中也能取得相同的成功结果。尽管事实告诉我们，不是所有的最佳实践都适合每一个企业。同时我们也发现，有些企业的确十分满意其所采用的管理实践，这说明最佳管理实践对某些企业确实存在应用价值，但这也表明它的成功应用需要某些前提条件（Wareham & Gerrits，1999）。

首先，应用一个企业的管理实践在另一个企业的一个基本假设是两个企业存在某种程度的同质性，因此最佳管理实践的成功转移要求两个企业之间存在某种相似性。那么为了保证成功实施最佳管理实践，企业最少需要哪些和多少的相似性？相似或同质性如何确定和度量？例如，Shadur 等（1995）对澳大利亚企业应用日本最佳管理实践的研究表明，最佳管理实践的成功应用与产业有关，包括持续改进、JIT、TQM 等在内的质量管理实践更多的在汽车行业得到应用，而在 IT 和旅游行业则较少被应用。

其次，最佳管理实践理论假设一种管理实践可以从一个组织应用到另一个组织，并取得相同的绩效，即最佳管理实践是一种可以适合所有组织相同问题的管理实践。但实际的应用状况告诉我们，在绝大多数情况下，最佳管理实践应该根据应用企业的情境进行调整，那么应该进行

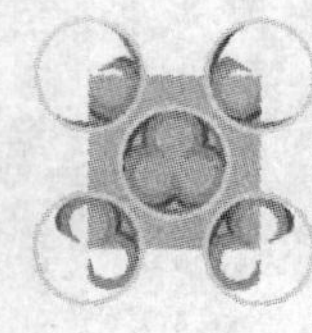

哪些调整以及如何进行有效的调整？在此方面研究的一个典型例子是最佳管理实践的跨文化应用。许多研究表明，在国家之间转移最佳管理实践时，必须根据文化的差异对企业实施方法进行调整。Hope（2004）通过对美国酒店的访谈和问卷调查，证实文化的确对最佳生产管理实践的应用产生影响。但是，也有研究认为文化对最佳管理实践转移的影响有限，企业可以通过改变实施的环境以及修正最佳管理实践实施的过程，从而达到相同的实施效果。通过比较日本汽车企业与其在北美的组装工厂，Pil 和 MacDuffie（1999）发现许多日本的最佳实践（包括人力资源政策、技术选择、供应链管理等）已经成功从母公司转移到北美企业，企业可以采取一定措施来减少环境对实施精益管理的影响，这些措施包括严格的人员招聘过程等，企业还可以对最佳管理实践进行调整来实现成功转移。

再次，Wareham 和 Gerrits（1999）应用可转让性（Alienability）的概念来描述将知识从原有组织单独分离的可能性。许多情况下，尽管学习和被学习企业十分相似，但管理实践在企业间的转移依然存在许多的困难。如果一种管理实践中包含或应用了难以说明的隐含知识，那么这种实践就难以从组织的情景中分离出来。目前流行的最佳管理实践是否存在可转让性问题？可转让性问题是否影响了最佳管理实践的实施？

最后，最佳管理实践的成功实施还有赖于最佳管理实践应用方的实施方法和能力。吸收能力是描述组织决心或能够吸收新的管理实践的能力（Daughfous，2004），它决定了企业获得、吸收、以及有效率地应用最佳管理实践的能力。企业应如何构建和提高自己的吸收能力从而成功实施最佳管理实践？

4. 企业为什么以及如何选择最佳管理实践？

学术界对企业为什么以及如何选择最佳管理实践有着不同的观点。Abarahamson（1996）对管理时尚的研究发现，组织采用最佳实践可能是因为来自产业的集体压力，而没有考虑到这些实践是否有一个正向的回报，已经成功应用的组织的数量或推荐该方法的管理咨询顾问的数量都可能影响了企业对最佳管理实践的选择。倡导者仅仅是一个巨大管理冰

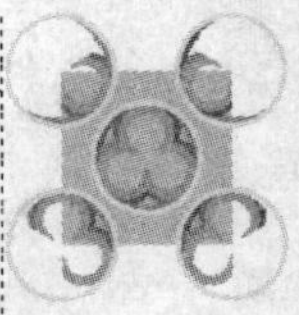

山上端最可视的一角，最佳管理实践在社会的扩散还依赖商学院、管理咨询公司和商业媒体的合作。Donaldson 和 Hilmer（1998）认为，管理人员追随最佳管理实践从而使其流行主要有三个原因。第一，从心理的层面，这些管理实践的提出者进一步合法化了管理者在社会上的角色；其次，最佳管理实践有助管理者控制不稳定和复杂的环境；最后，最佳管理实践倡导者高超的推销技巧也是企业采用的原因之一。

（三）最佳管理实践的研究方法

总体而言，对最佳管理实践问题的研究方法和对其他管理问题研究的方法没有什么差别，具体的研究方法取决于研究的内容和研究者的能力与偏好。但 Wyner（2002）认为，目前对最佳管理实践的研究缺乏科学的研究方法，最主要的问题是样本的选取。在案例研究中，样本并非随机选取，多数来自成功实施的企业，研究者很少关注那些应用相同方法却不那么成功的案例。实证研究的数据缺乏对企业采用最佳管理实践前后状况的比较，缺乏采用样本的配对和实验组以及控制组等的研究设计。Wyner 建议可以进一步采用的方法包括荟萃分析和队列匹配案例比较等，从而可以通过控制某些变量，更好的观察最佳管理实践这一自变量对因变量的影响。

三、案例分析：平衡计分卡研究现状比较

（一）平衡计分卡

卡普兰和诺顿两人通过对 12 家在业绩评价方面处于领先地位的企业进行为期一年的研究，提出了平衡计分卡理论，并在 1992 年《哈佛商业评论》上发表了论文。两人后来又在 1993 年发表了“平衡计分卡的实际应用”一文，介绍多家企业实施平衡计分卡的成功经验。1996

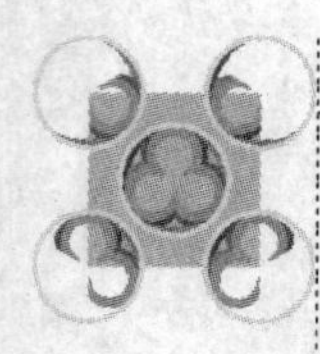

年他们发表了"平衡计分卡在战略管理系统中的应用",文中引入了四个新的管理程序,帮助公司把长期目标和短期行动联系起来。这三篇文章奠定了平衡计分卡的理论基础。1996 年,《平衡计分卡:化战略为行动》一书出版,进一步将平衡计分卡由一个业绩衡量工具转变为战略实施工具。平衡计分卡提出以公司战略为中心,从财务、客户、内部业务流程、学习与成长四个层面来衡量企业的业绩,认为这些层面指标之间存在着因果链条,企业可以通过这些具有因果关系的指标体系将其战略转化为日常行动。

在众多流行的最佳管理实践中选取平衡记分卡作为研究对象的原因在于:首先,平衡计分卡是一种典型时尚型的最佳管理实践。目前,平衡计分卡是世界上最流行的一种管理工具,一直受到西方学术界和实业界的广泛关注。Garnter Group 公司调查表明,在《财富》杂志公布的世界前 1000 名公司中,有 60%的公司采用了平衡计分卡系统(卡普兰和诺顿,1996),《哈佛商业评论》更是将平衡计分卡评为 75 年来最具有影响力的战略管理工具,《平衡计分卡:化战略为行动》一书已经被翻译成 21 种语言。其次,国内对平衡计分卡的应用推广和研究从上世纪 90 年代中期就已经开始,平衡计分卡最早进入中国约在 1996 年,当时实施的只是少数一些在中国有业务的跨国公司。最近几年,平衡计分卡作为绩效评估和战略管理工具的理念和方法开始在中国受到重视和应用,我国许多的专家学者也纷纷向企业界介绍推广平衡记分卡,平衡计分卡也成为国内许多咨询公司的主要业务领域之一。

(二)数据来源

本文采用文案研究(Desk research)方法。文案研究是指通过收集已有的资料或数据,并将资料综合整理和分析,用以分析相关问题。数据来自中国和国外学术刊物数据库中有关平衡记分卡的学术研究文章,搜索的关键词是平衡记分卡(Balanced Scorecard),论文发表时间从 1997 年到 2005 年 6 月 30 日。中国的数据来自两个数据期刊网:CNKI 数据图书馆中文期刊全文数据库的核心刊物和万方数据库的中国数据化期刊,

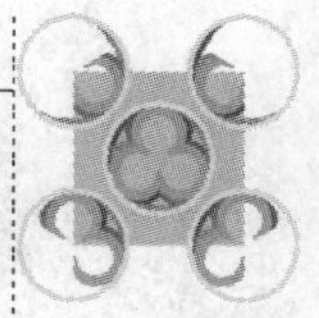

剔除两个数据库中重叠的文章，最后得到平衡计分卡的研究论文总数为78篇，这些论文发表时间从1999年至2005年6月。国外的数据来自Elsevier Science公司的SDOC数据库，共找到63篇文章，经过筛选，最后确定有关平衡记分卡的学术文章为41篇，刊物包括：*Management accounting research*、*Long range planning*、*European management journal*、*Organizations and society* 等。

（三）研究内容比较

根据以上对最佳管理实践研究内容的分析结果，我们将学术刊物对平衡计分卡的研究内容归纳为：模型介绍、模型研究、实施研究、选择研究。表8-1显示了中国和国外对平衡记分卡研究内容的情况。前三个研究内容在中国和国外研究样本中所占的比例分别为81.1%和44%、7.7%和22%、14.1%和31.7%，只有一篇来自国外样本的文章涉及企业如何选择平衡记分卡。介绍平衡记分卡的文章在中外学术刊物上占的比例最大，尤其在中国的比例高达81.1%。由于模型介绍文章主要是向企业介绍和推广这一最佳管理实践，因此严格而论，这类研究不能称为学术研究。在中国，对平衡计分卡进行研究的文章仅占样本总数的18.9%。

表8-1　　　　中外平衡记分卡研究内容比较

研究内容		模型介绍			模型研究		实施研究		选择研究
	总数	一般介绍	新领域推广	新行业推广	模型分析	检验效果	实施案例	实施问题	
中国	78	18	28	15	4	2	5	6	0
	%	23	38.9	19.2	5.1	2.6	6.4	7.7	0
国外	41	4	5	9	6	3	5	8	1
	%	9.7	12.2	22	14.6	7.3	12.2	19.5	2.4

1. 模型介绍

模型介绍文章是指学者借助管理学术刊物，向企业介绍和推广平衡

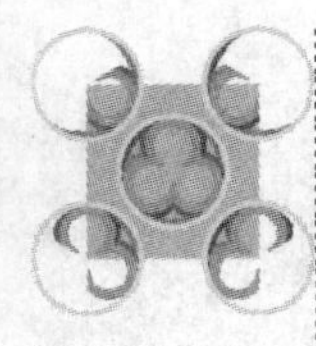

记分卡，内容包括平衡记分卡一般介绍、新管理领域推广和新行业推广。表8-1显示，中国学术刊物对平衡记分卡进行一般介绍的文章明显多于国外刊物，一种可能的解释是中国引入平衡记分卡时间较短，因而介绍比研究更为重要。中外学术刊物推荐平衡计分卡在新管理领域应用的文章分别为28和5篇，包括危机预警、战略管理、财务分析、战略执行、竞争战略、人力资源管理、企业绩效管理、企业综合评价、知识管理、战略预算管理、投资决策等。国外文章推荐应用的企业管理领域包括公共关系管理评价、人力资源、企业业绩评价、IT系统管理、研发管理等。二者研究方法之间没有显著的差异。中外样本中推荐平衡记分卡应用于新行业的文章数量分别为15和9篇。中国文章推荐的行业有期货经纪、虚拟企业、银行、医院、饭店、保险、图书馆等等。国外文章推荐应用的行业有消防队管理、公共管理、地方政府管理、ICT行业等。这类文章典型的结构是：先突出某行业绩效或战略管理存在问题，然后引入平衡记分卡，介绍优点，最后提出实施要点或方案。

2. 模型研究

对平衡记分卡模型本身的研究可以分为对平衡记分卡模型的分析和实施效果的检验。SDOC数据库中有6篇文章是对平衡记分卡模型进行研究的。第一类是对平衡记分卡模型的分析，它是关于平衡计分卡模型包含的内容和关系是否存在的问题研究。Norreklit（2000）分别采用解析的方法（Analytic approach）对平衡计分卡四个层面指标存在因果关系的核心假设是否成立以及平衡记分卡是否是一个有效的战略控制工具进行了分析，指出平衡记分卡四个层面指标之间仅仅是一种逻辑关系，而不是一种因果关系，因此也难以增进战略计划和实际战略实施之间的融合度[①]。2003年Norreklit采用修辞学的分析方法，根据文体分析和论辩理论，对Kaplan和Norton（1996）一书第一章的形式和内容进行了详细的分析，认为平衡计分卡更倾向于游说性（Persuasive），其理论难以令人信服（Convincing）。Bessire和Baker（2005）应用构成主义分析法

① 更多的介绍可参见殷俊明等（2005）关于国外平衡计分卡研究的综述。

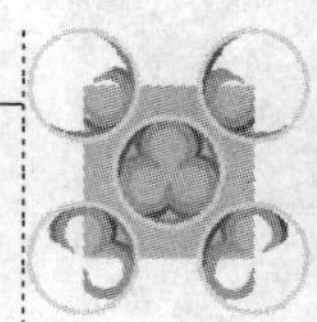

(Constructivist approach)，认为平衡记分卡缺乏相应的理论基础和对公司管理政治因素的考虑。第二类研究是关于平衡计分卡的指标问题。Lipe and Staltorio（2002）让 87 名 MBA 实验参加者评估案例中企业管理者的经营状况，结果发现平衡计分卡指标的设计影响了经营者的决策。第三类是关注平衡记分卡与其他管理实践的整合，例如 Hoque（2003）讨论了 TQM 和平衡记分卡结合应用和问题。在中国研究样本中，有 4 篇文章有关平衡计分卡模型分析，在指出平衡计分卡存在问题的基础上，提出应用其他相关方法来改进平衡计分卡尤其是评价指标的设定。这些方法包括 EVA、基本评价单元方法、层次分析法等。如陈畴镛和胡保亮（2003）提出应用层次分析法对确定的基于平衡记分卡的企业供应链绩效进行评价。中国样本没有第一类对模型分析的文章。

中国研究样本中有 2 篇文章涉及验证企业实施平衡计分卡的绩效评估。胡铭（2005）比较了主要采用传统财务指标与非财务指标小型制造企业业绩的差异。数据来自对 6 个行业雇员在 250 人以下的 75 家小型制造企业的问卷调查，样本被分成 A 和 B 类企业，A 类企业主要使用传统的财务指标，B 类企业主要使用非财务指标。魏向群（2005）研究了某医院应用平衡记分卡降低剖宫产率，文章选取医院的 537 个前测与 458 个后测样本，比较平衡记分卡实施前后样本的剖宫率、经济收入、社会效率、平均住院日、产后病率等指标。国外样本中有 3 篇文章是检验平衡记分卡实施绩效的。Davis 和 Albright（2004）采用半实验的方法，应用同一银行的不同分支机构作为样本，报告了应用平衡记分卡部门比未应用的部门具有更高的财务收益。Braam 和 Nijssen（2004）对荷兰 49 家有效样本企业的回归分析结果显示，平衡记分卡不能自动改进公司的业绩，其对公司业绩的影响取决于其应用的方式。

3. 实施研究

对平衡记分卡实施问题研究主要包括两类研究：成功实施案例介绍和实施过程问题研究。中国和外国文献样本中各有 5 篇文章介绍平衡计分卡在不同企业实施的案例，这类文章的研究结构通常为：在简要介绍平衡记分卡模型的基础上，介绍平衡计分卡在案例企业的应用过程和方

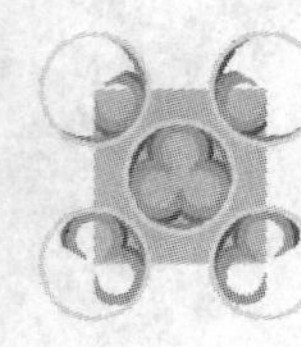

法，概括了实施的效果和存在的问题，并提出进一步改进建议或对策。

中国样本中对实施过程问题研究有6篇文章，内容包括如何在企业构建平衡计分卡四个构面的评价指标、多部门企业平衡计分卡的开发、平衡记分卡在企业中应用的阻力和对策等。国外样本中有8篇文章是研究平衡记分卡实施过程问题。一类是关注文化对实施平衡计分卡的影响。Bourgeignon等（2004）研究了平衡计分卡未在法国受到重视的原因，认为法国文化和意识形态与平衡计分卡体现的美国意识形态的差异是法国公司和学术界难以接受平衡记分卡的主要原因。Mooraj等（1999）等认为，平衡记分卡的应用受到三个层面文化的影响：国家文化、工作文化、和组织文化。另一类是实施过程研究，如Malmi（2001）通过对17家企业的半结构化访谈，研究平衡记分卡在芬兰是如何以及为什么被应用，研究发现关注指标因果关系的平衡计分卡概念并未受到企业家的认识，应用更多是作为目标管理和信息系统的工具。Speckbacher（2003）等将平衡计分卡的应用分成三种类型：绩效评价（I型）、应用指标间因果关系（II型）、战略计划和实施应用（III型），对奥地利、瑞士和德国200家大型公司问卷调查结果显示，只有26%的企业已经应用平衡计分卡，其三种类型实施程度所占比例分别为50%、21%、29%。Kasurinen（2002）基于企业会计制度的变革模型，通过对一个跨国公司战略单位的深度案例分析，分析了平衡记分卡实施的过程以及存在的障碍。

4. 选择研究

只有极少文章关注企业为什么选择平衡记分卡。Ax和Bjornenak（2005）应用已有的创新扩散模型，从供给的角度，对平衡记分卡在瑞典的扩散过程进行了研究。文章应用大量二手数据，包括会议文件、畅销书、学术刊物、行业数据库等资料，探讨了平衡记分卡传播潜在顾客的方式、传播过程的要素以及这些要素在扩散过程所扮演的角色。

（四）研究方法比较

Speckbacher等（2003）认为，管理学术界对平衡记分卡的研究方法

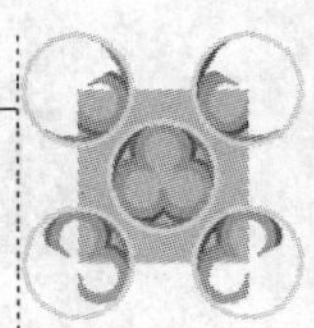

存在许多的缺陷，这包括：平衡记分卡概念特征定义模糊和存在差异、样本选择存在偏差、问卷回收率低和缺乏信度，结果导致各类研究结果缺乏一致性。剔除对平衡计分卡介绍性的文章，结果显示，中外样本采用的研究方法有一些相似之处，但也存在显著差别。

首先，中国和国外的研究基本上都是对本土企业的研究。中国文章的研究对象都是中国企业，没有跨文化的比较研究。国外样本共有 8 篇非美国学者的文章，除了丹麦学者 Norreklit 对平衡记分卡本身进行了深刻的分析和法国学者将平衡记分卡和本土的 Tableau de bord 模型进行了跨文化的比较分析外，其他学者的研究也都是本土研究。其中芬兰的学者研究了平衡记分卡在芬兰是如何应用以及为什么被应用？奥地利的学者研究了奥地利、瑞士、德国等德语国家的平衡记分卡应用状况和特点。荷兰学者评价了平衡记分卡在荷兰的实施效果。瑞典学者则研究了平衡记分卡如何在瑞典扩散。

其次，中国样本的文章缺乏严谨的研究方法。中国文章很少对平衡记分卡概念特征进行探讨，采用的研究方法多数是缺乏明确定义的理论分析方法，仅有 2 篇检验平衡计分卡实施效果的文章采用了实证方法。最为突出的是没有一篇文章对其所采取的研究方法和研究设计给予明确的定义和介绍。相比而言，国外研究采用的方法多种多样，在模型分析中应用的有解析法、修辞学分析法、构成主义分析法、实证分析等方法；在实施研究中，采用了半结构访谈、深度案例访谈等方法。文章中一般都有一节专门阐述研究的方法论，对研究方法给以详细介绍。例如，Norreklit（2003）对其采用的修辞学分析方法进行了详细的介绍，解释了什么是文体分析和论辩理论，介绍了文章涉及的亚里士多德修辞学的信誉证明（ethos）、情感证明（pathos）和逻辑证明（logos）三个基本概念等。

最后，中国样本的文章缺乏研究设计。在样本以及数据的获得方面，中国的文章只有 2 个研究应用了定量分析，数据是通过问卷调查和实验的方法获得。国外样本的研究中，数据来源除了问卷调查和实验外，还包括半实验法、半结构化访谈、深度案例分析等。在检验实施效

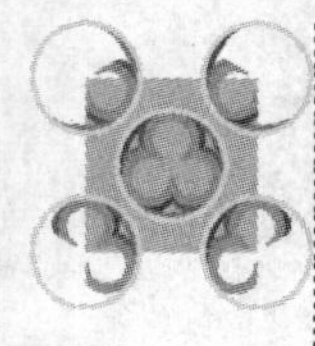

果时，也有文章应用了回归分析方法。一些研究还特别关注了样本选择的偏差问题，Davis 和 Albright（2004）采用半实验（quasi - experiment）的研究设计，应用同一银行的不同分支机构作为样本，为了检验因果关系，作者采取了前测和后测实验以及对照组的半实验设计。

四、结　论

有学者认为，当管理时尚变成行动时，他们对企业的损害可能要大于收益，因为不是所有的最佳管理实践都适合每一个企业（Kolb & Wolk，2000）。当然，我们发现有些企业十分满意所应用的最佳管理实践，这说明最佳管理实践具有一定的价值，但也可能存在负面的作用，最佳管理实践的成功应用是需要某些前提条件的。因此管理学术界应当在各种最佳管理实践满天飞舞的时候，承担起对最佳管理实践模型本身以及如何成功实施研究的责任。本文并不是想否定最佳管理实践在管理理论和实践中的重要贡献，也不是要阻止我国企业采用最佳管理实践，而是找出最佳管理实践在中国有待探讨的问题，从而深化对最佳管理实践的研究，促进最佳管理实践在中国的成功应用，并对全球管理知识的发展做出中国应有的贡献。

研究结果表明，我国学术界偏重于对最佳管理实践的介绍和推广，对最佳管理实践的研究却十分缺乏，这包括对最佳管理实践概念的分析，效果的检验、成功实施条件的研究、以及企业应用最佳管理实践原因的探讨，在研究方法方面也存在许多的缺陷。国内学术界对最佳管理实践研究的现状和国外学术界对整个中国管理问题研究现状的评价十分相近。徐淑英等（2004）认为，中国的改革开放为管理研究提供了一个令人兴奋的沃土，但建立在坚实的理论和系统的实证数据基础上的高质量的研究依然十分缺乏。

徐淑英等（2004）指出，中国管理研究还处于初期阶段，因此，针

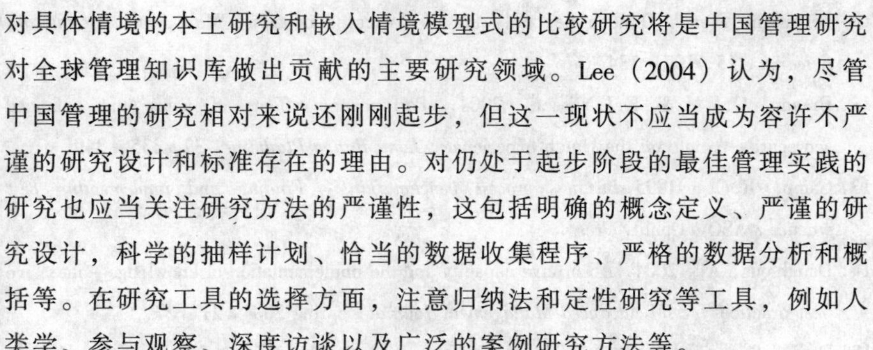

对具体情境的本土研究和嵌入情境模型式的比较研究将是中国管理研究对全球管理知识库做出贡献的主要研究领域。Lee（2004）认为，尽管中国管理的研究相对来说还刚刚起步，但这一现状不应当成为容许不严谨的研究设计和标准存在的理由。对仍处于起步阶段的最佳管理实践的研究也应当关注研究方法的严谨性，这包括明确的概念定义、严谨的研究设计，科学的抽样计划、恰当的数据收集程序、严格的数据分析和概括等。在研究工具的选择方面，注意归纳法和定性研究等工具，例如人类学、参与观察、深度访谈以及广泛的案例研究方法等。

[参考文献]

1. 陈畴镛、胡保亮："基于平衡记分卡和层次分析法的供应链绩效评价"，《财经论丛》，2003 年第 5 期。
2. 胡铭："小型制造企业的一种战略计划模式：平衡记分卡"，《现代管理科学》，2005 年第 3 期。
3. 卡普兰、诺顿：《平衡计分卡：化战略为行动》中文版，广东经济出版社 2004 年版。
4. 魏向群："平衡记分卡在降低剖宫产率中的运用"，《中国医院管理》，2005 年第 25 期。
5. 徐淑英、刘忠明：《中国企业管理的前沿研究》，北京大学出版社。
6. 殷俊明、王平心、吴清华："平衡计分卡研究述评"，《经济管理·新管理》，2005 年第 2 期。
7. Abrahamson，E.，1996. *Management fashion*，*Academy of Management Review*，21，254-285.
8. American Productivity and Quality Centre，1999，What is benchmarking，American Productivity and Quality Centre，www.APQC.org.
9. Ax，C.& T.Bjornenak，2005，Bundling and diffusion of management accounting innovations：The case of the balanced scorecard in Sweden，*Management Accounting Research*，16，1-20.
10. Bessire，D.& R.Baker，2005，The French Tableau de bord and the American balanced scorecard：A critical analysis，Critical Perspectives on Accounting，16，645-664.
11. Bourgeignon，A.，V.Malleret，H.Norreklit，2004，The American balanced scorecard

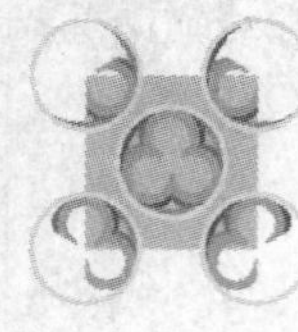

versus the French Tableau de bord: the ideological dimension, *Management Accounting Research*, 15, 107 - 134.

12. Braam, G.J.M.& E.J.Nijssen, 2004, Performance effects of using the balanced scorecard: A note on the Dutch experience, *Long Range Planning*, 37, 335 - 349.

13. Camp, R.C., 1995. *Business process benchmarking: Finding and implementing best practice*, ASQC Quality Press.

14. Daughfous, A., 2004, Absorptive capacity and the implementation of knowledge - intensive best practices, *SAM Advanced Management Journal*, spring 2004, 21 - 27.

15. Davis, S.& T.Albright, 2004, An investigation of the effect of Balanced Scorecard implementation on financial performance, *Management Accounting Research*, 15, 135 - 153.

16. Donaldson, L.& F.Hilmer, 1998, Management redeemed: The case against fads that harm management, *Organizational Dynamics*, Spring, 7 - 20.

17. Hope, C., 2004, The impact of national culture on the transfer of "best practice operations management" in hotels in St.Lucia, *Tourism Management*, 25, 45 - 59.

18. Kasurinen, T.2002, Exploring management accounting change: the case of balanced scorecard implementation, *Management Accounting Research*, 13 (3), 323 - 343.

19. Kolb, D.& A.Wolk, 2000, The emperor's new cloths: Management fashion in New Zealand, *Business Review*, 2 (2), 22 - 39.

20. Lee, T.W.,"中国企业的人员管理",徐淑英等:《中国企业管理的前沿研究》,北京大学出版社2004年版,第46-53页。

21. Lipe, M.G.& S.Salterio, 2002, A note on the judgmental effects of the balanced scorecard's information organisation, *Accounting Organisations and Society*, 27, 531 - 540.

22. Little, D., 2003, Does best practice destroy innovation? *University of Auckland Business Review*, 5 (2), 1 - 9.

23. Malmi, T., 2001, Balanced scorecards in Finnish companies, *Management Accounting Research*, 12, 207 - 220.

24. Mooraj, S., D.Oyon, D.Hosteeler, 1999, The balanced scorecard: A necessary Good or an unnecessary Evil? *European Management Journal*, 17 (5), 481 - 491.

25. Norreklit, H.2003, The balanced scorecard: what is the score? A rhetorical analysis of the balanced scorecard, Accounting, *Organisations and Society*, 28, 591 - 619.

26. Norreklit, H., 2000, The balance on the balanced scorecard: A critical analysis of some of

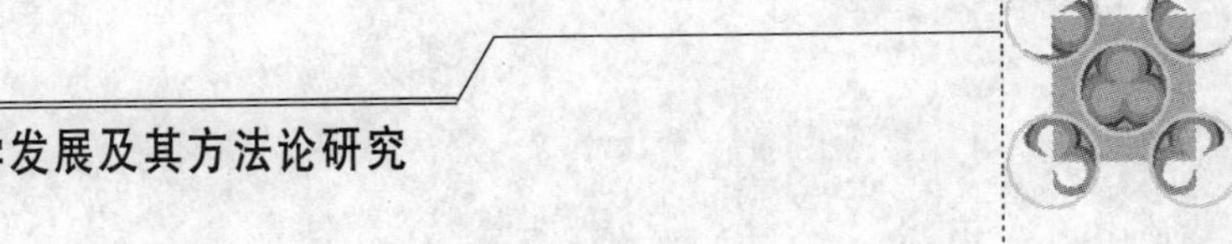

its assumptions, *Management Accounting Research*, 11, 65 – 88.

27. Pil, F.K.& MacDuffie, J.P., 1999, What makes transplants thrive: Managing the transfer of "best practice" at Japanese Auto plants in North America, *Journal of World Business*, 34 (4), 372 – 340.

28. Seng, P., 1999, It's the learning: The real lesson of the quality movement, *Journal for Quality and Practipation*, 22 (6), 34 – 40.

29. Shadur, M.A., J.J.Rodwell, G.J.Bamber, 1995, The adoption of international best practices in a Western culture: East meets West, *The international Journal of Human Resource Management*, 6 (3), 735 – 757.

30. Speckbacher, G., J.Bischof, T.Pfeiffer, 2003, A descriptive analysis on the implication of balanced scorecards in German – speaking countries, *Management Accounting Research*, 14, 361 – 387.

31. Wareham, J.& H.Gerrits, 1999, De – contextualising competence: Can business best practice be bundled and sold? *European Management Journal*, 17 (1), 39 – 49.

32. Wyner, G., 2002, Are there really best practices? *Marketing Research*, 14 (3), Fall, 4 – 5.

(厦门大学　管理学院　郭霖)

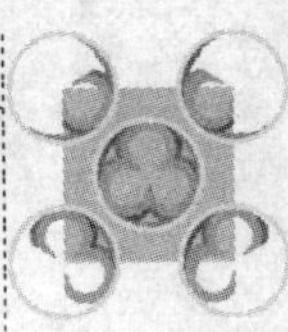

第九章 DIJIUZHANG

老子管理思想在中国式管理中的地位与作用

在当今经济全球化、国内竞争国际化的时代，如何寻求最有效的管理方法来提高国家的竞争力、企业的竞争力，是摆在我们管理学界的一个重要而又迫切需要解决的课题，许多有识之士纷纷提出构建中国式管理体系，这是非常必要的而且也是可行的，因为中华文明已经存在了五千多年，而且还将继续傲立于世界民族之林，我们完全有理由相信在中华文明体系中一定存在着独特而有效的管理体系，一定存在着非常科学而且生命力旺盛的管理思想，否则是难以想象的。我们静下心来研究我们自己的管理思想体系，对提高我国国家的竞争力、企业的竞争力都是非常有助益的。本文要研究的就是老子管理思想在中国式管理体系中的地位与作用。

一、有效的管理植根于本民族的文化之中

科学是不分国界的，没有所谓中国的科学，也没有所谓美国的科

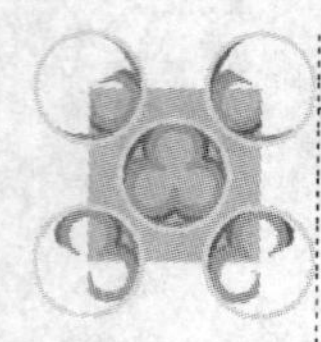

学，比如说我们不能讲我们要创造中国的物理学，我们不学美国的物理学，这是行不通的。但管理学作为一种哲学，就很不一样，它有明显的文化差异。一个民族、一个地区、一个国家甚至是一个时期对某些管理问题处理的方式，都有很大的不同。美国著名管理学家德鲁克在其著作《管理——任务、责任、实践》一书中曾经讲过："管理的根深植于文化、社会、价值、传统、风俗、信念、政府与制度中"。"管理越能利用社会传统、价值与信念，则管理的成就越大。"

有效的管理方法，都是植根于本民族的文化传统之中，这是因为管理哲学是有民族性的、地区性，每一个民族都有其特殊的价值观，都有其自己的价值标准，价值观的取舍在管理学中占有极重要的地位。而价值观的取舍不仅与利益的得失相关，更与其拥有的文化背景有关。因此，管理学是与传统文化、民族文化有极大的相关性。

最早研究企业价值观和社会文化传统等对企业管理的影响的，是美国著名管理学家切斯特·巴纳德（C.L.Barnard）和菲尼普·塞尔茨尼克（P.Selznik）。1970 年，美国波士顿大学组织行为学教授戴维斯（S.M.Davis）在《比较管理——组织文化的展望》一书中，明确而系统地从民族文化、社会文化、组织文化等角度研究管理理论。人是社会中的人，是有一定文化背景的人，它带有强烈的国别、民族、地域，甚至时代、群体的特色，因此管理要因人而变，在管理学中的人不仅是一个生理意义上的人，更主要的是一个心理意义上的人。管理大师彼得·德鲁克曾经说过，企业文化越符合民族的文化，这样的企业文化才能扎根久存。有关管理差异的文化背景和根源问题，日益成为现代管理理论研究的新热点。

近年来跨国公司日益重视管理的本土化、人才的本地化，就说明管理是有差异的，这种差异不是来源于客观技术水平的差异，主要是来源于员工的人文差异，来自于文化的差异，来自于心理的差异，来自于处理问题的方式、方法的差异，共性的是技术，差异的是管理。这也从一个侧面说明，管理学是有国界的，各国是需要根据本民族的文化特点建立相应的、开放的管理学体系。

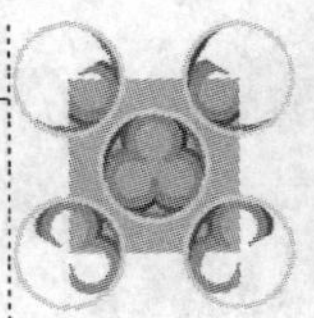

我国是一个有着五千年灿烂文化历史的文明古国，吸取中华民族古老文化的精髓，古为今用应是我们现代管理者的治企之道。中国式管理肯定要植根于中华民族的文化之中。

二、道家文化是中华民族文化的重要组成部分

建设中国式管理体系，必须坚持以我为主的方针，中国的管理学建设要充分吸收中国五千年的文明成果，要继承我们的优良民族文化传统，要有中国的特色，以解决现实中和将来存在的管理问题。中国文化历史，在秦汉以前，虽然有诸子百家，但主要还是以儒、墨、道三家为主。唐宋以后，由于佛教的传入与推广，中国的历史文化主要由儒释道三家构成，这种情况一直延续到中华民国立国初期。五四运动以后，中华民族文化又从国外吸收了不少先进的成分，儒、释、道虽然受到较大的冲击，但仍然起着相当重要的作用。由于道家文化在中华民族文化中的特殊作用，著名汉学家李约瑟博士说："中国如果没有道家，就像大树没有根一样。"

道家文化作为中华民族文化重要组成部分，清朝著名学者纪晓岚谓道家为"综罗百代，博大精微"。道家文化对华民族文化的形成与发展起了非常重要的作用，道家文化的内容涉及到社会生活的方方面面，从政治上讲，它对中国政治生活起了非常重要的作用，汉朝时的文景之治和唐朝的贞观之治，就融入了道家的治国安邦思想成果。中国历史著名的汉唐盛世在很大程度上得益于道家管理思想所打下的根基。从古代科学的发展角度看，道家特别重视生命的价值，并由此而进行了一系列的探索，对我国古代的化学、天文学产生了重要的影响，李约瑟认为"道教是世界上惟一不太反科学的神秘主义体系"（见李约瑟《中国科技史》第二册《道家与道教。绪言》）。保存至今的明代《正统道藏》中，便含

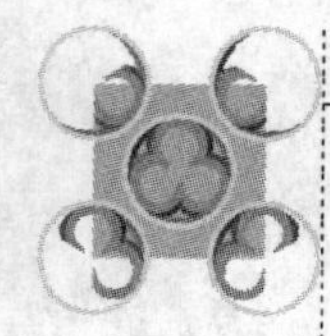

有十分丰富和珍贵的古代科技资料。

而且道家是产生于中华民族本土，和我国古代社会的宗教与传统文化有着密切的关系。道教是我国土生土长的宗教，追溯其思想渊源，最古是殷商时代的鬼神崇拜，从道教的义理来看，我国古代的天人合一，天人感应以及谶讳之学等宗教色彩较浓的思想，阴阳五行说和先秦诸子百家中的玄秘思想，也都是道教神仙学的思想源泉。道教所宏扬的戒律科禁，亦即宗教道德，也与儒家阐发的伦理道德完全一致，道教的仪法，也基本上是历来所倚重的宗法宗教的礼法仪式。道教从内在义理到外部表现形式等等，都与我国的传统文化相关，可以说它是我国传统文化的重要组成部分。[①]

在史记中还有记载孔子曾向老子问道，说明儒家思想与道家思想也有相当的渊源，而且随着佛教的传入中国，我们看到在中华民族文化中出现了儒、释、道合流的趋势，其中道家文化起了非常重要的作用。

道家文化是中华民族文化的重要组成部分，是中华民族在漫长的历史发展过程中创造的宝贵精神财富。在漫长的历史发展进程中，道家文化同儒家文化、佛教文化一样，对中国的思想文化、政治秩序和社会历史进程产生过深远影响，对中华民族心理、民族性格和民族凝聚力的形成及其维系起到过难以估量的作用。道家文化对我们今天的中国人的思想、行为仍然有着非常深刻的影响，很多道家文化的理念已经内化为我们思维的一部分。

三、老子是道家文化的鼻祖

最能代表道家思想的是老子所著的《老子》一书。老子，按照《史

① 李养正：《道教史略》，中国道教书院编印，第10－11页。

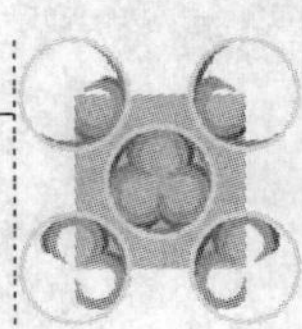

记》上的说法姓李，名耳，字聃，又字伯阳，又称老聃，楚国苦县厉乡曲仁里人（今河南鹿邑县境），曾任周王朝的守藏室之史。守藏室之史，大约相当于周王朝的图书馆馆长。不过，当时的图书馆馆长的地位，可非今日的图书馆馆长，因为当时的图书馆是当时的书面信息的集大成之处，是当朝的智慧宝藏所在。老子生活的时代可能在春秋末期周景王、周敬王时期，依据孔子曾向老子求教有关“礼”的学问的记载，老子的年代应当比孔子略早。据《史记》记载，孔子适周，将问礼于老子，老子曰：“子所言者，其人与骨皆已朽矣，独其言在耳。且君子得其时则驾,不得其时则蓬累而行。吾闻之，良贾深藏若虚，君子盛德容貌若愚。去子之骄气与多欲，态色与淫志，是皆无益于子之身。吾所以告子者,若是而已。”孔子去，谓弟子曰：“鸟，吾知其能飞；鱼，吾知其能游;兽，吾知其能走。走者可以为罔，游者可以为纶，飞者可以为矰。至于龙，吾不能知其乘风云而上天。吾今见老子，其犹龙邪!”

老子修道德，其学以自隐无名为务。居周久之，见周之衰，乃遂去。至关，关令尹喜曰：“子将隐矣，强为我著书。”于是老子乃著书上下篇，言道德之意五千余言而去，莫知其所终。

由此就有了流传千年、并对中华民族文化产生重大影响的《老子》或称《道德经》。经过数千年历史的演变，《老子》版本已有数种，但其基本的精神是一致的。

《老子》虽然只有5000字，但它在政治、经济、军事和文化教育等诸多方面，产生了重大而深远的影响，是中华民族文化中的一支奇葩。汉武帝“罢黜百家，独尊儒术”，老子的影响并未从此消逝，到东汉末年竟被奉为道教教主，《老子》一书被奉为《道德真经》。魏晋玄学兴起，对《老子》全面肯定，其影响超过了儒家。唐代以后形成儒、道、释三家鼎立的局面。

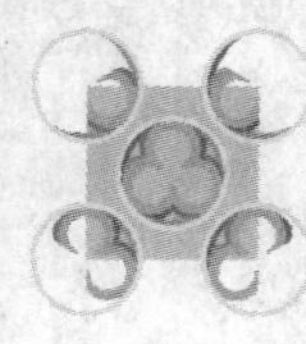

四、老子的道学及其特点

《老子》又称《道德经》，其内容虽只有5000多字，但却是道家文化的鼻祖，在这篇论著中，老子对道学进行了深入且广泛的研究，成为后世道学研究与修炼的宝典。

老子认为宇宙中确实存在着一种更本质的东西，这种更本质的东西又是和我们的日常生活联系在一起，这种东西作用很大，又很难表述，把它勉强命名为“道”，这种在天地产生之前就已存在，独立而不改。老子认为“域中有四大，而王居其一焉！人法地，地法天，天法道，道法自然”。人的活动只有遵守道的特点，才能天长地久。老子的道论是道家文化的根基，在《老子》中，对道的特点进行了多方面的描述，本文由于篇幅的所限难以面面俱到进行分析，就只引用中国现任道教协会会长任法融的研究成果。以下是任道长所总结出的十个特点，由于任道长对道的特点总结的完整性与权威性，为尊重其研究成果，我们在此做比较全面的引用。

1. 虚无

虚无是大道的本体常态，一切形象世界都是从虚无中，最后仍归于虚无。“实”“有”只是大道在局部空间中暂时的变态，虚无者不受时间空间的限制；实有者有形有象，有始有终而不能常住。虚无者正以其虚无而蕴含有无限的生发可能性。道教经典中对道有这样的描述：“视之”道虽大，它没有具体的形象，若有具体的形象，那就把它说细小了。

2. 自然

自然是大道运化万物的过程。大道生化万物，不假外力，自己如此，故谓自然。道是整个世界，其大无外，其小无内，但总是一体，它就是它自己，独立无朋，独立而不改，各种物质现象，都按一定的规律生生灭灭而发展。

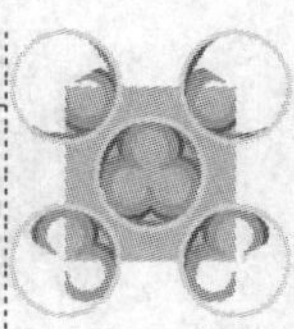

3. 清静

清静者无中生有，静中生动。故清静者是大道的本性，是万物的本始和归宿。在《文子·缵义》中说："天法服地静故能长久，圣人以清静为治者法天地也，心清则内合乎道，体静则外同乎人，是以不出户而化也。"以上均是对道清静本性的阐述。

4. 无为

无为是大道之性能，自然之功用，顺物之性，附物之情，因任自然，依从着事物的规律因有的规律辅之以自然。而不是强作妄为之意，这和背理徇私，侥幸造次，故意作孽，节外生枝，妄生事端的随心所欲，任意所为截然不同。"无为"并不是一无所为或无所作为，更不是消极的、厌世的、不主张发挥人的主观能动性的，而是大有作为、大有功成、谁也比不上的大为。老子在本经中将此"无为"而有大为这一命旨曾讲得很透彻。如："为之于未有，治之于未乱"。"道常无为而无不为"。"我无为而民自化"，"天下神器，不可为也。为者败之，执者失之"。故曰"天地无为，而无不为也"《庄子·天道篇》。"夫帝王之德，以天地为宗，以道德为主，以均为常。无为也，则用天下而有余；有为也，则为天下而用不足。"

5. 纯粹

纯粹是独一笃厚，纯一不离，精美无瑕，净洁无垢，无丝毫秽污渣滓之意。道"虚"而"大"，窈窈冥冥，混混沌沌，但那是纯然一体，不杂别物，正因如此才不害其空灵妙用，宇宙的本质不在于复杂性和多样性，而于纯粹性、简单性和万能性。

6. 素朴

素相是道的一层属性，粉面、涂唇、烫发、描眉、非素也，雕琢、刻削、异器非朴也。素是一切事物未经众色彩绘渲染的本色，素是一切器物浑全未破的原质。

7. 平易

平者平夷，易者简易。从始到终是一个过程，在这个过程中，道路是平坦宽阔的，通过的方式是简单易行的。从无极到有极的过程就是这

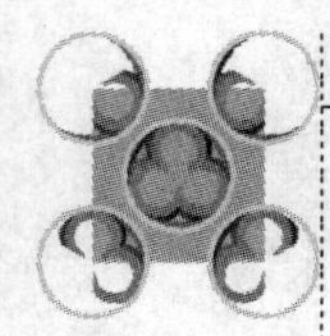

样。从有天地到生万物的过程也是如此。“吾道甚易知，甚易行”，老子说：“大道甚夷，而人好径”，盖是此意。

8. 恬淡

恬淡是恬静、清淡之意。恬静者，悠闲自在，清淡者，少思寡欲。老子说：“道之出口，淡乎其无味”。大道的运行是至简至易的，看起来无所事事，不急不躁，但却“不为而成”，凡俗过客则不然，他不知道虚无清静的妙处，酒色财气，乐之不疲。内脏百骸不得调理，心中烦恼也自不绝，结果一生愁苦，难得善终。

9. 柔弱

“反者道之动，弱者道之用。”道是柔弱为“用”的。空若无物，非柔弱若何？万物既生，才有刚体，故柔弱是刚强的本根，“柔弱胜刚强”，“天下之至柔，驰骋天下之至坚”。“柔弱者生之徒，刚强者死之徒”。刚强之物不会长久，最终仍归于柔弱。因为柔弱也是道的特征。柔弱的东西包容刚强的东西，而刚强的东西无论如何损伤不了柔弱的东西，因为它无处着力，犹如抽刀断水水更流。

10. 不争

大道是“不争”的，它不着意追求竞争什么，它拥有一切，而且这一切的出现与消失的结果都不是它“争”，更还会有什么东西会跟大道相争。说浅显一些，人也是这样。希望占有某些东西的人，往往不能占有，不希望的人才会得到。你处后处下，别人才会信任，使你居前居上。当然“不争”还有更深的涵义，还有更大的作用，那就是与道同体，无为而无不为。那时人与道合一，什么都不需要，而什么都有。这种效果的得到又非常简单，只需要贯彻“不争”二字，一争反到失去了。①

司马谈对道家的评价非常精辟，他说：“道家使人精神专一，动合无形，赡足万物。其为术也，因阴阳之大顺，采儒墨之善，撮名法之要，与时迁移，应物变化，立俗施事，无所不宜，旨约而易操，事少而

① 任法融注：《道德经释义》，三秦出版社，第183－188页。

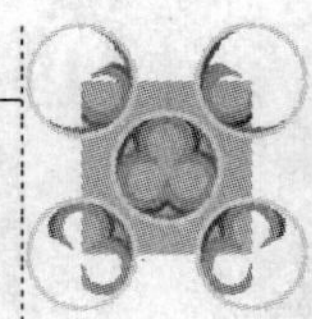

功多。”

五、《老子》道论是老子管理思想的根基

老子管理思想是《老子》的道学思想在管理领域的应用。老子的管理思想是以《老子》的道论为基础，内容主要包括无为而治、道法自然。具体表现在管理目标上，从时间上讲，要天长地久，从空间上讲要具体而微、无微不至，从效果上讲，是无为而无不为，好像什么都不做，但管理的效果却是最好的。这一点连当代的外国知名的管理学家都非常佩服，认为老子的管理思想非常好。就是我们今天实现起来都非常困难，我们今天的管理都很难达到这种境界。

怎样实现这些管理目标呢？老子认为必须遵循一定的管理原则。这些管理原则就是尊道贵德、无为而治。要实现这些管理原则，必须有一些特殊的管理思路和管理方法。这些方法与思路，按现代管理职能来划分，主要包括：在计划管理是要做到善计不用筹策，在组织上要强调和谐发展的价值观，在领导行为与领导思想方面，主要强调功成名遂身退，天之道，在控制思想上强调人心控制与全面控制、细节控制等思想，老子以道制人比以术制人要高明和有效得多。

由于“道”的特点非常多，相应的以道为基础的管理方法也非常多，真可谓“随物应化，与时俱迁”。由于本文篇幅有限，我们就以《老子》的道论为基础，特别是以前述的“道”的十个特点为基础，探讨老子管理思想的主要内容和老子管理的主要方法。

1. 有无相生

有生于无，无生于有，老子的道学特别重视有无相生，应用在管理上就是要注意量变与质变，要注意细节，合抱之木，起于毫厘，千里之行，始于足下，要居安思危，特别重视细节管理，战略的成败最终由细节来决定。

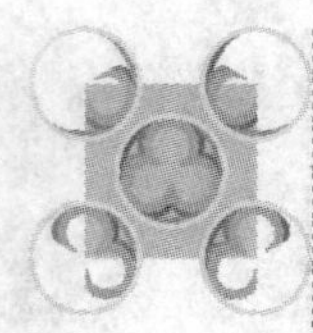

2. 道法自然

依据南环瑾先生的观点，老子所讲的自然，并不是我们今天所讲的自然，而是其本来的样子，管理之道就是要遵守管理自身的规律，老子讲，域中有四大，人法地，地法天，天法道，道法自然，又讲道生一，一生二，二生三，三生万物，万物都是因道而生，管理也应该符合道，符合道，则天长地久，就可以可持续发展，不合道，发展就会受挫，甚至中途夭折。

3. 无为而治

有很多学者把老子的管理思想直接归纳为“无为而治”四个字，可见无为而治在老子管理思想中的地位。无为是老子管理思想中的特有的管理手段，实现大治是其自然的结果。老子的管理思想认为，管理的手段分为有为与无为两种，一般人重视的有为的管理，而老子的特色在于无为的管理。这两种管理的起点和终点是大相径庭的。有为是指管理者不以“大道”而是以其个人的欲望、尤其是私欲为中心进行管理，无为不是什么都不能做，而是管理者不做与自然、与大道相背的事，道有的无为，实际上是一种大为，所谓的大道之行，天下为公。管理如果能顺从大道的话，则管理的效果将是最佳的。

4. 清心寡欲

依据老子的道论，老子的管理思想中并不是一味地反对人的欲望，老子认为作为一个成功的管理者首先要以百姓心为常心，而不是以圣人之心为常心，圣人的私欲肯定比百姓要低，也就是作为管理者首先要满足百姓的基本的物质和精神需求，人的正常的欲望是应该而且必须予以满足。但是老子同时又认为，人作为管理者要正确认识欲望是一把双刃剑，满足百姓的正常欲望是对管理者的基本要求，但是管理者对欲望要有一个度的概念，欲望不能无限膨胀，尤其是私欲更是与大道不符，要严加限制，作为管理者更要加强对自身的欲望管理，不要满足于虚名假利，认为名利只是身外之物，过度追求将伤身害命，因此，作为管理者在满足百姓的基本需求后，同时也要为百姓创造一个清心寡欲的环境，更要严格控制自己的私利，要做到功成名遂身退。

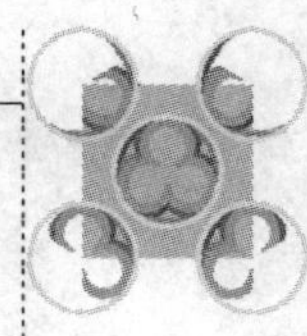

5. 柔而胜刚

老子在其道论中特别重视柔弱胜刚强，这一点也反映在其管理思想中。有不少学者认为老子特别重视以“水”来说道，“水”就是柔弱胜刚强的实例。老子的管理也可归结为“水式管理法”。老子所讲的柔弱胜刚强的管理方法，其柔弱的涵义不是我们通常所讲的软弱，而是柔韧，水虽至柔，却无坚不摧，充分说明了柔弱胜刚强的管理方法的特点与效用。

6. 不争善胜

针对当时穷兵黩武的混乱局面，老子依据其道论提出了不争而善胜的管理理念。老子的管理目标不仅是要胜，而且要善胜，善胜的办法是“不争”，这一点也是老子管理思想的一个很重要的特色。老子讲不争的涵义主要有几种，老子要想获得胜利，手段不仅仅有争这一种，通过智谋、学识甚至战争来获胜，老子认为这虽然能在短期获得胜利，但却不能算得上是善胜，因为其成本非常高，负作用非常大，因为智谋、技巧有可能带来虚伪横行，而且通过竞争甚或战争获得的胜利，对手并不一定心服口服，日后一定会择机找麻烦。老子最好的竞争战略是尊道贵德，与道合一，对强者和谐，对弱者也和谐，大家在和谐中获得持续、健康的发展。

老子的管理思想虽言简文略，其意蕴却博大精深，我们可以借用司马谈的话说：“道家无为，又曰无不为，其实易行，其辞难知。其术以虚无为本，以因循为用。无成执，无常形，故能究万物之情。不为物先，不为物后，故能为万物主。有法无法，因时为业；有度无度，因物与合。”老子的管理思想无论是在中国历史上的管理实践还是当今国内外的管理实践中，都充分证明了其与时俱迁、随物应化、方法至简而效果至佳的特点。

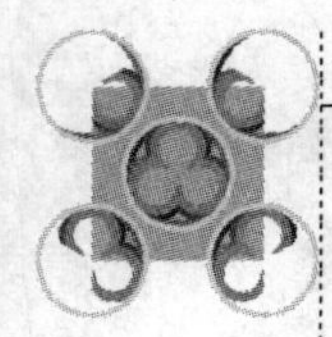

六、老子管理思想在中国式管理中的地位与作用

综上所述，《老子》虽然只有短短的五千言，但对中国人的影响却有几千年，并且随着国外对《老子》的更深入的研究，老子对国外的影响也将与日俱增。《老子》中的管理思想博大精深，它上承黄帝、姜尚的管理思想，下启《鬼谷子》、《素书》等著作的管理思想，在中国文化史甚至世界文化史上占有十分重要的地位，在中国式管理体系中的地位是非常重要而独特的。

1. 从管理学必须植根于本民族文化的角度分析

中华民族文化的主要内容在前期主要是儒、墨、道，在后期主要是儒、释、道，无论是儒、墨、道，还是儒、释、道，道家文化都是中华民族文化的根基之一，中国的管理学体系是建立在中国文化的基础之上的，所以道家文化也是中国式管理的根基之一。因此老子的管理思想也是中国式管理体系的根基之一。

2. 从管理思想体系角度分析

《老子》虽然只有短短的五千言，但却形成了自己独特的且较为完善的管理体系，它以老子的“大道”理论为中心，系统地阐述了其独特的管理目标体系，以及实现这些管理目标要遵守的尊道贵德、无为而治的管理原则。为了实现这些管理原则，老子提出了一系列的独特而效的管理方法，因此老子的管理思想体系也是中国式管理体系中不可或缺的组成部分。

3. 从管理方法论的角度分析

老子的管理思想以其“大道”论为特点，提出了一系列独特、且自古及今、自中而外都非常有效的管理方法体系，如我们前述的以道的10大特点为基础的6大管理方法，这些管理方法和其他学派的管理方

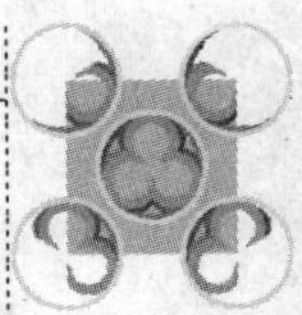

法有很大的不同，具有明显的老子的特色，它为古今中外的管理学家和管理实践者所津津乐道。老子的管理方法体系是中华民族管理智慧的重要组成部分，也是中国式管理体系的重要组成部分。

4. 从管理文化的继承与发展的角度分析

老子的管理思想在中国式管理体系中也占有极为重要的地位，历史上有名的稷下黄老学派，从总体上说，该派的道家管理思想乃是对老子的继承和改造。所谓黄老之学，实是战国时期一部分热衷于为政之道的道家学者为适应当时的政治需要而将老子之学同春秋以来流行的“黄帝之言”结合起来进行综合改造的结果。因其学者大都集结在齐国稷下学宫开展学术活动，故史称“稷下黄老学派”。实际上，无论是道家管理思想还是后世的儒家的管理思想都从老子的管理思想中吸取了许多有益的成分。正如南环瑾先生所言，中国历史上许多管理大家都是“外示儒术、内怀黄老”的，由此也可见老子管理思想在中国式管理体系中的地位。①

所以，我们认为老子管理思想作为中华民族智慧的重要组成部分，是中国式管理体系的基石之一，我们研究中国式管理体系、研究中国式的管理，不能不研究老子、不能不涉及老子的管理思想。老子的管理智慧是中华民族的骄傲，在世事多变的今天，我们更应该以崇敬的心情认真地研究、继承和发展。

[参考文献]

1. 苏东水：《东方管理》，山西经济出版社 2002 年版。

2. 任法融：《道德经释义》，三秦出版社 1993 年版。

3. 李养正：《道教史略讲》，中国道教学院编印。

4. 吴照云：《管理学》，经济管理出版社 2003 年版。

5.《史记》有关内容。

6. 曾仕强：《中国式的管理行为》，中国社会科学出版社 2005 年版。

① 参见《中华文化论坛》，1994 年第 3 期。

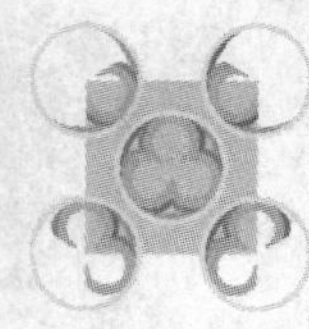

7. 曾仕强：《中国式管理》，中国社会科学出版社 2005 年版。
8. 南环瑾：《老子他说》，复旦大学出版社 2002 年版。

（江西财经大学　吴照云　柳振群）

第二篇

管理学科学化问题研究

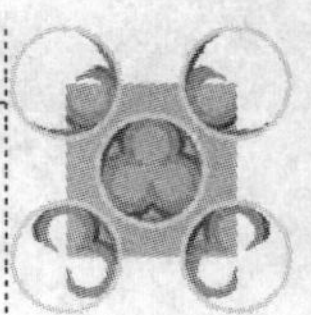

第十章 DISHIZHANG

从人性认识的变化看管理理论的发展

管理是人类对投入生产过程的各种资源进行有效利用的各种活动的总和。而管理学是人类对管理活动内在规律性的科学认识所形成的理论体系。在管理实践中，管理者通过各种管理制度的制定、管理方法和管理手段的应用，无不是为了提高各种资源的利用效率。而在投入生产过程的各种资源中，我们可以分为物的资源和人力资源两类。其中最重要的资源是人力资源。因此，如何有效利用人力资源，一直是管理所要解决的最重要的问题。在管理中，对人力资源的有效利用就是如何调动人的积极性的问题。而要调动人的工作积极性，就是要使人的需求得到满足。因此，当管理者制定一项管理制度，或提出一项管理措施在企业中实施时，是希望能籍此来调动员工的积极性，使企业的目标能有效实现。但管理者的目的是否能实现，关键是他所提出的管理制度或管理措施是否能使员工的需要得到满足。换句话说，关键在于管理者对其员工的本质需求的正确认识。如果管理者对其员工的本质需求不能有正确的认识，他所提出的管理制度、管理措施就可能是既不利于组织目标实现也不利于个人目标实现，或者可能是有利于组织目标实现但却不利于个人目标实现，但其结果都不能使组织目标有效实现——因为个人目标不

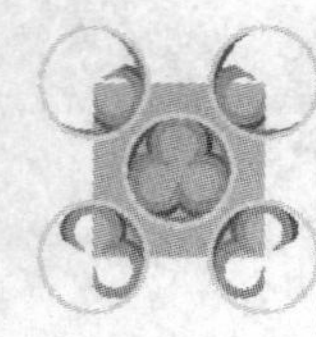

能实现就不能充分调动个人的积极性。

管理活动作为人类的一种社会实践活动，与人类的其他社会活动一样历史悠久。但管理作为一门科学的形成，却是本世纪初泰勒提出的“科学管理”理论以后的事情。在这以后一百年的历程中，管理科学理论得到了很快的发展。有三方面的因素对管理理论的形成与发展产生着重大的影响作用。首先是由科学技术的发展和应用所推动的社会生产活动的方式、社会生产的组织形式以及社会生产活动所追求的目标的变化。科学技术的发展和应用，会使社会投入生产过程的生产要素发生变化，使社会生产过程所采用的技术装备发生变化，使社会生产活动的各有关组织之间的联系方式发生变化，也使社会资源的优化配置方式发生变化。如蒸汽机的应用催生了工厂制度，社会通过工厂制度这种方式实现对资源的优化配置。也促使管理作为一门科学的形成。以网络信息技术为主要代表的现代科学技术的发展和应用又将改变社会生产的组织方式和信息联系的方式，从而引起了企业的组织结构形式和人们相互之间联系方式的变化。也将使社会资源配置的方式发生变化。这些都将使管理的实践与管理的理论发生变化。第二方面是科学技术的发展和应用提高了管理的科学水平。管理学的发展有赖于其他学科的发展。它需要其他学科的发展为其提供科学的思想、方法、工具、技术与手段。如系统论、控制论和信息论的发展就为管理理论的发展提供了认识管理问题和管理活动规律的科学方法论；而数学、运筹学等学科的发展和在管理理论与实践中的应用又大大提高了管理的分析能力，从而提高了管理的科学水平；社会学、心理学等学科的发展对管理学认识人的心理活动规律和人的行为规律，认识人与人之间的关系提供了理论基础和分析的方法。而通讯技术，特别是网络信息技术的发展为管理学有效地解决了企业内部与企业之间的沟通与联系问题。所有这些科学技术的发展和运用都极大地提高了管理解决实际问题的能力，也提高了管理学的科学理论水平，从而促进了管理学的发展。第三方面的影响因素是人们对管理活动规律认识能力和认识水平的提高。管理学是人们对管理活动规律科学认识所形成的理论体系。包括什么是组织？组织所追求的目标是什么？

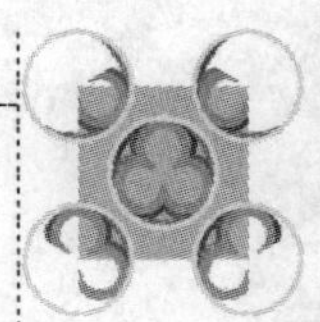

组织与外部环境的关系如何？什么是管理？如何实现有效的管理等这些管理的最基本问题的认识，也包括对具体的管理问题的认识，如科学决策问题、科学的计划方法问题、组织结构设计问题、治理结构设计问题、调动员工积极性问题、有效控制问题等。人们对这些问题的认识随着社会发展、科学技术的发展和应用、人们的管理实践以及人们对管理活动规律的探寻和研究而不断地提高和深化。从而也促进了管理理论的发展。随着人们对管理活动内在规律的认识越是清晰，管理理论的科学化水平就会得到不断提高，从这个意义上说，会使得管理理论的发展逐步地显现出更为条理、清晰和系统，即所谓的理性化、科学化和精确化的特征。

前面说了，管理是人类对投入生产过程的各种资源进行有效利用的各种活动的总和。而投入生产过程的各种资源包括物的资源和人力资源两类。一般地说，对物的资源的利用，更多地取决于人们科学技术的发展水平及其应用的程度。从管理的角度看，人们也是更多地通过定量的分析方法与技术来实现对物质资源的优化配置和提高利用的效率。对于人力资源，由于人是有思想有感情的社会动物，因此单纯的技术方法和定量分析并不能真正调动人的工作积极性，不能实现对人力资源的优化配置和有效的利用。从管理的理论与实践的发展情况看，人们一方面注重运用现代科学技术的成果，强调通过理性的、制度的、规范的方式来约束人们的行为。另一方面又强调通过对人的需求，对人的心理活动和人的行为规律的认识来满足人们的需要和引导人们的行为。这两个方面就是人们经常说的："有效的管理应是制度化、规范化的管理"和"有效的管理应是人性化的，以人为中心的管理"。也就是人们经常所说的管理发展的两个趋势或倾向。但由于在社会生产活动过程中，组织目标的实现都是物的要素与人的要素都是交互影响的结果，不同的组织，物的要素和人的要素对组织目标实现的影响作用也不同，因此，也就使得不同组织的管理会表现出不同的倾向和特征。

实际上，在社会发展的进程中，在不同的历史时期，由于社会、政治、经济、文化等因素的影响，使得投入生产过程的物的要素与人的要

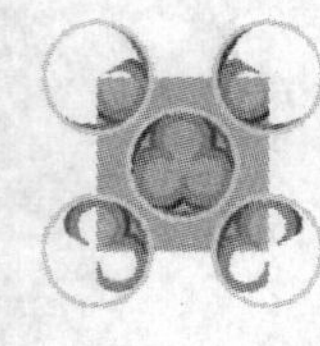

素在生产过程中的作用不同，科学技术的发展和应用的程度也不同，因此，就会使得管理的理论与实践在不同的时期会表现出不同的趋势或倾向。

在管理理论的发展过程中，对人的需求的认识和如何使人的需求得到满足来调动人的积极性是管理理论研究和探讨的一个十分重要的方面，因而也是影响管理理论发展趋势的一个重要因素。

人的需要是随着社会的发展变化而变化。人类对自己需求的认识也会随着社会的发展和科学的进步而不断地深化。这种变化直接影响到管理者是如何认识人的本质需求，是如何使人的需求得到满足，从而调动人的工作积极性的问题。对人类需求认识的不同，形成了不同的管理理论，也产生了不同的管理实践。可以这样说：每一个管理理论的形成，每个具体的管理制度或管理方法的提出，都是基于对人的本质需求的不同认识。

早期的管理理论——一百年前泰勒提出的“科学管理”理论就是基于人的“经济人”认识。当时的美国由于科学技术的发展和推动，特别是蒸汽机和电报的发明和应用，使得铁路运输业和电报业成为最早的现代工商企业（钱德勒，1977)，同时也促进了现代工业、建筑业、商业、金融业的发展，社会积聚了大量的物质资源，出现了很多新的产业，生产过程和分配过程结合于一个单一的公司之内，促成了现代工业企业(钱德勒，1977）的规模扩大，也因此产生了现代的职业经理人员。即形成了“经理式的企业”(钱德勒，1977)。由于当时管理作为一门科学还没有形成，而大量积聚的物质资源又提出了如何对这些资源进行有效地利用的问题，所以早期的管理所关注的就是资源的利用和效率的提高问题。这就决定了当时的管理更多的要采用科学的方法来提高对资源的利用效率。这是决定这个时期管理理性化特征的一个重要原因。在调动人的积极性方面，由于当时社会上流行的是实利主义经济学和唯理主义哲学，即认为人的行为是受个人的利益所驱使的，而人们对自己的每个行为都将进行充分的理性分析。这反映在管理的理论与实践上就表现为对人的“经济人”的认识。强调使人在经济方面和物质方面需求的满足

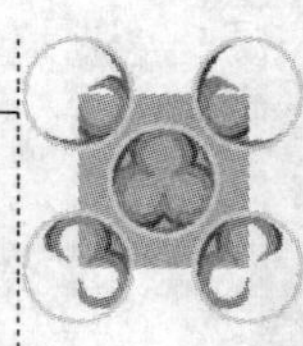

来调动人的工作积极性。如泰勒的“科学管理”理论中认为，当每个工人按照第一流工人的最高速度工作，而雇主根据其所做工作的性质，在他那一级的平均工资之外，另给 30% 到一倍的工资时，就“会使每个工人做出他所能达到的最高水平的工作，因为这样可以驱使他运用自己的最好才能，迫使他成为有雄心壮志和生气勃勃的人，而且持续不变，还要给他足够的工资，使他生活得比过去更好。”（泰勒，1911）也就是说工人是追求经济、物质利益的，只要给工人高的工资和多的物质报酬，就能驱使工人更努力地工作。与这种认识相一致，或者说为了使高的工资报酬能真正调动工人的积极性，管理者还必须要制定科学严格的管理制度，包括要有科学的工作分工，要精确地制定日工作标准，要有严格的奖惩制度等。否则即使给工人再高的工资，也会造成工人通过“本性磨洋工”和“故意磨洋工”来保护自己的利益。所以，从本质上看，作为“经济人”的工人本身就是“理性人”，工人希望自己的工作能得到更多的经济回报，而管理当局对待“理性人”的态度当然也是“理性”的。管理当局通过科学的工作分工在当局与工人之间平均地分担责任，并通过工时研究的方法制定科学的日工作标准，对工人的工作绩效进行严格的考核等。所有这些都表现为科学管理理论的理性化特征。这个时期的理论，主要有法约尔的行政管理理论以及马克斯·韦伯的官僚集权管理理论等，这些理论虽各有差别，但在理性化这个特征上却都是共同的。

上世纪的 20 年代中后期，经济危机的发生使人们对理性主义的东西产生了怀疑，而面对危机，人们自然而然所做出的反应是团结、归属和和睦相处。对于管理来说，也把自己关注的眼光从提高资源的利用效率转向了如何处理好组织中人与人之间的关系，如何使人在社会、心理方面需求的满足来调动人的工作积极性。这种变化的根本契机是经济危机的发生使社会的政治、经济环境发生了变化，使人们的道德伦理观念发生了变化，从而使管理的内外环境发生了变化。而直接的原因则是著名的“霍桑试验”。“霍桑试验”的结果使人们认识到社会的和心理的因素对人的行为的影响作用，也使人们认识到人并不是单纯的“经济人”，

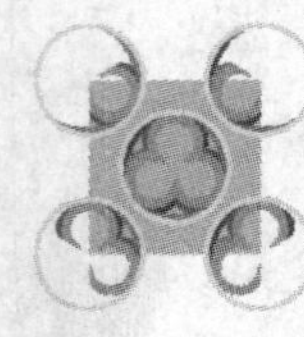

人是有社会方面、心理方面、情感方面的需要希望能得到满足的“社会人”。经济危机的发生造成的经济衰退减少了人们对提高物质资源利用效率的紧迫性，这就给管理带来了一个新的注意中心：关注人的社会和情感方面的需求，研究人的心理活动规律，对人的行为的引导。正是基于对人性的“社会人”认识，形成了“人际关系”学说，并在此基础上，发展形成了行为科学理论。行为科学理论通过对组织中人的社会心理需求的研究，对组织中个体和各种群体行为规律的研究，探讨如何使人的社会心理需求的满足，对个体及各种群体行为的引导，激发人们的工作积极性，使组织目标能有效实现。从而形成了管理理论发展的另一个趋势和特征：非理性化。

经济学与管理学要解决一个共同问题就是资源的优化配置问题。但经济学更多的是从制度的角度来研究资源的优化配置。因此，经济学对人性的认识比较一致和统一，即认为人都是“坏人”，都是自私的追求经济利益的人。然后以此为基本出发点来设计能实现资源最优化配置的经济制度和体制。而管理学则更多的是从调动人的积极性的角度来研究资源的优化配置。管理学认为人是可激励的，即认为人都是“好人”。所以它对人性的认识则比较复杂多样，认为不同的人有不同的需求。必须针对不同的情况采取不同的管理方法和管理手段，也因此形成了不同的管理理论。

可以说，“经济人”假设和“社会人”假设是管理学对人本性的两个最基本认识，它们都是从人的最本质需求是什么这个角度来认识人的。也正是在这两个基本认识的基础上，管理学的研究与管理的实践出现了两个倾向，使人在经济和物质方面需求的满足来调动人的积极性和使人在社会心理方面需求的满足来调动人的积极性。这也就是管理学的理性化特征和非理性化特征。在管理学的发展过程中，这两个倾向并不是截然分开地各自发展，而是交替着、相互溶合地推动着管理理论的发展进程和指导着管理的实践。从管理理论发展的角度看，在不同的历史时期条件，会显现出不同的理论特征，即有些时期会更多的表现出理性化的特征，而有些时期会更多的表现出非理性化的特征。如上世纪初的

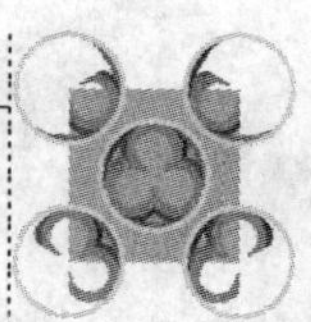

科学管理理论时代的理性化管理，而20年代后出现的非理性化管理。到50年代后又表现出理性化的特征，但80年代后又出现了非理性化的倾向。但不管什么样，管理理论的发展并不会只是强调一个倾向而否认另一个倾向，而只是某个倾向或特征可能会更突出而已。出现这种情况的主要原因是由于不同时期的不同社会、文化和经济环境，会使得科学技术的发展和应用的程度不同，社会生产的组织方式不同、投入生产过程中的生产要素的性质与比例不同，社会的主流价值观与道德伦理观念也不同，这些都必然会反应在管理的理论与实践中，使管理的理论与实践在不同的时期显现出不同的倾向与特征。

除了“经济人”和“社会人”这两个基本假设外，在以后的发展中，管理学对人性的假设还有很多不同的理论。这些理论有的是继续就人的本质需求问题进行探讨，有的则是对人是什么样的人进行假设，有的则是对人是如何行为和决策的进行假设。这些不同的认识同样影响着管理理论的形成和发展。

马斯洛（1943）提出的需求层次理论对以后管理理论的发展产生了巨大的影响作用，该理论认为人的需求是分层次的由低往高逐级发展的，人的需求是与生俱有的，但又受后天的影响。需求层次理论的最大贡献在于它认为人的需求并不是简单的经济物质需求或社会心理需求，而是分层次的可变化的。马斯洛的研究是具有决定意义的工作，尽管存在着一些缺陷，但它却为人类认识自己提供了一个十分积极有用的分析框架。

麦格雷格（1957）运用马斯洛的需求层次理论来进一步研究人的需求与行为的动机。他把生理需要和安全需要归纳为“低层次”的需要，而将社交需要、尊重需要和自我实现的需要归纳为“高层次”的需要。他把人们追求“低层次”需要命名为X理论假设，把追求“高层次”需要命名为Y理论假设。按照X理论假设，人都是天生懒惰的，是不愿承担责任的，人是以自我为中心的，会把安全看成高于一切。基于这种人性认识，管理者就应通过严密的制度和纪律对工人进行严格的管理。麦格雷格认为泰勒的科学管理理论和梅奥的人际关系学说的提出都

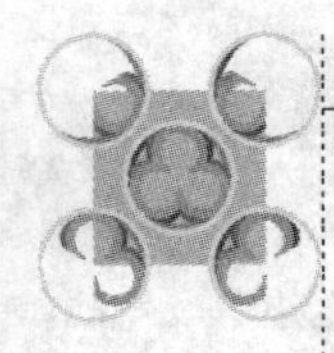

是基于对人的X理论假设，只不过泰勒的科学管理理论是属于强硬的X理论假设，因此，科学管理理论强调通过科学的日工作标准、严格的操作的规范、对工人的严格控制和物质刺激的方式来对工人进行管理，调动工人的工作积极性。而人际关系学说则是属于温柔的X理论假设。因此，人际关系学说想使工人在社会和心理方面的需求得到满足，希望恢复人工作的目的和骄傲，但实际上，人际关系却仅仅使工人的心理得到发泄，而没有从根本上帮助工人解决问题，工人在工作过程中同样是被驱使，仍然是实现企业目标的手段。麦格雷格认为，企业中的人并不是如X理论所假设的那样，因此，有效的管理理论也应基于一种新的人性假设，这种新的人性假设就是麦格雷格所提出的Y理论。Y理论认为，人并不是天生是懒惰的，人不但能接受而且能承担责任，逃避责任不是人的天性而是经验的结果，人们对实现组织目标的努力并不是来自于外力的控制，而是可以通过自我管理和自我控制来实现的。大多数人都具有相当高度的想像力、机智和创造的能力。正是基于Y理论假设，麦格雷格认为对工人的管理，不能采取驱使的方式，而应更多的让工人在目标实现的过程中自我管理和自我控制。

莫尔斯（J.Morse）和洛希（J.W.Lorsch）则把麦格雷格的X理论和Y理论应用于实践，他们发现应用X理论假设的管理比较适合于工厂而不适合于研究所这样的组织，而基于Y理论假设的管理则比较适合于研究所而不适合于工厂这样的组织。在此基础上，他们提出了超Y理论，认为对人性的认识要因人而异，不同的人有不同的需要，当工作和组织设计适于这些需要时，人们就能最好的进行工作。

埃德加·沙恩（E.H.Schein）则是从一个个体的角度研究了人的需求，他认为，人的需求会随着人的发展阶段和整个生活处境的变化而变化，职工们可以通过他们在组织中的经历，学得新的动机，每个人在不同的组织中或是在统一组织内不同的下属部门中，可能会表现出不同的需要来。职工们能够对多种互补相同的管理策略做出反应，这要取决于他们自己的动机和能力，也决定于工作任务的性质。换句话说，不会有什么在一切时间对所有的人全能起作用的惟一正确的管理策略。

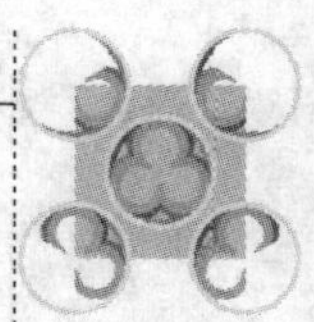

超Y理论与复杂人理论不同之处在于超Y理论认为不同的人有不同的需求，而复杂人理论则认为同一个人，在不同的时期、不同的环境或不同的组织会有不同的需求。正是基于以上认识，产生了管理学中的权变理论。权变理论认为没有什么最好的、一成不变的、能适应于一切的管理理论和管理制度。一切都取决于环境。即：

管理＝F（环境）

按照权变理论，人既不是单纯的“经济人”，也不是单纯的“社会人”；人既不是X理论假设的人，也不是Y理论假设的人。不同的人会有不同的需求，人在不同的环境和条件下也会有不同的需求，因此，管理者应根据人的不同需求，采取不同的管理策略，才能充分调动人的积极性。

以上几个关于人性认识的不同假设基本上都是从人的本质需求的角度来考虑问题的。在分析人性认识的变化对管理理论的影响时，还有关于两个人性认识的假设必须提及，即巴纳德的“决策人”假设和西蒙的“管理人”假设。但巴纳德和西蒙并不是从人的本质需求而是从人是如何行为和决策的角度来认识人的本性。

巴纳德认为每个正常的、身体健康的、适合于合作的人并不像科学管理法所讲的那样，是“机器的附属物”，也不是单纯接受命令的“被动的生产工具”，而是具有“选择的能力、决定的能力，自由意志。……但是，这种选择能力是有限的。”（巴纳德，1938）这主要是因为人是“现在的和过去各种物的、生物的、社会的力量的合成物”，（巴纳德，1938）而这些“物的、生物的、社会的要素综合起来提供的可能性是有限的”（巴纳德，1938）这就使得人们只能具有在一个有限的范围内进行自由选择的能力。但巴纳德认为，这“并不否认选择的巨大重要性。虽然选择某个时刻可能是极为有限的，但坚持朝一定的方向反复选择，可能最终会使得人的物的、生物的、社会的要素发生很大的变化。”（巴纳德，1938）这就是巴纳德关于人性的具有有限决策能力和选择能

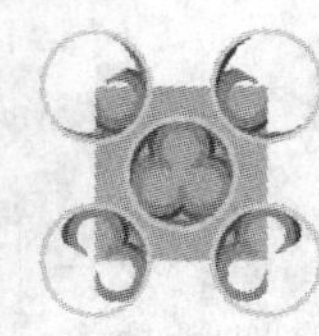

力的“决策人”认识。[1]

西蒙是巴纳德理论的继承人。在对人的本性的认识上，两位学者都是从“有限理性”的原则出发对传统的“理性的经济人”认识进行了修正。巴纳德认为人是具有有限决策能力和选择能力的决策人。而西蒙认为人是有限理性的管理人。但西蒙的认识在巴纳德认识的基础上又有了进步。巴纳德认为决策是人的有意识的合乎逻辑的行动。作为企业组织的决策，肯定是有意识的和合乎逻辑的。他认为决策总是以上一个层次的目标为根据。当上一个层次的目的确定后，决策就是把上一个层次比较一般的、模糊的目标变成为更具体、更明确的目标，再经过下一个层次的决策，使如何实现目的的方法和途径更加明确。经过这样反复的、不断的精细化决策过程，就能使企业目标得到实现。这样，尽管人的选择能力和决策能力是有限的，但“通过连续的决策，目的和环境在一系列的阶段中反复互相影响，越来越精细。一系列的决策（每一个决策本身显然是微小的）大都是无意识地实现的，但累积起来就实现了一般目的和一条经验路径。”（巴纳德，1938）

西蒙同样继承了巴纳德关于人的决策能力有限性的思想。但他在这个思想的基础上，对企业中人的决策行为的分析不是像巴纳德那样仍然局限于探讨如何在人的有限选择能力和决策能力条件下进行理性化决策问题。他着重分析了心理因素对企业中人的决策行为的影响作用，认为人的决策行为是受学习、记忆、习惯等心理因素影响的过程。并在此基础上提出更符合现实的“管理人”[2] 认识。西蒙把符合人的目的的行动

---

[1] 也许是因为巴纳德在认为人的有限决策能力的同时又希望人能通过反复的有限决策过程以达到最终的理性结果。所以人们总认为是西蒙首先提出“有限理性人”的认识。实际上，西蒙是继承和发展的巴纳德的思想。

[2] 对于人性假设，在巴纳德的著作中的提法是“有限选择能力”（《经理人员的职能》第12页），在西蒙的著作中的提法是“在给定环境中的有限理性”（《管理行为》，第77页），本人认真地查阅了巴纳德和西蒙的著作，并没有发现这两位学者很明确地提出所谓的“决策人”或“管理人”的说法。本文中关于巴纳德和西蒙对人性假设的这两种说法是引自日本的学者占部都美在《现代管理论》一书中的说法。占部都美的这种说法也许是为了把巴纳德和西蒙的人性假设与“经济人”的假设区分开，同时是为了把巴纳德的假设与西蒙的假设区分开。

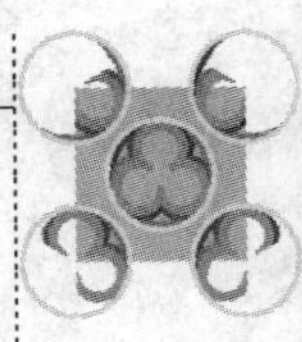

分成两类，一类是“犹豫—抉择型”，另一类是“刺激—反应型”。犹豫—抉择型是为了进行理性的决策。即为了实现理性决策，“必须在做出决策之前，犹豫一段时间。在这段时间里，必须集中考虑备选行为、有关环境和后果的知识以及预期价值。”（西蒙，1947）但是，由于人的有限理性，“人类满足理性要求的能力，是有着局限性的，因此，抉择发生前的犹豫有可能导致放弃行动。”（西蒙，1947）西蒙认为，人脑不可能考虑一项决策的价值、知识及有关行为的所有方面。与其说人类抉择的模式像是在备选方案当中进行选择，不如说它往往更接近于刺激—反应模式。（西蒙，1947）即人类过去的学习、记忆和形成的习惯会使得人们遇到有关的刺激时会做出相应的反应。这样人们就用不着在进行每次新的决策时都必须对外部环境重新做出反应。可以只考虑某些因素去忽略其他的一些因素。这样使决策更加合理化，更加符合客观实现情况。“刺激—反应”模型的应用使得决策的准则只能是满意化原则而不是最优化原则。

巴纳德和西蒙“有限理性人”假设从人的认识能力和决策能力的角度来认识人的本性。这种认识更符合人的实际情况，而在此认识基础上建立的决策原则、决策模型和决策方法也就更符合客观实际情况，更切实可行。

管理所要解决的重点问题是人的积极性调动的问题。在未来知识经济时代，生产过程中的物的要素所起的作用会越来越小，而人的作用会越来越大。人的需求会随着社会的发展变化和环境的变化而变化，而人对人自身的认识也会不断地深化，这种变化必然会推动管理理论的发展和变化。因此，认识人的本质需求，认识人类自身，是管理理论研究的一项重要的基础工作，这项工作做好了，必然会有利于促进和推动管理理论的发展，促进人类管理理论水平的提高。

[参考文献]

1.［美］A.D. 钱德勒：《看得见的手——美国企业的管理革命》，中译本，商务印书馆 1987 年版。

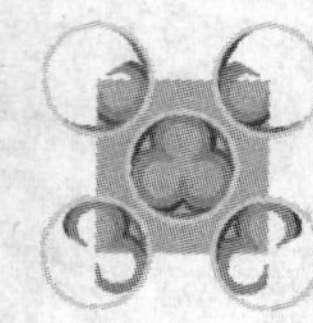

2.［美］F.W. 泰罗（勒）：《科学管理原理》中译本，团结出版社 1999 年版。
3. A.H. Maslow, "A Theory of Human Motivation," *Psychological Review*, 1943.
4.［美］D.M. 麦戈雷格：《企业中人的方面》中文载自孙耀君主编：《西方管理学名著提要》，江西人民出版社 1997 年版。
5.［美］C.I. 巴纳德：《经理人员的职能》中译本，中国社会科学出版社 1997 年版。
6.［美］H. 西蒙：《管理行为》中译本，北京经济学院出版社 1988 年版。
7.［美］D.A. 雷恩：《管理思想的演变》中译本，中国社会科学出版社 1986 年版。
8.［日］占部都美：《现代管理论》，新华出版社版。

（厦门大学管理学院　林志扬）

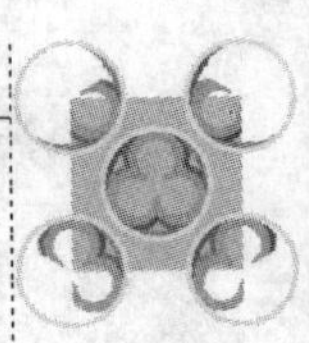

第十一章 DISHIYIZHANG

基于管理人性观的西方管理理论的演进及其规律

尽管迄今还没有一个得到管理界一致认可的“管理”范畴，但“管理是以人为中心的活动”这个命题可能已经不为大多数人所反对。所以本人倾向于罗宾斯（2004 中文版）的观点，将管理理解为：管理就是怎样通过他人或与他人一道把事情做好的一系列活动过程。这样，管理者们在通过他人或与他人一道做事情时，都会自觉或不自觉地要对人性加以判断。可见，人性假设是研究管理与执行管理的逻辑前提，基于不同的人性假设，有不同的管理理论，不同的管理理论在管理实践中便衍生出各具特色的管理原则、方法、制度和准则。

迄今，作为管理理论前提的管理人性假设大致有“经济人”、“社会人”、“自我实现的人”、“复杂人”和“道德人”等五种典型表达，正是在这五种典型假设下，形成了形形色色的管理理论。本文力图基于人性假设的视角，对西方管理理论演进脉络及其规律进行初步探讨。

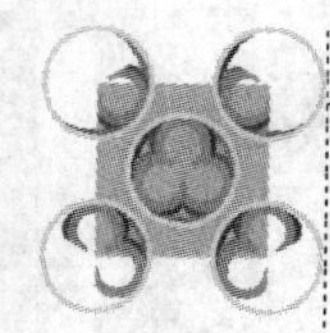

一、"经济人"假设及其管理理论

在西方管理理论发展的早期，管理理论深受经济学理论的影响，追随古典经济学的人性假设，古典管理理论便在"经济人"假设的基础上得以建立。

管理学中的"经济人"假设主要有这样几层涵义：(1) 人天生就不喜欢劳动，一有机会，人们就会躲避劳动。(2) 就绝大多数人而言，只有强迫、控制，才能迫使他们劳动。(3) 一般人较少有野心，宁愿受人指使，不愿意承担责任。(4) 大多数人劳动的目的都是出于生理和安全的需要，惟有金钱和其他物质利益才能激励人们努力劳动。

在"经济人"假设下，诞生了由泰勒、法约尔和韦伯等人所引领的古典管理理论。

泰勒（1911）基于车间工人视角而提出的科学管理理论主要有两大贡献：一是管理要走向科学；二是劳资双方要进行"心理革命"。泰勒认为，科学管理的根本目的是谋求最高劳动生产率，最高的工作效率是雇主和雇员实现共同富裕的基础，而达到最高工作效率的重要手段是用科学化的、标准化的管理方法代替经验管理。泰勒科学管理的主要观点包括：(1) 将计划职能与执行职能分开，变经验管理为科学管理。(2) 科学管理的中心问题是，如何通过配备"第一流的工人"，并促使其掌握标准化的操作方法，以提高劳动生产率。(3) 对工人的激励采取"有差别的计件工资制"。(4) 实行职能工长制，在管理控制上实行例外原则。在泰勒看来，科学管理不仅仅是将科学化、标准化引入管理，更重要的是要进行心理革命。泰勒认为，对雇主而言，追求的不仅是利润，更重要的是事业的发展，而事业的发展会给雇员带来较丰厚的工资。正是这样的事业使雇主和雇员相联系在一起，当双方用友好合作，互相帮助来代替对抗和斗争时，就能通过双方共同的努力提高工作效率，从可使雇

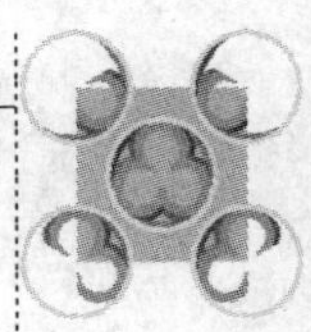

主的利润得到增加，企业规模得以扩大。相应地，也可使雇员工资得以提高。所以工人和雇主都必须来一次“心理革命”，变对抗为信任，共同为提高劳动生产率而努力。

泰勒的科学管理理论，使人们认识到了管理学是一门建立在明确的法规、条文和原则之上的科学，它适用于人类各种活动——从最简单的个人行为到经过充分组织安排的大公司的业务活动。尽管泰勒科学管理的一些方法和手段具有非人道性，但泰勒的某些理论如有差别的计件工资等已经触及到了管理的核心问题——激励与约束问题，所以其理论价值与实践意义即使在今天也不能忽视。

与泰勒不一样，同时代的法约尔（1916）另辟蹊径，基于办公室经理的视角提出了工业管理与一般管理理论。首先，法约尔通过对企业全部活动的分析，将企业管理活动从经营职能（包括技术、商业、财务、安全和会计等五大职能）中提炼出来，成为经营的第六项职能。区别了经营和管理，法约尔进一步得出了普遍意义上的管理定义，他认为管理是一种单独活动，有自己的一套知识体系，由各种职能所构成，管理是管理者通过完成各种职能来实现目标的一个过程。企业中的每组活动都对应一种专门的能力，如技术能力、商业能力、财务能力、管理能力等。而随着企业由小到大、职位由低到高，管理能力在管理者必要能力中的相对重要性不断增加，而其他诸如技术、商业、财务、安全、会计等能力的重要性则会相对下降。其次，法约尔认为管理能力可以通过教育来获取，缺少管理教育是由于没有管理理论，每一个管理者都按照他自己的方法、原则和个人的经验行事，但是谁也不曾设法使那些被人们接受的规则和经验变成普遍的管理理论。再次，法约尔将管理活动分为计划、组织、指挥、协调和控制等五大管理职能，并提出了管理的十四项原则。

法约尔的一般管理理论成为后来管理过程学派的重要理论基础，对管理理论的发展历程产生了深刻的影响。其中的某些原则甚至以“公理”的形式为人们所接受和使用。因此，继泰勒的科学管理之后，一般管理理论被誉为管理史上的第二座丰碑。

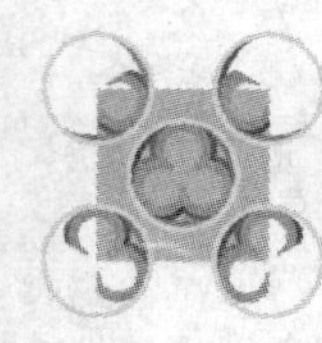

在泰勒和法约尔之后，德国社会学家马克斯·韦伯（1907）把人类行为规律性地服从于一套规则作为社会学分析的基础，从组织的视角出发，提出了独到的管理组织理论。韦伯认为，提高劳动生产率的最有效形式是建立一种高度结构化的、正式的、非人格化的"理论的行政组织体系"。在韦伯看来，任何组织都必须以某种形式的权力作为基础，这些权力可以分为三种：法定权力、传统权力和神授权力。法定权力以一种对正规规则形式的"法律性"，以及对那些升上掌权地位者根据这些条例发布命令的权利的信任为基础，传统权力以一种对古老传统的神圣不可侵犯性及对根据这些传统行使权力者的地位合法性的既定信念为基础，神授权力以对某一个人的特殊的、超凡的神圣性、英雄行为或典范品格的信仰，以及对这个人所启示或发布的规范榜样或命令的信仰为基础。韦伯的观点是，人们对传统权力的服从是在习惯义务领域内的个人忠诚。领导人的作用似乎只为了维护传统，因而效率较低，不宜作为行政组织体系的基础。超凡权力的执行，完全依赖于人们对领袖人物的信仰，是非理性的，所以，也不宜作为行政组织体系的基础。只有提供了慎重的公正的法定权力才能作为行政组织体系的基础。基于上述看法，韦伯进一步勾画描述了理想行政组织模式的特征：(1) 组织中的成员应有固定的和正式的职责并依法行使职权。组织是根据合法程序确定的，应有其明确目标，并靠着这一套完整的法规制度，组织与规范成员的行为，以期有效地追求与达到组织的目标。(2) 组织的结构是由上而下逐层控制的体系。在组织内，按照地位的高低规定成员间命令与服从的关系。(3) 强调人与工作的关系，成员间只有对事的关系而无对人的关系。(4) 成员的选用与保障：每一职位均根据其资格限制（资历或学历），按自由契约原则，经公开考试合格予以使用，务求人尽其才。(5) 专业分工与技术训练：对成员进行合理分工并明确每人的工作范围及权责，并不断通过技术培训来提高工作效率。(6) 成员的工资及升迁：按职位支付薪金，并建立奖惩与升迁制度，使成员安心工作，培养其事业心。

韦伯的观点是，具有上述六项特征的组织可使组织表现出高度的理

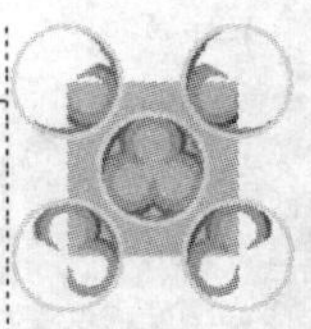

性化，只有这种高度理性化的组织，才是对个人进行强制控制的最合理手段，是提高劳动生产率的最有效形式，而且在精确性、稳定性、纪律性和可靠性方面优于其他组织。韦伯对理想行政组织模式的描绘，为行政组织建立了一项在现在看来仍然具有合理性的制度化准则。

泰勒等人的古典管理理论为当时的企业组织协调劳资关系、构建管理制度以提高生产效率等，提供了科学的管理思想与理论方法指导。但由于古典管理理论只将经济刺激作为了其关注的焦点，所以古典管理理论与实践者们最终都未能摆脱“效率专家”的阴影。

二、“社会人”假设及其管理理论

古典管理理论把人看成“经济人”，认为工人在干活时常常会“磨洋工”，因此，应当用严格的科学办法加以管理。但这些理论都将人的因素置于一边而强调组织和管理的科学性、精密性，认为工人只是组织中的一个零件。因而，尽管古典管理理论在提高劳动生产率方面取得了显著的成效，但却激起了工人、特别是工会的反抗。此时，基于“社会人”假设的人际关系理论便应运而生。

梅奥从自己所组织的霍桑试验中，得出了与“经济人”假设不相一致的结论。试验结果表明，工人不是被动的，孤立的个体，其行为不仅仅受工资的刺激，影响生产效率的最重要因素不是待遇和工作条件，而是工作中的人际关系。据此，梅奥提出了著名的“社会人”假设观点。“社会人”假设认为：驱使人们工作的最大动力是社会、心理需要，而不是经济需要，人们追求的是保持良好的人际关系。在“社会人”假设的基础之上，梅奥（1936，1945）提出了“人际关系理论”。梅奥“人际关系理论”的要点包括：（1）管理人员不应只注意完成任务，而应把重点放在关心人和满足人的需要上。（2）管理人员应当在注意传统管理职能的同时，重视人际关系，要培养、形成和提高员工对企业的归属感

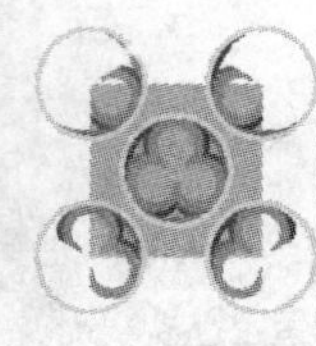

和满意度。(3) 集体奖励优于个人奖励。(4) 管理人员是员工与管理当局之间沟通联络的桥梁。(5) 企业应实行“参与式”管理，以吸引员工参与企业决策而提高员工对企业的认同感。(6) 企业中存在着非正式组织。

受梅奥霍桑实验及其“人际关系理论”的启发，越来越多的管理学家认识到，工人劳动积极性的发挥与劳动生产率的提高，不仅受物质因素的影响，还受社会和心理因素的影响，而且往往后者更重要。于是，管理理论的重心开始从过去的“以人适应物”，向“以人为中心”转移。20世纪40年代以后，“人际关系理论”逐渐演化为“行为科学学派”。但“社会人”假设及其“人际关系理论”并不能从根本上改善企业内部的人际关系，因为参与式管理模式只是在心理学发现的指导下对管理形式的调整，没有从本质上改变造成企业内人际关系格局的根本原因。所以，尽管从霍桑实验至今，半个多世纪已经过去了，但管理学者们对人际关系理论和梅奥主义的批评却未曾间断过。管理学者们特别对人际关系理论的研究方法，包括霍桑实验中所运用的方法和过程，进行了批评。在他们看来，整个实验过程中，研究者一方面受到实验室中受控实验的需要束缚，另一方面又受到正在进行中的实际经验的束缚，尤其是主观愿望的先入为主的影响，所以霍桑实验的客观性和其结论的科学性值得商榷。

三、“自我实现人”假设及其管理理论

马斯洛在对人类需求结构进行考察以后，提出了同“经济人”、“社会人”假设完全不同的主张——“自我实现人”假设。在马斯洛所构建的需要层次结构中，自我实现是人类最高层次的需要。所谓自我实现，是指人都具有发挥自己潜能和展现自己才能的冲动，只有将自己的潜能和才能在接受挑战中释放出来，人们才会感到满足。“自我实现人”隐

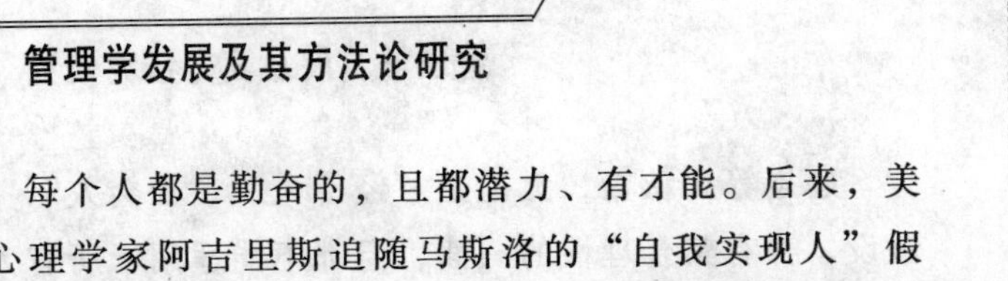

含了这样一个前提，每个人都是勤奋的，且都潜力、有才能。后来，美国耶鲁大学的组织心理学家阿吉里斯追随马斯洛的“自我实现人”假设，在其《个性和组织》一书中提出了“不成熟—成熟理论”。阿吉里斯认为，人之所以不能达到完全的成熟，不能充分自我实现，都是由于受到社会环境条件的种种限制，成熟过程就是自我实现的过程。

在“自我实现人”假设下，管理者既不是生产任务的指导者，也不是人际关系的调节者，而是一个搜寻者。由于环境通常会造成人们发挥才智的障碍，所以管理者应以搜寻者的身份，了解环境。管理者的主要任务是寻找什么工作对什么人最具有挑战性，最能满足人自我实现的需求。根据“自我实现人”的观点，人具有主动性，能够自治地开展工作，企业管理制度的建立，应当以能够保证员工充分施展才能，发挥其积极性和创造性为目的。所以马斯洛主张，企业管理要下放权力，建立决策参与制度、提案制度、劳资会议制度，使员工将个人需要与企业目标结合起来。

四、“复杂人”假设及其管理理论

虽然一反前人对人性给出的“单一静态性”假设，马斯洛提出了具有结构层次的“自我实现人”假设观点，但马斯洛的人类假设仍然具有“单一”性特征，即人们对需要的满足具有相同的实现路径，从追求生理需要开始，到关注安全需要，再到注重社交需要，然后再到崇尚受人尊重，最后渴望自我实现。尽管泰勒等人的古典管理理论、梅奥的人际关系理论以及马斯洛的“放权自治”理论，对管理学的贡献毋庸置疑，但随着社会的进步，在新的管理环境下，已有的管理理论便显得捉襟见肘。于是薛恩（1965）、莫尔斯和洛希（1970，1974）、卢桑斯（1976）、卡斯特与罗森茨韦克（1979）等人便基于“复杂人”假设提出和完善了权变管理理论。

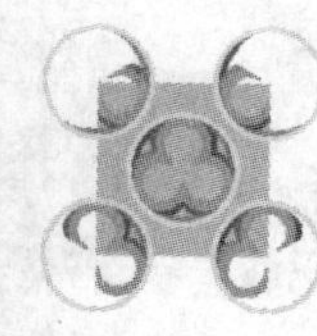

薛恩等人认为，无论是“经济人”、“社会人”，还是“自我实现人”假设，都有其合理性的一面，但都不能适用于所有人。一方面人与人之间存在着很大的个体差异，另一方面，同一个人在不同时间、地点、事件和环境下，会有甚至是截然不同的表现。人的需要、潜力和才智，会随着年龄、知识、地位和人际关系等的变化而各不相同。“复杂人”假设是指：(1) 人的需要多种多样，每个人的需要各不相同，需要的层次也因人而异，而且人的需要随着人的发展和生活条件的改变而变化。人们怀着多种不同的需要和愿望而加入组织进行工作。(2) 在同一时期内，人有多种需要和动机，这些需要和动机会相互作用并整合一体，形成复杂的动机模式。(3) 伴随工作和生活条件的不断变化，人会不断产生新的需要和动机。(4) 个体在不同单位或同一单位不同部门的工作中，会产生不同的需要。(5) 人具有对各种复杂管理模式的适应性，可以依自己的动机、能力及工作性质对不同的管理方式作出不同的反应不存在一种可以适合于一切人的管理方式和方法。

权变理论认为，在企业管理中要根据企业所处的内外条件随机应变，没有什么一成不变、普遍适用的“最好的”管理理论和方法。该理论从系统观点出发考察问题，其理论核心就是通过组织的各子系统内部和各子系统之间的相互联系，以及组织和它所处环境之间的联系，来确定各种变数的关系类型和结构类型。进而强调在管理中要根据组织所处的内外部条件随机应变，针对不同的具体条件寻求不同的最合适的管理模式、方案或方法。

应当肯定地说，权变理论为人们分析和处理各种管理问题提供了一种十分有用的方法。它要求管理者根据组织的具体条件，及其面临的外部环境，采取相应的组织结构、领导方式和管理方法，灵活地处理各项具体管理业务。这样，就使管理者把精力转移到对现实情况的研究上来，并根据对于具体情况的具体分析，提出相应的管理对策，从而有可能使其管理活动更加符合实际情况，更加有效。同时，权变理论首先提出了管理的动态性特征，一改以往人们对管理行为的静态认识，使人们开始意识到管理的职能并非一成不变。但权变理论的一个根本性缺陷

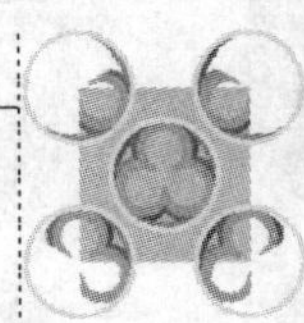

是，没有统一的概念和标准。虽然权变理论的研究者们采取案例研究的方法，通过对大量案例的分析，从中概括出若干基本类型，试图为各种类型确认一种理想的管理模式，但却始终提不出统一的概念和标准。每个研究者都根据自己的标准来确定自己的理想模式，未能形成普遍的管理职能，所以权变理论使实际从事管理的人员无法从中获取解决管理问题的理论线索，让初学者更是无所适从。

“复杂人”假设是对“经济人”、“社会人”和“自我实现人”假设的综合，强调了人的需要的复杂多变性及其满足方式的多样性。在此基础上，提出了管理方式上的权变观点和方法，这无疑提高了管理理论的实用性和全面性。但“复杂人”假设过分地强调了人的差异性，而相应忽略了人的共同性，所以基于“复杂人”假设的权变理论被有的管理学家比喻为犹如一只装满管理理论的“大口袋”，这只“大口袋”使管理理论趋于“泛化”而捉摸不透。

五、“道德人”假设及其管理理论

“道德人”假设是20世纪80年代以后逐渐发展起来的一种管理人性假设观点。这种观点认为，人不仅具有物质性、社会性、自我实现性，而且具有道德性，人性是物质性与道德性的统一体。人们在追求物质需要的同时，能够承担对组织的道德义务和道德责任，并且能够以道德自率的方式进行自我管理。基于“道德人”假设，管理的本质就是如何对待人，管理中内在蕴涵着一个根本性原则，就是把人当做目的的道德原则。管理理论的中心议题不应仅仅是科学问题，还应该包括与价值和道德相关的哲学问题。管理要在符合规律性的同时，符合伦理性。可以说，20世纪80年代以来兴起的基于“人本管理”思想的企业文化管理理论，正是基于“道德人”假设的产物。

由美国哈佛大学教授泰伦斯·狄尔和管理顾问艾伦·肯尼迪（1980）

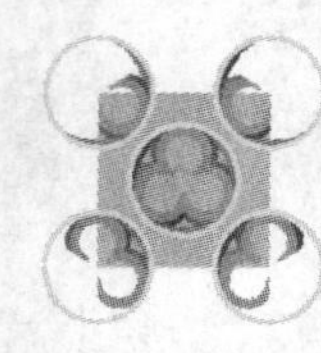

共同开创的文化管理理论，在美国管理学者彼得斯和沃特曼（1982）的推进下，与20世纪80年代初很快成为西方管理学界的热门话题。文化理论者认为，人不是纯理性的，其感情因素不容忽视；管理不仅要靠逻辑和推理，还要靠直觉和热情；理性化的解析手段和技术方法有一定作用，但不能迷信和滥用。在对传统理性管理理论的反思和批判中，文化管理理论提出了以人为本的管理模式。这个模式一方面十分重视以制度化、理性化为基础，另一方面，又特别强调共同的价值观、和谐的人际关系、卓越的团队精神、高超的管理艺术以及参与式激励方式等，以文化价值等人文因素统摄物质、制度等理性因素以及整个企业的经营管理活动，以含蓄代替严厉，以微妙取代精确，以人性充实理性，把管理的效率和效益在更大程度上诉诸人的自觉性和自我激励，试图实现物质与精神、理性与价值、个人与整体在企业管理中的融合与统一。基于"道德人"假设的文化管理理论正好契合了当代社会发展、科技进步所引发的劳动方式与管理方式变化以及劳动者素质提高等时代特征。

一方面，文化管理理论继承了传统理性管理理论的合理成分，例如，严格的任务定额管理和奖惩制度，严密的组织纪律性，领导的权威性等等；另一方面，文化管理理论又克服了之前所有人性假设将人置于只具有自利性的片面观点，主张把人当作具有主体性的"道德人"看待，强调上下级之间、平级之间、组织与员工之间的信任和分享，主张实行民主管理，鼓励正式和非正式沟通，提倡学习和创新。

企业文化管理理论将哲学范畴的伦理与价值观等概念导入管理领域，强调员工与企业共生的理念。而人本管理思想则是对作为"道德人"员工的直接认可，相信员工有自律、利他的一面，对员工的管理首先是尊重和信任。可以预料，"道德人"假设还将继续诱导着当代管理的理论创新。

可以这样说，管理人性观从强调人的自利性到关注人的利他性，管理理论从传统的理性管理理论向现代文化管理理论的转变，是社会发展的必然结果和客观要求，是实现人、组织、社会、自然相互之间和谐发展的需要。

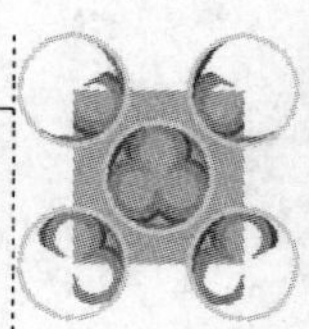

六、基于管理人性观的西方管理理论演进规律

自科学管理理论诞生以来，管理理论差不多经历了100年的历史。前面我们简述了近100年来管理人性假设观及其管理理论的演进脉络。按照笔者的理解，概括起来，管理人性观及其管理理论的发展呈现出这样几个规律：

（一）管理人性假设从强调人的自利性向关注人的利他性转变

在管理学发展的早期，人被假设成了只会追求物质利益的会说话的工具，是极端自利者。随着社会的发展、科学技术的进步以及管理实践的需要，管理学家们对人性假设进行了修正，使管理人性假设经历了"社会人"假设、"自我实现人"假设和"复杂人"假设等阶段。从这些假设的内涵来看，"社会人"假设强调人们对良好人际关系的需要，"自我实现人"假设则更多地关注人们对自我才智发挥的需要，而"复杂人"假设则对人性给予了多元化的动态性阐释。但细究起来，我们不难发现，无论是"社会人"假设，还是"自我实现人"假设，亦或是"复杂人"假设，它们都有一个与"经济人"假设共同的性质，即自利性。只有到了现代管理阶段，管理学家们才关注到了人性的利他性这一面，从而提出了管理的"道德人"假设。

关于管理人性假设及其管理理论的演进过程，我们以马斯洛的需要层次理论为依托，如图11－1所示。

管理人性假设从强调人的自利性向关注人的利他性转变，一方面是管理哲学自身辨证演化的结果，即在人性方面管理哲学自然而然会从自利性的对立面思考到人的利他性；另一方面是人类社会发展和科技进步以后，人类物质文化生活得以不断丰富的反映。在农业社会与工业化社会，由于科技发展有限，物质基础薄弱，人们对物质特别是金钱方面的

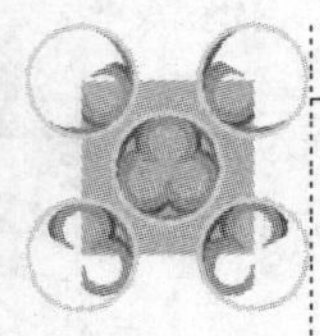

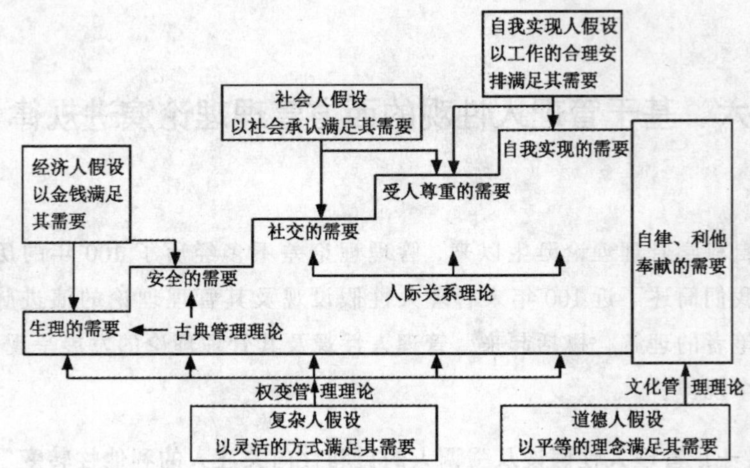

图 11－1 管理人性假设及其管理理论演变图

需要占有重要地位，所以自利人假设便成了必然而且合理；到后工业化和信息化社会，在高度发达的科技支持下，人们的物质文化生活不断丰富，人类的利他性会自然显现，所以，道德人假设与当代社会相契合。

（二）管理理论从在相对封闭环境下强调以控制人为中心向在相对开放环境下注重以发展人为中心转变

首先，有学者认为，古典管理理论关注的是物，而现代管理关注的是人，并强调这是古典管理与现代管理的本质区别之一。笔者不赞同这种观点，在笔者看来，无论是古典管理理论，还是现代管理理论，尽管其理论假设有别，但其关注的核心都是人，两者真正的区别在于它们各自采取了不同的态度和方法对待人。在古典管理阶段，不管是泰勒基于车间工人的管理方法，还是法约尔基于办公室经理的管理原则，亦或是韦伯的行政组织准则，都是以提高劳动生产率为目的的，不关注人怎么会提高劳动生产率呢？可见泰勒等人不是没有关注人，而是将人当成物在相对封闭的环境下依靠严密的手段加以控制而给予关注的，他们将工人当成会说话的机器或部件加以对待，力图通过物质（特别是金钱）刺激来达到提高劳动生产率的目的。

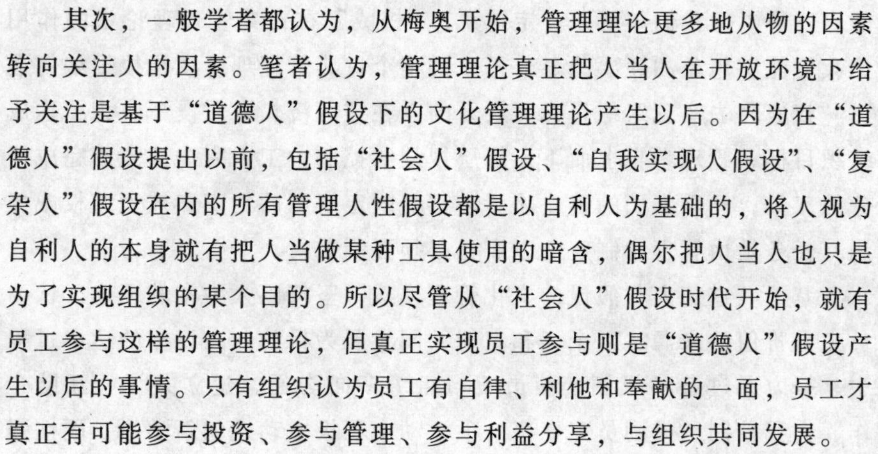

其次，一般学者都认为，从梅奥开始，管理理论更多地从物的因素转向关注人的因素。笔者认为，管理理论真正把人当人在开放环境下给予关注是基于“道德人”假设下的文化管理理论产生以后。因为在“道德人”假设提出以前，包括“社会人”假设、“自我实现人假设”、“复杂人”假设在内的所有管理人性假设都是以自利人为基础的，将人视为自利人的本身就有把人当做某种工具使用的暗含，偶尔把人当人也只是为了实现组织的某个目的。所以尽管从“社会人”假设时代开始，就有员工参与这样的管理理论，但真正实现员工参与则是“道德人”假设产生以后的事情。只有组织认为员工有自律、利他和奉献的一面，员工才真正有可能参与投资、参与管理、参与利益分享，与组织共同发展。

再次，从演化的角度考察，管理理论经历了若干以自我对照而对立发展的过程。比如开始的古典管理理论是在封闭地、静态地把人当做物看待而提出来的，接下来的人际行为理论则是封闭地、静态地将人视为有感情需要的群体而产生的，后来的权变理论则是在开放的环境下动态地将人视为具有多种需要的群体的前提下形成的，再后来的文化管理理论则是在开放的环境下动态地将人视为既具有自我需要，又能够自律、具有利他精神的群体的假设下生成的，如图 11－2 所示。

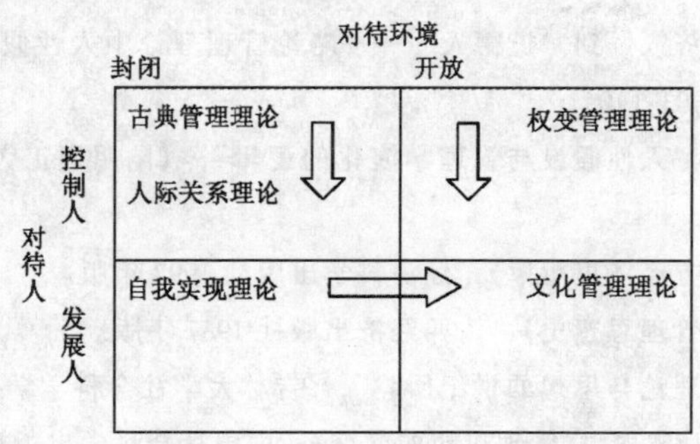

图 11－2　基于人与环境二维视角的管理理论演进规律

（三）管理过程从强调层级束缚的硬性强制模式向注重多向沟通的柔性协商模式转变

我们虽然不能说，在今天的管理论著中，已经找不到有关“权威”

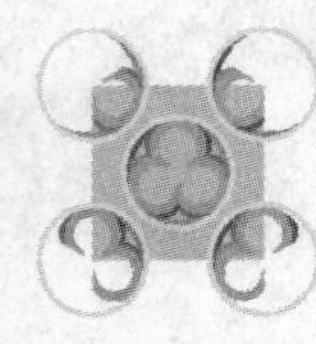

的表述了，但我们却可以肯定地说，“权威”在古典管理理论中的作用比我们能够想象的还要凸显。可以说整个古典管理理论就是根据如何通过“权威”去实现组织目标而展开的。在“经济人”假设下，为了达成组织目标，管理者自上而下，层层规划和控制，工人完全被当成完成任务的工具，几乎人们的每一项活动都受既定规则的约束和被上级权威控制，任务是由管理者制定的，而且必须强制执行。

基于“道德人”假设的文化管理模式，坚持以人为本的理念，认为员工是价值的来源，以个人和组织共同发展为目的。在目标的达成过程中，努力通过各种机制，使员工与组织多向沟通、建立共识、互助合作、自我控制，鼓励员工在每一项活动中积极主动地创新学习。硬性强制管理模式与柔性协商管理模式的概略比较如表 11－1 所示。

表 11－1　硬性强制管理模式与柔性协商管理模式的比较

硬性强制管理模式	柔性协商管理模式
以达成组织目标为目的	以个人和组织共同发展为目的
个人被视为工具	个人是价值的来源
管理者负责规划控制	建立共识、互助合作、自我控制
活动受既定规则及层级权威束缚	在活动中积极主动创新学习

[参考文献]

1. 李雪：“从‘经济人’到‘道德人’——略论管理理论中人性假设的历史演变”，《社会研究》，2003（10）。
2. 卢正惠、秦娟：“人性假设与管理学演化的逻辑”，《昆明理工大学学报》（哲社版），2002（2）。
3. 秦凤翔等：《西方经济思想库》，经济科学出版社 1997 年版。
4. 孙耀君：《西方管理思想史》，山西经济出版社 1987 年版。
5. 王克敏：“管理理论与思想的世纪回眸”，《吉林大学社会科学学报》，2000（7）。
6. ［美］丹尼尔·A. 雷恩：《管理思想的演变》，中国社会科学出版社 2000 年版。
7. ［美］斯蒂芬·P. 罗宾斯：《管理学》，中国人民大学出版社 2004 年版。
8. ［美］威廉·大内：《Z 理论——美国企业界怎样迎接日本的挑战》，中国社会科学出版社 1984 年版。

（厦门大学管理学院　宋培林）

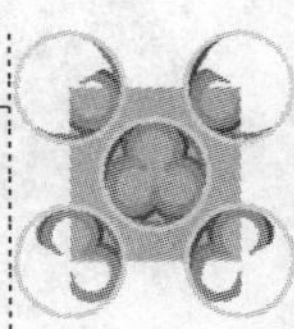

第十二章 DISHIERZHANG

管理科学化基本内涵的研究与探讨

管理科学研究方法问题已经在我国的管理学界引起了诸多学者的关注，境外的一些专家、学者正在以传授“现代的研究方法”的形式在我国举办了多期的讲座，一些工科管理学院的同仁们也在迅速地向“研究方法国际化”靠拢，甚至有人将这样的趋势认定为发展的主流、学术判断的标准。这样的趋势正确与否？这样的标准是否恰当？我们应该作出自己的判断。该论文以“管理科学化基本内涵的研究与探讨”为题明确地表示出作者对这种“趋势”的担忧，对这种“标准”的质疑，也想通过研究和分析与管理界的同仁们一起来研究与分析这样一个既带有根本性，又带有前沿性，更具有实际性的问题。

一、问题的产生

对这一问题的兴趣来源于日常的教学与研究之中。

记得还是在 2001 年初，在教育部高教司财经政法处组织的一次全

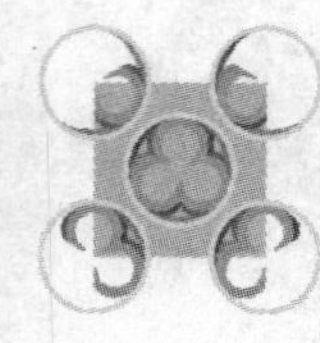

国管理学骨干教师培训班上，作为主讲人之一的我，就听到了另一位主讲人复旦大学管理学院芮明杰教授关于他自己对我国管理学界的看法。他说道，在中国，由于管理学起步较晚，产生了一些大家能够看到的问题：(1) 理论体系不严密：没有公理，概念不一致；体系不严密，比较混乱；学派林立，不断涌现；方法论未形成。(2) 进入壁垒低下：任何人均可称为管理大师；任何专业人均可很快胜任管理课程；任何人均可办管理咨询公司；导致管理专业学习的贬值。(3) 功利性导致学人急功近利：坐不下来做学问；以理论联系实践为借口，外面赚钱；边学习边赚钱；忘记长远利益。芮教授认为，只有当管理学的论文在大多数人看不懂时，管理学就走进了科学的殿堂。后来一些听课的老师问到了我这个问题，我的回答是，管理学是一门可以让大众致富的科学，如果管理学的论文让大多数人看不懂时，它就失去了存在的意义，但我十分赞同芮教授对中国管理学界现状的分析。

在 2004 年的一次有关学术期刊研讨会上，几位长期在工科院校从事管理教学科研的教授们的发言引起了我更为深层次的思考。一位资深的老教授谈到，他自己是长期从事生产优化排序研究的，但到目前，还没有一家企业用过这种理论。他还讲到，在美国，他访问了一些美国的高层管理人员，询问他们使用诸如生产优化决策、经济批量采购等方法的情况，美国的管理人员说，他们知道这些理论，但在现实中很少采用。在问到他们最为熟悉的管理学专家是谁时，他们回答的几乎都是：德鲁克。这位教授还问参加会议的其他教授们，在论文的评审中你们是喜欢定量的论文呢？还是有思想的论文？他说，我是喜欢有思想的论文，看到定量分析的论文就不太想看。另一位教授也谈到，思想性强的论文太难写了，搞个模型，对变量或参数进行修改，很快就能写成一篇论文。更有意思的是，一位教授还指着一篇我国著名管理学教授与其博士生共写的文章说，这篇论文我才看了一部分，就发现数学推导有问题。

我院的一位青年教师在其做博士论文和日常研究中就发现，一些我国管理学界著名专家在我国权威经济类杂志、管理类杂志上发表的论文

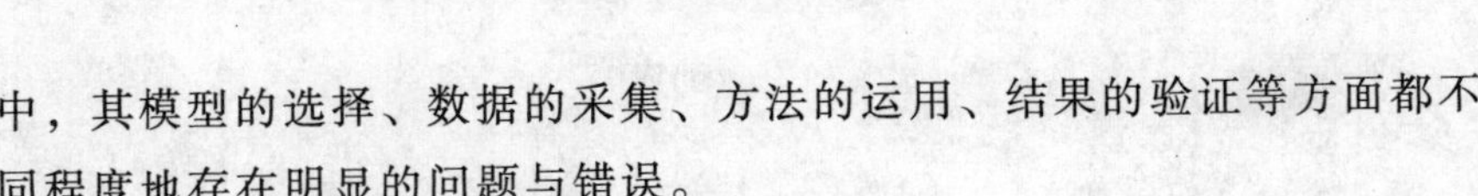

中，其模型的选择、数据的采集、方法的运用、结果的验证等方面都不同程度地存在明显的问题与错误。

当然我们可以十分轻松地解释，以上现象是一个过程，是管理科学发展过程中必然会出现的现象，必然会经历的一个阶段。但在这些现象的背后需要我们注意的是，在管理的理论研究中我们应该推崇什么样的研究方法？商学院的教授应该具备什么样的研究能力才是真正符合学科发展需要的？我国的管理实践究竟需要什么样的理论和方法做指导？

《Harvard Business Review》2005 年 5 月号上刊登了 Warren G. Bennis and James O'Toole 撰写的《How Business School Lost Their Way》的文章，他们在文章中十分中肯与深刻地谈到：

"Too focused on 'scientific' research, business schools are hiring professors with limited real - word experience and graduating students who are ill equipped to wrangle with complex, unquantifiable issues - in other words, the stuff of management."①

熟悉管理理论发展历史的都应知道，这样的声音在当今管理理论与思想最为发达的美国已经不是第一次出现了。面对管理科学化的现象，在如何才能真正地解决管理的现实问题，如何培养 MBA 的学生，如何确立评价商学院的教授的标准，也就是如何确立科学的管理研究标准上，美国的学者们是一次又一次地提出了的诸如此类的问题，也在一次又一次地希望探索商学院发展、管理理论发展的方向。这样一些问题对于创建、恢复不过才 20 余年的我国管理学科来讲是应该给予高度的注意和关注的。

① Warren G. Bennis and James O'Toole, How Business School Lost There Way, *Harvard Business Review*, May, 2005, p96.

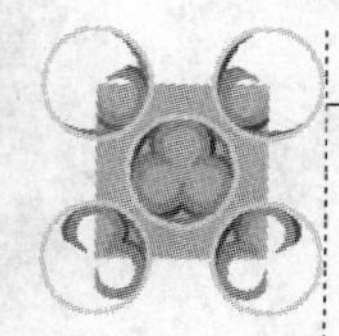

二、什么是管理

我个人认为，在探讨“管理科学方法”的时候，真正、准确地了解管理的定义、内涵、对象和作用是十分重要的，因为只有在清楚了这些内容后，我们才能去说什么是管理的科学方法，否则，必然走向谬误。

我们知道，管理是人类开始集群活动后所产生的一种组织职能或社会职能。它的目标或作用就是要解决构成组织的个人的目标与组织目标的协同问题。管理之所以在20世纪初才形成较为完整的科学理论体系，是人们面对产业革命后出现的人类一种新的大规模生产组织形式——企业的效率问题而引发的。因此可以这样说，科学的管理理论体系诞生于企业的管理问题。这也就是美国哈佛大学商学院著名教授约翰·科特(John P. Kotter)在“领导者应该做什么”一文中所指出的：“管理与处理复杂情况有关，管理的实践和程序主要是对20世纪最重要的发展之一——大型组织的出现——所做出的一个反映。”①

那什么是组织呢？

“组织的定义是：(1)是社会实体；(2)有确定的目标；(3)有精心设计的结构和协调的活动性系统；(4)与外部环境相联系。组织的关键要素不是一个建筑、一套政策和程序，组织是由人及其相互关系组成的。当人们彼此作用并发挥基本作用以达到目标时，一个组织就存在了”。② 巴纳德认为：“组织的定义就是，一个有意识地对人的活动或力量进行协调的关系。显然，按照这个定义，各种具体协调体系中同物的环境、社会环境、人、人对体系作贡献的基础等事物，都被作为外在的

① 约翰·科特：“领导者应该做什么”，《哈佛商业评论》(中文版)，2004年1月号，第16页。

② 理查德·L. 达夫特：《组织理论与设计精要》，机械工业出版社1999年版，第17页。

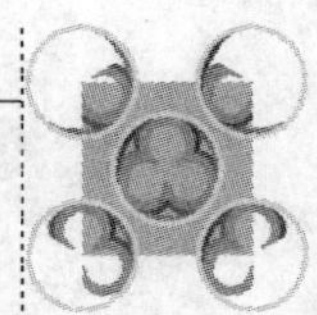

事实和因素了。（在这里，巴纳德加了注解："这就是说，外在于组织，而并不外在于协作体系。请记住我们是在讨论两种体系：(1) 包含全部内容的协作体系，其组成要素是人、物的体系、社会体系、组织；(2) 组织，它是协作体系的一部分，完全由协作的人的活动组成。"[①]）西蒙认为："组织指的是一群人彼此沟通和彼此关系的模式，包括指定及实施决策的过程。"[②]

企业作为组织的一类形式，那如何来看待和定义企业呢？

德鲁克对此进行了准确的说明："公司的本质是一种社会组织，即人文组织。这也许像是同义的反复。然而事实上在很多人眼里，现代工业生产的本质并不是社会组织，而是原料或工具。我们对工业的普遍看法受到僵化的经济决定论——19世纪早期遗留下来的观点，认为自然资源是劳动分工的决定因素——与对机器的盲目崇拜的不利影响。所以我们中的大多数人——包括很多工业者在内——都无法理解现代生产，尤其是现代大规模生产的基础不是原材料和机器，而是组织的运行的机制——这里指的是人而不是机器的组织。也就是说，现代生产的基础是社会组织。"[③]

理解组织，乃至企业的基本概念是十分重要的。因为从这里我们可以十分清楚地了解到，公司、企业，乃至组织，都是一类人造的系统，这类人造系统的重要特征是：它是根据人们的需要而成立，且是由人来构成的。这也就必然确定了，企业（或组织）在整体上是以它的人文（或人为）个性而存在，在整体上具有它鲜明的"个性"特征。企业（或组织）的这种特征正如向志陵所指出的："'文化'一词在中文，本是以'人文''化成天下'之意，意味着人以其所创造的各种器用、制度、语言、行为和观念等非自然的产物来对所谓'天下'、实即人所面对的整个世界施加影响，从而使'人'区别于物，并使世界在一定的层

① C.I. 巴纳德：《经理人员的职能》，中国社会科学出版社1997年版，第59页。

② 赫伯特·A. 西蒙：《管理行为》，机械工业出版社2004年版，第15页。

③ 彼德·德鲁克：《公司的概念》，上海人民出版社2002年版，第19页。

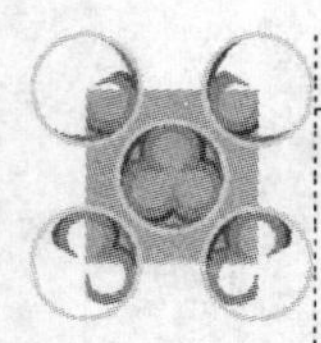

次和意义上符合人的目的和需要。在此意义上，文化也就是人类对自然和世界的'人化'"①

最后，我们再看看管理的定义。

管理就是实施计划、组织、指挥、协调和控制。(H. 法约尔)

管理就是由一个或者更多的人来协调他人的活动，以便收到个人单独活动所不能收到的效果而进行的活动。(H. 唐纳利)

管理就是通过计划工作、组织工作、领导工作和控制工作的诸过程来协调所有的资源，以便达到既定的目标。(L. 西蒙)

给管理下一个广义而又切实可行的定义，可以把它看成是这样的一种活动，即它发挥某些职能，以便有效地获取、分配和利用人的努力和物质资源，来实现某个目标。(A. 雷恩)

管理是指同别人一起，或通过别人使活动完成得更有效的过程。(P. 罗宾斯)

管理是指一定组织中的管理者，通过实施计划、组织、人员配备、指导与领导、控制等职能来协调他人的活动，使别人同自己一起实现既定目标的活动过程。(中国人民大学杨文士)

管理是社会组织中，为了实现预期的目标，以人为中心进行的协调活动。(南京大学周三多)

可以这样认为，管理的定义林林种种，但归纳可以发现，在诸多的管理定义中离不开：人、组织、目标、协调这四个关键词，也可以说，这既构成了管理的基本概念与管理活动的基本内涵，也精确地应对着组织的概念与组织运行的基本活动内容。

对于管理活动这种特征的描述，马克思曾十分精确地指出："一切规模较大的直接社会劳动，都或多或少地需要指挥，以协调个人的活动，并执行生产总体的运动——不同于这一总体的独立器官的运动——所产生的各种一般职能。一个单独的提琴手是自己指挥自己，一个乐队

① 向志陵：《中国哲学智慧》，中国人民大学出版社 2000 年版，第 2 页。

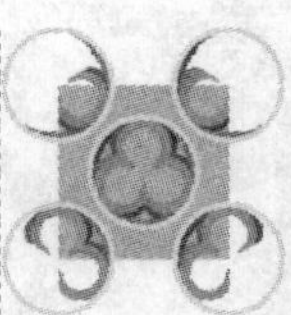

就需要一个乐队指挥。"①

管理学理论的创始人之一法约尔也高度概括地指出："管理职能只是作为社会组织的手段和工具。其他职能（法约尔认为，在企业中存在六类活动：技术、商业、财务、安全、会计和管理——作者注）涉及原料和机器，而管理职能只是对人起作用"。②

由此可以看出，追求组织效率和效果的管理活动的核心是"协调个人的活动"、"只是对人起作用"的一种人类活动，其根本的目的就是要协调由人构成的组织中个人的目标与组织目标的差异和冲突，也就是组织内部，人对人的一种协调活动。所以我们很容易地得出这样的结论：管理工作是充满人的特性的一类活动，是人在运用自己的知识和经验，更为深层次地讲就是在个人价值观念的驱动下，运用知识和经验实施对人管理的过程。

面对个性如此鲜明、差异如此之大的这样一类活动，如何来实现科学化呢？这可能就是管理学界在寻求自身学科科学化过程中一个十分困惑、十分困难，又十分希望解决的问题。

三、管理科学方法的追求

不容质疑，在我国管理学界，有关管理的科学方法的探讨是争议颇大的，这不仅反映了管理理论自身的特点，外国管理理论与方法对我们的影响，也体现了我国管理各办学单位文化传统、学者背景对探讨工作的影响，可能还有一个十分重要的因素的就是芮明杰教授所提到的，也是学科稚嫩的表现。

管理理论复杂性产生的原因十分复杂。一个特别明显的因素就是组

① 马克思：《资本论》第1卷，人民出版社1975年版，第367－368页。

② 法约尔：《工业管理与一般管理》，中国社会科学出版社1998年版，第22页。

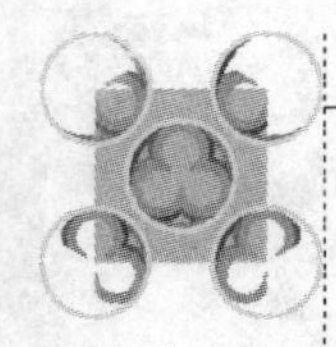

织的类型太多，规模也存在重大的差别。大至国家，中至企业、宗教、军队、医院、学校、小至家庭均为组织。虽然在诸多的管理工作中其基本的程序（指计划、领导、组织、控制过程管理）差异不大，但管理遵照的原则，依靠的理念，参照的准则却存在重大的差异，[①]各种组织的管理经验和成功之道都会影响着管理的理论与实践。第二个因素是管理工作涉及的组织是一个庞大的系统，影响的因素太多、太复杂。在现实的研究中各种思想、各种理论都可以凭借自己的“一孔之见”、一派所系抓住一个或几个因素切入管理进行研究，这既是管理学学派林立的一个主要原因，也是管理学理论十分复杂的另一个重要原因。第三，美国管理学界的重要影响。美国的管理理论与思想迄今依然是全球管理学界学习的榜样，理论、思想、方法的源头。从美国管理理论发展的过程可以了解到，20世纪60年代由于美国管理教育迅速扩展，受过管理训练并且具有管理经验的教育人才十分缺乏，各个商学院只好用专门学科人员弥补。各个商学院的院长拼命搜罗各个学科领域的专家，如经济学家、数学家、社会学家、心理学家以及人类学家等。这样一来，商学院专门学科人才特别多而基本理论和方法领域人才反而不多。这些不同学科背景的学者加入到管理学研究领域中来，一方面极大地扩展了管理学的视野，丰富了管理学的研究视角和研究方法，另一方面，也造成管理学的分化，管理学者之间逐渐失去基本的共识，导致管理学进入了丛林时代。[②]这个现象可能也与当今我国管理界的情况相似。第四，管理自身在实践工作中体现的特点。管理是一个实践性特别强的工作，且因为系统复杂，导致其成功或失败的因素可谓数不胜数，且管理活动又是一项不可实验、不可模拟、不可逆转的工作，可控的条件几乎不存在，所以在管理科学建立的初期，法约尔就得出这样的结论：“我们在同样的条件下，几乎从不两次使用同一原则，因为应当注意到各种可变的条

① 雷恩：《管理思想的演变》，中国社会科学出版社1986年版，第47页。
② 张远凤博士论文：《德鲁克思想研究》。

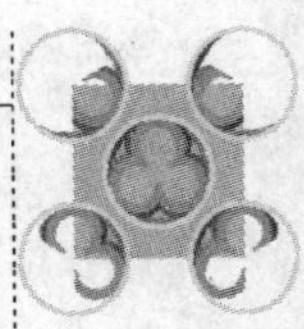

件，同样也应注意到人的不同和注意许多其他可变的因素。”①

面对如此的研究对象，如此的研究范畴，管理科学研究必然会十分复杂，是难以寻找到一种方法、一种理论来归纳、诠释、解决管理的如此复杂问题的。

对于管理理论体系，甚至思想体系如此复杂的现象，人们普遍认为这正是管理学科不成熟、不科学的具体表现形式。人们也根据其他科学的发展轨迹总结、判断出，经过我们不懈的努力，我们一定会在可见的将来找到统一的管理科学方法，使管理学与其他学科一样豪迈地进入科学的殿堂。但我个人认为，管理科学经过一个多世纪的发展、演变，已经发展成为具有比较成熟思想、理论和方法体系的学科。其中，管理的概念、管理工作的核心理念、管理的基本原则、管理的分支（职能管理）理论都得到了迅猛的发展，均有较为完善的科学理论体系，并能指导管理工作的实际，引导其沿着规范的方向发展。一个显示着管理学科成熟的重要标志性成果就是管理的理论、思想，乃至方法都能通过书本进行传授，管理的人才可以通过教育进行培养。一些我们看到的，被认为不科学、不完美、不完善的地方应该正是管理科学上述的自身特点所至。这也就是斯图尔特·克雷纳在回顾管理理论百年演变后得出的颇为发人深醒的一句话：“管理只有恒久的问题，没有终结的答案。”② 我们可不可以这样认为，管理目前的不完善就是她当今应有的完善，管理目前的不完美就是她当今应有的完美，管理目前的不科学就是她当今应有的科学。当然这里并不意味管理科学就不发展，就不解决新的问题，就不迎接新的问题与挑战。

在弄清与把握了这些问题后，我们应该研究和讨论管理的科学方法了。

关于管理科学方法的研究，许多学者提出了自己的基本看法。李怀祖教授认为：“管理研究旨在发现、辩识和解决管理领域中发生的各种

① 法约尔：《工业管理与一般管理》，中国社会科学出版社 1998 年版，第 22 页。
② 斯图尔特·克雷纳：《管理百年》，海南出版社 2003 年版。

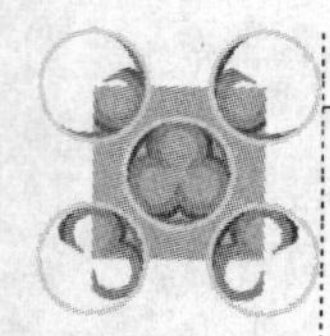

问题。"[①] 罗珉教授认为："现代管理学的研究者往往把管理学理论范式与方法范式统称为范式（paradigm），将研究范式的学问称为范式理论(paradigm theory)。""管理学范式理论，是管理学方法体系中的最高层次。它主要从科学哲学角度探讨与管理学学科体系和基本假设有关的一般原理问题，即指导管理研究的原则、逻辑基础以及学科的研究程序和研究方法等问题。"[②] 这一看法是深刻的。

对于管理学学科体系和基本假设，德鲁克有这样的认识："换句话说，'科学的'必要前提是科学领域（即被认为是真实而有意义的现象）的合理规定，并提出了一套恰当的、一贯的、综合的基本假设或要求。在科学方法能被应用以前，必须先做完规定科学领域和提出基本要求的工作，尽管是十分粗糙的。如果这些工作没有做完，或做得不对，科学方法就不能被应用。如果这些工作做完了，而且做得正确，那么科学方法就可以被应用，而且的确是很有力的。"[③]

德鲁克认为，"它可能首先包括这样一个极为重要的事实，即每一个工商企业存在于经济和社会之中。即使是最强大的企业也必须听命于环境，有可能被环境毫无顾忌地消灭掉。但是，即使是最微弱的企业，也不仅仅是适应环境，而且还影响和塑造经济和社会。换句话说，工商企业生存于十分复杂的经济和社会的生态环境之中。

基本原理可能还包括以下一些思想：

（1）工商企业所生产的既不是物品，又不是思想，而是由人确定的价值。设计得再漂亮的机器，在对一个顾客有用以前，只不过是一堆废铁。

（2）工商企业中的衡量手段是这样复杂以至带有哲学意味的一些符号，例如货币，既是高度抽象的，又是极为具体的。

（3）经济活动必然是把现有的资源用于未知而不确定的未来——换

① 李怀祖：《管理研究方法》，西安交通大学出版社 2004 年版，第 16 页。

② 罗珉：《管理学范式理论的发展》，西南财经大学出版社 2005 年版，第 1 页。

③ 德鲁克：《管理：任务、责任与实践》，第 40 章第 4 页，转引自www.5iebook.com。

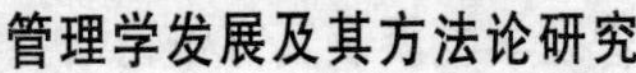

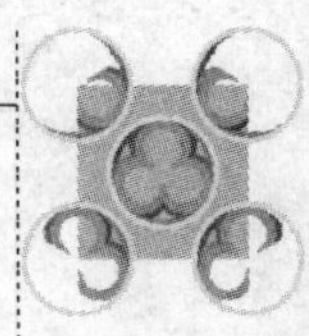

句话说，是用于期待而不是用于事实。其实质就是风险。企业的基本职能就是制造风险和承担风险。而承担风险的不仅有总经理，而且有整个企业中贡献知识的每一个人——即每一个管理人员和专业人员。这种风险与统计学家的机率风险大不相同。它是独特事件的风险，会无可挽回地从性质上破坏其模式。

(4) 在工商企业的内部和外部经常发生着不可逆转的变化。事实上，工商企业就是作为工业社会中的一种变化的动因而存在的。它必须既能有意识地演变以适应于新的条件，又能有意识地创新以改变客观条件。”

西蒙认为，“管理理论所关注的焦点，是人的社会行为的理性方面与非理性方面的界线。管理理论，是关于意向理性和有限理性的一种独特理论——是关于那些因为缺乏寻求最优的才智而转向寻求满意的人类行为的理论。”“要把第四章所讲的经济人，转变为第五章所讲的具有有限理性的人——管理人，也就是我们在现实生活所见的人，需要作两个根本的转变。经济人寻求最优——从可为他所用的一切备选方案当中，选择最优者。经济人的兄弟——管理人，则寻求满意——寻求一个令人满意的或‘足够好的’行动程序。判断满意程度的指标，包括‘市场占有率’、‘适量利润’和‘公平价格’等等。如果说，这些指标对大多数经济学家来说是陌生的，他们对实业家来说则是熟悉的。经济人同‘真实世界’的一切复杂事物打交道。而管理人则认为，他自己头脑所感知的世界，是对纷繁噪乱的真实世界作过重大的简单处理后所得到的一个模型。他满足于这种粗略的简化模型。……他在做决策时所利用的，是一幅简单的图景，也就是只包含他认为是最紧要、最关键的因素的一幅图景。因为管理者追求‘满意’而不是‘最优’，所以他们在做出抉择之前，不需要考虑所有可能的行为方案，也不需要预先确定所有的被选方案确实就是这些。因为他们认为这个世界非常空旷，并且忽略所有事物之间的相互联系，所以管理人只用相对简单的经验法则，对思维能力不提过高要求就能够制定。简化固然可能导致错误，但面对人类知识和

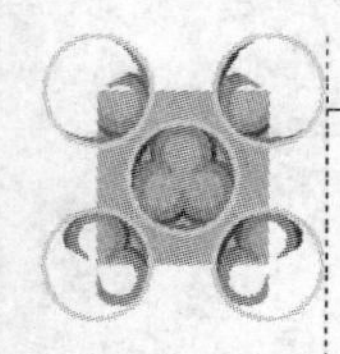

推理能力的限制，除了简化，别无其他的方法。”① 巴纳德认为，“协作体系和组织问题上彻底的科学态度会给管理技术提供一种有用的工具吗？我认为，最终看来会这样的。这种科学态度的发展对于管理技术和协作的进步是重要的。我们这种信念的依据是，未能考虑到整个情况的全部因素的具体例子很多。之所以未能作全面的考虑，是由于科学专门化导致的思想上的片面化，作为组织的本质行为、或作为管理职能的行为的协调，同物的因素、生物因素和社会因素的综合有关。相互调整的问题则在这些特殊领域之外。”②

不难看出，在管理的理论中已经有许多人，特别是一些著名的专家，对管理的科学方法进行了研究，他们得出了几乎相同的结论，这就是：

(1) 研究管理的科学方法时，最为重要的是要对方法研究的主体——管理工作进行深入的研究。不能就方法谈方法，更不能简单地认为，只要数量化就是科学化。更为重要地要去研究“科学领域（即被认为是真实而有意义的现象）的合理规定，提出一套恰当的、一贯的、综合的基本假设或要求。”

(2) 管理工作的核心功能就是要解决构成组织的个人的目标与组织目标协同的问题，因此我们必须对组织运行的特征，它的内外部特性进行认真的研究。由于组织的运行机理十分复杂，所以解决组织的管理问题就形成了较为特殊的理论构架：“意向理性和有限理性的一种独特理论——是关于那些因为缺乏寻求最优的才智而转向寻求满意的人类行为的理论。”

(3) 如果不能认识到组织、管理工作、管理科学理论以上的这些特点，而有意识或无意识地盲目追求“科学化”，必然失去方向，必然走进误区，必然出现“由于科学专门化导致的思想上的片面化”。

① 赫伯特·A. 西蒙：《管理行为》，机械工业出版社 2004 年版，第 108 - 109 页。

② C.I. 巴纳德：《经理人员的职能》，中国社会科学出版社 1997 年版，第 227 页。

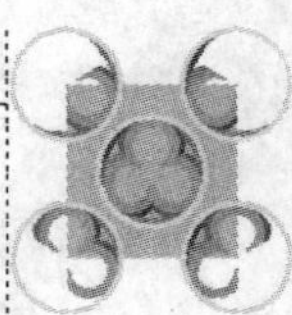

四、结　论

从前面的研究中，我们已经可以得出一些基本的结论。

(1) 我们作为我国研究管理科学的人员必须更多深入研究的应是组织、管理工作的特性，在这样的前提下去研究、探讨管理的科学方法。我们不能简单地以什么尺度对管理科学的研究进行划线，盲目地将自己学院研究范式划定在某一个范围内，盲目地将自己杂志发表的文章划定在某一种“科学”的类型，盲目地将我国管理类专业划分成什么“国际型”、“国内型”、“科学型”、“应用型”都是不科学，对我国管理学科的发展有害的。

(2) 我们作为中国研究管理科学的人员必须明确自己身上的重担，必须明确我们在推进管理理论的研究和教学中应高度注意解决我国管理中出现的大量的实践问题。盲目地将自己圈在办公室、书斋之中进行研究，而不到实践中去解决问题，盲目地认为与国际（杂志）接轨是解决中国管理的科学之路，对我们的管理科学的发展也是有害的。我们应该记得，美国管理学的“兄长”经济学的专家们，在经济“科学化”的道路上走得更远，但他们所演绎出的一系列经济理论和政策却给拉丁美洲、俄罗斯和发展中国家带去了无穷的灾难。

(3) 我们作为高校、研究所的教师、研究人员应高度注意的是如何将西方现代的管理思想和理论中国化、简单化，让管理学保持“大众科学”的特性。因为，我们不论是回顾历史上，还是关注现在，所有的社会科学的成功都在于必须结合实情，必须推动本国社会的发展，否则不仅会作践科学，还会带来重大的误导。简单化是管理方法在实际中运用的重要特点，我们应该记得，在日本的全面质量管理工作中，尽管其思想、方法来源于美国，启蒙于戴明，但真正得以普及推广，产生重大的效果的却是在日本人接受了全面质量管理的思想，并将十分复杂、只能

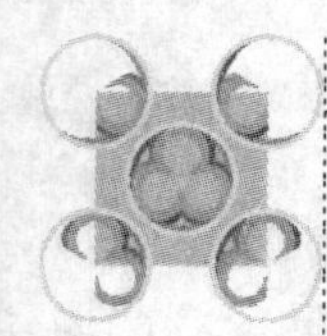

由工程师们掌握的概率统计方法简化为可由现场工人掌握的“七种工具”之后。

(4) 我们当然应该注意，由于组织的体系十分复杂、类型繁多，就决定了我们在研究方法的选择上应该有所区别。巴纳德认为：“缺陷似乎主要在于发展不平衡。管理技术在工艺学领域有着高度的发展，在商业性技术方面也发展得较好，而在人的相互作用和组织的技术方面发展得最差。”① 李怀祖也认为，“二战后半个世纪的实践表明，自然科学研究方法在管理领域中的应用已取得显著成效，但并非攻无不克。总的来说，从企业管理视觉来看，操作层次应用最为成功，功能层次次之，决策层次则收效不大。”② 我个人认为，造成管理科学在研究工作中最为困难的是两个因素：组织系统的复杂性，活生生的人的巨大价值差异。因此，在职能管理和管理的对象——人的总体分析中，管理工作会体现出较强的科学性特征；而在组织总体运行的把握（如职能活动的协调，组织与环境的联动，组织未来的预测等）和与具体、现实、个体的人的交往中，管理活动就体现出其高超的艺术性特征了。依据这样的认识，在管理的领域，统计方法的使用将优于（多于）数学模型的使用。在人群的总量分析，在各职能管理的分析中可以，而且必然会使用数量分析的方法，但在涉及组织的总体运行问题，与具体的个人交往中，价值的判断将起到决定性的作用。我们在运用了一些方法（特别是数量的方法）解决了某一个具体的问题，分析了某一个职能管理工作就称之为“管理科学方法”就过于简单，就有以偏概全之嫌了。

人们都较为乐观地认为，管理的科学化是会实现的，我也持有同样的看法，但我们首要的重要工作是要去深刻把握这种“科学化”的具体含义，具体的趋势和具体的实现形式。如果我们只是简单地认为管理科学化的实现就是采用了数学模型，就是在国外的一些杂志上发表论文，就是检索论文被引用的次数，那通过这样的研究成果而实现管理科学化

① C.I. 巴纳德：《经理人员的职能》，中国社会科学出版社 1997 年版，第 228 页。

② 李怀祖：《管理研究方法》，西安交通大学出版社 2004 年版，第 16 页。

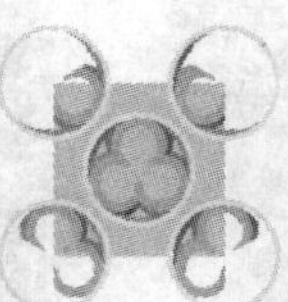

就可能遥遥无期了。

[参考资料]

1. Warren G. Bennis and James O'Toole, How Business School Lost There Way, *Harvard Business Review*, May, 2005, 98.
2. 约翰·科特："领导者应该做什么"，《哈佛商务评论》（中文版），2004 年 1 月，第 16 页。
3. C.I. 巴纳德：《经理人员的职能》，中国社会科学出版社 1997 年版，第 227 页。
4. 理查德·L. 达夫特：《组织理论与设计精要》，机械工业出版社 1999 年版，第 7 页。
5. 向志陵：《中国哲学智慧》，中国人民大学出版社 2000 年版，第 2 页。
6. 彼德·德鲁克：《公司的概念》，上海人民出版社 2002 年版，第 19 页。
7. 马克思：《资本论》，第 1 卷，人民出版社 1975 年版，第 367 - 368 页。
8. 法约尔：《工业管理与一般管理》，中国社会科学出版社 1998 年版，第 22 页。
9. 雷恩：《管理思想的演变》，中国社会科学出版社 1986 年版，第 47 页。
10. 张远凤博士学位论文：《德鲁克思想研究》。
11. 斯图尔特·克雷纳：《管理百年》，海南出版社 2003 年版。
12. 李怀祖：《管理研究方法》，西安交通大学出版社 2004 年版，第 16 页。
13. 罗珉：《管理学范式理论的发展》，西南财经大学出版社 2005 年版，第 1 页。
14. 德鲁克："管理：任务、责任与实践"，第 40 章第 4 页，www.5iebook.com。
15. 赫伯特·A. 西蒙：《管理行为》，机械工业出版社 2004 年版，第 108 - 109 页。

（武汉大学战略管理研究所　谭力文）

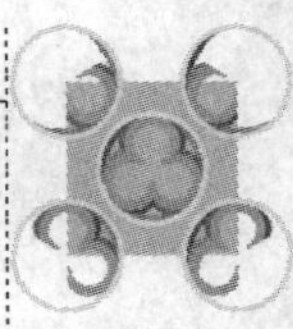

第十三章 DISHISHANZHANG

博弈论在战略管理研究中的应用及前景

作为管理学的一个分支，战略管理学（Strategic Management）显得非常年轻。尽管早在1938年C.I.巴纳德第一次将“战略”一词引入到企业管理领域，但是，直到20世纪80年代以后，战略管理才形成了真正的学科体系①。

自上个世纪70年代以来，战略管理理论取得了迅速的发展，其理论受到包括军事学、经济学、社会学、心理学等学科的影响，呈现出多元化的态势。但是，从研究模式和方法来看，对企业战略管理影响最深的当属产业组织理论（Industrial Organization）和博弈论（Game Theory），在迈克尔·波特的大力推动下，前者对企业战略管理理论的影响于20世

① 一般认为，一门学科形成的标志是它开始具备自己独特的研究对象、研究方法、理论或范畴体系等。笔者认为企业战略管理作为一门学科形成的标志有二：一是战略管理学的专业性期刊“*Strategic Management Journal*”于1980年创刊；二是20世纪80年代大量的企业战略理论开始涌现，特别是波特等人将产业组织理论等理论工具引入战略管理领域而形成的、得到普遍认同的竞争战略理论。

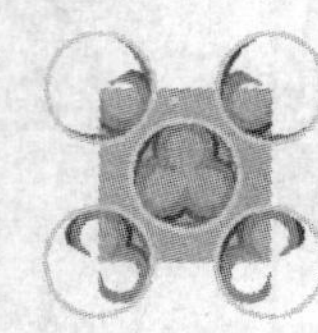

纪 80 年代发挥到了极致[①]，而后者在企业战略管理中的应用则相对较晚一些，其影响及应用范围仍有待进一步扩大。

一、博弈论研究的特点

早在 2500 年前，博弈论的思想就已经在中国的军事家的实战中得到了广泛应用[②]。如今博弈思想已经成为每个企业经营者都必备的基本工具之一，因为每个企业经营者都意识到，自己经营的最终结果不仅取决于自己的决策，也依赖于其他参与方作出的反应，而博弈论主要用于研究相互依赖的理性行为。

（一）博弈论的研究内容

Von Neumann，Morgenstern 等二人在 1944 年所著《博弈论与经济行为（Theory of Games and Economic Behavior）》一书是博弈论的奠基之作。在该书出版 50 周年之际，诺贝尔经济学奖被授予三位博弈论专家：纳什（John Nash）、海萨尼（John Harsanyi）和泽尔腾（Reinhard Selten）。可以说，这是博弈论已经成熟的标志。事实上，博弈论已经渗透到经济学的所有领域。

那么，博弈论到底是什么样的一门学科呢？博弈论是研究决策主体的行为发生直接相互作用时候的决策以及这种决策的均衡问题的，也就是说，当一个主体，好比说一个人或一个企业的选择受到其他人、其他

① 迈克尔·波特在《竞争战略》（1980）中从产业组织理论的角度分析了企业战略问题，提出了产业分析的基本框架和企业在产业内定位的三种一般竞争战略。该理论以哈佛学派的传统产业组织理论（即 S—C—P 范式）为基础，将产业组织经济学与企业战略研究相结合，从而将企业战略研究推至一个新的高度。

② 比如，中国古代有名的“破釜沉舟”、“田忌赛马”等故事中都有着深厚的博弈思想。

企业选择的影响，而且反过来影响到其他人、其他企业选择时的决策问题和均衡问题（张维迎，1996，第3页）。博弈分析的目的就是使用博弈规则预测均衡，而博弈规则（the rules of the game）包括几个基本要素：参与人（players）、行动（actions or moves）、信息（information）、策略（strategy）、支付函数（payoff）、结果（outcome）和均衡（equilibrium）。在博弈中，每个参与人都希望通过选择行动（或战略）以最大化自己的支付水平。然而，博弈论的最终结果往往是达到一种均衡，其中最重要的均衡是Nash均衡；当博弈到达Nash均衡时，任何博弈参与人都不可能通过单方面改变的策略，来提高自己的支付函数（即收益）。

在一个博弈中，信息是至关重要的，参与人掌握的信息可能是完全的，也可能是不完全的，这时，参与人的决策就不一样，其结果也不同。而且，参与人行动的顺序不同也会导致不同的结果，如果是双方同时行动（或者在行动时对彼此的策略选择不清楚），我们称之为静态博弈（static game）；如果是有先后顺序，那么后行动者就可以观察到先行动者的策略，我们称之为动态博弈（dynamic game）。根据博弈双方的信息情况和行动次序，可以将博弈划分为四种不同类型，如图13-1所示：

	完全信息	不完全信息
静态	完全信息静态博弈	完全信息动态博弈
动态	不完全信息静态博弈	不完全信息动态博弈

图13-1 博弈的类型

由于诺伊曼的工作，博弈论的思想已经渗透到人类活动的方方面面，包括企业经营决策、政府管制、政治、军事活动的各个领域，博弈论为政治、军事、经济、管理、法律等领域提供了新的研究方法。泰勒尔（Jean Tirole）曾对博弈给经济学的影响给予了很高的评价：“正如理

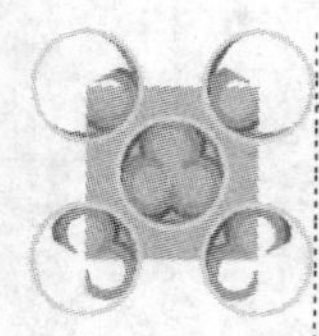

性预期使宏观经济学发生革命一样，博弈论广泛而深远地改变了经济学家的思维方式”。博弈论中常常讨论的问题包括：

（1）当结局依赖于其他人所选择的战略以及信息是完全的时候，“理性地”选择战略意味着什么？

（2）在允许共同得益或者共同损失的“博弈”中，寻求合作以实现共同得益（或避免共同损失）是否“理性”？或者，采取侵略性的行动以寻求私人利益而不顾共同得益或共同损失，这是否是“理性”的？

（3）如果对（2）的回答是“有时候是”，那么在什么样的环境下侵略是理性的，在什么样的情况下合作是理性的？

（4）在特定情况下，正在持续的关系与单方退出这种关系是不同的吗？

（5）在理性的自我主义者的行为互动中，合作的道德规则可以自然而然地出现吗？

（6）在这些情况下，真正的人类行为与“理性”行为是否相符？

（7）如果不符，在那些方面不符？相对于“理性”，人们更倾向于合作？或者更倾向于侵略？抑或二者皆是？

（二）博弈论的基本法则

在冯·诺伊曼和摩根斯顿的研究中，他们将区分了两种类型的游戏，一种是根据规则进行的游戏，另一种是随心所欲的游戏。从某种意义上来说，商业行为是一种典型的根据规则进行的游戏。根据博弈论的观点：任何作用力都会引起反作用力，为了分析对手如何对你的行为作出反应，需要尽可能提前对对手可能作出的所有反应进行反应。因此，博弈论要求人们实现观念转变，不要只关心自己在游戏中的地位，而要关注他人的价值，即将自己置于对手的位置来进行换位思考。

博弈的精髓在于参与者的决策相互依赖，双方的相互影响或者互动通过两种方式体现出来，第一种是相继发生（sequential game），即每个参与者轮流出招；第二种是同时发生（stimulus game），参与者同时出招。在进行策略博弈时，首先一定要确定其中的互动究竟是相继发生还

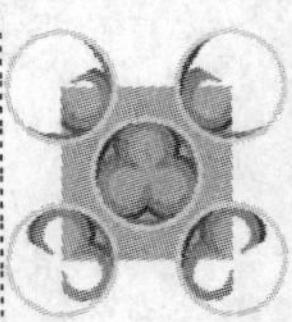

是同时发生的。

在相继发生的策略博弈中，每个参与者都必须预计自己的策略会导致的最终结果，以确定自己最初始状态的最佳选择，即采取“向前展望，倒后推理”的法则。前人的研究表明，“向前展望，倒后推理”法则有两个适用条件：一是后行者可以观察到先行者的行动；二是策略必须是不可逆转的。

在同时发生的策略博弈中，没有一个参与者可以在自己行动之前得知对手的整个计划，所以，互动推理不是通过观察对手的策略进行，而是必须通过看穿对手的策略才能展开。那么，如何看穿对手的策略行为呢？不要把对手的未知行动视作天气那样，具有与个人无关的不确定性。同样应该坚持一定的原则：首先寻找双方的占优策略，并且，去掉自己的劣势策略，选择占优策略；在没有占优策略和劣势策略的情况下，必须寻找博弈的均衡策略，即在此均衡下，每个参与者的行动都是对对方行动的最佳反应。

二、博弈论在企业战略研究中的应用

自20世纪80年代开始，理论界对博弈论的兴趣开始升温，然而，在企业战略管理理论的应用却非常有限，直到90年代，博弈论才在企业战略管理领域大放异彩。

(一) 博弈论思想与企业战略管理

大前研一是日本著名的管理学者和资源企业管理顾问，在日本享有“战略先生”（Mr. strategy）的雅号。他将所有能够改变企业相对于竞争对手位置的活动都称之为“战略”，他认为日本企业之所以在世界各地商业竞争中取得空前的成功，有赖于日本企业家的独特战略思考模式，简言之，日本企业家非常重视与竞争对手比较在市场上的竞争地位。

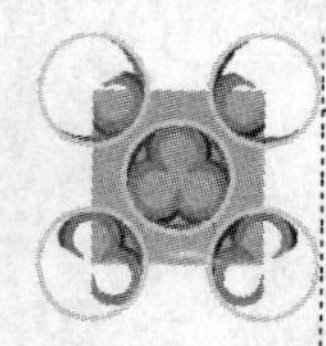

根据大前研一对战略的定义，博弈论似乎是为了企业战略研究而生。事实上，博弈论不仅被用于研究、预测竞争对手的行为及决策，甚至被用于分析企业的声望、信息和保证的作用效果等。据了解，博弈论研究的"博弈"主要包括①：破产（bankruptcy）、门口的野蛮人（Barbarians at the Gate）、网络战（Battle of the Networks）、货物出门概不退换（Caveat Emptor）、征召（Conscription）、协调（Coordination）、逃避（Escape and Evasion）、青蛙呼叫配偶（Frogs Call for Mates）、鹰鸽博弈（Hawk versus Dove）、Mutually Assured Destruction、多数决定原则（Majority Rule）、利基市场（Market Niche）、共同防卫（Mutual Defense）、囚徒困境（Prisoner's Dilemma）、小企业补贴（Subsidized Small Business）、公共地悲剧（Tragedy of the Commons）、最后通牒（Ultimatum）、视频系统协调（Video System Coordination）观点等。

Michael Porter 在其名著《竞争战略》中运用博弈论的方法分析过不同情况下企业的竞争行为，包括承诺（commitment）和聚焦（focus）等。普林斯顿大学的阿文纳什·迪克斯特（Avinash K. Dixit）和耶鲁大学的巴里·纳尔波夫（Barry J. Nalebuff）在《策略思维》(《Thinking strategically: the competitive edge in business, politics, and everyday life》）一书中，运用描述性的实例和案例分析对博弈论在不同领域的应用进行了解释。

此外，还有不少学者研究过博弈论在企业战略管理中其他领域的应用，如信息传递（information transfer）、潜在进入者对在位企业的影响、进入的顺序等。

（二）价值网理论——博弈论在竞争战略中应用的集中表现

博弈论对竞争战略研究的贡献，在哈佛大学教授布兰登柏格与耶鲁大学教授奈勒波夫（Adam M. Brandenburger & Barry J. Nalebuff, 1996）提出的"价值网(value net)"理论中得到了很好的体现，如图 13－2 所示。

① 摘取自 Roy Gardner，1995，Games for Business and Economics，Wiley 中探讨过的一个博弈的索引，转引自 Roger A. McCain（1999）。

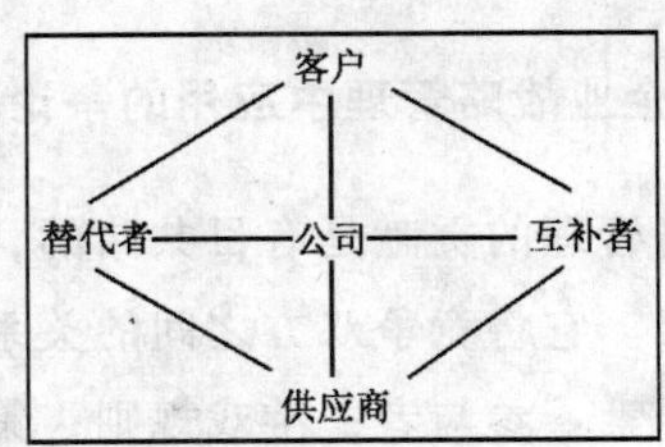

图 13－2　价值网

资料来源：Adam Brandenburger and Barry Nalebuff，*Co－opetition*（New York：Currency Doubleday，1996），p.17.

两位学者认为每一个博弈都有五个基本要素：参与者（players）、附加价值（added－value）、规则（rule）、策略（tactics）与范围（scope），可以缩写为 PARTS。而这五个要素，就是搬动商场的五个杠杆，只要充分了解及应用，便能与对手维持既竞争又合作的微妙关系。根据他们的观点，博弈中的参与人不能被简单视为竞争对手，而是亦敌亦友的互补者，博弈双方应共同设法将饼做大，而不是争夺固定大小的饼。

基于上述分析，布兰登伯格和拉尔波夫认为，企业经营活动是一种特殊的博弈，是一种可以实现双赢的非零和博弈。企业的经营活动必须进行竞争，也有合作，提出了合作竞争（Co－petition）的新理念。

在“正确的举措：运用博弈论构筑战略（The Right Game：Use Game Theory to Shape Strategy）”一文中，布兰登堡和纳尔波夫详细地论述了如何通过改变 PARTS 来成功地构筑企业战略，即改变 PARTS 中的一个或者是几个，

在未来变幻莫测的环境中，任何一个企业都不可能，也没有实力单独参与竞争，因为整个商业活动的主体是以一个或多个企业为核心的生态族群，即未来的竞争是不同商业群落之间的竞争。对于一个单独的企业个体来讲，竞争更体现在加入或营造有影响力的、能为自己带来实际价值的企业生态系统，并且在一个系统中寻求一个更为有利的地位，当然也包括争取作为整个群体的领导。在竞争与合作的和谐环境中，使优势和潜能充分发挥，降低经营成本和经营风险。

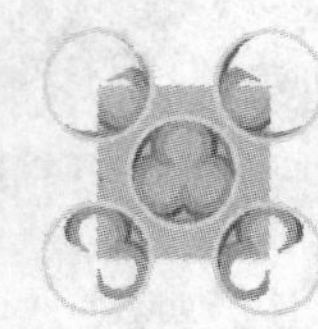

（三）对博弈论在企业战略管理中应用的争论

博弈论对企业战略管理的贡献是有目共睹的，至少它为企业经营者提供一种新的思考框架。它将竞争双方之间的关系描述为一种游戏，并指出其中存在着几大要素：参与者；游戏规则；策略；结果；通过分析可以预测竞争的结果，以寻找最佳选择策略。但是，在新产业组织理论（new industrial organization，NIO）开始全面应用博弈论的分析工具的今天，受产业组织理论影响深远的企业战略管理研究却没有感受到的来自博弈论的威力。

博弈论之所以没有在企业战略管理中得到广泛的应用原因是多方面的，其中，最为重要的是研究人员对博弈论不够重视。因为早期的博弈理论主要是一种静态的，而且，要求博弈双方（参与人员）拥有充分信息，双方能够作出理性的决策，然而，由于信息的不充分以及个人能力限制、非理性行为的影响等，决定了现实的战略决策都是不确定性的，所以，有的研究人员认为博弈论不可用于企业战略管理。

格玛沃特（Pankaj Ghemawat，1997）认为，博弈论在分析理性竞争者之间的相互作用上是有用的，在描述真实竞争者之间实际发生的（部分）相互作用方面也是有帮助的，它是一种有助于实际决策者提高决策质量的规范工具。博弈论之所以对经营战略的影响没有想象的那么大，是因为博弈论与经济应用之间缺乏沟通，于是，格玛沃特试图通过案例方法来推动博弈论在战略管理研究中的应用。

三、博弈论在公司战略层面的应用

从现有企业战略管理的研究来看，博弈论主要被运用于竞争战略层面，也就是说，研究人员将策略博弈的参与者界定为从事各种业务活动的单位（主要指多元化经营公司中的经营单位和专业化经营的企业）与

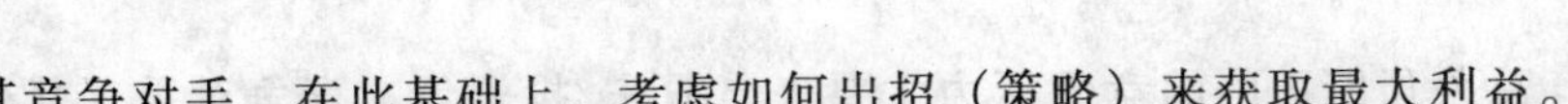

其竞争对手，在此基础上，考虑如何出招（策略）来获取最大利益。

然而，在大型企业仍然在各国经济发展中占据主导地位的今天，各种大型的、多业务的公司的战略问题更需要受到重视，而且，多业务公司的战略显然与竞争战略（或称业务单位战略）明显不同。笔者认为，博弈论在公司层战略中的应用，将是博弈论的一大新方向。因为进行公司层战略决策时，管理者同样需要考虑其他参与者如何对其行动作出反应，管理者和其他参与者之间存在着战略依赖性。

格马沃特的研究也表明，将竞争者们作为一个个独立整体来对待、最大化各自的收益的考虑有时是不可能的。因为组织并不总是单体的，相反，他们包括具有不同利益的多种组成部分（格玛沃特，1997，第146页）。如果说竞争战略更为强调经营单位与外部其他参与者之间的博弈（因为在外在竞争的压力下，所有内部成员的理性选择就是齐心协力，保证经营利润最大化），那么，公司战略还需要考虑公司内部不同参与者之间的博弈。

模仿布兰登堡和纳尔波夫的“价值网”模型，我们可以绘制出公司战略决策过程中需要考虑的各种不同博弈情形，具体如图13－3示：

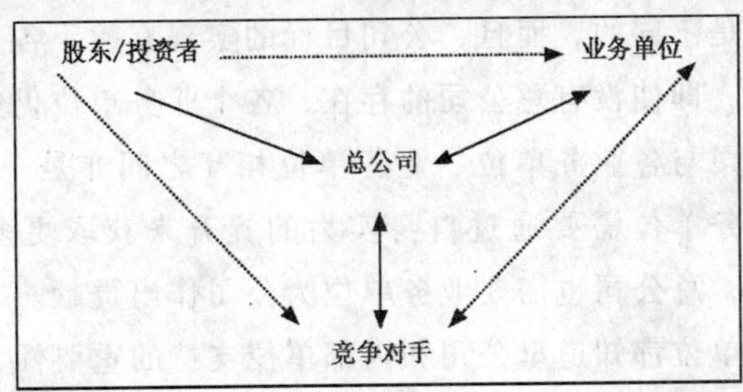

图13－3　面临竞争的博弈分析

注：与价值网中的“公司”的概念不同，本图中的总公司指的是在多业务经营的公司里的总部（headquarter，HQ），它通常被定义为“处于公司内但又位于业务单位之外，从事直接业务经营活动以外的事情的组织，亦可称为母公司（Parenting companies）”。在下文中，有时以“总部”或“母公司”替代“公司”。

从图13－3可以看出，总公司同样面临着生存和发展的压力，需要与不同的利益团体进行博弈，只是它所面对的压力来源不同。一般说

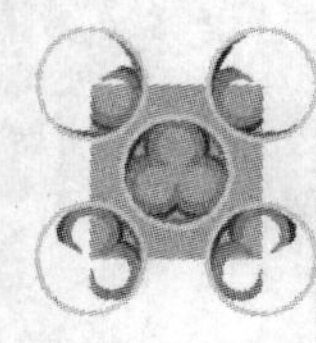

来，总公司所面临的竞争压力主要来自股东/投资者、竞争对手（其他总公司）和业务单位。

（一）公司战略决策中需要考虑的博弈关系

在进行公司层战略决策时，公司面临着以下三种主要博弈关系：

1. 公司与股东的关系

股东作为出资人，希望获得收益最大化。但是，股东通常不直接参与生产经营活动，由前面的分析可知，公司总部同样没有直接参与经营活动，在公司里直接创造价值的是一个个业务经营单位，因此，股东与公司（准确地说是“公司总部”）之间是一种典型的委托—代理关系（principal - agency）。

因此，公司应该作股东或者投资者无法做的事情来增加公司价值，以保证股东收益最大化。从这个意义上来说，以回避风险为由进行多元化，在资本市场非常发达的今天，已经不能成为一个很好的理由。

2. 公司与业务单位

公司通常有多个业务单位，不同业务单位在公司目标实现的过程中所充当的角色是不同的，而且，公司目标的实现有赖于各个业务单位创造价值，但是，即使没有总公司的存在，各个业务单位仍然可以创造价值。因此，公司与各业务单位、业务单位相互之间亦是一种博弈关系：一方面，各业务单位需要通过自身实力的提升来获取更多的资源与支持，另一方面，总公司也需要业务单位为公司作出贡献。

每个业务单位都知道母公司和内部单位支持的重要性，然而，一切资源都是稀缺的，只有那些为公司创造价值做出突出贡献、在公司网络结构中占据重要地位的业务单位，才能拥有较大的资源交换能力。所以说，客观上，业务单位存在着为公司创造价值做出贡献的动机。

同时，公司亦离不开业务单位。因为总公司不可能直接参与生产经营活动，为了保证公司价值的增加，总公司可以通过选择潜在盈利水平高的产业，或者是对业务单位施加正面影响，其主要途径有直接影响其运作常规、通过传播有效作法和强化标准来间接影响其常规、改变资源

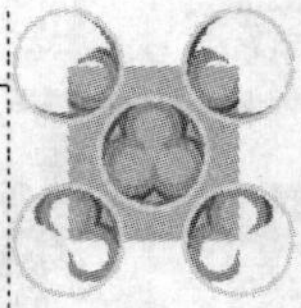

配置或者组织设计来影响经营的内部环境等。

3. 公司与竞争对手——其他总公司

"从事多元化经营的公司并不直接参与竞争"（Michael Porter, 1987），由此可见，公司并不与其竞争对手发生直接的业务竞争，但是，总公司确实也有自己的竞争对手，而且与竞争对手之间确实存在着一定的竞争关系，同样是争夺客户资源以及上游投入要素。

在过去的研究中，研究人员普遍重视各业务单位与竞争对手之间的关系，而忽略了公司与对手的关系。事实上，这种关系与竞争战略中的关系是相似的，只不过，双方争夺的内容有所差别，采取的手段亦不同：公司层争夺的客户是各个业务经营单位，其投入要素是股东/投资者的资金；而采取的手段则是为客户提供增值的可能性以及为投资者创造最大价值。

除了上述三种主要的关系之外，公司的经营过程还会受到股东与业务单位、股东与其他公司、其他公司与业务单位之间的博弈结果的影响，即图 13-3 中虚线所示的博弈关系。

（二）公司战略决策中博弈的性质判断

通过分析，可以对公司战略决策中博弈的性质作出基本判断：

首先，公司与股东、业务单位之间是一种变和游戏，这是显而易见的。公司和股东、业务单位的收益并不存在此消彼长的关系，因此，双方之间存在着合作的可能，事实上，实践中的双方都在进行合作，如何没有合作公司经营不力，最终会导致两败俱伤。至于公司与竞争对手之间，同样是一种变和游戏。因为每家公司都有自己的优势，如果能够让各业务单位进行自由选择，那么，最终业务单位会选择能够为自己增加更多价值的总公司，这时，原来的公司就可以以一个适当的价格（往往会高于它为公司创造的价值）出售该业务单位。

其次，公司与其他相关者之间的博弈是同时发生的，因此，不能通过"向前展望，倒后推理"来确定最佳策略，而是需要寻找双方的占优策略或者是确定博弈均衡。

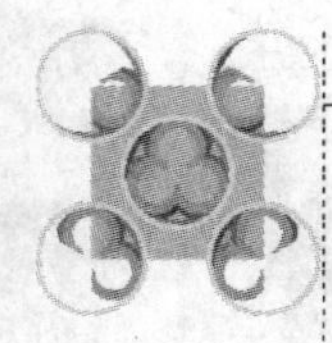

最后，在博弈中，公司拥有更多的信息，而其他参与方则只有不完全信息，所以，这是一种不对称信息博弈。其中，公司占有主动地位，这也是为什么有少公司经营不善，但是，股东仍然继续投资、对手无法完成收购、业务单位无法离开的重要原因。

（三）树立母公司优势——在与相关利益者博弈中获胜的惟一选择

从上述分析可知，当公司经营不力，不具备公司层竞争优势时，股东存在着让业务单位独立的倾向，或者向其他公司发出委托要约，将资金转向其他公司。即使股东没有察觉到这些，其他公司亦会介入，并且采购合理的价格来收购某些业务单位，以保证其创造价值最大化。因此，公司必须时刻提高警惕，保证自己在不断地为各业务单位创造价值，并保证自己的行为与股东的要求相一致——树立母公司优势。

所谓“母公司优势（parenting advantage）”是指“在母公司指导下，各个经营单位创造的价值比独立存在或者由其他公司指导时更大”，可以说，公司战略的目的是为了获得母公司优势，无论是与股东、业务单位还是其他总公司之间的博弈均是如此。当公司具有母公司优势时，公司与各利益相关者之间的博弈是一种均衡：股东实现收益最大化，不会寻找新的受委托对象；业务单位的价值创造亦最大化，不愿意独立或者寻找新的母公司；其他总公司——竞争对手没有任何收购的动机和机会，因为它不可能为业务单位带来更大的价值。

结 束 语

经过上述分析，笔者认为，尽管人们对博弈论存在着种种怀疑，博弈论本身也有着种种缺陷，但是，并不妨碍它成为所有战略管理者的基本核心原理，博弈论在企业战略管理研究中的应用前景广阔：

首先，在企业面临的经营环境快速变化、无法预知和确定的今天。

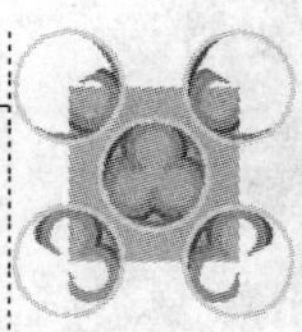

任何管理者都需要掌握一定的博弈论的知识，学习博弈的基本思维方式——"向前展望，倒后推理"，即先确定自己最后希望达到什么目标，然后从这个结果来倒后研究，直到找出自己现在应该选择哪条道路，这样才能保证以后可以达到这个目标。

其次，博弈论不仅可以用于分析企业与外部的竞争关系，还可以用来分析组织内部不同部门（单位）之间的相互影响，因为从某种意义上来说，组织内部各个部门之间的相互作用更甚于竞争对手之间。为了在与竞争对手博弈中获利，需要学习进行博弈的正确方法，而且，了解存在改变博弈规则的可能性和结果。

再次，我们完全可以预测，博弈不会象今天这样仅仅停留在竞争战略的研究中，在公司层战略的研究中，博弈一定会有更大的空间。因为各种原因，本文只是简单总结了公司战略中可能出现的几种博弈关系，对其深入的研究，有待在以后的研究中进行。

最后，不可忽视其他理论在企业战略管理研究中的应用，如交易费用理论（事实上，公司总部的存在受交易费用的影响极大）、竞争优势理论（从公司层来看，更为重要的母公司优势理论）、委托—代理理论（在前文中提到的公司层战略的分析中，十分明显地存在着两重的委托—代理关系：股东对公司总部的委托、公司总部对业务经营单位的委托）等。

[参考文献]

1. Adam Brandenburger and Barry Nalebuff, 1996, *Co - opetition*, New York: Currency Doubleday.
2. Adam M. Brandenburger & Barry J. Nalebuff (1995), "The Right Game: Use Game Theory to Shape Strategy", *Harvard Business Review*, July - Aug.
3. Alan E. Singer, 1997, "Game theory and the evolution of strategic thinking", *Human Systems Management*, Vol.16, Issue 1.
4. Colin F. Camerer, 1991, "Does strategy research need game theory?", *Strategic Management Journal*, *Winter*, Vol.12, Special Issue, 137 - 152.
5. Garth Saloner, 1991, "Modeling, game theory, and strategic management", *Strategic*

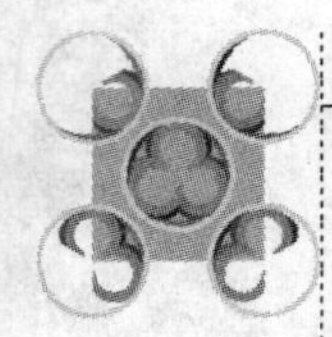

Management Journal, *Winter*, Vol.12, Special Issue, 119 - 136.

6. Michael E. Porter, 1987, From Competitive Advantage to Corporate Advantage [J], *Harvard Business Review*, May - June, 43 - 59.

7. Paul A. Herbig, 1991, "Game theory in marketing: applications, uses and limits", *Journal of Marketing Management*, 7, 285 - 298.

8. Roger A. McCain, 1999, Strategy and Conflict: An introductory sketch of game theory, http://william-king.www.drexel.edu/top/eco/game/game.html.

9. [德] 方伟翰、哈拉德·维泽：《市场竞争中的企业策略——博弈分析论》，上海社会科学院出版社 1998 年版。

10. [美] 阿维纳什·K. 迪克西特、巴里·J. 奈尔伯夫：《策略思维——商界、政界及日常生活中的策略竞争》，中译本，中国人民大学出版社 2002 年版。

11. [美] 潘卡基·格玛沃特：《产业竞争博弈》，中译本，人民邮电出版社 2002 年版。

12. [美] 乔治·S. 戴伊、戴维·J. 雷布斯坦因、罗伯特·E. 冈特：《动态竞争战略》，中译本，上海交通大学出版社 2003 年版。

13. 张维迎：《博弈论与信息经济学》，上海三联书店、上海人民出版社 1996 年版。

（厦门大学管理学院　郭朝阳）

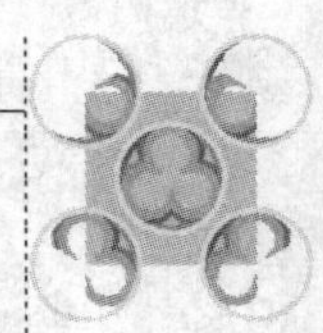

第十四章 DISHISIZHANG

管理学发展与其他学科发展的关系

——回顾与展望

一、引　言

有人说“管理是艺术”，也有人说“管理是科学”。但回顾管理学发展的历史，发现它就象钟摆一样，不断的从艺术摆向科学，又从科学摆向艺术。究其原因，管理学的发展首先是与社会的发展变化息息相关，同时也与其他学科的发展有着紧密的联系。

二、管理学发展的回顾

如果用现代的语言去定义“管理”，最简单的描述就是：一个特定的人群所形成的组织，为了实现其目标而对资源的规划，安排，组织，领导和控制（Hill，2005）。人类的管理行为发生在远古，古代中国建设

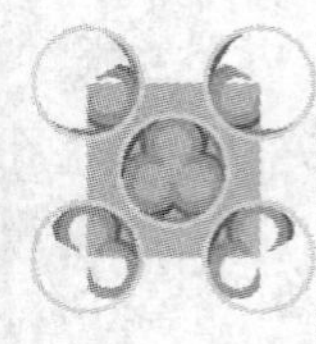

的万里长城，以及古代埃及建设的金字塔，就是周密管理所取得的成就。但是管理作为一门学科，却又是发生在一百年前，19世纪末的近代西方国家。

虽然18世纪中叶就开始了工业革命，并以1780年出现的蒸汽机作为重要标志。但是，现代管理学却始于19世纪的最后十年，并与当时欧美社会的经济发展阶段息息相关。管理学的“钟摆”从一开始是摆向了“科学”：以泰勒（F.W.Taylor）为代表的“科学管理学（Scientific Mangament)”首先问世。“科学管理学”通过系统地研究和观察劳动者与其所承担工作之间的关系，利用劳动分工和工种专门化的原理，重新设计工作程序来提高劳动生产率。“科学管理学”产生的背后是工业革命以后，欧美社会政治经济的转变，以及由此所引起的消费市场出现的新需求。更具体的说，就是在资本主义的“原始积累”阶段结束后，当时的管理面临的问题是如何从“成长”转为“高效”。因此，当时的实际环境迫使当时的企业管理者必须寻求新的、有效的方法增加产量和提高劳动生产率。

卓别林出演的《摩登时代》（Modern Times)，就揭露了在“科学管理”下，劳动者工作的艰辛。机器传送带的加快运转，给资本家带来了金钱，更带出了许多负面的社会问题。“科学管理”受到越来越多的指责。迫使管理学的“钟摆”似乎要摆向“艺术”。但是，1914－1918年的第一次世界大战，使当时的管理学又有了新的发展：以德国人韦伯(M.Weber）和法国人法约尔（H.Fayol）为代表的“行政管理学(Administrative Mangement)”诞生。行政管理学通过定义组织结构，划分职责权限，和定立规章制度来提高效率。因此，也就有了管理学中著名的“法约尔14条原则”①。行政管理学产生的背后是要解决越来越庞大的机构所产生的行政管理问题。当时的西方国家在第一次世界大战的前后有着越来越多的大型机构出现，效率急待提高，这迫使了当时的学者需要寻求一套有效的行政管理方法来提高效率。

① Fayol, H. General and Industrial Management. Sir Isaac Pitman & Sons, 1949, 20－41.

管理学发展及其方法论研究

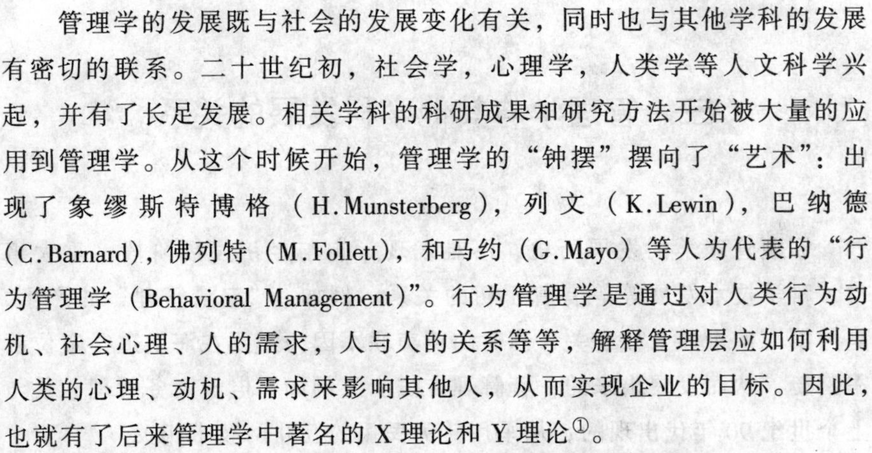

管理学的发展既与社会的发展变化有关，同时也与其他学科的发展有密切的联系。二十世纪初，社会学，心理学，人类学等人文科学兴起，并有了长足发展。相关学科的科研成果和研究方法开始被大量的应用到管理学。从这个时候开始，管理学的“钟摆”摆向了“艺术”：出现了象缪斯特博格（H. Munsterberg），列文（K. Lewin），巴纳德（C. Barnard），佛列特（M. Follett），和马约（G. Mayo）等人为代表的“行为管理学（Behavioral Management）”。行为管理学是通过对人类行为动机、社会心理、人的需求，人与人的关系等等，解释管理层应如何利用人类的心理、动机、需求来影响其他人，从而实现企业的目标。因此，也就有了后来管理学中著名的X理论和Y理论[①]。

刚刚过去并离我们不远的20世纪，是科学技术及其相关学科快速发展的世纪。管理学的“钟摆”，在靠近了“艺术”以后，很快的又再一次开始了从“艺术”摆向了“科学”的过程：“系统理论（System Theory）”，对组织行为的理解从单一的组织扩展到部门与部门之间，甚至组织与组织之间的相互联系与相互依存，并由此形成组织系统。管理者不再面对自己内部一个部门，而是要面对外部环境的发展变化；“应对管理学（Contingency Management）”，对管理法则的理解从必须遵从某些“通则”发展为管理者应该灵活地根据自己的能力和优势调整管理方法以适应不同的实际情况。

从20世纪中开始，信息科技和电子计算机有了飞速的发展，它们加快了管理学的“钟摆”从“艺术”摆向“科学”的过程，令更多新的管理理论与方法出现：“定量管理”是以信息为中心，并利用计算机技术进行决策管理；“信息系统管理”是组织内部的一套整合的信息网络系统，由于拥有该组织所需要的庞大信息数据库，可以为管理者的决策提供技术层面的支持；“运作（营运）管理”是利用电脑软件和电子网络系统，对组织内部（以及组织对外）的生产部门和运作部门（例如存货）的管理，以提高控制的程度和组织的效率；等等。

---

① Mc Gregor, D., *The Human Side of Enterprise*. McGraw - Hill, 1960, p.33 - 34 and 47 - 48.

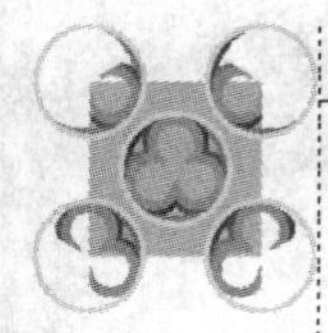

三、管理学与其他学科发展的关系

回顾管理学的发展历史，不难发现，它与经济发展阶段，重大事件，科学技术发展等等有着密切的关系。例如，“定量管理”的产生，是与第二次世界大战有关，当时的英美联军因为需要在海上追寻定位敌军潜艇，从而发展出来的一套管理方法。又例如，电子商务管理，是与上个世纪 90 年代出现的，从军用转为民用的互联网技术相关。

管理学的发展，与其他学科的发展密切关联。例如，前面提到的行为管理学，是与社会学，心理学，人类学等人文科学的发展相关。又例如，系统理论和应对管理学，是与哲学和生物科学的发展相关。还有，运作（营运）管理学的产生，是与计算机科学的发展相关。

一方面，管理学从其他学科的发展中吸取能量，获得了自身的发展。而另一方面，管理学的发展也为其他学科发展注入了动力。如果细研管理学的本质，不难发现，其实管理学是早已渗透到各个学科和各个领域。

虽然管理学的学者们喜欢把“管理”定义为：管理人的科学(Follett，1918；Holt，1993；Hill，2005)；把管理的过程界定为：规划，组织，领导和监控（Holt，1993；Hill，2005)。但是，管理的本质是把有限的资源进行合理的安排，并提高效率从而实现目标。

基于管理的本质，各领域的其他学科就离不开管理学的运用。

近看商学院的其他学科，无论是国外还是国内，无论是发达国家还是发展中国家，各大专院校商学院的学科设置基本都会包含有经济学，金融学，会计学，管理学，市场学等等，分别代表着不同的学科领域。但是，商学院每一个学科领域都离不开管理学。管理学的理论，原则和实践技巧似乎已经变成了商学院每一学科的内在骨肋，支撑着各个学科的发展。举例而言，经济学的应用与发展，产生了经济管理学：一门关

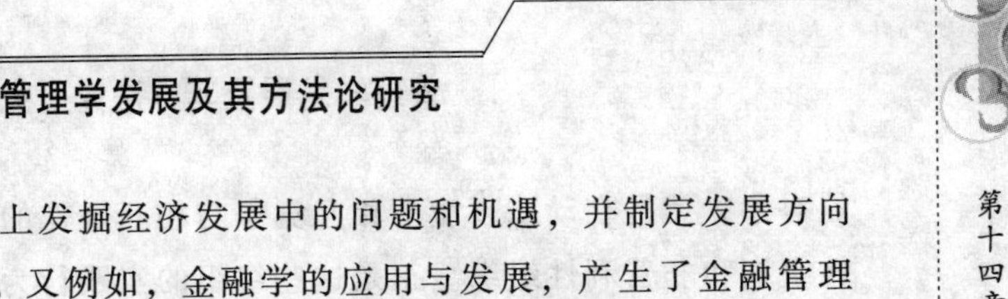

于如何在宏观的层面上发掘经济发展中的问题和机遇，并制定发展方向和发展战略的学科[①]。又例如，金融学的应用与发展，产生了金融管理学，一门关于银行和金融机构的有效运作以及货币与有价证券管理的学科。还有，会计学的应用与发展，产生了管理会计和财务管理：前者是对企业财务运作进行安排，分析，报告并作出预算，后者是关于如何为资金的取得和运用作好规划（Gitman，1994）。市场学的应用与发展，同样产生了营销管理：一门对市场营销过程进行规划的学科（Kotler，2004）。

远看商学院以外的其他学科，同样有着管理学的影子。举例而言，从太空航天科学的目标导航项目管理（Trompenaars，1994），到医药卫生领域的公共卫生管理、医疗卫生制度改革、医院营运管理等等，都离不开管理决策，相关人力资源管理，发展战略制定，以及领导的艺术与技巧。

四、管理学在中国发展的展望

我国管理学在过去的 20 年取得了巨大发展，但仍然与国外现代管理学有着一定的差距[②]。但从另外一个角度去看，这也意味着管理学在中国的发展拥有巨大的空间和不可估量的前景。展望管理学未来在中国的发展，有五个课题值得我们今天去特别关注：

（一）管理学理论与中国实践的结合

管理学的发展离不开实践，理由有两个：第一是来自管理学的本质和它的发展历史；第二是管理学研究和服务的对象。管理学研究和服务

① Ministry of Trade and Industry，Singapore，2005.

② 《经济管理》2005。

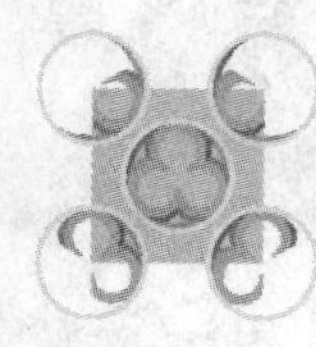

的对象，就是在动态环境下相互竞争与相互合作的各种组织，包括营利性组织和非营利性组织。正是这些组织的实践行为，在过去的一百年中不断地充实和丰富管理学。

当代管理学起源于一百年前的欧美，它的理论主要来自西方发达国家。目前我国管理学教育在某程度上是在介绍西方发达国家特别是英美的管理理论。但是，今日中国的改革与经济发展，无论是从历史时间长河，或是从环球经济空间的不同角度来看，都是一项前所未有的伟大工程，中国经济崛起吸引了全世界的关注。而中国的实践，已经为管理学的发展提供了巨大的内涵，能量，和发展空间。因此，新的管理理论必须也必将在中国的实践中诞生。

（二）管理学与其他学科的融合

回顾管理学发展的历史，管理学是一门通过与其他学科的不断融合而发展起来的科学。管理学发展的本身，体现了与时具进的特征。它是在与其他学科，例如人文科学、心理学、信息科学、数学、以及电子计算机科学的不断融合中发展起来的。管理学未来在中国的发展，同样需要与其他学科，特别是与新生科学的融合。而这种融合，代表着吸收与创新。必须指出的是，科技在当今世界的加快发展，预示着管理学在未来的发展道路上将会有更快的加速。

（三）管理学自身发展与跨学科共建

管理学的发展，一方面是吸收与创新，并以加速的方式发展。另一方面，它的发展也将推动其他学科的发展，形成管理学与其他学科共建和共赢的局面。这种跨学科的共建，在发达国家已经积累了相当的经验，而在中国也已经开始了。

所谓管理学与其他学科的跨学科共建，是指把管理学应用到其他学科领域，并形成专门领域的管理体系、管理理论和管理实践。例如，高科技管理，公共卫生管理，海洋生态管理，等等。管理学与其他学科的共建，不同国家和不同大学在不同的领域各有优势，而我国在这方面的

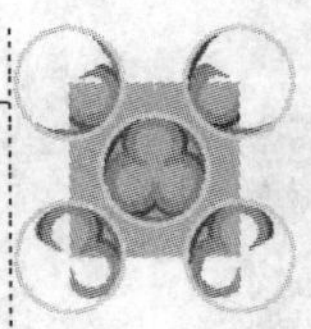

建设也已经起步，包括了派出培训、中外相关项目教育合作等等。中国快速发展与其市场的迅速扩大，预示着管理学的跨学科共建在未来将有更大的发展空间。

（四）管理学的国际接轨与独创

应该承认，我国目前的管理学发展与国际上其他发达国家的管理学发展并不平衡。这种不平衡体现在许多方面，包括管理学的研究方法、管理学的研究领域、管理学的学科划分和归类、管理学的教育，等等。这种不平衡增加了我国管理学发展与国际接轨的紧迫性。随着科技发展，特别是通信科技和运输科技发展的加速，地球村比起以往任何时候都变小了。与国际接轨，可以相互学习，相互借鉴，减少弯路，便于沟通。

但是，我国管理学发展在与国际接轨的同时，必须提倡和鼓励创新。独创性意味着根据中国实践的创新。这种创新的必要性和必然性源于中国拥有自己的文化与传统，以及中国的经济实践。管理学应用在中国的实践，为中国经济发展服务，应用在我们这个伟大的时代，必须走自己的创新之路。因此，管理学在中国的发展，将与中国的经济实践息息相关。

（五）管理学的提高，普及与课程细分

随着中国经济的快速发展，可以预计，管理学在中国的应用将不断地得到加强。因此，管理学的发展，将面临着三个课题：如何提高，如何普及，以及如何将课程细分？提高是指与管理学相关的科研与教育质量的提高。普及是指管理学理念、理论、原理、原则、方法和技巧的推广与应用。课程细分则标志着管理学优质教育的提高、深化与渗透。

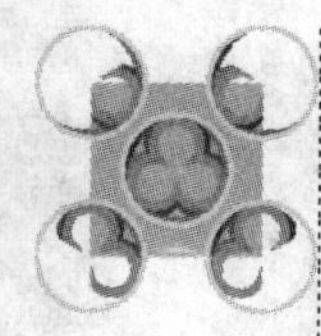

五、结　　论

近百年来管理学的发展证明，管理学与社会的发展变化息息相关，与其他学科的发展有着紧密的联系。管理学的“钟摆”不断地经历着“科学”与“艺术”之间的转变。管理学的这种发展模式，是社会变迁与科技进步的结果。管理学发展的动力来源于实践，管理学发展的前景基于不断的创新。管理学发展与其他学科发展有着共融，共建，共赢的关系。虽然管理学在中国的发展仍然年轻，但它代表了生机与活力。在中国，管理学拥有不可估量的巨大的发展空间。

[参考文献]

1. Hill，C.，*Contemporary Management*. McGraw – Hill. 2005.

2. Holt，D.，*Management Principles and Practices*. Prentice Hall. 1993.

3. Gitman，L.，1994. *Principles of Managerial Finance*. Harper Collins.

4. Kotler，P.，*Marketing Management*. Prentice Hall. 2004.

5. Trompenaars，F.，*Understanding Diversity in Global Business*. Irwin. 1994.

（中山大学　曾凯生）

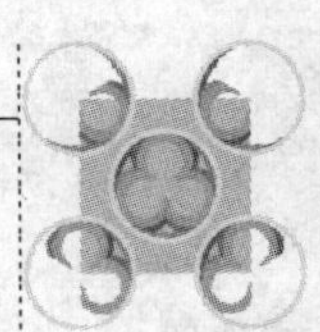

第十五章 DISHIWUZHANG

管理学发展模式的现代性、超现代性与后现代性的论争

随着知识经济时代的到来和新技术革命的发展，建立在工厂化背景下的管理学向着什么方向发展的问题已经成为管理学的重要课题。进入新世纪，管理学发展的焦点已不再是各理论流派在20世纪60至80年代“管理理论的丛林”（The Management Theory of Jungle）的理论流派之争，而是现代性、超现代性与后现代性之争。现代性、超现代性与后现代性之争的核心是管理学的发展方向和发展模式问题，它直接关系到管理学在21世纪的发展与演变。

从某种意义上说，现代性（Modernity）、超现代性（Hyper - modernity）与后现代性（Post - modernity）是一种属性，但这种属性与管理、组织等实体、过程、关系和运动结合，就构成了现代管理学（Modern Management）、超现代管理学（Hyper - modern Management）和后现代管理学（Post - modern Management）。由此，今天的管理学研究领域中出现了坚持管理学的现代性、超现代性与后现代性三种不同的发展模式，形成了持续学派（Continuing School）、超现代学派（Hyper - modern School）与后现代学派（Post - modern School）三大学派并存的格局。

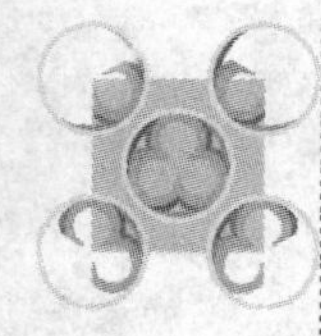

一、现代管理学的持续学派：寻求对已有的管理理论进行适当的修正

在管理学研究领域内，现代管理学始终是围绕着“人——组织——技术”以及它们之间的关系来进行建构的。不过，对这三个要素排列的顺序以及它们之间关系的认识不同，就形成了现代管理学“丛林”的各个理论流派。

管理学的现代性，核心内涵最集中地体现在西方管理启蒙思想中。其主要内容是指近代以来发展资本主义工厂制度造就的现代组织，以及按照其价值观、组织目标、组织结构、管理机制和管理原则确立的以人为主体中心的理性主义与个体主义、集权主义等基本价值，即西方管理启蒙思想所强调的科学精神和人文精神。

寻求对已有的管理理论进行适当的修正，一直是现代管理学各个理论流派对管理学发展模式的基本选择。这些理论流派主张管理学应当坚持对科学主义范式追求的理想，认为管理学可以通过时间的隧道，使管理理论缓慢地、自然而然地、平稳地取得根本性进步。他们论证到，管理学发展模式应当是坚持管理学发展的现代模式（Modern Model），通过对已有的管理理论进行适当的修正可以对超现代学派的不确定性与不可逆性和后现代学派的“非理性”与多元化范式进行消解。管理学界一般将持这种观点的学者称为持续学派，这是今天居主流地位的学派。

持续学派的重要观点是，管理学追求的终极目标始终是对科学、效率和效能的追求，主张在理性基础上吸收人本主义范式的内容来消解互联网的发展和新经济对管理学发展的冲击。西方管理启蒙思想所强调的科学精神和人文精神在后工业社会的环境下，仍然是有价值的。因此，管理学发展问题的核心是如何在现代管理学的理论框架下对其进行适当的修正，使其适应后工业社会环境的问题。

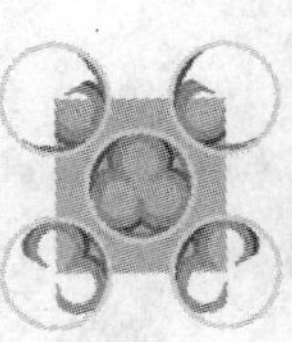

现代模式建立在两种支配性论断的基础上：其一，建立在泰勒主义或是新泰勒主义的科学主义范式基础之上。泰勒主义倾向于强调确定性、稳定、有序、均匀和平衡，过程具有可逆性（Reversibility），科层制度的“永恒不变”、内部稳定的等级制和人性的X理论的假设。各种假定都是以这样的基本信念为中心的，即相信在某个层次上组织及其管理是简单的，而且被一些时间可逆的基本定律所支配。因而，管理学既具有普遍性原理的适用功能，又具有对未来的预言功能。其二，建立在人际关系学派的人本主义范式基础之上。人本主义范式以新康德主义（Neo - Kantianism）、现象学（Phenomenology）、诠释学（Interpretation）等哲学思潮为理论基础，强调管理学与自然科学的差异，认为组织及其管理现象其本质是人的主体精神的外化或客体化，是“精神世界”和“文化世界”。因此，认识组织及其管理现象不能用反映的方式，更不能用自然科学的方法，惟一可行的是“理解”、“感受”、“分析”或“解释”。管理学研究对象是“一种个别的、仅仅一度发生于一定时间内的事件”，它只能运用“个别化方法”去进行研究。[①]

这两个支配性论断可以看成是管理学启蒙范式的核心，现代管理学不断地在对这个启蒙范式进行修正和改善，这些修正的目的就是使它更加名副其实。可以这么说，今天这种启蒙范式仍然在不断地影响着管理学的发展。这种情况引起了亨利·明兹伯格、美国阿莫斯·塔克商学院（Amos Tuck Business School）布坎南讲座荣誉教授詹姆斯·布莱恩·奎因、美国哈佛大学教授罗伯特·G. 埃克尔斯等人的忧虑，亨利·明兹伯格等人（Mintzberg et al，1998）提出理性与直觉的结合来取代现代管理的理性范式[②]，詹姆斯·布莱恩·奎因（Quinn，1980）则主张管理学发展模式

---

① Wilhelm Windelband. “History and Natural Science：Speech of the Rector of the University of StraBburg”. translated by Guy Oakes. *History and Theory*, Vol. XIX, 1980 (2)：165 - 185.

② Henry Mintzberg, Bruce Ahlstrand and Joseph Lampel. *Strategy Safari：A Guided Tour Through The Wilds of Strategic Management*. Englewood Cliffs, New Jersey：Prentice Hall, 1998.

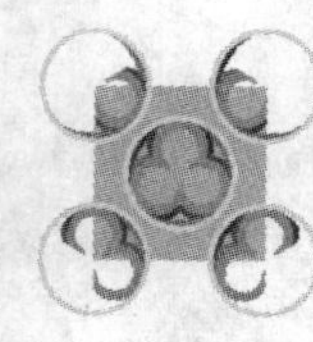

的合理的逻辑渐进主义（Logical Incrementalism）[①]，罗伯特·G. 埃克尔斯（Eccles et al，1994）等人则主张用生物学隐喻来取代理性范式的机械论隐喻[②]，管理学界一般把他们归为后理性主义（Post－rationalism）。

持续学派主张管理理论应当缓慢地、自然而然地、平稳地取得根本性进步。这种进步表现在系统管理学派用开放系统取代古典管理学的封闭系统；用肯尼斯·J. 阿罗（Arrow，1951）的有限理性（Bounded Rationality）[③]取代古典管理学的理性主义；用赫伯特·A. 西蒙（Simon，1960）的“管理人”与合理化或是满意解[④]取代古典管理学的“经济人”和最大化或最优化；用动态均衡取代古典管理学的静态均衡；用团队管理范式取代高度科层化、严格的等级层级、规章制度和非人性的、正式的关系的科层制组织范式；以垂直整合组织形式的解体和组织灵活性的日益加强，大型组织缩小规模，合同承包越来越多被采用作为特征，将组织分散为更具自主性经营单位的“后福特主义”（Post－Fordist）组织结构模式取代大规模提供标准化产品以及控制市场的“福特主义”（Fordist）生产方式；以包含了自主性（Autonomy）、知识工人（Knowledge Workers）、授权（Empowerment）、扁平型组织结构（Flat Structure）、有机体（Organism）、员工自我控制（Self－control）、任务导向（Task Orientation）等概念的“基于知识的，本质上是自我传导的”组织范式[⑤]取代传统泰勒主义的“他组织”或“被组织”范式，等等。

我们在表15－1中总结了现代性范式的演变中管理学现代性的启蒙范式与管理学现代性的修正范式之间的差异，这有助于我们更好地把握现代模式的发展情况。

---

① James Brian Quinn. *Strategies for Change*: *Logical Incrementalism*. Homewood，Illinois：Irwin，1980.

② Robert G. Eccles，Nitin Nohria and James D. Berkley. *Beyond the Hype*：*Rediscovering the Essence of Management*. Cambridge，Massachusetts：Harvard Business School Press，1992.

③ Kenneth J. Arrow. *Social Choice and Individual Values*. New York：Wiley，1951.

④ Herbert A. Simon. *The New Science of Management Decision*. New York：Harper and Row，1960.

⑤ Peter F. Drucker. “The Coming of New Organizations”. ［J］. *Harvard Business Review*，Vol. 66，1988（1/2）：45－55.

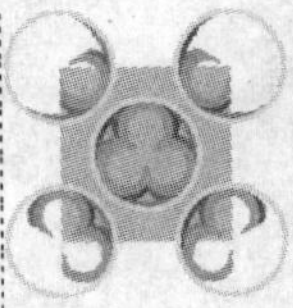

表 15－1　　　　现代性范式的演变

现代性的启蒙范式	现代性的修正范式
封闭系统	开放系统
科层制组织范式	团队管理范式
理性主义	有限理性主义
最大化或最优化	合理化或是满意解
理性决策	尽可能的理性，或者运用后理性主义
线性思维	循环思维或因果思维
静态均衡	动态均衡，动态平衡
科学方法	科学性与艺术性
逻辑	逻辑和直觉
数量化	在可能的地方进行量化
组织及其管理的刚性	组织及其管理的柔性
福特主义	后福特主义

二、超现代学派：抛弃任何连贯的理论

以美国管理学家汤姆·J. 彼德斯为代表的超现代学派主张接受超现代性所带来的危机，抛弃任何连贯的理论和任何重要的陈述。而使管理学转向追寻汤姆·J. 彼德斯的路线，改追求卓越为在混沌中求发展，通过建立一种认同感来承认非理性、不确定性、偶然性和瞬时性的价值，不断地破坏所有的障碍和藩篱，用解放型管理学和追求标新立异来取代现代模式。

所谓的“超现代”（Hyper－modern），可以理解为“高度现代”，它是指广泛存在于组织及其管理实践中的偶然性、随机性、非理性和不确定性。不确定性并不排斥确定性，不确定性中包含着确定性，或者说不确定性是绝对的，确定性是相对的。因此，超现代学派强调超现代模式

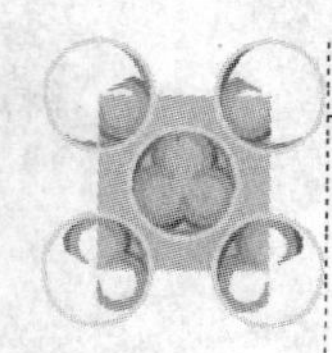

是现代模式在知识经济时代的一种新面孔和一种新发展方向。英国牛津大学管理学教授维尔莫特（Willmott，1994）认为，面对超现代性带来的危机，所有的管理学权威和管理学范式都变得漏洞百出，甚至滑稽可笑。①

超现代学派的兴起是与社会经济的发展密切相关的。信息技术的革命、互联网的发展和新经济的兴起，催生了企业组织经营模式的变革，使原有的建立在工厂化背景下的现代管理学理论显得不适应了。"过去曾假定为稳定的、可预测的环境已不存在，需要将混沌当做一种既定的条件，学会在混沌之中求生机"（Peters，1988）②。要适应未来竞争的需要，管理学必须摧毁确定性和时间可逆性在管理学范式中的主导地位，建构管理学理论的新范式。

如果说现代管理学的特点是需要管理事物和人，超现代管理学的特点则是需要处理复杂性和混沌。美国马萨诸塞州立大学管理学教授戴维·L.利维（Levy，1994）认为，超现代管理学隐含的管理含义是："通过把产业理解为复杂系统，经理们就能改善决策，就能找出创新的解决办法"，超现代管理学是"用来说明产业的动态演变和随从人员间复杂相互作用的一个极富有前景的框架（Promising Framework）；通过把概念化产业（Conceptualizing Industries）视作混沌系统，便能开掘出大量的管理涵义（Managerial Implications），对混沌系统来说，长期预测几乎是不可能的，重大变化的发生是不能预期的：由此可以得出，灵活性和适应性对组织的生存是基本的。不过，混沌系统展示出一定程度的有序性。它能使短期预测成为可能，并且有可能辨别出内在的样式（Underlying Patterns）。"③

---

① Hugh Willmott. "Bringing Agency (back) into Organizational Analysis: Responding to the Crisis of (Post) Modernity". In Martin Parker and John Hassard (eds.). *Towards a New Theory of Organisations*. [C]. London: Routledge, 1994, 118-119.

② Tom J. Peters. *Thriving on Chaos: Handbook for Management Revolutions*. [M]. New York: Alfred P. Knopf, 1988.

③ David L. Levy. "Chaos Theory and Strategy: Theory Application and Managerial Implications". Strategic *Management Journal*, Vol.15, Summer Special Issue, 1994 (SI): 167-178.

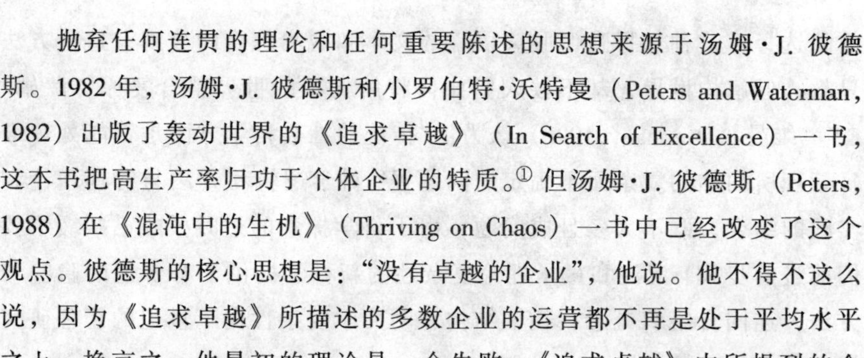

抛弃任何连贯的理论和任何重要陈述的思想来源于汤姆·J. 彼德斯。1982 年，汤姆·J. 彼德斯和小罗伯特·沃特曼（Peters and Waterman, 1982）出版了轰动世界的《追求卓越》（In Search of Excellence）一书，这本书把高生产率归功于个体企业的特质。[1] 但汤姆·J. 彼德斯（Peters, 1988）在《混沌中的生机》（Thriving on Chaos）一书中已经改变了这个观点。彼德斯的核心思想是："没有卓越的企业"，他说。他不得不这么说，因为《追求卓越》所描述的多数企业的运营都不再是处于平均水平之上。换言之，他最初的理论是一个失败，《追求卓越》中所提到的企业的成功看来都是偶然的。

几年之后，汤姆·J. 彼德斯（Peters, 1992）又写了一本题为《解放型管理》（Liberation Management）的书。这本书是管理学自诞生以来争议最大的一本著作，持续学派认为该书思路混乱（Jackson, 1995）[2]，是在把管理学引向一条不可知之的不归之路；而超现代管理学者却认为，该书是自管理学诞生以来最好的一本著作，是超现代的理论宣言。彼德斯在这本书中提出了言之较易，却行之极难的迈向优质管理的两个步骤：一是为组织设定明确的任务或目的；二是给人们实践和失败的机会。通过允许失败，员工们将找到获得成功的新方法，这不仅是为他们自己，也是为了整个组织。他认为，我们告别了命令和控制的时代，迎来了一个以"好奇、创造力和发挥想象力的新时代"。[3]

爱尔兰管理学家查尔斯·汉迪（Handy, 1989）谈到抛弃任何连贯的理论这一问题时说："我们过去习以为常的东西开始动摇，未来的形态就掌握在我们这些雕塑者手中，我们为自己而雕塑未来。"[4]

超现代学派认为，今天西方现代管理学的学术危机来源于一个世纪

---

① Tom J. Peters & Robert H. Waterman, Jr. *In Search of Excellence*: *Lessons from America's Best Run Companies*. [M]. New York: Harper & Row, 1982.

② Michael C. Jackson. "Beyond the Fads: Systems Thinking for Managers". *System Research*, Vol.12, 1995 (1): 25 - 42.

③ Tom J. Peters. *Liberation Management*: *Necessary Disorganization for the Nanosecond Nineties*. [M]. New York: Alfred P. Knopf, 1992.

④ Charles Handy. *The Age of Unreason*. [M]. London: Century Hutchinson, 1989.

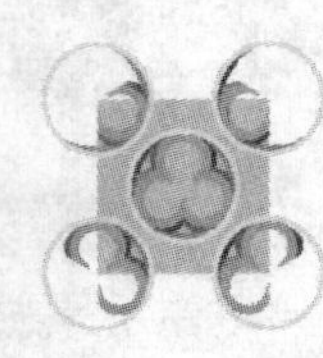

前的选择。这种选择强调脱离语境的文本和脱离综合的分解。这种方法只教人们解构世界，却不教人们如何将解构了的世界整合复原。萨姆·E.奥维曼（Overman，1996）认为："传统的社会科学方法是否能处理今日管理所面临的复杂而不确定的问题呢？科学逻辑和方法与管理理论和实践的结合，既不太多且成问题，由于科学探索的过时模式已减缓了我们前进的步伐！混沌和量子理论复杂性的新科学提供了有价值的隐喻与方法，连同自组织概念，耗散结构和动力学复杂性向下世纪的管理研究议程提出挑战。"①

超现代管理学范式主要集中于对组织及其管理实践中广泛存在的不确定性和复杂性问题的研究，在研究中引进协同论（The Synergetics）、耗散结构论（Dissipative Structure）、突变论（Mutants）、分维论（Dimensions Theory）、分形论（Fractal Theory）、超循环论（The Hypercycle）、混沌论（Chaos Theory）和模糊论（Ambiguity）等前沿学科的理论，力图在超现代旗帜下开展的复杂性范式的各项研究取得突破。这些研究对整个管理学所产生的震撼，丝毫不小于20世纪早期的科学管理（Scientific Management）和人际关系学说（The Human Relations）。

这一方向的研究首先从根本上改变了偶然性与不确定性的地位。从管理学成为一门独立的科学以来，偶然性与不确定性一直被认为是来自组织外部的扰动，应该避免或忽略不计，即使是对它有所考虑，至多是"为必然性开辟道路"。现在，人们已经认识到，偶然性、不确定性与确定性一样，都是客观存在。在一定的条件下，确定型系统也会表现出不确定的行为，即随机的、原则上无法预测的行为。这就是混沌。汤姆·J.彼德斯（Peters，1988）指出："混沌理论向人们熟知的管理知识提出了挑战，也向传统的管理实践提出了挑战。"

随着深入地研究，人们发现，对不确定性和时间不可逆性探索的旅程将会越发艰难，留给我们的将是更多的疑问，而不是解决之道。管理

① Sam E. Overman. "The New Science of Administration: Chaos and Quantum Theory and Method". *Public Administration Review*, Vol.56, 1996 (9/10): 487-491.

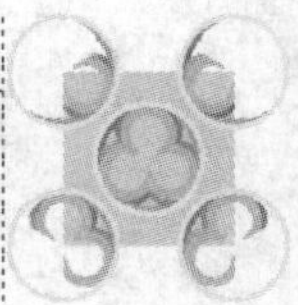

学范式向不确定性（Uncertainty）和时间不可逆性（Irreversibility）方向转变，既富暗示性，也具有现实性。不确定性明确表示出，管理学范式不能通过短时间的分析而找出解决企业组织及其管理问题的灵丹妙药；而时间不可逆性表明，管理学并不具备整体的可预测功能，只有局部的预测功能。①

三、后现代学派：挑战二元论的理论和实践

后现代学派的选择就是要寻找一种激进的后现代模式（Post-modern Model），挑战二元论的理论和实践。后现代思潮表达了人类对管理学发展状况的不安和焦虑，以及对一个更为合理的物质和精神世界的渴求。所谓的后现代性，是指西方管理理论的发展状态、管理实践、管理机制与组织文化在知识经济时代的重大变迁、转折。现代与后现代并非是截然分开的两个阶段，后现代性无疑是隐藏在现代性中的一部分，“后现代总是隐藏在现代里，因为现代性，现代的暂时性，自身包含着一种超越自身，进入一种不同于自身状态的冲动。……现代性在本质上是不断地充满它的后现代性的。”②

事实上，后现代理论观点早在20世纪80年代已经开始进入组织及其管理领域③，但严格地说，直到20世纪90年代中期，这种对于现代管理学基础的严重挑战或所谓的后现代管理模式才得以出现，并形成了

① 罗珉：《管理学范式理论的发展》，[M]，西南财经大学出版社2005年版。

② 包亚明主编：《后现代性与公众游戏——利奥塔访谈、书信集》上海人民出版社1997年版，第154页。

③ Peter Clark. *Organization in Action: Competition between Context*. [M]. London and New York: Routledge, 2000, 7.

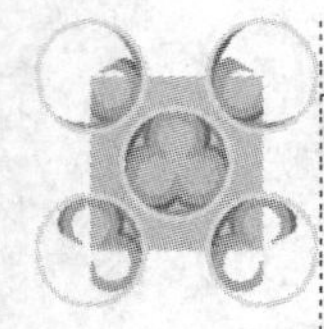

对当今西方现代管理学的强烈冲击和回响。①

后现代学派认为，客观的、公正的管理学认识论基础是不存在的，事实和知识是一种科学理性的权威产物的观点应当受到质疑，人们应当认识到在认识论上存在着相对性和复合性。既然我们对世界的看法不再存在毋庸置疑的固定基础，笛卡儿关于认识者与认识物的二元论观点就被这样一种观点取代：管理学知识是随组织及其管理的演化而发展的。

后现代管理模式的核心是消解、破坏和批判现代管理思想，尤其是科学主义模式的思想和方法。主要表现为对管理的理性主义和管理的普遍主义的否定，反对用单一的、固定不变的逻辑和公式来阐释和衡量现实世界，在方法论上反对管理学研究的独断论和实证技术方法的霸权。主张方法论的多元化（Diversification）和差异性（Differentiation），主张对所有的权威和不同学派奉行怀疑主义，对那种二元论模式的影响也要进行怀疑。

严格地说，后现代管理学并不是一个新的时代，而是要重写现代管理学所代表的某些特征。应当看到，在那些严谨的源流思想家那里，并没有一场“后现代管理学”对“现代管理学”的革命召唤，也没有以后现代管理学替代现代管理学的宏伟纲领。事实上，这些后现代管理源流思想家之间有不小的差异，有些甚至是相互对立的。他们各自从不同方面对管理启蒙以来的管理理性主义传统提出了不同性质的问题，有些是建设性的，有些是挑战性的、解构性的和颠覆性的，但其中没有任何一位管理学家把自己的理论视为彻底瓦解这一传统的“思想武器”，也从未声称能够全面取代管理理性主义在组织及其管理等各个方面的实践。

后现代学派的目的是要动摇管理实践与解释之间的那种通常习以为常的推导关系，特别是20世纪初以后发展起来的现代管理理论与实践，

① David M. Boje and Robert F. Dennehy. *Managing in the Postmodern World*. [M]. Duduque, IA: Kendall / Hunt, 1994; David M. Boje, Robert P. Gephart and Joseph Thatehenkery. *Postmodern Management and Organization Theory*. [M]. Thousand Oaks, California: Sage, 1996; Larry Hirshhorm. *Reworking Authority: Leading and Following in the Post - modern Organization*. [M]. Cambridge, Massachusetts: MIT Press, 1997.

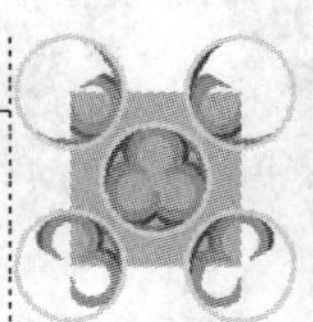

解构以各种管理原则、管理方式和技巧及其隐含的人际关系准则来确立管理学应包涵的世界观的思维方式。后现代学派的管理学家高举反传统、反权威的旗帜，力图颠覆和解构现代管理学的理论体系。

后现代学派强调，组织及其管理的每一个对象、它所处的环境或包括主客体关系在内的“关系”，以及它的由来或“记忆”，都不是相同的，不具有明确的边界或时段，对它们的研究都有各自的环境和游戏规则。因此，管理学的普遍性特征并不存在，管理的普遍性理应受到挑战。

后现代学派认为，管理问题中更具有特性的问题是组织及其管理并不是“存在”的，它是不断发生和演化着的，因而把始终处于高度变化的组织及其管理问题归纳成科学概念的可能程度是相当有限的；因为在人类从事管理活动的每一个阶段，新的东西总在发生，这些东西是从前从来未有过的。我们的确需要一种理论来帮助我们处理这些问题，但我们无从相信、也无法相信它会成为一种完美的理论。这是因为管理学作为历史科学的性质决定了它是不完美的。从一个较长的时间来看，管理学不是“静止”的，而是不断演化发展的。所以，管理学不像自然科学，而更像历史科学。管理学的概括，仅仅是人类管理活动历史的说明和其理论的逐步呈现，每一个步骤只是具体发展阶段中所认识到的真理的概括。没有一个理论，也没有一批这样的理论能够称作是终极性的。[①]

后现代学派的管理学家认为，事物并没有固定的本质，人们的认识绝不可能只找到一个确定的阿基米德支点（Archimedes' Fulcrum）。后现代模式把管理理论当作“话语”（Discourse），这些话语因历史而变化，因语境而变化，它不可能超出语言之外从某一实体那里获得它的意义，它们之间是不可通约的（Incommensurable）。

从某种意义上说，后现代管理模式是一种反传统的人本主义，其方法论则将人性与科学、竞争与协作看成是互补的整体，力求进行整合，

① 罗珉：《管理学范式理论研究》[M]，四川人民出版社 2003 年版。

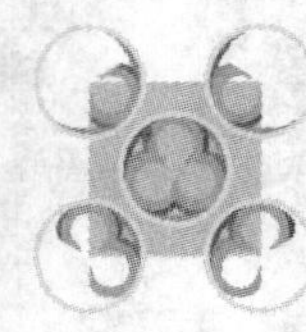

并用伙伴关系和信任机制取代企业之间的对抗、规则与人性的对立、厂商与顾客的对立，以及竞争对手之间的相持。这种思维方式颇似中国古代哲学的“天人合一”、“和而不同”的思想。

在后现代管理学家眼中，现代管理学的“知识”根本就不能称为“真理”，而是“信息知识”，它只有与特定文化背景下的具体管理问题相结合才具有知识和真理的特性；“事实”根本就不是“事实”，而是“迹象”，它是那些使用它们的人所赋予的意义。由于不同的人在不同的文化背景下对同样的“事实”赋予不同的意义，所以，现代管理学除了在“暂时稳定”和“在使用中不断构造”① 的意义上存在之外，一个不可避免的结果就是持续而长久的涵义不明确。因此，后现代模式并不否定现代模式的价值和用处，而是在现代模式中寻找“合理性”，这不是为新的思维和行动寻找坚实的基础，只是寻找一种“合理的”出发点。

后现代学派强调，管理学的性质具有两个特征：其一，强调管理学是历史科学的，而不是逻辑的、整体的，也不是分析的、定性的和定量的；其二，管理学者进行管理学研究的身份不是观察者（Observer），也不是观察者身份的参与者（Participant - as - observer），而是参与者或以参与者身份的观察者（Observer - as - participant）来进行管理学研究的，其角度是认为组织的概念和边界是研究者与实际操作者共同建构的行为空间，有关组织的概念和边界的知识本身就是社会建构的产物。

在我们看来，现代管理学是一座理论大厦，而后现代管理学是一种“溶剂”，它并没有自己特定的模块和范式。后现代管理学这种溶剂是要将现代管理学理论大厦浸泡其中，使其“解构”（Deconstruction）。解构并不意味着“摧毁”，而是使其经得起检验的模块和范式得到加固，而

---

① 托马斯·S. 库恩用的是“在使用中不断构造”的说法，而组织行为学的主要代表人物美国哈佛大学教育学和组织行为学詹姆斯·B. 科南特讲座教授克里斯·阿吉里斯（Chris Argyris）用的是“使用中的理论”这个词，二者具有异曲同工之妙。参见：Thomas S. Kuhn (1962/1970). *The Structure of Scientific Revolutions*. [M] .2nd Edition, Chicago, Illinois: The University of Chicago Press, 1970.

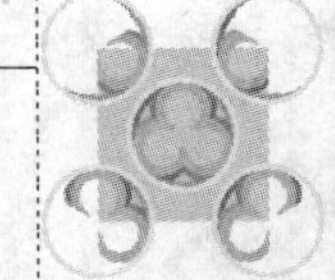

对经不起检验的模块和范式重新构建。[①]

四、结 束 语

不可否认，管理学当前占主导地位的思维方式正在显现出致命的缺陷。人们正在认识到，在很多重要的组织及其管理实践方面，传统管理学的理论已经不能很好地进行解释了。

不可否认，我们对组织及其管理的了解具有局限性，包括人、组织的构成、自然和社会环境在内的所有的复杂性动态系统在本质上具有的不确定性，还没有完全被我们认识，组织中人的选择和目标的多样性我们还没有完全揭示。

今天，管理学发展的历史背景和动力因素也不同于过去。随着知识经济时代的到来和新技术革命的发展，建立在工厂化背景下的管理学向着什么发展方向的问题已经成为管理学发展的重要课题。这需要我们要不断地站在历史和今天两个不同的角度，从系统整体的视角出发，关注管理学的发展模式与发展方向。

（西南财经大学工业经济研究所　罗　珉）

① 按照法国后现代哲学家雅克·德里达(Jacques Derrida)的说法，“解构”(Deconstruction)并不意味着“摧毁”，只不过是一种“阐释策略”。

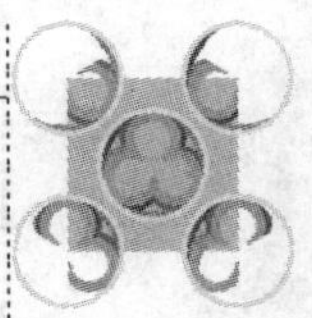

第十六章 DISHILIUZHANG

管理研究的科学化：问题、障碍与出路

一、引　言

哈罗德·孔茨（Harold Koontz）曾经对20世纪中期的管理研究状况作出了这样的描述：这是一个管理理论中学派林立的时代……除了职业化的管理研究者之外，心理学家、社会学家、人类、人际关系学家、经济学家、数学家、物理学家、生物学家、政治学家、企业管理者们对管理研究的兴趣急速增加，他们都乐于搭乘管理研究这辆富有挑战性又有利可图的“乐队花车”……大量的论文和研究成果源源不断的涌现，接踵而来的却是与日俱增的分歧……这已经造成了一场令人迷惑的且有负面作用的混战。[①]

40多年过去了，虽然人类社会在管理研究领域投入了巨额的财富，同时也涌现出为数众多的优秀人才，但今天我们置身其中的管理研究界

① 哈罗德·孔茨：“管理理论丛林”，载迈克尔·T. 麦特森等编：《管理与组织行为经典文选》，中译本，机械工业出版社2001年版，第63－64页。

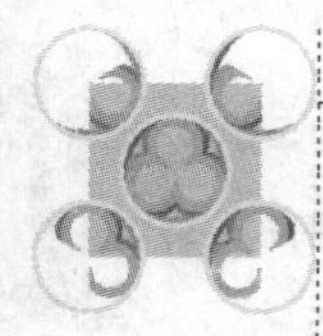

和昔日孔茨笔下描绘的情形毫无二致：整个研究界一派繁荣气象，而学科建设的滞后及学派之间的纷争依然故我；新增的学说与流派，还使得管理研究领域的思想混战有愈演愈烈之势。这不由得不驱使我们去思考如下问题：管理研究在形成其相对独立且完整的学科知识体系方面为什么进展得如此缓慢？管理学的科学化进程的最大障碍到底是什么？怎样才能加快管理学的科学化进程和改变多年来管理学学科建设成效甚微的状况？

二、管理学是一门科学吗?

管理学是一门科学吗？从研究方法的层面看，科学必须有其特定的论证和说理方法，即通常所说的“科学研究方法”。科学，首先要有客观的研究立场，它强调的是回答“是什么”和“为什么”的规律性问题，而不回答“应该是什么”、“好不好”的问题；其次，科学要有共同的研究对象，它是一系列为研究者们所共同关注的问题；最后，科学还要有严密的研究规范，具体表现为对研究过程及研究结论的可检验证实性、逻辑一致性、知识可积累性和方法简练性的要求。[①] 如果我们用上述标准来衡量，管理学还不成其为一门科学。

(一) 研究立场

迄今为止，人类对管理进行系统研究及构建管理理论的所有尝试，自始至终都没有摆脱过“好的管理应该是什么样的”这一“应然”性的基本命题的影响。无论是古典的管理理论，还是现代管理理论，它们都是研究者对现实中的管理实践活动进行总结及对管理实践中所蕴藏的基本规律进行发掘、抽象的产物。如果追根溯源的话，这一学术传统起始

① 黄速建、黄群慧等著：《管理科学化与管理方法论》，经济管理出版社 2005 年版。

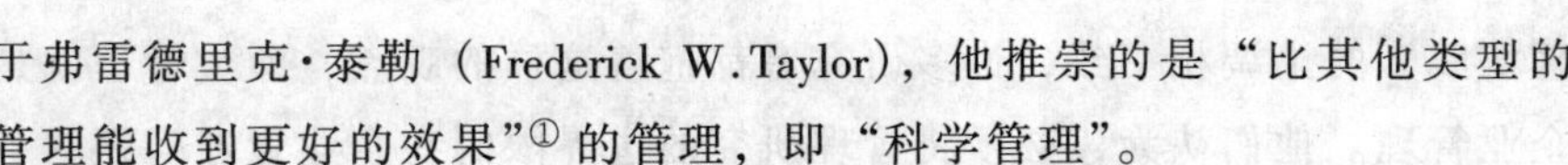

于弗雷德里克·泰勒（Frederick W. Taylor），他推崇的是“比其他类型的管理能收到更好的效果”[①] 的管理，即“科学管理”。

自泰勒以来，每一位研究者在对管理实践进行总结和抽象的过程中，都在自觉或不自觉地寻找着自己主观认定的“最好的”管理模式。即使有些研究者以科学化的研究方法、手段，对已有的管理原则与规律进行了检验，但这种检验也都与生俱来地打上了研究者本人先验性的“改良管理实践”的价值取向的烙印。在深受个人主观意识影响的研究立场的基础上形成的管理理论，其客观性与科学性必然在不同程度上被削弱。这是因为，由于时代背景的不同、国别的不同、组织性质、个人感觉与经验的不同，一千个人（包括实践者和理论研究者）就可能有一千个用于衡量好的管理实践的标准。

早在 100 年前，亨利·法约尔（Henri Fayol）就描述了这种基于个人认知的管理理论的局限性。他写道：“并不缺少个人提出的理论。但是，由于缺少普遍接受的理论，每个人都自以为拥有最好的方法。在工厂、军队、家庭和国家中，我们到处可以看到在同一原则的名义下极为矛盾的管理实践”[②]。100 年之后的今天，我们依然没有建立更为客观的、能够较为完整地独立于管理实践并为大多数人所普遍接受的管理理论。

（二）研究对象

作为一门学科，管理学必须有其特定的、为其研究者们共同关注的问题。而在现实中，管理研究的边界往往是模糊的。比如说，管理大师彼得·德鲁克（Peter F. Drucker）在他早期的著作《管理实践》中所定义的“管理”就是狭义的“企业管理”，他在这本书中指出，管理是作为一种工业社会所特有的经济机制而存在的，是为企业服务的。[③] 和《管

---

① Taylor, F.W.（1993）*The principles of scientific management and shop management*, London: Routledge & Thoemmes Press.

② 法约尔：《工业管理与一般管理》，中译本，中国社会科学出版社 1999 年版，第 18 页。

③ Drucker, P.F.（1954）*The Practice of Management*, NY: Harper & Row, New York.

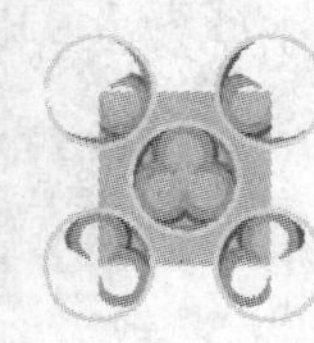

理实践》的论调相一致，许多研究者都抱着这样的观点，即：管理就是企业管理。他们认为，必须将管理研究的边界限制在企业管理问题的范围内，而不能无限制地放大为对行政管理、公共管理、非营利性组织等广泛的组织的管理问题的研究，否则，建构管理学的希望将变得渺茫。而在其后期的著作中，德鲁克的视野逐步从企业管理问题转入军队、政府、医院、大学等现代社会的新兴组织形式的管理问题，以追溯更具一般性和普遍性的管理规律。有些时候，他还旗帜鲜明地批判了学者们对管理研究的边界的狭隘认识。[①]

人们关于管理学的研究对象的认识分歧，在很大程度上，还与研究者们对于“管理”这个概念的内涵的不一致的理解有关。比如，一个常见的对“管理”的定义是，管理就是（管理者）使其他人工作。这个定义的基本假设之一是，管理就是对其他人的管理。在这一定义之下，人们通常所理解的管理行为，总是和那些身居管理职位的人联系在一起的。同样是德鲁克大师，他在《管理实践》中指出了管理的三层涵义：一是对企业的管理；二是对企业中管理者的管理；三是对企业中一般员工和工作的管理。而在《有效的管理者》这本影响力很大的书中，德鲁克又提出，身居管理职位的人（manager）并不一定就是管理者(executive)，那些没有任何管理职位的人中却不乏管理者。在这本书中，他写道：“人人都是管理者”，管理的内涵还包括“对自身的管理”[②]。

以上仅为两个小例子，我们可以从中看到，即便是同一位研究者，他在不同时期、不同的研究立场与研究视角下，都会产生对管理研究对象的截然不同的、甚至是彼此冲突的认识。由此也可以想见，与成千上万的研究者在管理学的研究对象这类学科建设的基础性问题上已经形成的诸多争议相比，以上列举的认知分歧不过是九牛一毛而已。

① Drucker, P.F.（1999）：*Management Challenges for the 21st Century*, NY：HarperCollins, New York.

② Drucker, P.F.（1967）*The Effective Executive*, London：William Heinemann.

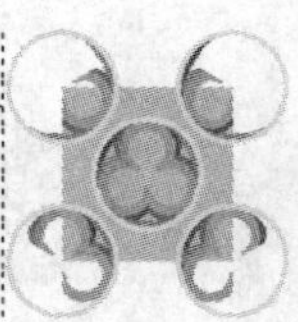

（三）研究规范

由于缺乏同一的研究立场和研究对象，管理学的研究规范及管理学的学科建设也就犹如空中楼阁。学科建设是一个点点滴滴的知识不断汇聚、积淀、累进，集腋成裘的过程。这个过程得以有效运转和生生不息的前提是，形形色色的管理研究成果及其中蕴含的知识是遵循既定的研究规范、原则而得出的，是可以通约的和可以传承的知识。然而，回顾管理理论史，我们可以看到，但凡管理领域有影响力的研究，虽然其研究本身逻辑清晰、方法简练，能够做到自成一家、自圆其说，却往往因为其研究视角的巨大差异性、研究对象的复杂性、研究方法的多样性，而在理论形态上表现得形形色色，其研究结论因为缺乏同一的研究规范而不可避免地带有缺乏可检验性和知识可积累性的缺陷。对于一个学科的建设而言，仅靠这类知识的堆积，是于事无补的。

三、实用主义的危害

到底是什么原因造成了管理研究中学派林立、研究成果百花争鸣而学科建设本身滞步不前的局面亦即阻碍了管理研究的科学化进程呢？笔者认为，问题的关键在于，管理研究领域的实用主义风气太盛，致使研究者难以处理好管理理论与管理实践的关系。

管理学是一门为解决现实中的实际问题而存在的科学，管理理论与管理实践之间存在天然的紧密联系。泰勒曾说过，最佳的管理（实践）是一门实在的科学。作为植根于实践的学问，管理理论（知识）都来源于实践，检验管理知识有效性的准绳也来源于实践。实用主义强调的是基本概念与理论原则的意义存在于可观察到的实际结果中。由于管理理论知识与管理实践之间的这种紧密联系，我们将管理学称为一门应用科学，以管理实践活动作为管理学的研究对象，将实用主义引入管理研究

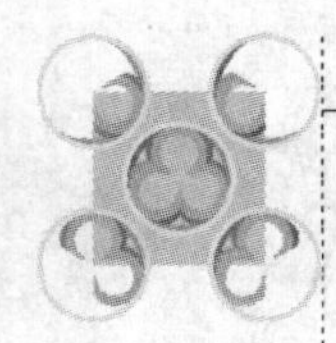

之中，这是有其合理性的。

认真观察和客观描述管理实践，是管理研究的第一步。但研究的科学化，又要求任何一项管理研究都不能简单地停步于此。管理实践与管理理论知识的紧密联系，并不意味着研究者信手撷取管理实践的片断，稍稍经过初加工，就能将它改造成管理理论（知识）。正如土壤并不等于植物本身，我们同样不能将管理实践混同于管理理论本身。

人类实践活动的土壤里培育了众多的科学体系，却没有任何一个学科的知识体系像管理学这样，主要是由对实践活动进行朴素的和缺乏系统性的记录与描述所堆砌而成的。一个学科的形成，是无数的研究者自觉、系统地从同一研究立场出发，运用同一研究规范、同一研究逻辑，解剖同一的研究对象的过程。在这个程式化的研究过程里，研究视角和研究方法是可以多元化的。这种兼具程式化特征和多元化特征的研究过程，是每一个学科的知识得以持续创新、学科本身得以繁荣的动力机制。

在管理研究领域，实用主义经历了从有其存在合理性的实用主义发展成为没有约束的实用主义，再变异为“目光短浅的实用主义”[①] 和有负面性的实用主义的演变过程。孔茨在分析管理理论丛林中的思想混乱时，列举了造成混乱的四个主要原因，在这些原因的背后，我们都可以看到变异了的实用主义的身影——因为对基本概念、原理的不求甚解、断章取义，或者是以偏概全、蓄意曲解，而造成的语义学的混乱[②] 和对原理的错误认识；因为派系斗争、一己私利，先入为主地排斥前人研究成果和不愿意达成当代研究者之间的相互理解。长期以来，受种种变异了的实用主义的影响，以“用”至上的价值取向从管理实践领域向管理研究领域、管理教育领域不断渗透与蔓延，它侵蚀了全社会对纯粹的

① 刘宝宏：“管理理论学派纷争的原因探析”，《经济管理》，2004（19），第19页。

② 事实上，语义的多样性，本身并不成为学科发展的障碍。问题的关键在于其使用者的动机和意念。如果概念的使用者（研究者）都愿意开章明义地给出每一个概念的准确含义，并使这一定义为研究成果的使用者（“概念”的受众）所认同和接受，那么，这种语义的多样性，并不必然带来概念的歧义、研究成果的滥用及妨碍学科建设的问题。

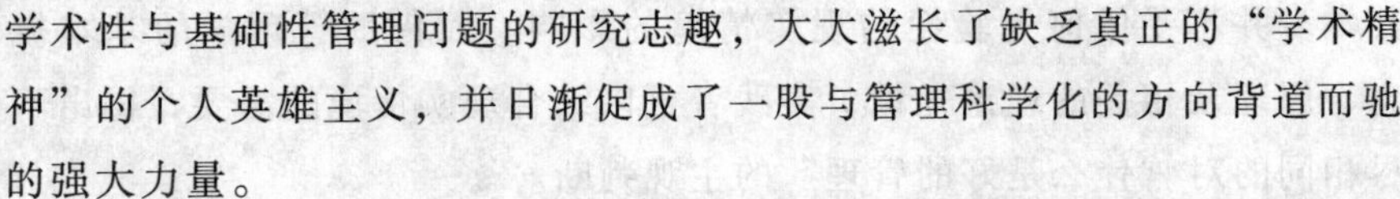

学术性与基础性管理问题的研究志趣，大大滋长了缺乏真正的“学术精神”的个人英雄主义，并日渐促成了一股与管理科学化的方向背道而驰的强大力量。

正是在这种反科学化的强大力量的支配下，今日的管理研究界看起来更像是一个华而不实、杂乱无章的知识仓库。如果我们走入这个知识仓库的内部，就不难发现，一方面，在变异了的实用主义的旗帜下，多元化的研究方法则为研究者们所滥用。技术的进步使得研究条件、研究工具和研究手段迅速得到改进，这有力地推动了管理研究的学派、研究成果及支离破碎的管理“知识”在数量上的激增。另一方面，则是对管理研究过程的程式化要求的严重缺位。缺乏对管理研究过程的程式化要求，就意味着，缺乏有客观的研究立场、共同的研究对象和严密的研究规范的研究，相应地，也就没有高品质的、可积累和可传承的管理理论知识。假以时日，我们就可以看到，在学派纷争的硝烟散尽之后，能够对管理学的独立且完整的知识体系有所贡献的研究成果，微乎其微。

四、管理研究科学化的道路

在看清了当前管理研究中存在的问题，找出了实用主义这一管理研究科学化进程中的障碍物之后，我们可以做一些什么，用以加快管理研究的科学化进程呢？本文认为，以下五个方面的工作是至关重要的。

（一）划清管理实践与管理理论的界线

管理学的方向与管理实践的方向，二者和而不同。管理实践的方向是要解答现实情境中“好的管理应该是什么样的”的问题。而管理学的方向、管理研究的方向，必须同其他学科及科学研究一样，定位于回答“是什么”，即：“事实是什么”、“规律是什么”、“在什么样的条件约束下，将会发生什么”这类客观问题。作为独立于管理实践的管理理论，

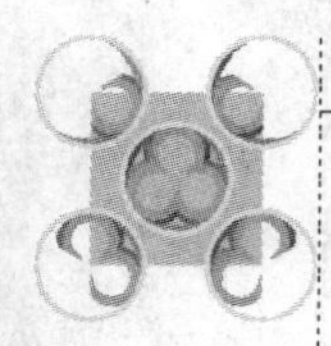

其本身并不受任何先验性的现实情境的影响。而借助管理学的基本概念、原理及相关的理论知识，实践者可以结合现实情境的需要，得出不尽相同的对“什么是好的管理”的主观判断。

实用主义的危害性就在于，受其支配的人们总是习惯于跃过解答“是什么”这样的纯粹的理论研究环节，直接跳入现实情境并武断地给出对“什么是好的管理”的论断。显然，越是缺乏细密的科学研究的支撑的论断，越是贴近谬误。

因此，在管理研究科学化的道路上，我们所要做的第一项工作，就是要将管理研究从实用主义的阴影下解放出来，使研究工作能够为独立的、纯粹的管理理论体系服务。只有这样，我们才有可能在管理实践活动的基础上建构出一个真正的管理学的学科知识体系；也只有这样的管理学，才能够创造出高品质的知识财富，更好地指导和服务于管理实践。

（二）明确共同的研究对象

相信没有人会反对这样的观点：为管理研究确定一个为全部研究者所认可和毫无异议的研究对象，简直就是一个不可能完成的任务。本文在这里所要做的是给出四个概念：组织、人（个人）、目标、过程。如果用这四个概念给出一个定义，那么：管理，就是组织目标与个人目标趋于一致的过程。以上四个概念是任何一项管理研究中都要涉及到的研究因子，它们所定义的管理活动，勾勒出了管理研究对象的大致轮廓。由于在该定义中，这四个概念的重要性彼此同等，缺一不可，因此，我们可以认为，管理研究的对象应该不是惟一的，它应该是一个多面（维度）体。

(1)“目标”所对应的管理研究对象，首先可以是目标管理理论的有关问题。“目标”还可以分别与“个人”或“组织”这两个研究因子结合，在个人（体）目标层面，管理的研究对象通常与人的需要问题有关；而在组织目标层面，组织的价值观、使命、共同愿景，都可以成为管理的研究对象。

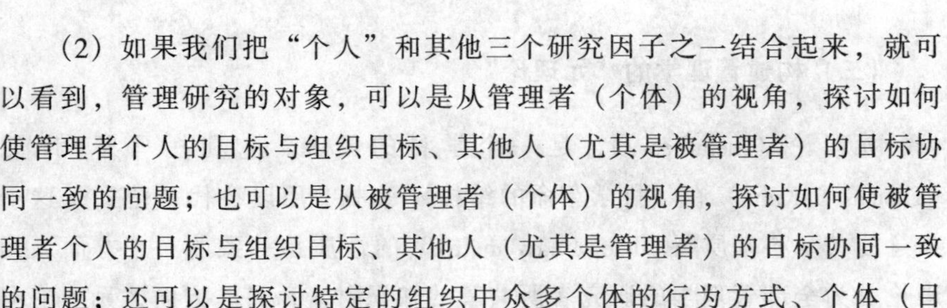

(2) 如果我们把“个人”和其他三个研究因子之一结合起来，就可以看到，管理研究的对象，可以是从管理者（个体）的视角，探讨如何使管理者个人的目标与组织目标、其他人（尤其是被管理者）的目标协同一致的问题；也可以是从被管理者（个体）的视角，探讨如何使被管理者个人的目标与组织目标、其他人（尤其是管理者）的目标协同一致的问题；还可以是探讨特定的组织中众多个体的行为方式、个体（目标）之间的互动影响及其对组织（目标）的影响的过程问题。

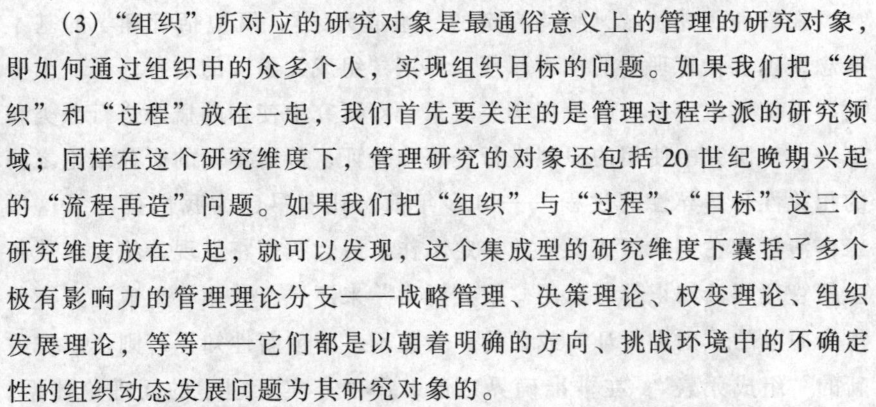

(3)“组织”所对应的研究对象是最通俗意义上的管理的研究对象，即如何通过组织中的众多个人，实现组织目标的问题。如果我们把“组织”和“过程”放在一起，我们首先要关注的是管理过程学派的研究领域；同样在这个研究维度下，管理研究的对象还包括20世纪晚期兴起的“流程再造”问题。如果我们把“组织”与“过程”、“目标”这三个研究维度放在一起，就可以发现，这个集成型的研究维度下囊括了多个极有影响力的管理理论分支——战略管理、决策理论、权变理论、组织发展理论，等等——它们都是以朝着明确的方向、挑战环境中的不确定性的组织动态发展问题为其研究对象的。

为研究者们所客观认同和共信的研究对象，是管理学走向科学化的学科基础。从百年管理学的发展历程看，我们基本不可能确定出一个为人们一致认同的管理（学）的研究对象，在这种情况下，我们不能就“对象”而言“对象”，在无谓的争议中浪费太多的时间。本文所要强调的是，管理的研究对象应该是一个多面体，它必须具有一定的包容力。在具体判断一项管理研究的研究对象的有效性与否的时候，我们可以考虑使用以下三个标准：第一，看它是否以管理实践活动为其研究对象？第二，看它是否与所研究的管理实践活动保持了“一定的”距离，划清了管理实践与管理理论的界线？第三，要关注它在对所界定的对象开展研究时是否遵循的“程式化的”科学研究的程序？这就是我们随后要谈到的，它是否使用“元理论”中的概念和原理，是否选择了客观的研究立场并遵从于严密的研究规范？

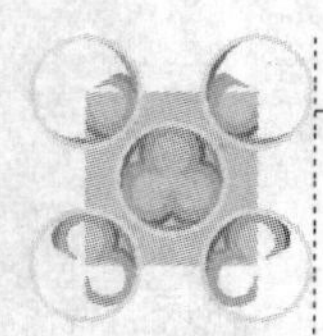

（三）构建管理学的“元理论”

元理论（metatheory），是一个学科的灵魂，它和托马斯·库恩（Thomas S. Kuhn）在《科学革命的结构》一书中用以替代“范式”这个概念的“学科基质”（disciplinary matrix）的性质是一致的。一方面，元理论是为全部管理学的研究者所共享的知识财富；另一方面，元理论由各种元素组成，（且）每一个元素都需要进一步界定[①]。

在管理研究领域，亟待界定的“组成元素”，既包括管理学的基本概念，也包括管理学的基本原理。界定“组成元素”的过程，是一个全面、系统地梳理已有的管理研究成果，对研究中使用的概念进行分类和统一，对研究中使用的原理进行提炼和验证，澄清不同的研究结论之间的相关性与差异性的过程——40多年前，孔茨早已为我们拉出了这项工作清单。在完成组成元素的界定工作之后，我们将发现，绝大多数新生的管理理论知识都可以用“组成元素”来还原，并用“组成元素”所组合而成的原则进行证实或证伪；为数不多的创新性知识，则可以作为新的“组成元素”，在被准确界定后，用于充实管理学的元理论体系。在上述过程中，管理学的元理论将逐步建立与发展。

在管理学的整个学科建设与学科发展中，元理论将充当基础设施的角色。与管理学的其他理论分支相比较，元理论并不拥有“超范式（metaparadigmatic）的地位”[②]。与之相反，它的任务是要通过提供为全体研究者所共享的彼此独立、甚至是互斥的概念与原理构件（组成元素），使不同的管理知识体系能够在不损害各自的特色的前提下解决它们之间的不可通约性。

（四）确立客观的研究立场

研究立场是管理研究方向在每一位研究者的研究工作中具体化的表

① 托马斯·库恩：《科学革命的结构》，中译本，北京大学出版社2003年版，第163页。

② 迈克尔·杰尔逊：《系统思考——适于管理者的创造性整体论》，中译本，中国人民大学出版社2005年版，第295、297页。

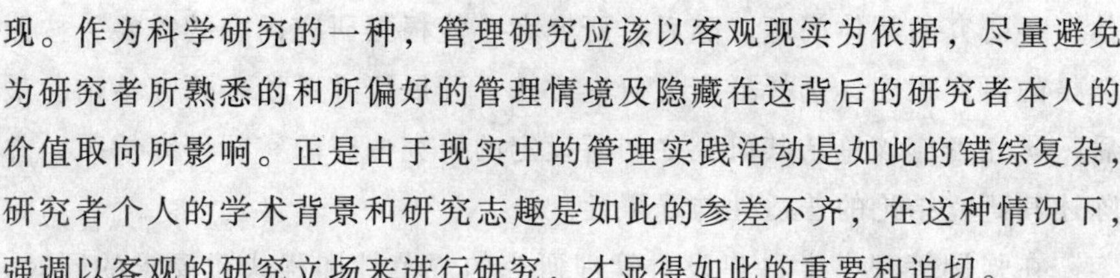

现。作为科学研究的一种，管理研究应该以客观现实为依据，尽量避免为研究者所熟悉的和所偏好的管理情境及隐藏在这背后的研究者本人的价值取向所影响。正是由于现实中的管理实践活动是如此的错综复杂，研究者个人的学术背景和研究志趣是如此的参差不齐，在这种情况下，强调以客观的研究立场来进行研究，才显得如此的重要和迫切。

令人沮丧的一点是，如果我们承认思维惯性的合理性，那么，一般而言，一个好的管理研究者就不会是一个好的管理实践者。这意味着，任何一位优秀的研究者，都必须经历一个选择，一旦他投身管理研究事业，在其整个职业生涯中，他必须时时刻刻铭记管理实践与管理理论之间的这条界线，克制住那些因为鲜活的管理实践活动的诱惑所带来的逾越这条界线的侥幸心理与跃跃欲试的冲动。

（五）遵从严密的研究规范

正如现代工业的发展离不开每一个经济部门确立各式各样的行业标准那样，管理学的学科发展，同样迫切需要管理研究者们尽早确立为大家所谙熟并共同信奉、遵从的开展管理研究的工作准则。如果没有严密的研究规范和严谨的研究逻辑的约束，管理研究所形成的理论就只能是虚妄的理论。

管理学的研究规范，对管理研究有什么样的要求呢？本文认为，它对管理研究的要求同时反映在研究内容、研究程序和研究方法这三个方面，其中，对研究内容的要求是最为关键的。判断一项管理研究规范与否的准绳，莫过于研究者能否合理地运用管理学的元理论的“组成元素”（概念和原则）及在此基础上形成的一系列假设来界定他（们）所要研究的内容，回答所要研究的“是什么”以及“不是什么”的问题。在研究逻辑上，研究者首先要回答的一个问题是，他所要研究的是什么性质的组织的管理问题？其次，他必须回答，他所要研究的是什么时代背景（既定的技术及社会经济条件约束）下的组织的管理问题？第三，他所要研究的是什么时间段范围内的组织的管理问题？第四，只有在回答上述三个基本问题之后，研究者才能以更精细化的假设、进一步定义

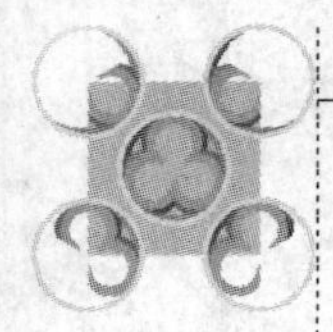

他所要研究的具体问题。随后，研究者才能根据研究内容的需要，按照严格的研究程序，选择恰当的研究方法，开展研究并给出研究结论。最后，研究者应该总结其研究之初所设定的研究内容的实际研究情况，并陈述其研究结论的普适性与局限性。

在强调管理学学科建设对管理研究的规范性和程式化要求的同时，我们并无意于管理扼制研究方法的多样性。作为一门后起的学科，管理学已经从社会学、心理学、经济学等社会人文科学中引入了丰富的研究方法，比如，观察法、问卷调查法、访谈法、案例法、实验法、数学方法，等等。伴随管理学的研究规范逐步建立起来，研究者在选择和运用这些研究方法时，将更为有的放矢。

最后，我们要花一些笔墨对科学的经验主义与前文所反对的变异的实用主义进行区分。信奉经验主义的研究者，通常使用案例法并使用以欧内斯特·戴尔（Ernest Dale）为代表的一批学者所推崇的比较法。作为百年管理研究的一个重要传统，持经验主义理化的研究者们通过观察成功企业、优秀企业、成长态势良好和有前途的企业或者是失败企业的实践活动，总结和提炼出通俗易懂的管理原则。作为管理研究的范式之一，经验主义对于管理学的发展起着积极且重要的作用。但由于经验主义研究方法主导下的管理研究与管理实践贴得是那么的近，这使得人们很难区别开科学的经验主义与变异的实用主义。

在实际研究中，如果真的遇到了这种情况——要判断一项管理研究是科学的、还是伪科学的，是属于管理实践的范畴的、还是属于管理理论的范畴的，那么，我们就可以使用本文所给出的准绳：看它是否有明晰的，为大多数管理研究者所共同认可的研究对象？看它是否遵从严密的研究规范，是否使用元理论中所给出的基本概念和原理？而至关重要的，就是要看它的研究立场，是在宽广的视域背景下研究管理的共性或异质性问题，为补充、修正人们所共享的管理理论知识体系服务的；还是仅仅披着理论研究的形式外衣，服务于狭隘的现实情境的实用性需要的？

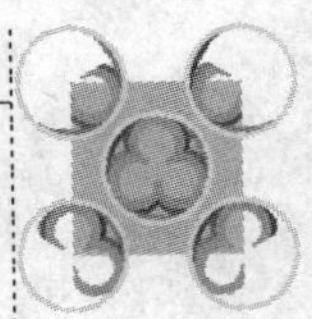

五、小　结

如果以上所说的五项工作能够顺利开展，我们可以期望，管理理论知识积累和管理学学科发展的社会成本将极大地降低；多年来管理研究领域不断涌现的“重新发明轮子”这类故事将得以减少发生；林立的管理学派在管理学学科建设上劳而无功，以及浩瀚如海的管理研究因为彼此的不可通约性和不可传承性而造成的巨大知识价值损失的问题，将从根本上得到解决。也只有这样，我们才能期望，管理研究者们能够及早地、建立起一个独立、完整和有序的学科体系。

（中国社会科学院工业经济研究所　余菁）

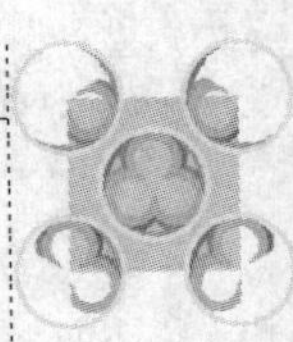

第十七章 DISHIQIZHANG

管理学理论在中国的传播与创新

——以核心竞争力为例

一、管理学理论在中国的传播与创新

改革开放以来，在我国管理科学发展史上曾发生了四个具有里程碑式的事件：其一，1978年钱学森等人在《文汇报》上发表“组织管理的技术——系统工程”一文，开辟了中国管理科学的发展道路；其二，1986年全国软科学研究工作座谈会的召开，促进了管理科学与中国社会主义建设的结合；其三，1996年国家自然科学基金委员会管理科学部的成立；其四，1997年在学科专业目录调整过程中，管理学从经济学中独立出来，成为与经济学并列的学科门类之一。这些事件标志着管理学理论已为我国经济发展做出了巨大的贡献，也表明管理学科的突出地位得到了社会的承认。

成思危（2004）认为在中国和平崛起的过程中，中国的管理科学要

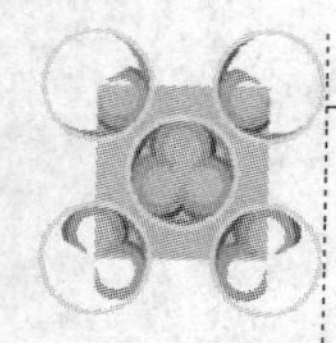

实现提高水平、走向世界的目标，就既要注意全球化，又要实现本土化。[①] 全球化是因为我们要学习借鉴发达国家以及人类的一切管理学理论及实践方面的优秀成果，本土化是因为我们自身的管理实践丰富多彩，有许多优秀的管理思想和实践需要挖掘。

但从目前中国管理学的发展看，既存在着借鉴国外先进管理理论不足的现象，又存在着挖掘本土优秀管理思想和实践不足的问题。前者如本人在《企业管理》介绍世界级管理大师如本尼斯、坎特等人的时候，一些长期执教于管理学的人士也觉得陌生；后者则更多是我们的责任，美国《财富》杂志 2005 年 5 月曾刊文认为，海尔等中国企业对世界制造业管理的贡献远远被低估，比如海尔的企业再造理论拓展的价值，可能并不亚于"持续改善"和"即时生产"管理的意义。[②]

正如经济发展存在差距一样，中国管理学的发展与国外先进水平同样存在着一定的差距，这是有目共睹的事实。在赶超先进水平的过程中，模仿、创新、创造不但是中国产业界的任务，也是中国管理学界的长期使命。正是基于以上想法，本人通过考察源自国外的管理理论在中国的传播、创新与创造过程，以试图揭示管理理论的一般传播规律，把握管理创新的过程，以促进中国管理学的发展与创新。

理论是用以思考我们所面对世界的一种方法。理论的存在有助于防止片面的认识，解释观察到的事实并指出更多的可能，建立起研究的形式和方向。理论应有自己明确的概念、范畴和普遍原则，并且相互依存，形成独特的知识体系。概念、术语等确切地概括了事物的本质、内涵和外延，对理论工作者和实际工作者所表达的信息是同样的。以此为基础，对事实和现象进行分类和分析，概括或假设反映它们之间的因果关系，经过客观实践的检验，证明概括或假设反映了客观事实，并能解释事理，即为原理。相互关联的原理和观念构成一个系统，由此可以形

① 成思危："探索中国管理科学的发展道路"，《管理评论》，2004 年第 5 期，第 3－8 页。

② "张瑞敏列《财富》中文版中国商界领袖排行榜首"，转引自《人民网》2005 年 5 月 15 日。

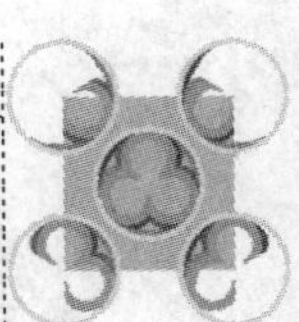

成一个理论框架。

世界上存在着形形色色的理论，理论的产生也有一个逐渐检验完善的过程，有些理论实际上是一种哲学观念或一种价值观，有关方法论的研究通常不对这些理论进行探讨，有些理论只是一些简单的经验通则，其对客观世界的解释能力非常有限，有些则构成复杂的理论体系。

下面选择出现相对较晚但传播极快的核心竞争力（即 core competence，又译作核心能力）理论①，来考察管理理论在中国的传播与创新过程，借以得到一般的启示意义。选择核心竞争力（核心能力）理论在中国的传播作为研究对象，一是因为虽然在 1990 年之前也有一些类似研究，但只是在 1990 年两人在《哈佛商业评论》发表了“公司的核心竞争力”的一文之后，核心竞争力（核心能力）才得到广泛接受并迅速地传播开来，理论出现较晚有利于对其全面、全程考察；二是由于中国学术期刊网数据库的查询时间开始于 1994 年，维普资讯网开始于 1989 年，因此选择 1990 年后出现的理论基本上可以涵盖大部分研究文献。

二、以核心竞争力为例的实证考察

为什么有些企业的竞争优势相当持久，而另一些企业只能得到短期的优势？1990 年，哈默和普拉哈拉德两位学者在《哈佛商业评论》上发表了“公司的核心竞争力”（“the core competence of the corporation”）一文，试图从全新的视角来回答这一问题。随后，核心竞争力成为各种文字的管理学出版物中出现最多的短语之一。

两人在安德鲁斯（1965）、尼尔森和温特（1982）等相关研究的基础上，基于美日企业的比较，发现从 1980 到 1988 年，日本电气公司

① 在本文中核心竞争力与核心能力被视为同一概念。

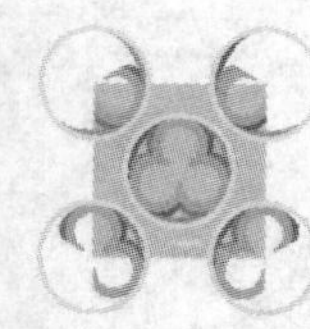

（简称 NEC）通过引进技术实现了销售额的增长，从而在国际竞争上占领了优势地位。而与此同时，美国通用电话及电报公司（简称 GTE）却丧失了在技术上的领先地位。他们认为，造成这种状况的原因是 NEC 用“核心竞争力”设想并构建自己，而 GTE 却没有。他们提出，过去靠低的成本和高的质量，产品在竞争中就能取胜，而现在要靠低的成本、更快的速度、不可预料的产品以及发明新市场、创造新产品并对它们进行提升来取胜，而这些优势取决于正确的战略意图、战略结构，而这一切要靠联合企业内部的各种资源才能实现。这就是成功企业区别于其他企业所具有的能力。核心竞争力的提出激发了人们对于企业本质、竞争优势等这些管理学基本问题的再思索。

核心竞争力的观点与理论在 20 世纪 90 年代后很快传到了中国，给我们的管理学提供了新的研究视角。核心竞争力的概念曾被《世界经理人文摘》杂志评为在过去 10 年中对中国有巨大影响的 10 大管理实践之首[①]。王钦、黄群慧（2004）在一项小范围的调查中发现战略管理中出现在第一档的概念就是核心竞争力。

本篇论文以清华大学中国学术期刊网（www.cnki.net，1994－2004），重庆维普资讯网（www.cqvip.com，1989－2004）为依据，[②] 对两个数据库社科库中题名中出现“核心竞争力”或“核心能力”的文章进行了全面查询，分别得到了如下数据：题名中出现核心竞争力或核心能力的论文总数（简称 AT）、属于 CSSCI 来源库经济与管理类核心题名中出现核心竞争力或核心能力的论文总数（简称 BT）[③]、CSSCI 来源库中管理类核心题名中出现核心竞争力或核心能力的论文总数（简称 CT）、BT 和 CT 库中对于 5 种权威杂志题名中出现核心竞争力或核心能力的论

① 转引自黄群慧：“企业核心能力理论与管理学学科的发展”，《经济管理》，2003（5），第 4 页。

② 因为中国学术期刊网中缺乏重要的管理类核心刊物如《经济管理》，所以以维普资讯网作为查询《经济管理》杂志的依据，并作为中国学术期刊网的重要补充。

③ CSSCI 来源库以 2004 年版为依据。

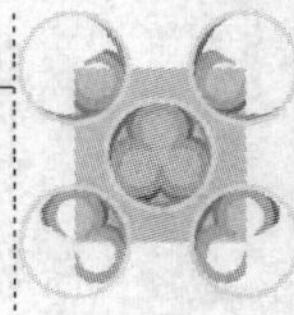

文总数（DT）[①]。每年论文总的绝对数，以及BT、CT、DT占AT的相对数如表17-1所示。

表17-1　1994-2004年题名中出现的核心竞争力（核心能力）论文数统计

项　目	AT	BT	BT/AT(%)	CT	CT/AT(%)	DT	DT/AT(%)
1994年	2	1	.50	1	.50	0	.00
1995年	2	1	.50	1	.50	1	.50
1996年	1	0	.00	0	.00	0	.00
1997年	6	4	.67	1	.17	0	.00
1998年	12	5	.42	4	.33	2	.17
1999年	101	59	.58	19	.19	2	.02
2000年	240	83	.35	24	.10	5	.02
2001年	449	114	.25	46	.10	14	.02
2002年	915	222	.24	58	.06	17	.02
2003年	1222	259	.21	67	.05	17	.01
2004年	1149	252	.22	39	.03	6	.01

核心竞争力（核心能力）在中国近10年的传播既存在着知识的广化，也存在着知识的深化。在理论概念引用的初期，介绍性、综述性的文章占了很大的比例，在此方面，经济与管理类的核心刊物起到了知识引进与传播的重任，如两个数据库中目前在题名中出现核心竞争力（核心能力）的文献，最早可以查到1994年和1995年两篇[②]，1994年的论文是发表在《管理现代化》上的“企业集团的核心能力与多元化发展”，作者是复旦大学的沈伟家，他比较早地把核心能力的思想介绍过来，并

① 综合了CSSCI和CASS的核心评定，本文选择了《管理世界》、《中国工业经济》、《经济管理》、《南开管理评论》、《数量经济与技术经济研究》作为管理类权威核心的5本分析刊物，以上选择只属个人意见，也只作为本篇分析核心竞争力的依据，因为在统计中发现此5本管理类核心出现的频率较高。

② 另一篇发表在《北京社会科学》1994年第4期上的“公司的核心能力”是一篇译文，直接译自哈佛大学杂志《哈佛商业评论》普拉哈拉德和哈默两人的经典文章。

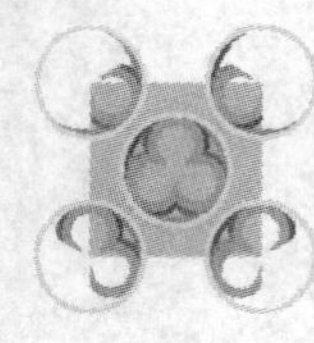

应用到企业集团多元化发展的指导思想上，认为应该走核心能力基础上的多元化发展之路；1995 年的论文是发表在《经济管理》上的“企业核心能力与技术创新”，作者是清华大学的仝允桓、戴浩，该文对核心能力与技术创新的关系进行了分析，并提出了构成核心能力的几大要素。以上的两篇文章都发表在管理类核心期刊上。

正如产品的生命周期发展过程一样，管理理论的发展也存在着从导入期、成长期再到成熟期、升华期之分，考虑到知识的一般传播过程，我们得到以下四个命题。

命题一：在管理理论的引进与传播初期，经济管理类核心杂志起着关键作用

命题二：在管理理论的扩散期，经济管理类核心杂志仍将起着重要作用，但在论文相对数上已开始下降

命题三：在管理理论的深化与创新期，经济管理类核心杂志出现的论文绝对数也将下降

命题四：在管理理论的发展过程中，经济管理类核心杂志、管理类核心杂志、管理权威类杂志的论文发表数都与整个社科类刊物的发表数有着正向的相关关系

以下以核心竞争力（核心能力）为例实证以上命题。

从表 17－1 可以看到，从 1994 年到 2004 年，明显地分为两大阶段，从 1994 年到 1998 年开始有零星的介绍核心竞争力的文章出现，但与整个社科刊物发表的文章相比，数量非常小，5 年时间只有 23 篇文章发表，主要是介绍性的文章，而近半数出现在管理类核心期刊中，因此在管理理论的引进与传播初期，经济管理类核心杂志起着关键作用，命题一很容易得到说明。

从 1999 年开始，对于核心竞争力的介绍和应用都出现了爆发性的增长，在整个社科类文章题目中出现的数量从 1999 年的 101 篇增长到 2002 年的 915 篇，平均每年的增长在 2 倍以上，2003 年达到 1222 篇。这一阶段，BT、CT 和 DT 占 AT 的比例都在 1999 年出现了最大值，分别是 58%、19%、2%，1999 年全部社科期刊中出现的核心竞争力文章更

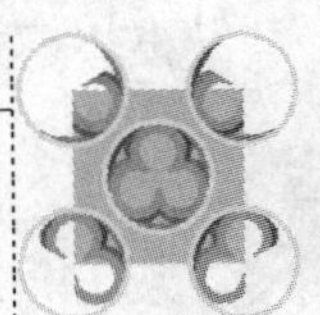

是达到58%，但以后逐年下降，到2003年，分别是21%、5%、1%，这说明这一概念得到了社科界的认同，在社科界得到了广泛的传播。但这一阶段，无论是BT、CT、DT的绝对数都是上升的。于是命题二得到了证明，在管理理论的扩散与广化期，经济管理类核心仍将起着重要作用，但在论文相对数上已开始下降。

从2004年开始，AT、BT、CT、DT出现的数量都开始下降，这似乎说明新的理论创新的开始，经过多年的传播与发展，已有理论的精华已得到诠释与应用，同时其不足已开始显现。最近几年，对于核心刚性的讨论，对动态能力、战略柔性等的研究都可以视作对核心竞争力理论的发展与提升①。但由于这一时期较短，还需要时间的进一步检验。命题三还需要后续年份进一步的验证。

下面以SSPS11.0进行变量间的相关分析和回归分析，AT、BT、CT、DT的相关关系见表17－2，以BT、CT、DT分别作为自变量，以AT作为因变量，分别进行回归分析，回归结果见表17－3。

表17－2　　AT、BT、CT、DT的相关矩阵

（Pearson相关，1994－2004）

项　目	AT	BT	CT	DT
AT	1 （N＝11）			
BT	0.991** （N＝11）	1 （N＝11）		
CT	0.906** （N＝11）	0.932** （N＝11）	1 （N＝11）	
DT	0.806** （N＝11）	0.826** （N＝11）	0.961** （N＝11）	1 （N＝11）

**代表在0.01水平的典型相关（双尾检验）

① 这里可以参见近几年出现的重要成果之一，如哈佛大学的唐纳德·N.苏著的《优秀的承诺》，中信出版社2003年版。

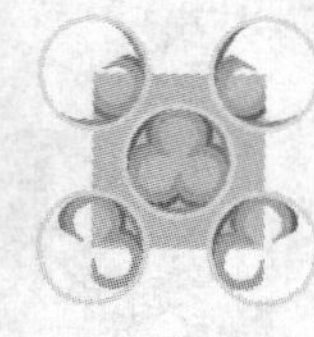

从表 17-2 可以看到，BT、CT 与 DT 都在 0.01 的水平下与 AT 高度正相关，这是与核心期刊的选择标准相一致的，并且在核心竞争力（核心能力）这一理论传播上得到了证明。

表 17-3 核心期刊与全部社科期刊的回归结果（1999-2004）①

自变量：核心期刊	因变量：全部社科期刊（1999-2004）AT		
	模型一	模型二	模型三
BT	0.996***		
CT		0.805*	
DT			0.597
R^2	0.993	0.648	0.356
调整后的 R^2	0.991***	0.560*	0.195
S.E.	45.591	318.356	430.462
F	549.828	7.358	2.212
Sig	0.000	0.053	0.211

$*p<0.10$；$***p<0.01$

可以看到，BT 与 AT 有正相关关系，并且在 0.01 的水平下显著相关，调整后的 R^2 达到 0.991，说明 BT 样本组的核心竞争力文章基本上能够反映 AT 样本组的情况，也就是说，经济管理类核心期刊能够在核心竞争力（核心能力）的研究上代表整个社科杂志的情况。

CT 与 AT 正相关，并且在 0.10 的水平下显著相关，调整后的 R^2 达到 0.560，说明 CT 样本组的核心竞争力文章与 AT 样本组的文章有明显的相关关系，也就是说，管理类的核心期刊与整个社科类杂志发表的同类文章明显相关。管理类的核心期刊在一定程度上能够代表整个社科类杂志对此问题的研究。

而从研究内容上进行分析，正如黄群慧（2002）所言，企业核心能力的理论发展主要在于四个方面：理论体系、分析程序、评价指标、管

① 由于 1994 年到 1998 年，许多项目是空白，所以这里以 1999-2004 年的结果进行回归分析。

理原则。[①]实际上，分析1999至2004年管理权威杂志上发表的论文，基本上能够反映出这种研究趋势的走向（见表17-4）。

表17-4　5本管理类权威杂志核心竞争力（核心能力）文献汇总（1994-2004）

年份	管理世界	中国工业经济	经济管理	南开管理评论	数量经济技术经济研究
1995（1）	0	0	1	0	0
1998（2）	0	1	0	0	1
1999（2）	0	1	0	0	1
2000（5）	0	3	1	1	0
2001（14）	3	0	9	1	1
2002（17）	0	1	14	0	2
2003（17）	2	1	10	1	3
2004（6）	0	1	4	1	0
合计（64）	5	8	39	4	8

注：括弧内的数字为论文小计与合计数

1. 理论体系的构建

理论体系的形成应最终建立一套相对严密的由概念、命题和定理组成的理论体系和分析框架。每一个理论体系的形成都需要分清本理论与其他理论的区别与联系，也就是需要清楚地界定自己的边界，在此边界内其解释将是有效的。5篇管理类权威杂志上的论文有一部分对此进行了研究。管益忻（2000）分析了培育、强化企业核心能力亟待划清的10个界限，比如资源与能力的界限、以消费者剩余为本质内容的核心能力

① 参见黄群慧："企业核心能力理论与管理学学科的发展"，《经济管理》，2002（20）：4-9。

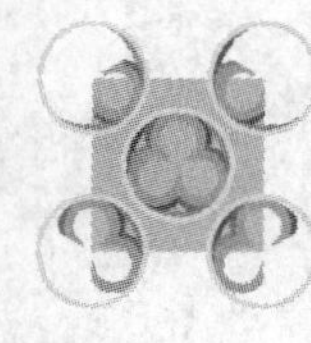

与对手间战略差异性为本质内涵的界限等；项国鹏（2001）分析了企业核心竞争力的知识属性，以及两类管理概念的内在联系，等等。

2. 分析程序的研究

分析核心能力的一般程序，并以核心竞争力的基本思想和分析框架为基础应用到国内外的企业案例中。《经济管理》在2001年第20期安排了一组文章，如黄津孚的“资源、能力与核心竞争力”分析了三个概念之间的异同，方流法以“企业核心能力及其识别”提出了企业核心能力的识别原则，张国军以“企业核心竞争力的构建与扩散：一种战略协同的过程”，从战略协同视角剖析了企业核心竞争力的构建与扩散过程。

彭锐、吴金希（2003）从知识价值链的视角分析了企业核心能力的构建过程；赵晓容等（2003）提出了一个基于模糊评判的虚拟企业盟主核心竞争力的定量与定性识别框架；杜纲、樊奖平（2003）以石油服务企业为例，提出了构建分析核心竞争力的思路和模型；冯巧根（2003）以核心竞争力的思想为基础，论证了核心竞争力财务的可行性；汤湘希（2004）论证了无形资产经营与提升核心竞争力的关系；徐虹（2004）把核心竞争力的思想具体运用于饭店企业的分析。

还有一些文章具体分析了中国行业领先企业的核心竞争力问题，如康荣平、柯银斌（2000）以核心能力理论为基础，分析了海尔与长虹的核心能力，2001年又分析了格兰仕的创业与成长过程；管益忻（2000）对三联集团的核心能力机制进行了分析等。

3. 评价指标的进展

一部分论文试图建立企业核心能力的识别体系与企业绩效的评价指标。蔡宁、阮刚辉（2002）利用层次分析法（AHP）提出了中小企业基于资源创新性组合能力的核心竞争力及其综合评价体系；聂辰席、顾培亮（2002）在讨论了核心竞争力与企业竞争力的关系基础上，提出了企业竞争力的评估模型和评价体系。张炜（2003）分析了核心竞争力的辨识路径图和43个指标组成的指标体系；李琪、韩峰（2003）提出了集成化供应链核心竞争力的综合评价指标体系和评价模型。

4. 管理原则的提出

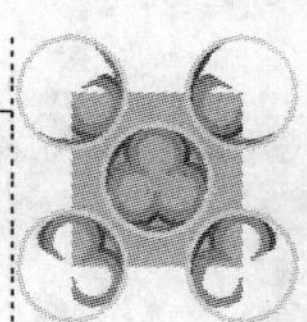

此方面的文献较少，黄群慧（2002）认为企业核心能力的提出其特殊价值在于：核心能力范畴的提出为管理学研究提供了一个新的视角；核心能力的提出提供了一个贯穿企业组织内外管理学知识的逻辑线路；核心能力为整个企业管理学研究提供了一个新平台。而目前大多数关于企业核心能力的研究，仅仅集中于战略管理领域或企业经济学领域，有必要将核心能力作为一种现代管理思想深入研究，探讨其一般的有效管理原则。

夏健明、陈元志（2003）以核心竞争力视角下的企业边界——基于供应链的分析，探讨了企业理论的基本问题之——企业边界，提出了一些有意义的结论。这些结论虽然需要进一步证明，但也可以看作是一些有价值的基本管理理论命题，如：企业的核心竞争力决定了企业的最小边界；终端需求的不确定性与企业边界成反向关系；企业对产品和服务需求的定制要求与企业边界成正向关系；企业的最终边界是由终端需求的不确定性和企业对产品和服务需求、定制化程度、资源约束条件共同决定的；企业在供应链上的地位会影响企业的边界、交易方式，从而影响企业的边界；企业与供应商的联盟会使企业的边界变得模糊。

三、对中国式管理学研究的结论

对于我国的管理学界而言，试图进行管理理论的创新就要站在巨人的肩膀上，以后来居上的心态关注具有中国时代背景的研究课题，关注模棱两可的现象，以及对不同学科的整合。在理论研究中，需要综合应用三种知识创新的方法：转移，对发达国家的较成熟理论改造后解释中国的现象；提升，对已有理论的进一步发展；类推，用其他学科的理论解释本学科的问题。这里的关键是看我们整合已有资源（包括各种学术观点与理论）的能力，也就是吸收能力，吸收能力不强，就不大可能形成完整有效的理论体系。

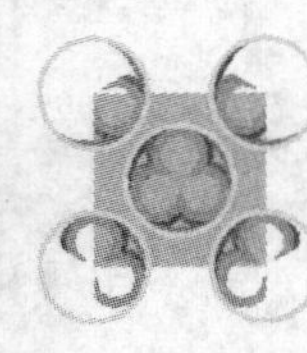

由于中国数据库的局限，可能许多杂志没有包含进来，同时 CSSCI 和 CASS 的来源期刊也在不断地调整，这些都为统计带来了难度，也是本文的缺陷所在。再者，没有考虑核心竞争力（核心能力）在国外的相应传播情况。从本人另一篇分析熊彼特思想的传播情况看①，国内研究存在着一定的滞后期（3—5 年），如果能够进行对比研究将更有价值。

[参考文献]

1. Nelson R., Winter S. *An evolutionary theory of economic change* [J], Cambridge, Mass.: Belknap, Press, 1982.
2. Prahalad C.K., Hamel G. The core competence of the corporation [J], *Harvard Business Review*, 1990, (5-6): 79-91.
3. 蔡宁、阮刚辉："中小企业的核心竞争力及其综合评价体系"[J],《数量经济技术经济研究》, 2002 (5)。
4. 成思危："探索中国管理科学的发展道路"[J],《管理评论》, 2004 (5)。
5. 崔援民、黄群慧："21 世纪企业管理学发展与现代管理方法论"[J],《中国软科学》, 1998 (3)。
6. 杜纲、樊奖平："石油服务企业核心竞争力构建分析模型"[J],《数量经济技术经济研究》, 2003 (2)。
7. 方流法："企业核心能力及其识别"[J],《经济管理》, 2001 (20)。
8. 冯巧根："基于核心竞争力的财务管理：一种理财新思路"[J],《数量经济技术经济研究》, 2003 (5)。
9. 管益忻："三联'集团'核心能力机制分解"[J],《中国工业经济》, 2003 (3)。
10. 管益忻："培育、强化企业核心能力亟待划清的 10 个界限"[J],《中国工业经济》, 2003 (9)。
11. 黄津孚："资源、能力与核心竞争力"[J],《经济管理》, 2001 (20)。
12. 黄群慧："企业核心能力理论与管理学学科的发展"[J],《经济管理》, 2002 (20)。
13. 黄速建、黄群慧："管理科学化与管理学的科学性"[J],《经济管理》, 2004 (18)。

① 将发表于《科学与科学技术管理》2005 年第 8 期。

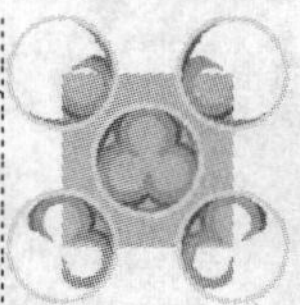

14. 康荣平、柯银斌："格兰仕集团的成长、战略与核心能力"[J]，《管理世界》，2001（1）。
15. 康荣平、柯银斌："中国企业核心能力剖析：海尔与长虹"[J]，《中国工业经济》，2003（3）。
16. 李琪、韩峰："集成化供应链核心竞争力分析"[J]，《经济管理》，2003，（13）。
17. 刘德强、陈俊芳："企业多元化的新模式：基于核心能力的虚拟经营"[J]，《中国工业经济》，2002（10）。
18. 刘海建、陈松涛、陈传明："企业核心能力的刚性特征及其超越"[J]，《中国工业经济》，2003（11）。
19. 聂辰席、顾培亮："论企业核心竞争力的性质"[J]，《数量经济技术经济研究》，2002（7）。
20. 庞作祥："期货公司核心竞争力指标研究"[J]，《经济管理》，2004（21）。
21. 彭锐、吴金希："核心能力的构建：知识价值链模型"[J]，《经济管理》，2003（18）。
22. 克拉克·帕拉哈拉德、加利·哈默尔，刘捷译："公司的核心能力"[J]，《北京社会科学》，1994（4）。
23. 沈伟家："企业集团的核心能力与多元化发展"[J]，《管理现代化》，1994（3）。
24. 汤湘希："基于企业核心竞争力理论的无形资产经营问题研究"[J]，《中国工业经济》，2004（1）。
25. 童利忠、张鸿萍："基于先进运作模式的企业核心竞争力分析与比较"[J]，《中国工业经济》，2001（2）。
26. 仝允桓、戴浩："企业核心能力与技术创新"[J]，《经济管理》，1995（6）。
27. 王钦、黄群慧："企业管理学研究前沿：知识来源、具体问题与判断标准"[J]，《经济管理》，2004（3）。
28. 夏健明、陈元志："核心竞争力视角下的企业边界——基于供应链的分析"[J]，《经济管理》，2003（4）。
29. 项国鹏："知识管理与企业核心竞争力的培育"[J]，《南开管理评论》，2001（6）。
30. 徐虹："饭店企业核心竞争力概念探析"[J]，《南开管理评论》，2004（6）。
31. 易行健、杨碧云、聂子龙："多元化经营战略、核心竞争力框架与股权结构"[J]，《南开管理评论》，2003（2）。
32. 韵江、马春玲："基于环境和核心能力的互动战略探析"[J]，《经济管理》，

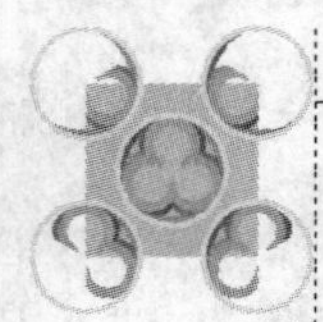

2002（16）。

33. 张国有："企业核心竞争力的构建与扩散：一种战略协同的过程"[J]，《经济管理》，2001（20）。

34. 张炜："核心竞争力辨析"[J]，《经济管理》，2002（12）。

35. 张炜："核心竞争力辨识及其指标体系"[J]，《经济管理》，2003（16）。

36. 张秀萍、王凤彬："跳出'哈默圈子'——关于核心竞争力研究的回顾"[J]，《内蒙古财经学院学报》，2002（3）。

37. 张玉利：《管理学》[M]，南开大学出版社 2004 年版。

38. 张玉利、李乾文、陈寒松："谁是管理大师"[J]，《企业管理》，2004（2）。

39. 赵晓容、陈俊芳、赵鸣雷："虚拟企业盟主核心竞争力的定性与定量识别"[J]，《经济管理》，2003（10）。

（南开大学商学院　李乾文）

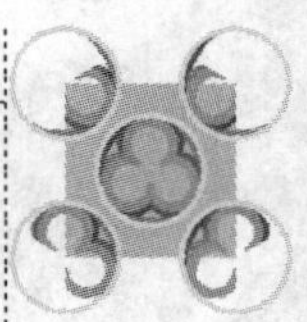

第十八章 DISHIBAZHANG

以环境与问题为导向探讨中国管理的发展

在过去的一个多世纪里，企业管理经历了数次重大的变革。随着第二次世界大战的结束，信息技术开始大规模进入企业，生产活动往自动化方向发展。自动化生产要求以信息为中心，以知识密集型的工作取代熟练或非熟练的手工劳动。到了20世纪90年代，传统的企业规模经济概念受到挑战，“越大越好”的观念被打破。企业传统管理模式不断受到冲击，企业文化、敏捷制造、战略联盟、核心竞争力、企业流程再造及学习组织等新概念新方法不断推出和流行，不同内容的组织变革成为企业关注的焦点。显然，引起这些变革的根本原因在于快速变换的管理环境。“管理学是过去和现在的经济、社会和政治力量的一种产物。……管理思想不是在没有文化的真空中发展起来的，管理人员往往会发现，他们的工作总是受到当前文化的影响。”（雷恩，1994）确切地说，由经济、社会、政治等因素所构成的管理环境变迁导致了企业管理问题的产生，使得管理人员关心和了解所在环境的需要，这种要求又对管理研究提出更高的要求。

综观我国管理的发展，不同时期的管理模式无不折射出当时的环境特点。计划经济体制下，“仿苏”的工业制度管理及其“本土化”后的

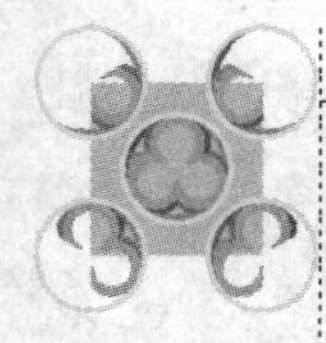

工厂管理模式，均是当时强烈政治色彩的管理的产物，所体现出那种“民主”也并非是参与式的而是政治动员式的“民主”。在从传统的计划经济向社会主义市场经济转变的过程中，国有企业转换经营机制任重道远，技术引进促进了管理“西化”的进程。但是，在引进、消化、吸收国外先进管理理论与方法 20 多年之后，回顾这段历程，那些令人向往的管理理论与管理实践的反差也引起争议。正如柳传志所言：“我们遇到问题时开始主要是在实践中向国外同行学习先进的管理理念。但是也参考一些管理理论方面的书，有国内的，也有国外的，但不能完全解决企业的实际问题，那时解决问题更多的是靠经验加摸索，有的解决得很好，有的虽然解决了，现在回想起来感觉还有更好的解决办法。”为此，需要从我国管理环境及由此产生的管理问题入手，寻求我国管理发展的线索，探询管理实践对理论研究的需求和期盼。

一、西方管理发展史的回顾：管理环境与管理实践推动着管理理论的发展

从西方管理思想演变的过程来看，管理理论的形成是在不断解决问题的情况下进行的。在不同的发展阶段，不同的经济、社会和政治因素综合作用的结果就是，对管理学者和实践者造成了应付更新、更困难的管理问题的压力。

（一）第一阶段　科学管理理论：早期工厂制度时期管理问题积累的结果

20 世纪初，美国的产业革命刚刚完成，原来许多手工作业都被机器取代。在这个资本积累和制度化管理阶段，为满足大规模的市场和大规模销售的要求，企业在日益激烈的竞争环境中发展壮大。承受竞争压

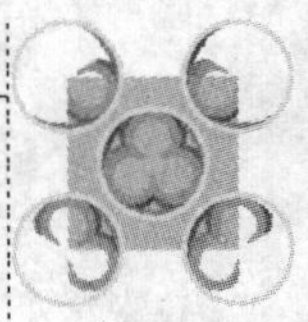

力的企业需要不断扩大规模，而规模的扩大要求高水平的管理。因此，原先许多创业的企业家无法承担管理的责任，逐渐从岗位上退下来，由一批新型的领取薪金的管理人员顶上去。资本积累阶段的完成意味着20世纪初期那些典型的公司面临提高效率的两大问题：(1) 改进生产技术和改造生产过程以降低单位成本；(2) 推动计划工作和协调工作并对经营效益进行评价。

为此，泰罗和其他一些人强调的是利用资源的合理化，效率的提高符合经济环境的需要。"科学管理是环境的产物，这意思是指所以要发展科学管理是由于工业迫切需要效率。"(雷恩，1994) 由此，科学管理思想得到广泛传播。在大量追随者的努力下，这种管理思想在企业管理中得到落实。虽然应用措施有所不同，而管理思想是一样的：追求效率。在这个过程中，泰罗所主张的科学管理的原则即"心理革命和在关心工人个人的情况下对各种组织和方法的综合"受到极度的忽视，泰罗的具体管理方法被变通。"一般来说，研究操作时间的人员未经很好培训，没有经验，所制定的奖励比例常常是根据资方的愿望，不是根据科学的调查和观察。奖励计划也是根据秘密察看制定的。霍克西发现没有一个工厂是完全采取泰罗、甘特和埃默森的方法的。很少工厂实现泰罗的差别计件制，多数企业管理法是甘特和埃默森方法的变种。"① 可以看出，管理思想接受检验的主要依据是管理实践的情况，至于应用上有所差别并不是最重要的，应用方面的剪裁与当时管理环境有关：经济人的观点排斥了"心理革命"。

(二) 第二阶段　人际关系理论：对科学管理的过度理性的缓解

劳工与管理层关系的改善问题已经由泰罗提出，却被当时经济环境对效率追求的主流思想所掩盖。其重新提出并提高到主流，取决于时代

---

① 雷恩引用了霍克西、汤普森和纳尔逊的调查报告结果来反映泰罗的科学管理实践情况。其中，霍克西的调查结果无疑具有典型性：虽然对科学管理的目的有误解和曲解，但泰罗和他的追随者的思想一般都是为了改进企业的实践，并产生了巨大的影响力。

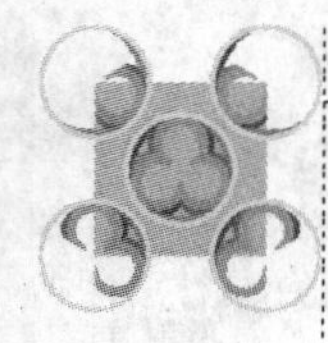

背景：(1) 经济复苏的要求需要劳工和资本的协作。经济萧条阻碍了资源的进一步积累。大多数学者认为，只要恢复了社会团结，开辟了信息交流渠道，满足了员工社会和心理需求，人们的努力就能转向提高生产率；(2) 企业考虑的是生存问题。“萧条期间的不安全感使得人们更坚持一致，并使得潜在的问题尖锐化了。”（雷恩，1994）归属需要和社会伦理的兴起使得管理者转向对人的关心。(3) 政府强调劳工和管理层关系的协调。(4) 管理领域更为复杂。由于更为先进的工艺技术和信息交流、基础更广泛而教育更良好的劳动力以及工商业和社会之间更自觉的关系，管理领域是前所未有的复杂了。这也迫使企业将管理重心从生产转移到人。

由此，看似偶然的“霍桑试验”引发的人际关系理论得到广泛的重视。围绕这种管理理念，提出一些类似的观点：(1) 号召社会的、人群的技能而不是技术的技能；(2) 强调通过团体和社会团结来重建人们的归属感。(3) 注意通过工会、参与领导以及把工厂中的正式组织和社会组织结合起来使得权力平均化。显然，这种对“人”的关注的最终目的还是在于“效率”。况且，对这种思想落实和传播过程，也并没有摒弃科学管理的各种管理技术，而是使之共存。

（三）第三阶段　现代管理理论：前期成果的糅合与发展

对以往管理理论的发展和融合的努力是这个阶段的特点。最初对管理作出描述的，基本上都是管理实践家。他们总结提炼自己的经验与观察，并上升到规律性的把握。随着组织的成长和多样化，随着二战后技术和市场需要发展，随着决策制定过程变得更为复杂多变，企业的发展决定于多种因素，变革成为企业管理的主题。为了应付复杂多变的环境，需要同时对组织和个人进行关注。这个时期，日本对美国科学管理的消化和改造引起了对企业文化的关注。因此，大量的研究强调管理实践的艺术性，教会企业“如何做”，并在管理中寻求卓越，力图保持企业的高绩效。其间，由于信息技术的发展，对管理理念和管理技术均产生冲击，发展了敏捷制造、战略联盟、核心竞争力、企业流程再造及学

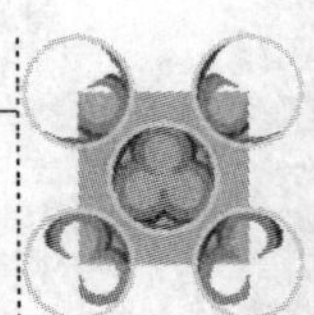

习型组织等不同层面管理理论与技术。至此，管理领域的研究可谓丰富多彩，令人眼花缭乱。但是，对国外管理研究热点进行归纳，无非是三个层面的内容：一是管理思想和观念，二是管理理论和技术，三是管理应用和实践。从一个年会的管理专题清单，整理出不同层面的典型关注焦点：

(1) 管理思想和观念层面：管理的批判性研究；管理、心灵和宗教；创业精神；组织与生态环境；管理的社会层面。

(2) 管理的理论与技术层面：公司政策与战略；国际管理；管理史；管理与组织认知；人力资源管理；组织和管理理论；组织发展与变革；组织行为；运作管理；公共与非盈利性组织的管理；研究方法；技术与创新管理。

(3) 管理的应用与实践层面：职业发展；冲突管理；组织中的性别与多样性；健康保健管理；管理咨询；管理教育与开发；组织沟通与信息系统。具体见表 18－1。

表 18－1　　国外管理研究的焦点分析

不同管理层面	涉及的管理专题	研究内容
管理思想和观念	管理的批判性研究；管理、心灵和宗教；创业精神；组织与生态环境；管理的社会层面	管理的根本出发点，管理的责任和目标，指导管理的方向和基本原则
管理理论和技术	公司政策与战略；国际管理；管理史；管理与组织认知；人力资源管理；组织和管理理论；组织发展与变革；组织行为；运作管理；公共与非盈利性组织的管理；研究方法；技术与创新管理	对企业管理规律的高度抽象的概括，包括不同层次职能性管理，对这些职能性管理进行分析与原理的讲解
管理应用和实践	职业发展；冲突管理；组织中的性别与多样性；健康保健管理；管理咨询；管理教育与开发；组织沟通与信息系统	为了实现企业目标而进行的实际企业运作和管理，对运作过程中遇到的具体问题进行分析与阐述，重点描述“如何做”

资料来源：根据陈劲：“2004 年美国管理学会年会综述以及对我国管理学研究的启示”，《管理学报》，2005 (1)，第 123－126 页整理。

由此可以看出，西方管理的发展过程与管理环境的变迁密切相关。

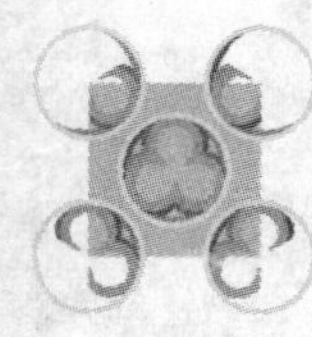

环境对管理提出要求，管理是实践升华的结果。这个发展历程无疑给我国管理发展一定的启发。

(1) 不同阶段的管理不是截然分开的。每个阶段都是前一个时期的延续和发展，看似不同的管理思想是共存的，并非处于一种“非此即彼”的状态。人际关系学说得提出并没有否定科学管理的合理性，现代管理更是对“物”与“人”综合考虑的结果。

(2) 管理思想层面对管理行为的影响超过管理技术和方法的影响力。管理思想作为管理行为的导向，可以纠正不符合时代潮流的内容。反过来，管理思想的导向性也需要得到实践的检验，有利于企业发展的管理思想往往得到广泛的推崇，并能够得到落实。虽然应用的手段存在差异，但是思想所决定的管理理论缺都是一样的。

(3) 管理理论和技术与管理现实总是存在距离的。这种距离或者来源于管理思想的一定超前性，或者来源于提出者本身未具备管理经验，犯“全盘否定”和“全盘肯定”的错误都不利于先进管理理念的落实。

二、我国独特的管理环境与管理问题

处于全球化大潮中，影响西方企业的环境因素理所当然成为我国企业的管理大环境。但是，那些与其他国家所不同的独特的环境因素才值得我们给予更多的重视，也是探究西方管理理论在我国应用中“失蹄”的主要症结所在。

(一) 我国企业管理环境中的独特因素分析

从文化环境来看，我国企业面临的独特环境首当其冲就是文化的影响。首先，我国文化中的“关系”对管理的影响已经引起世人的注意。在我国的管理中，受到传统思想的影响，处处都能看到“关系”的影

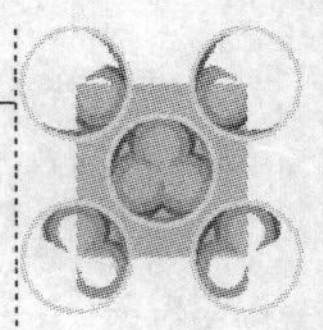

子。“公事私办”是普遍的现象，已经对管理现代化造成了严重的障碍。再者，“单位文化”也表现为更直接的文化表现。在这种文化中，单位的成员如同依赖家族一样依赖单位，一切都要依赖“组织”。这样，使中国的管理者面临的是一种未经工业化洗礼、未剥掉温情脉脉面纱的组织环境。绝大多数管理者并未经过严格的现代化组织管理训练，只要具备了一个好“家长”的素质，就完全胜任管理需要。极少数掌握了先进管理理论、技术和方法的先进分子，也会在实践中发现自己所掌握的所谓“科学”没有任何实用价值（刘文瑞，2002）。因此，在这种组织环境中，中国的管理始终以经验为主，即使“引进”了一些新的思想和方法，也无法跳出“中体西用”的框架（刘文瑞，2002）。虽然对“关系”的理解尚存在争议，“和谐”的一面固然难得，但这种与西方讲求工作上的“人际关系”不同的私人型的“关系”确实不符合管理中的理性要求。

从政治环境来看，我国国有企业处于传统政企不分的企业制度向较规范科层过渡时期，现代企业制度的建设处于由试点到推广的阶段。改革开放以后，企业自主权的下放基本到位，但是，国有企业与国家之间的产权问题一直是争论不休的难题。在这种情况下，企业不可能自觉自愿、主动地进行管理的创新，制度的执行力大打折扣。

从经济环境来看，社会主义市场经济体制逐步形成，市场也从不规范到规范。但是，不公平的竞争仍然存在。另外，我国还是一个尚未完全工业化的国家，面临工业化和新经济的双重挑战。我国的制造业还很薄弱，国力的强弱在很大程度上仍然是工业制造业的强弱。这种状况无疑与西方发达国家存在天壤之别。在管理技术的应用与选取上不能不考虑经济实力。

（二）国有企业的主要管理问题

在所有的环境因素中，政治因素对国有企业的影响最为明显和深远。原来的计划经济体制遗留的管理模式加上固有文化因素，一直影响

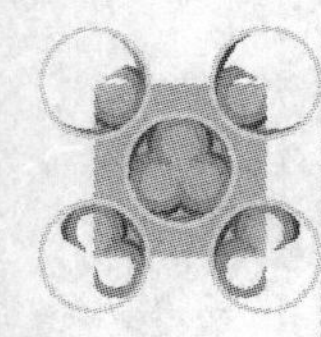

着国有企业的管理创新和发展。因此，国有企业的管理问题与国家宏观调控有直接联系。

1. 产权问题

国有企业内部一次次改革之潮都因为没有冲破产权问题而不得不退潮。从逻辑上看，经济改革的主要原因就是计划经济下的国有大中型企业效率低，低效率是传统的计划经济体制下国有大中型企业一无例外的通病。主要原因就是人们普遍对资源的使用不关心。其根源就是产权关系不明确。明确产权是现代企业从事经济活动的前提，产权不明确就会导致经济活动的积极性低下，最终表现为低效率。为了明晰产权关系，企业花费了大量的资源，甚至将企业改制与管理变革划等号，结果可想而知。

2. 经营者问题

转轨时期不论是企业还是个人，其短期行为都非常普遍。尤其是，在经营者获取的非市场化和激励的矛盾未解决之前，又缺乏有力的监控和考核机制，不考虑企业长远发展的情况难以避免，"庙穷和尚富"、"庙穷和尚穷方丈富"的现象普遍存在。

3. 执行力问题

国有企业有章不循随处可见。根据中国企业家调查系统2000年的一份调查显示，只有48.7%的企业规章制度贯彻率在80%以上。执行力在企业管理中的地位是不言而喻的，如果这种状况得不到改善，再好的管理模式均难以发挥作用。

在这种情况下，国有企业没有动力也无需更多的管理创新，"不求有功，但求无过"。最终体现为：企业发展动力不足，忽视企业的绩效。

（三）民营企业的主要管理问题

1. 规模问题

在企业的持续发展方面，私营企业要做大，需突破的一个重要的瓶颈就是专业化和规范化。但是，所有权与经营权的高度重叠使管理不能

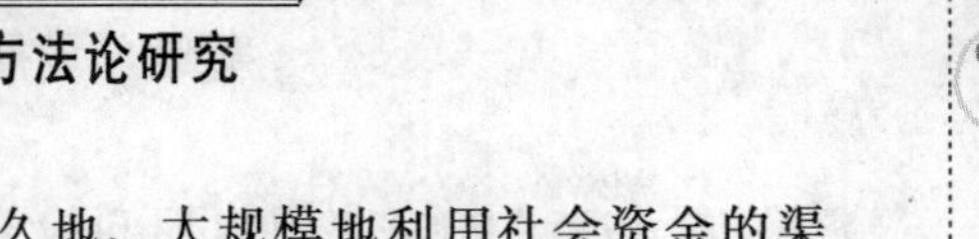

专业化，加上其所有制限制了企业永久地、大规模地利用社会资金的渠道企业发展后劲不足。

2. 经营人才缺失

私营企业的劣势表现在深知因缺乏人才而难以发展，却又很难创建获得和留住人才的环境。出于对职业经理人的不信任，经营人才情况更是如此。

3. 管理不规范

从创业开始，许多企业创始人凭着精明和开拓市场努力打开局面。整个过程基本是按照经验进行管理。缺乏实业精神、无序性、惟眼前利益是图等这些缺陷制约了企业家的理性决策，管理创新的动力不足。

可以看出，我国经济的多元结构和转型社会经济特色直接影响着企业管理的发展。其中，政治因素对国有企业的影响更为直接和显著，而经济发展进程与民营企业的关系更为密切。人文因素对两者的影响方式不尽相同。虽然影响途径不同，但是导致的结果却基本一致：发展动力不足。

三、我国管理理论与管理实践的反差

在现有的环境条件下，如果全面引进和应用西方的管理理论，必然产生理论与实践脱节的问题。“当你基本上掌握了西方企业管理规律，熟练运用了各种管理工具，那么你在外资企业或者管理非常西方化的公司会如鱼得水，但到了国企或者中小民营企业你会发现一切都变了样，他们会说你的模型太深奥难懂，你的报告结论下得太早，你的计划复杂、繁琐，你的个性不够成熟，你的沟通太不老练。”（鸿钧，2002）关键的是，许多在西方企业已经相当成熟的管理技术在我国实施也会出现曲解和变形。

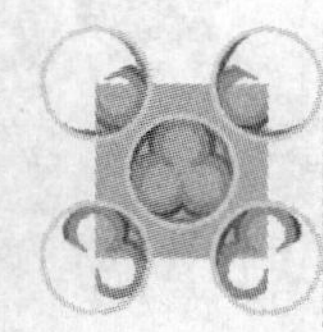

据1995－2000年国内期刊检索和问卷调查统计，实践需求与研究热点之间存在一定程度的脱节（见表18－2）。

表18－2　　我国管理实践需求与研究热点对照

类别	基本吻合的领域	实践需求低于研究热点的领域	实践需求大于研究热点的领域
管理工程领域	管理科学与管理思想史、运筹与管理、预测技术和信息技术与管理	组织理论、评估技术、数量经济分析方法、工业工程	一般管理理论、复杂性研究、管理心理与行为理论、管理系统工程、决策与对策理论
工商管理领域		风险投资管理、市场营销、技术经济与管理、信息技术的运用与管理、公司治理结构、会计理论与方法和项目管理	领导方式与行为、人力资源管理、组织设计、企业战略管理、企业内外环境、财务管理、组织变革管理、企业文化、创新管理和运作管理
宏观管理与政策领域	国有企业改革、现代企业制度、增值税、社会保障、创新管理、区域经济、粮食流通、互联网	风险投资、资本市场、公共政策、政策分析、绩效评估、政府再造、电子政府	

资料来源：根据郭菊娥、席酉民："我国管理科学研究回顾与发展展望"，《管理工程学报》，2004（3）整理。

由此可以看出，国外研究热点的形成大多来自管理实践的需要，而国内研究热点一方面来自国外已经形成的热点，另一方面来自国家政策的需要由政府资助扶持形成的热点。从实践需求的领域来看，战略管理、人力资源管理和组织管理领域受到实践的重视，但还没有学术界的关注。值得注意的是，有关管理思想和理念性的研究没有引起足够重视。这样，难以对我国企业的"顽疾"进行手术，进而消除现实中管理行为的偏颇。

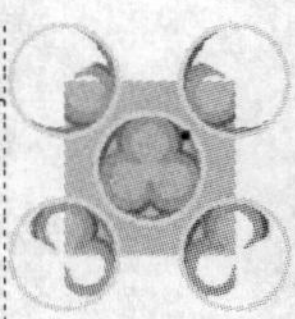

四、我国管理发展中若干问题的思考

（一）如何建立管理的三个层面

在管理的三个层面中，管理理论和技术属于职能性管理规律性的高度概括，而另外两个层面与具体环境密切联系。因此，在消化引进西方管理理论时，管理理论和技术的学习和消化为应用层面，成为管理学教育和实践的主要任务。而更为严峻的是，我国需要根据现有的环境条件和存在问题建立中国特色的管理思想。管理思想确立的任务在于对管理理性与非理性的把握。

（二）如何把握继承与摒弃

我国有悠久的文明史。在漫长的历史长河中，有许多有价值的管理思想散落在诸如《孙子兵法》、《周易》、《论语》等著作中，等待我们去发掘；有许多大的管理实践，有许多大的工程，如长城、都江堰、大运河、皇宫等，等待着我们从管理角度去总结。特别值得一提的是，我国的主流传统文化即儒家思想如果和现代化结合得很好，会促进企业管理水平的提高。此外，计划经济体制下的企业管理也不是一无是处，其中有许多优良传统如职工当家做主、民主管理、集体主义、两参一改三结合等等，我们完全可以继承下来带入未来的市场经济。

（三）如何认识与国际接轨的问题

由于管理研究的文化特性，在一些研究成果没有可比性的情况下，追求领先本身没有什么价值。赶超偏好是发展中国家普遍存在的问题，落后国家都恨不得能一夜间赶上发达国家。赶超偏好常常使落后国家忽视发展的阶段性，忽视基础工作的重要性。

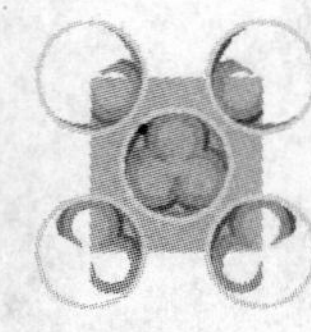

（四）如何从经验走向科学

从经验走向科学，是创建管理学的必经阶段。西方管理学的发展，在泰罗阶段主要表现为告别经验管理模式，以科学取代经验。第二次世界大战以后，以戴尔、杜拉克为代表的经验学派兴起，管理学又开始重新向经验寻找理论支持。经验学派对经验的重视，并不是简单地向经验复归，而是经过了一个否定之否定后的螺旋式上升发展。在我国的情况则不同，由于没有经过泰罗制的洗礼，管理行为长期建立在经验模式基础上，因此，管理学的研究尽管在方法层次上有可能超出泰罗层次，但在学理层次上却不能超出泰罗层次。我国管理学的建设，不在于寻找解决现代管理的建构问题，而在于探讨经验主义遗留问题的解决方法。因此，中国还必须走由经验到科学的道路，尽管这条道路需要艰苦的探索，花费气力较大，但却不可能绕过去。

（五）普遍规律和中国特色相结合问题

管理学作为一门社会科学，不可能完全排除价值问题。因此，探讨中国管理学的特色问题，不但可能，而且必要。所谓中国特色，绝不是对普遍规律的排斥，而是普遍规律与中国文化的嫁接和渗透。中国具有自己特有的管理资源，它不仅不同于美国，也不同于日本。仅仅从文化资源的角度看，除了众所周知的长期儒家思想的浸润，还有中国社会结构和文化观念与发达国家的重大差别。我国管理的发展必须发掘这种特有资源的内涵，探讨中国特色的管理学。这种特色，不是简单的嫁接，更不是一般的组合，而是普遍规律与自身文化资源的浑然一体。

[参考文献]

1.［美］丹尼尔·A. 雷恩，赵睿等译：《管理思想的演变》，中国社会科学出版社2000年版。

2. 成思危："古为今用，洋为中用，取长补短，异途同归——论华夏文化与现代管理的融合"，《管理科学学报》，1998（2）。

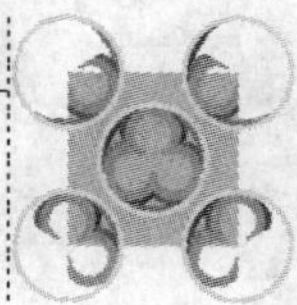

3. 陈劲："2004 年美国管理学会年会综述以及对我国管理学研究的启示"，《管理学报》，2005（1）。

4. 席酉民：《21 世纪的管理与管理研究》[J]，《软科学研究》，1997（12）。

5. 孙晓燕、席酉民："工商研究热点与发展趋势的国内外比较"[J]，《科学学研究》，2002（6）。

6. 席酉民：《管理》（企业家版），厦门大学出版社 2002 年版。

7. 罗纪宁："创建中国特色管理学的基本问题之管见"，《管理学报》，2005（1）。

8. 郭菊娥、席酉民："我国管理科学研究回顾与发展展望"，《管理工程学报》，2004（3）。

9. 周永亮：《中国企业前沿问题报告》，中国社会科学出版社 2001 年版。

10. 聂正安："20 年来中国企业管理模式取向的偏差及其调适"，《经济评论》，2000（2）。

11. 中国企业家调查系统："国企改革与管理：千户国有企业经营者的最新评价和建议——2000 国有企业经营者问卷调查报告"，《经济界》，2001（3）。

（厦门大学管理学院　何燕珍）

第三篇

中国企业管理问题研究

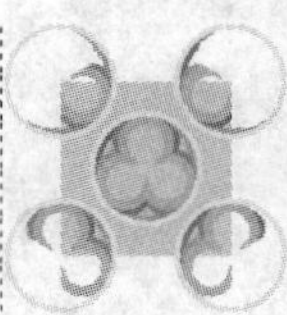

第十九章 DISHIJIUZHANG

中国企业发展环境指数的构建与初步测评

企业的发展受多种因素的影响，环境是其中的关键因素之一。企业环境可分为内部环境和外部环境，内部环境主要涉及企业内部的状态、运行和组织制度等，而外部环境则主要是指企业发展所必须依赖的和无法回避其影响的企业外部系统①，企业内外环境的划分则决定于企业组织的边界，本文主要研究的是我国企业的外部环境。

一、文献回顾

对于企业发展与环境关系问题的研究，在企业战略管理理论中体现得最多。企业战略管理理论诞生于上个世纪五六十年代。1962 年，美国著名战略管理学家钱得勒（Chandler）的著作《战略与结构》首开战略管理研究的先河。钱得勒在书中分析了环境、战略和企业组织结构的

① 席酉民：《企业外部环境分析》，高等教育出版社 2001 年版，第 1 页。

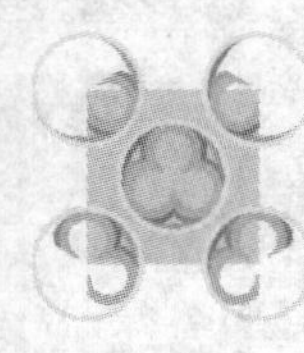

相互关系，提出了组织结构追随战略、战略适应环境的观点。在这之后，包含设计学派和计划学派的经典战略管理理论，对企业发展与外部环境的关系问题进行了研究。

以安德鲁斯（Andrews）为代表的设计学派和以安索夫（Ansoff）为代表的计划学派共同构筑了经典战略管理理论。该理论的核心思想在于企业战略的基点是适应外部环境，企业的发展是建立在对外部环境的预测和反应之上，这些思想的出现与当时的经济形势是紧密相关的。进入20世纪60年代，欧美国家市场出现的最大变化是卖方市场逐渐转向了买方市场，国际市场逐步开放，关税壁垒逐步被打破，企业为了发展就必须适应这种外部环境的变化。因此，也就必须首先对环境进行准确的分析和预测，所运用的工具则主要是运筹学和规划技术，这实际是企业适应环境的分析范式。

企业外部环境涉及市场因素、政治因素、科技因素、金融因素、国际因素和其他不确定性因素等，而这些因素之间彼此又相互影响、相互作用，它们对于企业的共同作用就使得企业发展的外部环境呈现为一个系统，并且这个系统具有复杂性、动态性和不确定性。因此，对于企业发展的外部环境研究就不能只从其中的某一个或者某几个因素出发，而必须系统的进行，这样，系统论的研究方法就被引入到了企业外部环境的研究之中，同时，静态分析也转向了动态分析，定性和定量的方法被很好的结合了起来。

企业的发展总是在一定环境中进行的，外部环境作为企业之外的一个系统而存在，这个系统就不可避免地对企业的发展产生影响，没有任何企业能够脱离外部环境系统而存在，也没有任何企业能够不受外部环境系统的作用而运行。同时，外部环境是一个复杂的系统，不同时期、外部环境系统的不同因素对企业发展的影响程度是不同的，这就更需要去对外部环境进行系统性的研究和评价。

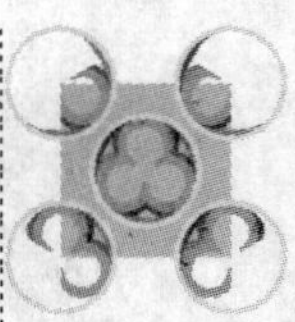

二、企业发展环境评价体系的构建

企业外部环境是由多种因素构成的复杂系统，根据系统的特性，企业发展是同时受到多种外部因素的共同作用。要分析、评价和预测环境对于企业发展的影响，就必须系统、综合地进行，只研究部分因素或者将这些因素分裂开来进行单独研究，都不可能得到客观的研究结果。因此，本文对于企业发展环境的研究，首先就是确定影响企业发展的关键环境因素，然后再对这些因素进行具体的分解，分析这些因素是从哪些方面影响企业的发展，确定出每个关键环境因素的子因素，从而形成环境影响企业发展的总体分析框架。总体分析框架确定之后，我们就采用定量与定性相结合的方法，根据不同环境因素对于企业发展的影响程度，进一步确定出框架中每个因素和子因素各自的权重，从而建立起企业发展的环境评价体系，对企业发展环境进行综合评价。

（一）分析方法的选取

人们在进行评价或决策时，关键的过程就是找出相关因素并确定其权重。权重的确定方法目前大约有数十种，根据计算权重时原始数据的来源不同，这些方法大致可分为两类：主观赋权法和客观赋权法。

企业的外部环境实际上也是一个复杂的系统，里面包含着众多的、能对企业发展产生影响的因素，而这些因素的影响程度对于企业来说又不尽相同，并且这些因素还相互关联、相互制约，因此其关系十分复杂。所以，对于企业发展环境的评价，单纯采用定量的方法难以将其中的复杂关系分析清楚，解释力也会十分有限，可能还会和现实情况产生较大的差异，特别是在面对某些因素数据不可得时。单纯采用定性的方法又会太过于主观，不符合现代科学向实证化方向发展的趋势。因此，对于本文中企业发展环境评价体系的研究，我们将采用定量与定性相结

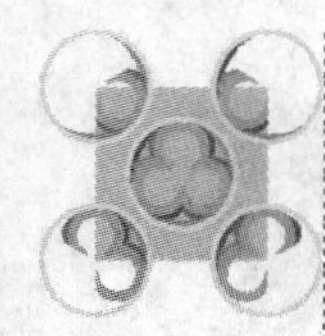

合的方法进行，既力求贴近现实，又尽量客观实际。这样，借鉴国内外相关研究成果，结合课题的实际，我们对于企业发展环境评价体系的研究将主要采用层次分析法。

企业发展环境评价体系的建立，是为了对企业发展的环境进行研究，即根据这个体系去进行发展环境评价。因此，我们就需要通过评价体系得到一个具体的数值，来对企业发展环境做出定量化的评价，这个数值我们可以称作"企业发展环境指数"。

对于评价体系中最低层的各个因素，我们还将选取具体的数量指标，这些数量指标的选取，一要考虑到它们能够代表、解释和说明所对应的因素，二要考虑到时间序列数据的可获得性。在评价体系建立之后，我们就可以根据研究的需要，输入这些指标在不同时间段的数据，通过计算得到一个具体的数值，这些数值就是不同时期的企业发展环境指数，它们分别代表着不同时期企业外部环境对于企业发展的影响和作用程度。

（二）企业发展环境评价体系的构建

我们按照层次分析法构建企业发展环境评价体系，具体步骤为：首先，根据企业发展受外部环境影响的总体研究目标，确定相关的影响因素，即建立因素层 1；其次，针对因素层 1 的各因素进行具体分解，选取相应的子因素来解释、说明，即建立因素层 2，并且对于这些子因素，我们还将选取具有代表性和解释性的具体统计指标，以便于下一步指数的计算；然后，根据以上分析建立递阶层次结构；最后，使用德尔菲法建立各因素层相应的判断矩阵，进行一致性检验，在判断矩阵通过一致性检验之后，计算出各因素和各子因素的权重，从而构建出企业发展环境评价体系，如图 19 - 1。

（三）各因素层的判断矩阵分析

在企业发展环境评价体系的递阶层次结构建立之后，我们紧接着就针对各因素层构建判断矩阵。前面在介绍层次分析法的时候我们已经提

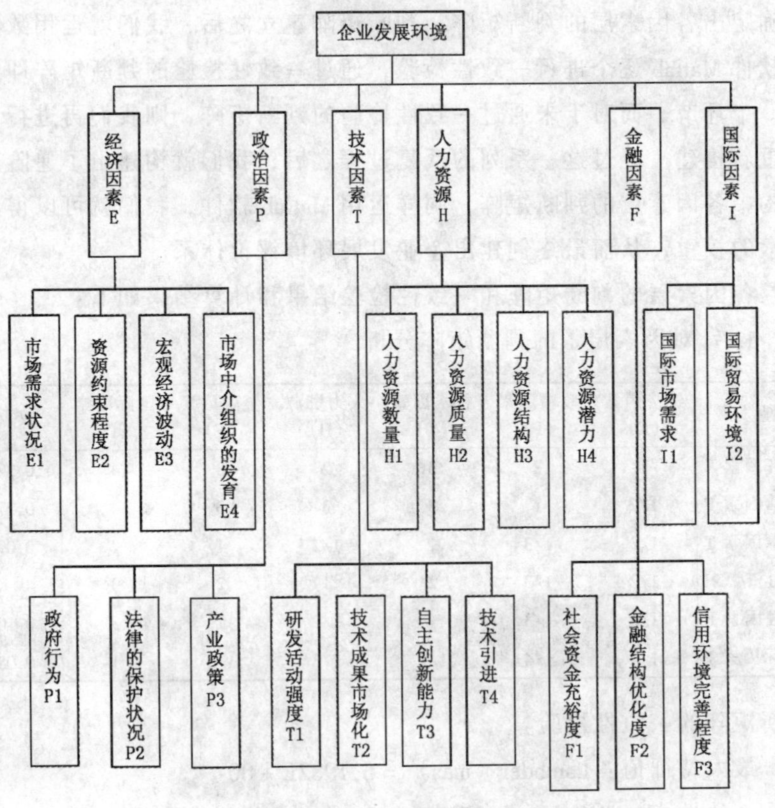

图 19－1　企业发展环境评价体系的递阶层次结构

到，层次分析法是一种将定量分析和定性分析相结合的一种方法，即在这个过程中，既有数据的运算，又有主观的研究，而判断矩阵的构建就属于定性研究。

为了保证我们的研究能够贴近现实，最大限度地避免主观因素的影响，我们在构建判断矩阵阶段就采用了德尔菲法。由于研究的内容是企业外部环境对企业发展的影响，因此，我们就邀请了有关方面的专家、学者、企业的高层管理人员，以及来自经济事务管理部门的政府官员等，由他们来共同构建判断矩阵。首先，由参与人员根据我们已建立的递阶层次结构各自独立地建立判断矩阵，然后由我们收集所有的判断矩阵进行分析，最后，在结合分析结果的基础上我们再进行综合讨论，最

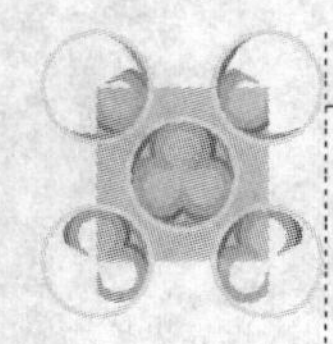

终确定出各因素层的判断矩阵。判断矩阵建立之后，我们就运用数学运算软件 Matlab 逐个进行一致性检验，通过一致性检验的判断矩阵即进入下一个环节，而对于未通过一致性检验的判断矩阵，则我们再进行讨论并重新构建。经过这一系列的反复过程之后，我们就构建出了递阶层次结构中各因素层的判断矩阵，同样运用 Matlab 软件，我们就可以得出各因素的权重，从而最终创建出企业发展环境评价体系。

各因素层的判断矩阵和一致性检验结果和计算结果如下：

1. 针对因素层 1 的判断矩阵分析

企业发展	经济因素（E）	政治因素（P）	技术因素（T）	人力资源（H）	金融因素（F）	国际因素（I）	权重值
经济因素 E	1	2	3	2	3	4	0.3201
政治因素 P	1/2	1	3	3	3	4	0.2749
技术因素 T	1/3	1/3	1	1/2	1	2	0.0936
人力资源 H	1/2	1/3	2	1	2	3	0.155
金融因素 F	1/3	1/3	1	1/2	1	3	0.1023
国际因素 I	1/4	1/4	1/2	1/3	1/3	1	0.0541

判断矩阵的一致性检验：

最大特征值：Lambder（max）＝6.1982E+00

一致性指标：C.I.＝3.9637E－02

平均随机一致性指标：R.I.＝1.2494E+00

一致性比例：C.R.＝3.1725E－02，C.R.＜0.1，矩阵通过一致性检验。

2. 针对因素层 2 的判断矩阵分析

（1）针对经济因素 E 的判断矩阵：

经济因素 E	E1	E2	E3	E4	相对权重值
E1	1	2	4	3	0.4717
E2	1/2	1	2	3	0.2741
E3	1/4	1/2	1	2	0.1498
E4	1/3	1/3	1/2	1	0.1045

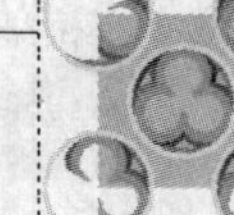

判断矩阵的一致性检验：

最大特征值：Lambder（max）=4.0968E+00

一致性指标：C.I.=3.2268E-02

平均随机一致性指标：R.I.=8.9310E-01

一致性比例：C.R.=3.6130E-02，C.R.<0.1，矩阵通过一致性检验。

（2）针对政治因素的判断矩阵：

政治因素 P	P1	P2	P3	相对权重值
P1	1	3	1	0.4434
P2	1/3	1	1/2	0.1692
P3	1	2	1	0.3874

判断矩阵的一致性检验：

最大特征值：Lambder（max）=3.0183E=00

一致性指标：C.I.=9.1472E-03

平均随机一致性指标：R.I.=5.1490E-01

一致性比例：C.R.=1.7765E-02，C.R.<0.1，矩阵通过一致性检验。

（3）针对技术因素的判断矩阵：

技术因素 T	T1	T2	T3	T4	相对权重值
T1	1	3	2	2	0.4155
T2	1/3	1	1/3	1/2	0.107
T3	1/2	3	1	2	0.2926
T4	1/2	2	1/2	1	0.1849

判断矩阵的一致性检验：

最大特征值：Lambder（max）=4.0710E+00

一致性指标：C.I.=2.3670E-02

平均随机一致性指标：R.I.=8.9310E-01

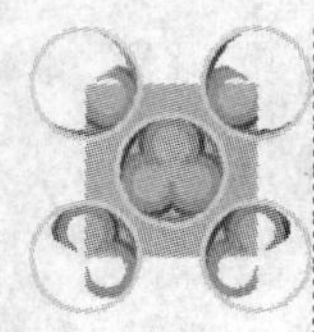

一致性比例：C.R. = 2.6503E－02，C.R. < 0.1，矩阵通过一致性检验。

（4）针对人力资源因素的判断矩阵：

人力资源 H	H1	H2	H3	H4	相对权重值
H1	1	1/5	1/6	1/5	0.0553
H2	5	1	1/3	1	0.2132
H3	6	3	1	3	0.5184
H4	5	1	1/3	1	0.2132

判断矩阵的一致性检验：

最大特征值：Lambder（max）＝4.1067E＋00

一致性指标：C.I. = 3.5576E－02

平均随机一致性指标：R.I. = 8.9310E－01

一致性比例：C.R. = 3.9834E－02，C.R. < 0.1，矩阵通过一致性检验。

（5）针对金融因素的判断矩阵：

金融因素 F	F1	F2	F3	相对权重值
F1	1	1/5	1/4	0.0974
F2	5	1	2	0.5695
F3	4	1/2	1	0.3331

判断矩阵的一致性检验：

最大特征值：Lambder（max）＝3.0246E＋00

一致性指标：C.I. = 1.2299E－02

平均随机一致性指标：R.I. = 5.1490E－01

一致性比例：C.R. = 2.3885E－02，C.R. < 0.1，矩阵通过一致性检验。

（6）针对国际因素的判断矩阵：

国际因素 I	I1	I2	相对权重值
I1	1	2	0.6667
I2	1/2	1	0.3333

判断矩阵的一致性检验：

最大特征值：Lambder（max）=2.0000E=00

一致性指标：C.I.=0.0000E+00

平均随机一致性指标：R.I.=0.0000E+00

一致性比例：C.R.=0.0000E+00，C.R.<0.1，矩阵通过一致性检验。

这样，通过对各因素层构造判断矩阵并进行一致性检验，我们就得到了各因素层因素相对于上一层因素的权重值，进一步综合以上计算的结果，我们就可以最终得到企业发展环境评价体系（如表19-1）。

表19-1　　企业发展环境评价体系

	经济因素 E	政治因素 P	技术因素 T	人力资源 H	金融因素 F	国际因素 I	综合权重值
	0.3201	0.2749	0.0936	0.155	0.1023	0.0541	1
宏观经济波动 E1	0.1498						0.048
市场需求 E2	0.4717						0.151
资源约束 E3	0.2741						0.0877
市场中介组织的发育 E4	0.1045						0.0335
政府行为 P1		0.4434					0.1219
法律对企业的保护 P2		0.1692					0.0465
产业政策 P3		0.3874					0.1065
研发活动强度 T1			0.4155				0.0389
技术成果市场化 T2			0.1070				0.01
自主创新能力 T3			0.2926				0.0274
技术引进 T4			0.1849				0.0173
人力资源数量 H1				0.0553			0.0086

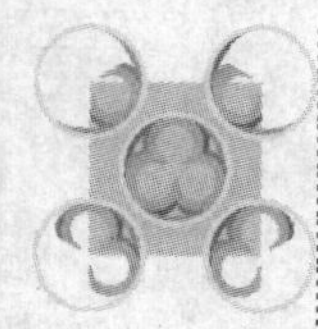

续表

	经济因素 E	政治因素 P	技术因素 T	人力资源 H	金融因素 F	国际因素 I	综合权重值
	0.3201	0.2749	0.0936	0.155	0.1023	0.0541	1
人力资源质量 H2				0.2132			0.033
人力资源结构 H3				0.5184			0.0804
人力资源潜力 H4				0.2132			0.033
社会资金的充裕度 F1					0.0974		0.0098
金融结构的优化度 F2					0.5695		0.0583
信用环境的完善程度 F3					0.3331		0.0341
国际市场需求 I1						0.6667	0.0361
国际贸易环境 I2						0.3333	0.018

通过计算得到一致性比例 C.R. 为（3.1094E－02），即 C.R. <0.1，矩阵通过一致性检验。

从企业发展环境评价体系中，我们可以看到，在比较大的环境因素方面，经济因素和政治因素对企业发展最为重要，其二者的权重值分别为 0.3201、0.2749，而影响力最小的是国际因素，其权重值只有 0.0541。

三、对中国企业发展环境的初步测评

评价体系的建立主要是为了分析和研究实际问题，同时通过实证分析也可以反过来对评价体系的合理性进行验证。因此，在本部分我们将根据企业发展环境评价体系中各子因素的衡量指标，选取不同阶段的数据，输入评价体系，最终计算出一个实际值，我们把这个值称作企业发展环境指数。我们将根据这个指数来对不同阶段的企业发展环境进行综合分析，同时也进一步对评价体系进行验证。

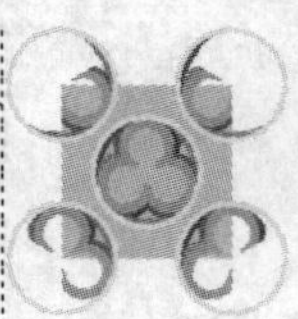

（一）关于时间段划分的说明

我们关于企业发展和外部环境关系研究的出发点在于，研究随着时间的推移，外部环境变化对企业发展的影响，也就是对企业发展环境是基于一种历史和现状的评价，因此，我们将选取时间序列的数据来输入评价体系，以此来计算企业发展环境指数。在这里我们以党的三次重要会议的召开为划分标志，通常将十四大以后的五年，即1993年至1997年作为社会主义市场经济体制初步建立的时期；将十五大以后的五年，即1998年至2002年作为社会主义市场经济体制改革进一步深化的时期；而将十六大，即2002年以后到现在的时期作为社会主义市场经济体制完善的时期，并且这还标志着我国的建设和发展已经进入了重要战略机遇期。因此，我们关于企业发展环境的研究也就以这种时间段的划分为主，具体是：1993－1997年这五年为第一阶段，1998－2002年这五年为第二阶段，2003年至今为第三阶段，企业发展环境评价体系中各子因素衡量指标统计数据的处理也就以这三个阶段为基准。

（二）关于数据处理的说明

根据上述三个时间段选取各个衡量指标的时间序列统计数据，表明每个衡量指标每个时期的数据个数最多只有5个。从统计学角度看来，这只是属于小样本，达不到做计量分析的样本容量要求，或者是所作的计量分析结果较差。针对此情况，我们就采用国际上通行的对数据进行平均的做法，即对有的数据我们计算其五年内的综合平均，对有的数据我们计算五年内的年度平均变化趋势，这样就能够使处理过的数据具有一定程度的代表性。

前面的分析中已经提到，衡量指标中既包括着正向指标，有包括着负向指标。正向指标与企业发展的趋势是同向的，可以直接输入评价体系进行运算。而关于负向指标，其测度越低，也就表示对企业的发展越有利，对负向指标的处理可以采用打分的方法，即数值越低则相对评分就越高，如在北京师范大学经济与资源管理研究所关于中国市场化发展

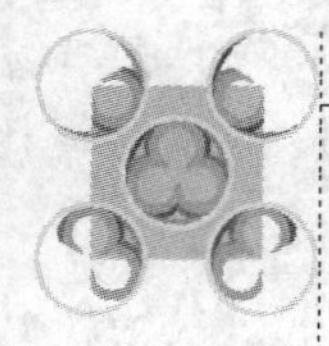

的研究报告中就采用了此方法。但是，考虑到此方法的运用对于我们的评价体系来说相当于又建立了新的衡量指标，因此就决定不采用此方法，而是改用将负向指标代符号输入评价体系，即负向指标是作为负值输入评价体系，这样，该指标的绝对值越大，同权重值相乘之后的值也就越小，这也就意味着对企业的影响越不利。

另外，还有一点需要说明的是，第三个阶段的衡量指标，除了GDP增长率、CPI指数等绝少数可以取得近期的数据以外，其余衡量指标从统计年鉴可以取得的最新数据就到2003年截止，也就是说，第三阶段的各子因素衡量指标的数据量就只有一个。每年的数据受当年各种因素的影响会表现出很大的差异性，并不一定能够很好地说明一般情况，更是难以反映该阶段的变化趋势，况且2003年我国的经济社会发展由于受到“非典”的影响，可能会和其他年份有出入。因此，我们对于第三阶段，即2003年至今的企业发展环境的评价，只是一种初步的评价，并不一定代表整个阶段的情况和未来的变化趋势，这一点是需要特别说明的。

这样，根据上面时间段的划分和对这三个时间段有关数据的处理，我们最终可以得到表19－2。

表19－2　企业发展环境评价体系各子因素衡量指标数据表　单位：%

时间阶段 / 子因素及其衡量指标	第一阶段 1993－1997年	第二阶段 1998－2002年	第三阶段 2003年至今
市场需求E1			
城镇居民家庭人均可支配收入年均增长率	5.15	9.37	9
资源约束E2	7.595	7.925	15.85
原材料、燃料、动力购进价格变化率	14.72	－0.98	4.8
世界市场的原油价格变化率①	0.47	16.83	26.9
宏观经济波动E3②	5.0901	0.6757	0.73415
GDP增长率标准差	1.9912	0.4615	0.1155
CPI变动标准差	8.189	0.8899	1.3528

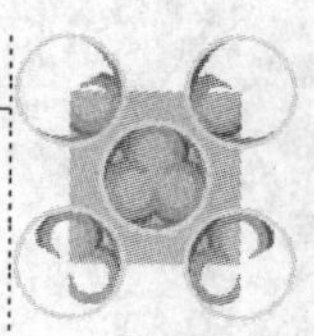

续表

子因素及其衡量指标 \ 时间阶段	第一阶段 1993－1997年	第二阶段 1998－2002年	第三阶段 2003年至今
市场中介组织的发育 E4			
律师从业人员数与全社会从业总人数的比例（人/百人）	1.36	1.64	1.92
政府行为 P1	1.123	0.924	0.865
国家机关、政党机关和社会团体年底职工人数占全社会就业人数的比例	1.55	1.52	1.54
政府对亏损企业补贴占 GDP 的比例	0.696	0.328	0.19
法律对企业合法权益的保护 P2	0.85	2.5	5
企业的三种专利申请受理量与企业技术开发人员的比例（件/百人）	1	3	6
企业的三种专利申请批准（授权）量与企业技术开发人员的比例（件/百人）	0.7	2	4
产业政策 P3			
非国有经济固定资产投资占全社会固定资产投资的比例	28.38	36.01	46.6
研发活动强度 T1			
研究与试验发展经费支出相当于国内生产总值比例	0.594	0.968	1.31
技术成果市场化 T2			
技术市场成交额与科技活动人员数比值的年均变化率	9.4	15.36	20.42
自主创新能力 T3			
国内大专院校、科研单位和机关团体的三种专利申请受理量与批准（授权）量的比例	59.68	63.81	56.68
技术引进 T4			
高新技术产品进口额占商品进口总额的比例③	16.52	24.24	28.9
人力资源数量 H1			
人力资源占总人口的比例	54.57	57.69	58.87
人力资源质量 H2			
受大专以上教育的人数占总人口数的比例	3.5	8.33	17.7
人力资源结构 H3	23.72	25.71	26.15

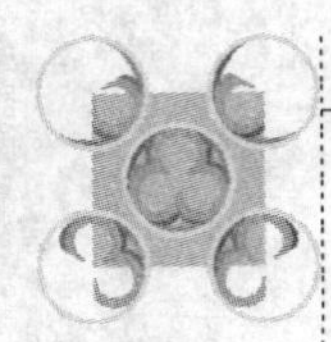

续表

子因素及其衡量指标 \ 时间阶段	第一阶段 1993－1997年	第二阶段 1998－2002年	第三阶段 2003年至今
第二、三产业就业人数占总就业人数的比例	47.34	50.02	50.9
技工学校毕业生数占当年工业职工总数的比例	0.0962	1.394	1.4
人力资源潜力 H4	9.335	22.475	19.07
普通高校招生人数平均增长率	6.13	27.07	19.07
成人高等学校招生平均增长率④	12.54	17.88	
社会资金的充裕度 F1			
平均储蓄率	40.56	74.26	88.37
金融结构的优化度 F2	12.545	18.4	18.953
股票筹资额占股票筹资额与银行新增信贷资产之和的比例	4.05	11.83	4.6722
非国有银行的信贷资产占银行信贷资产的比例	21.04	24.97	33.23
信用环境的完善程度 F3			
四大国有商业银行平均不良贷款率	26	30.51	20
国际市场需求 I1			
美国经济平均增长率	2.9	3	3.1
国际贸易环境 I2⑤			
我国遭受反倾销调查案件数占全球反倾销调查案件总数的比例	15.17	13.57	22.57

以上数据均来自《中国统计年鉴》有关各年，中国统计出版社。其中：

①数据来自 http：//www.ioga.com/Special/crudeoil_Hist.htm；②第三阶段的 GDP 增长率和 CPI 指数包含了 2004 年和 2005 年 1－5 月份的数据，来源为国研网；③2004 年高新技术产品进口的数据来自中国资讯行（www.bjinfobank.com）中的《中国对外经济统计年鉴 2004》；④缺少 2003 年的数据；⑤数据来自 WTO 网站（www.wto.org）的统计，其中第一阶段只有从 1995－1997 年的数据，第三阶段的数据包括了 2004 年的数据。

（三）不同阶段的企业发展环境指数

在我们列出，企业发展环境评价体系各子因素的衡量指标所对应的三个阶段的具体数值之后，我们就可以将它们输入企业发展环境评价体系，最终得出上述三个阶段的企业发展环境指数。具体过程为：将不同

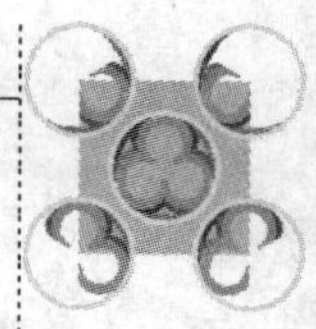

阶段各子因素的衡量指标的数值与各子因素的综合权重值相乘，得到一个具体的数值，然后将属于相同阶段的数值进行相加，得到一个和，这个和就为所对应阶段的企业发展环境指数（如表 19-3）。

表 19-3　　三个阶段的企业发展环境指数

子因素 时间阶段	第一阶段 1993-1997 年	第二阶段 1998-2002 年	第三阶段 2003 年至今
市场需求 E1	0.7777	1.415	1.359
资源约束 E2	-0.6661	-0.695	-1.39
宏观经济波动 E3	-0.2443	-0.0324	-0.0352
市场中介组织的发育 E4	0.0456	0.0549	0.0643
政府行为 P1	-0.1369	-0.1126	-0.1054
法律对企业的保护 P2	0.0395	0.1163	0.2325
产业政策 P3	3.022	3.831	4.9629
研发活动强度 T1	0.0231	0.0377	0.051
技术成果市场化 T2	0.094	0.1536	0.2042
自主创新能力 T3	1.635	1.7484	1.553
技术引进 T4	0.2858	0.4194	0.5
人力资源数量 H1	0.4693	0.4961	0.5063
人力资源质量 H2	0.1155	0.2749	0.5841
人力资源结构 H3	1.907	2.0671	2.1025
人力资源潜力 H4	0.3081	0.7417	0.6293
社会资金的充裕度 F1	0.3974	0.7277	0.866
金融结构的优化度 F2	0.7314	1.0727	1.1048
信用环境的完善程度 F3	-0.8866	-1.0404	-0.682
国际市场需求 I1	0.1047	0.1083	0.1119
国际贸易环境 I2	-0.2731	-0.2443	-0.4063
企业发展环境指数	7.7491	11.1401	12.2129

通过计算，我们得到 1993-1997 年、1998-2002 年、2003 年至今三个阶段的企业发展环境指数分别为 7.7491、11.1401、12.2129。从上

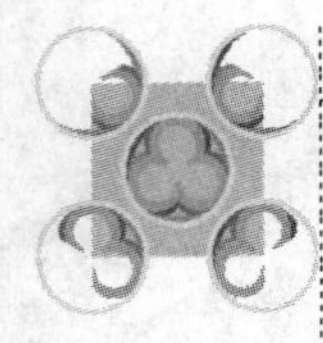

表中可以看到，企业发展环境指数随着时间段的推移而递增，也就表示从1992年党的十四大提出建立社会主义市场经济体制开始，经过改革、发展、深化和完善等过程，一直到今天我国的社会主义建设进入重要战略机遇期，在这十多年的时间中，我国企业所面临的环境对企业发展是越来越有利的，外部环境和企业发展表现出了正相关性，即伴随着改革进程的深入，企业的外部环境对于企业的发展来说是逐步改善的。

[参考文献]

1. 北京师范大学经济与资源管理研究所：《2003中国市场经济发展报告》，中国对外经济贸易出版社2003年版。
2. 樊纲等：《中国市场化指数：各地区市场化相对进程年度报告》，经济科学出版社2004年版。
3. 侯景新、尹卫红：《区域经济分析方法》，商务印书馆2004年版。
4. 王长胜等：《2005年：中国与世界经济发展报告》，社会科学文献出版社2004年版。
5. 席酉民：《企业外部环境分析》，高等教育出版社2001年版。
6.《中国工商行政管理年鉴》。
7.《中国工业经济统计年鉴》。
8.《中国科技统计年鉴》。
9.《中国统计年鉴》。

（中国社会科学院工业经济研究所　黄速建　王钦）

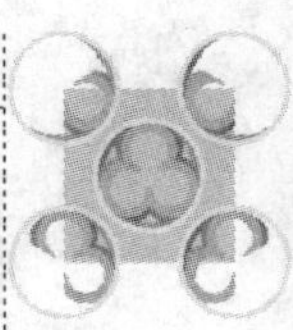

第二十章 DIERSHIZHANG

代理理论中的管理层持股激励有效性争论及其启示

1932年，Berle和Means对委托人与代理人之间利益冲突的经济学分析，奠定了“代理学派”的理论基础。到20世纪70年代以后，代理理论逐渐兴起。Jensen和Meckling（1976）认为，委托人和代理人都是理性的效用最大化者，但是两者之间在利益上并非完全一致，代理人并不会总是依据委托人利益最大化的原则行事，这就是代理问题普遍存在而且难以根治的原因。

当代代理理论的研究重心之一，就是如何设置一个最优化或者至少符合卡尔多改进标准的激励约束机制，来协调股东和其他利益相关者的关系，最大限度地减少代理成本。管理者的薪酬激励是公司激励机制的具体体现，设计合理的薪酬激励无疑是调动管理者积极性的有效动力。管理层持股作为管理者薪酬激励的重要工具，也因此而越来越普遍地成为董事会借以提高公司治理效率的一个重要法宝。

然而，无论是公司治理的实践还是有关理论研究都表明，管理层持股是一把双刃剑：一方面，管理者持有公司股份可以使管理者的利益与股东的利益更加紧密地联系在一起，从而达到缓解代理问题的目的；但另一方面，在公司股权高度分散，管理者只拥有公司较少股份但却较易

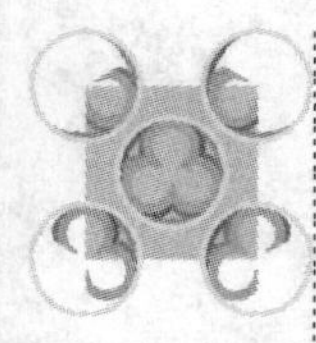

获得公司控制权时，管理者就有可能牺牲股东的利益而追求自己的控制权私利，即产生管理层盘踞（managerial entrenchment）的新问题。

那么，现实中管理层持股的激励效果究竟如何呢？它是否能有效地解决现代企业的代理问题？应该如何正确理解管理层持股与公司绩效的关系？这些问题目前已成为公司治理研究领域的一大新热点。综观国内外文献，我们发现各方学者对于管理层持股问题的研究观点差异很大。本文以对管理层持股进行系统性的文献回顾和分析为基础，试图探讨研究管理层持股各派观点迥异的原因，以期更加深入地理解管理层持股对解决代理问题的有效性问题，并对我国企业现阶段激励机制的建设提出了一些个人观点。

一、"管理层持股"有效性的理论纷争

企业为什么要使用管理层持股这种激励机制呢？Jensen 和 Meckling（1976）给出了合理的解释。他们指出，在公司所有权结构高度分散的背景下，大股东的缺乏会使小股东们"搭便车"的行为成为一种通病，从而使管理者更加缺乏监督，代理问题将更为严重。在不能寄希望于监督的情况下，一个有效的替代手段就是给予管理者一定的股份，让管理者成为所有者，从而拉近管理层与股东的目标距离，使经理们更多地为股东的利益着想。

检验管理层持股是否为解决代理问题的有效途径，主要是从研究管理层持股与公司绩效的关系着手。虽然在各种激励措施中，管理层持股在逻辑上不失为一种行之有效的好方法，但对现实社会中管理层持股是否能有效协调股东和管理者的利益冲突并改善公司绩效这一问题，学术界却一直争论不休，尚无一致的意见。

具体而言，目前理论界对管理层持股与公司绩效关系研究的分歧主要集中在三方面：首先，管理层持股对改善公司绩效的作用到底是积极

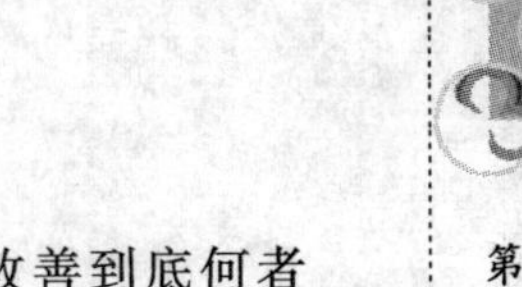

的、消极的还是无为的？其次，管理层持股与公司绩效的改善到底何者为因，何者为果？再次，在肯定管理层持股与公司绩效有关系的前提下，这种关系究竟如何表现？

（一）管理层持股会改善公司绩效吗？

1. 股权激励的积极作用

综观西方学者的研究，对管理层持股与公司绩效是否相关，大多数学者持肯定意见。赞成管理层持股的学者认为，管理者拥有公司一定比例的股份，能够使它们自身的利益更多地与公司和其他股东的利益相连，从而有效地减少代理成本。同时，如果管理者持大股还会令管理者产生所有者意识，激励管理者提高经营绩效。因此，他们认为随着管理者持有的股份增加，公司绩效也能够不断提高。Benston（1985）的研究结论肯定了管理层持股的重要意义，他的研究结果表明，股东财富的变化与管理者持股价值的变动之间存在显著的正相关关系。Francis 和 Smith（1995），Palia 和 Lichtenberg（1999）的研究发现，管理层持股克服了管理上的短视行为，从长期来看，管理层高比例持股可以促进管理变革、提高生产率，并进而提高公司的价值。Jensen（1986），Hanson 和 Song（2000）则指出管理层持股有助于减少自由现金流量及代理成本，增加公司价值。

因管理者持股产生的股权激励是近年来管理层收购活动（MBO）兴起的重要原因。Kaplan（1989）的研究支持了这一结论，他发现被管理层收购后的公司经营绩效都有显著提高，他认为这与高比例的管理层持股有很大关系。Denis 等学者（1997）在研究中也发现，随着管理者持股比例的提高，经营激励进一步强化，个人利益不再是其经营行为的主导，管理者的风险回避偏好也显著降低。

研究人员还从新股发行的市场反应这一侧面检验管理层持股的股权激励效果。Hull 和 Mazache（2001）的研究发现一个有趣的现象：当公司再次发行新股时，市场反应往往不佳，这是因为公司发行新股融资，通常被投资者理解为传递的是一种公司经营不善（缺乏资金）或是缺少

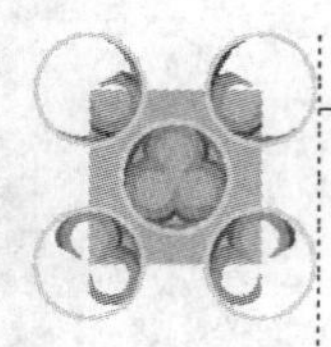

投资机会（债务融资遇阻）的利空信号。然而，当管理层拥有控制权的公司发行新股时，市场反应却截然不同，投资者们踊跃认购。之所以出现这种现象，原因在于投资者认可了管理层持股的积极作用，他们认为管理者作为公司的所有者，其利益与公司股价休戚相关，虽然权益融资是公司优序融资结构中最末的选择，但管理层必然是对公司未来发展前景充满信心才选择发行新股融资，如果公司经营不善或前景不佳，管理者也将遭受股价下跌的损失。

2. 管理层盘踞的消极作用

虽然管理层持股较好地解决了股权分散结构下公司监管流于形式的问题，但与此同时，有些研究人员也指出，管理层持股存在着严重缺陷。Fama 和 Jensen（1983）指出，管理层持股的一个主要特点是，管理层并不掌握企业的全部或绝大多数股权。他们可以控制企业，但仅仅拥有企业剩余索取权的一部分，同时也只承担一部分风险。这就导致了管理层持股的重要缺陷，即所谓“管理层盘踞”（managerial entrenchment）问题。其涵义是，现任管理层由于取得了对企业的实际控制权，不管他们的表现如何不好，没有人再能够更换他们，他们的地位就很稳固。与此同时，Stulz（1988）的研究还指出，当管理者刚开始持有一部分股份时，股权激励能够发挥积极的作用，但随着管理层持股比例的增加，特别是当公司股权高度分散，而他们拥有的股权足以控制公司时，管理层受外界约束的程度就大大减弱，其代理行为就有可能偏离企业价值最大化的目标，更多的追求自身利益，导致管理层盘踞问题的产生。

“管理层盘踞”观点认为，管理者拥有公司控制权有时反而会降低公司的绩效。一方面，管理层盘踞使得代理人缺乏有力的约束和监管，会使得管理层漠视其他股东的利益，也会使管理者变得更加自负而减少他们对企业利润最大化的努力。另一方面，盘踞在公司的管理者为了巩固自己的地位、追求高额薪酬、增加个人的权力和威望而往往喜欢过度投资。有一系列的实证研究支持上述论点，如 Weisbach（1998）和 Bethel 等（1998）的研究成果。

由于管理层盘踞现象可能造成的危害，资本市场上有相当多的投资

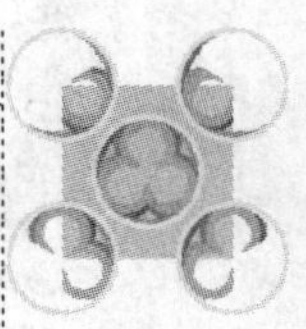

者对管理层持股并不看好。美国学者 Denis（1997）和英国学者 Dahya（1998）的研究都表明在实行管理层持股的公司中，当公司高管因某些外在原因被迫辞职时，市场反应相当积极。他们的研究还发现，当高管离职后，公司的外部控制活动显著增加，这也从反面证实了管理者盘踞后外部控制权市场监控能力大大减弱的推论。Faccio 和 Lasfer（1999）认为管理层盘踞的另一个严重后果是，公司的 CEO 控制董事会，董事会因而丧失了监督管理者的职能，无法从内部市场监管 CEO 的行为，并从而形成一个恶性循环。

3. 管理层持股的内生性（不相关论）

无论是股权激励的积极效果，还是管理层盘踞的消极作用，以上两种观点都是在承认管理层持股与公司绩效存在相关性的前提下展开研究的，因而可以归纳为“有关论”一派。与此对立的是以 Demsetz 和 Lehn（1985）为代表的“不相关论”，即管理层持股是内生变量，其比例的高低依赖于公司外部环境和内部特征，例如行业性质、投资机会、成长性、经营风险和信息的不对称程度等，这些公司的特性决定了管理层的持股比例，从而影响公司的价值。Himmelberg（1999）将变量由系统性因素决定的性质称之为变量的“内生性”（endogeneity）。

支持管理层持股比例“内生性”的学者主要有 Himmelberg（1999）、Demsetz 和 Villalonga（2001）等。他们发现，如果引入可观察的企业特征和企业的固定影响，那么就无法得出管理层持股影响企业绩效的结论。Himmelberg（1999）等拓展了 Demsetz 和 Lehn（1985）的研究，结果发现管理层持股比例与资本/销售收入、研发费用/销售收入成反比，而与广告费用/销售收入、净利润/销售收入成正比。控制这些变量并消除固定公司效应后，管理层持股比例并不显著影响公司的绩效。Demsetz 和 Villalonga（2001）将公司股权结构划分为管理层股权和大股东股权两部分，并将公司的股权结构作为内生变量进一步研究公司股权结构与公司绩效的关系，结果再次证实公司的所有权结构是一个内生变量，而与公司绩效无关。

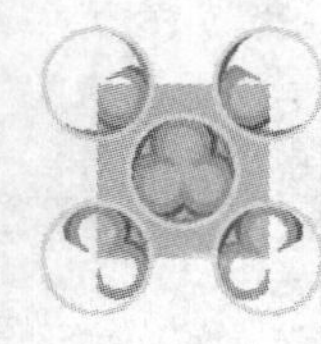

(二) 管理层持股与公司绩效的因果关系

学者们对管理层持股与公司绩效因果关系的研究结论也并不一致。对此问题，目前主要有三种看法：(1) 管理层持股的多少决定公司绩效的好坏；(2) 公司绩效的好坏决定管理层持股的多少；(3) 二者是相互决定的。

大多数学者支持管理层持股促进公司绩效提高的观点。以 Jensen 和 Meckling (1976) 为代表的学者认为，正是由于管理层持股减少了管理者的在职消费行为，促进了正 NPV 项目的投资，从而导致公司绩效的提高。Core 和 Larcker (2002) 分别检验了接受管理层持股的样本公司在签约前后的绩效变化。这些样本公司在签约前管理者所拥有的股份都很少，公司的股价在资本市场上表现也十分糟糕，然而在管理者持有的股份大幅度增加之后的 6 个月，不仅股价表现良好，公司的实际经营绩效也有显著提高。

但仍然有一些学者认为，管理层持股与公司绩效虽然正相关，但并不是管理层持股促进了公司绩效的提高，而是公司绩效的提高引致了管理层持股比例的上升。这是因为公司为了更好地调动管理者的积极性，往往制定管理者持股计划作为奖励措施。当公司绩效提高以后，管理人员可以得到更多的股份作为奖励，因此，较好的公司绩效会引致更多的管理层持股，管理层持股也就随之与公司绩效正相关。Cho (1998) 还提出另一种解释公司绩效决定管理层持股比例高低的观点，他认为管理者作为内部人享有特殊的信息优势，这种获取内部信息的便利会使管理者能更准确地预期到公司绩效，当管理者预期到公司绩效会提高时，他们会更多地持有公司股份；相反当他们预期到公司绩效会下降时，就会更少地持有公司股份。所以公司绩效的变化会导致管理层持股比例的上下波动。

还有的学者认为，管理层持股与绩效是相互决定的。他们采用联立方程模型来考察二者的相关性，如 Chung 和 Pruitt (1996)。在联立方程中，管理层持股与绩效分别作为自变量和因变量出现，排除了单一决定

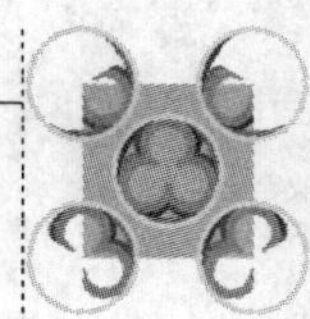

关系的假设。他们的结论是肯定的，即管理层持股与公司绩效是双向影响的关系，当管理层股权增加1%时，公司的Tobin Q值便会增加0.997%，而当Tobin Q值增加1%时，管理层股权就会增加1.003%。Agarval和Knoeber（1996）的研究也得到管理层持股与公司绩效相互影响的结论。

（三）管理层持股影响公司绩效的表现形式

虽然目前多数研究支持管理层持股会影响公司绩效的观点，但对于管理层持股到底如何影响绩效这一问题，却仍有诸多不同意见。有的学者认为两者之间存在线性正相关关系，随着管理层持股比例的上升，公司绩效不断提高，如Benston（1985）。更多的学者却认为管理层持股与公司绩效之间存在非线性关系。Morck等（1988），McConnell和Servaes（1990），Hermalin和Weisbach（1991）的研究都发现公司内部所有权与公司价值之间存在着非单调关系。最具代表性的是Morck等人（1988）的研究。他们以美国1980年“财富500强”中的371个公司为样本进行研究，结果发现：当管理层持股比例介于0%和5%之间时，公司绩效随持股比例的增加而提高；在5%和25%之间，公司绩效随持股比例的增加而下降；当持股比例超过25%时，公司绩效又随持股比例的增加而提高。Hermalin和Weisbach（1988）的研究也证实了二者之间存在非线性关系：在0%－1%时呈正相关关系，在1%－5%时则呈负相关，5%－20%时又呈正相关关系，而大于20%又呈负相关关系。

在对管理层持股与公司绩效的非线性关系研究中，虽然大量实证结果发现的公司绩效随持股比例变化的区间都不相同，但有一点取得共识的是，较低的持股比例确实能激励管理者，起到提高公司绩效的作用，而超过一定比例时就存在多种的可能性，有可能增加公司价值，也有可能削减公司价值。一旦管理层持股达到高比例阶段时，股权激励作用再次生效。

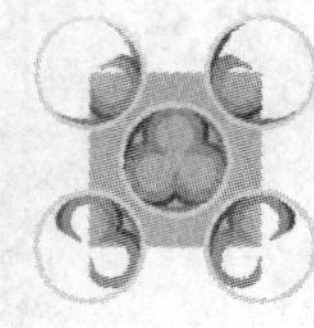

二、研究结论分歧甚大的原因探讨

国外学者对有关管理层持股与公司绩效之间关系的诸多理论纷争令人困惑，那么究竟是什么原因导致这种结论的迥异？本文下面将结合实证研究技术以及企业内外部环境因素来解读这些困惑。

（一）实证研究技术导致的差异

有关管理层持股与公司绩效关系的每种可能之所以在理论上都站得住脚，是因为每一种理论假设都有相应的实证研究结果的支持。我们认为导致同一问题的实证结果迥然不同的原因，可能是因为不同学者使用不同的研究技术所致。具体表现在：

1. 采用的计量方法不同

研究人员在实证建模时，有的使用线性回归模型，有的使用非线性回归模型，有的则采用分段线性回归的方法；有的采用单一方程，有的则是联立方程。计量方法的不同，无疑会在一定程度上导致实证结果的差异。

2. 研究样本不同

我们发现不同研究人员所选用的研究样本是不同的，无论是样本规模、样本公司的特征、样本期等都存在显著差异。我们还发现样本数据的口径也经常不一致，有的是对横截面数据进行分析，有的是考察时间序列，有的则采用面板数据（panel data）。应该说，研究样本的不同也是导致实证结论差异的原因之一。

3. 指标界定不同

研究人员在对绩效衡量指标的选择上，有的使用市场指标，如Tobin Q值（即公司市价与公司资产的重置成本的比值）和市盈率指标；有的使用会计指标，如资产报酬率（ROA）和净资产收益率（ROE）

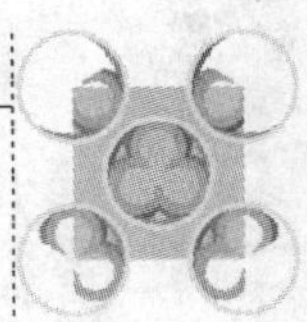

等。在对管理层的界定上，有的仅仅指公司的董事会成员，有的仅指CEO，有的则定义为公司的“内部人”，包括公司的高管人员和董事会成员，甚至范围还要更广。在对管理层持有的股权界定上也不相同，有的专指股票所有权，有的则包股票所有权和股票期权。不同的指标口径，得出的结论自然会不相同。

此外，控制变量的差异也十分重要。许多研究发现，如果只使用管理层股权作为解释变量，可以得到管理层持股影响公司绩效的结论，但当引入控制变量时，结论可能马上发生改变，即管理层持股与公司绩效之间不再具有统计上的相关关系。

(二) 企业内外部环境因素造成的差异

除了上述实证研究技术的差异原因外，管理层持股作为一种激励机制，它能否发挥作用还要受到企业诸多内外部环境因素的制约。因此，不同企业环境因素的差异也是导致研究结论迥异的重要原因之一。

首先，激励与约束是相辅相成的，管理层持股能够有效发挥激励作用的前提是公司具有相应有效的约束机制。没有约束的激励肯定会带来负面效果，管理层盘踞现象的出现就是最好的佐证。如果没有强有力的约束机制，管理层盘踞必然会对企业和其他股东的利益造成侵害，股权激励效应也会因而大打折扣。由于诸多学者在研究中选取的样本公司不同，因此如果这些样本公司的约束机制不同，则同样的管理层持股状况所产生的激励效应自然会有差异。

其次，管理层自身的特征影响着管理层持股的有效性。例如，管理者对风险的偏好程度不同，其持股对公司绩效的影响也就不同。Demsetz和Lehn（1985）的研究发现，公司风险与其股权集中度之间存在着负相关关系，高风险公司的管理者们往往只拥有公司很小比例的股份。管理者持股比例不高，管理层持股发挥作用的程度就会大大削弱。此外管理者心态的变化也影响着管理层持股的激励效果。Morck等人（1988）的研究表明，之所以出现管理层持股与公司绩效的分段线性关系，是因为在不同的持股比例区间内，管理者对待企业利益和自身利益

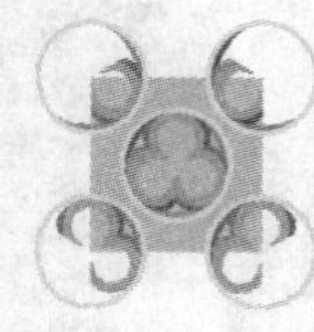

的心态在不断变化。在0%－5%，管理层的股份由无到有，股权激励有效，管理者的利益与其他股东的利益越来越一致；在5%－25%，管理层盘踞的消极作用开始显现，管理者持股达到一定比例，他们对公司的控制能力增强，往往就会利用手中的权力开始巩固自己的地位，而忽视其他股东的利益，并导致公司绩效的下滑；当持股比例更高时，管理者成为大股东，能够享有公司大部分的剩余索取权，他的利益与其他股东的利益就又结合在一起，对私利的追求行为减少，公司的绩效重新上升。

最后值得一提的是，管理层持股并不是适用于任何企业的"灵丹妙药"。管理层持股是在一定的行业与企业环境下出现的，不同的行业与企业特征会影响到企业是否使用管理层持股这种激励方式，因为在某些行业或企业中其他非管理层持股的激励方式可能更能够发挥作用。

上述讨论在剖析各派观点迥异的原因时，实际上也指出了管理层持股并不是包治"代理问题"的灵药。从对国外学者实证结果的分析中，我们可以明确指出的是，由于管理者作为公司"内部人"的特殊角色而使管理层持股这一激励机制具有"双刃剑"的效果，也因此决定了管理层持股与公司绩效关系问题的复杂性和不确定性，这也决定了管理层持股问题将始终是公司治理领域研究的重点和难点。

三、对完善我国公司治理的启示

与西方发达国家相比，我国的情况要复杂得多。即使是现代企业制度发育得较好的上市公司，其公司治理结构也还远不健全，至于股权激励制度，则仍处在探索和试行之中。在我国上市公司特别是国有控股的上市公司的管理层激励机制设计上，目前主要存在两种典型的做法：一种做法是继续沿用带有传统计划经济时代烙印的薪酬模式，即由国家主管部门决定国有企业经理的年薪，这种薪酬制度往往因为不能恰当地评

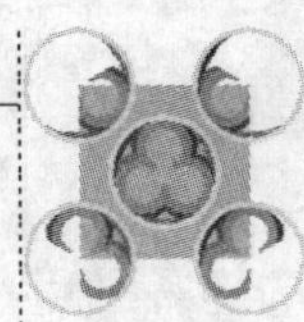

估和激励经理人员的特殊贡献，而经常引发一系列严重的代理问题：如管理层假公济私或消极怠工等道德风险问题，在职高消费等费用偏好行为，截留企业利润和过度投资等保留盈余问题，以及对人力资源、研发费用投入不足和“59 岁现象”等行为。另一种做法是学习发达国家的经验，在上市公司中尝试实行“绩效薪资”和“管理层持股制”。应该说，这是一种有益的尝试，其发展方向无疑也是正确的。但是在我国国有或国有控股企业所有者相对缺位，管理层的代理行为还缺乏有效监督和约束的情况下，也出现了诸如经营者自定高额薪酬、经理人持股比例过高以及管理层盘踞等损害股东利益的新问题。那么究竟应该如何应对这些问题呢？我们认为，可以从理论研究和实证检验的国际经验中寻找启示。

综观西方学者的研究，对管理层持股与公司绩效是否相关，大多数学者持肯定意见，认为管理者持有一定比例的股份对改善公司绩效具有积极作用，只是在管理层持股的比例不高但可以实际控制公司时，管理层盘踞的危害才显现出来。管理层持股这一“双刃剑”的消极效应究竟在多大程度上抹杀了积极效应，是当前理论界争执的焦点。应该说，从公司治理的发展历史趋势来看，在我国现阶段，实行管理层持股，给予管理者股票期权和股票奖励势在必行。然而，给予管理者多大比例的持股份额才能既充分发挥管理层持股的激励作用，同时又不致引发管理层盘踞等消极效应，是一个值得仔细斟酌的问题。结合前文的分析和我国的实际情况来看，由于我国的上市公司存在国有股、法人股一股独大的现象，因此给予管理者高比例的股份是不现实的，合理的份额应该是一个适度的低比例持股。这个低持股比例究竟是多少，1%以下还是 5%以下，应该依据企业的具体情况来确定。

综上所述，给予管理者适当低比例的股权激励，把管理人员的可能收益和他们对公司未来绩效的贡献联系起来，并同时加强对经理人的制度监督与约束，是现阶段完善我国公司治理结构、逐步解决企业中普遍存在的代理问题的一条有效途径。我认为，这一结论对于我国企业尤其是上市公司的治理实践应该具有一定的现实意义。

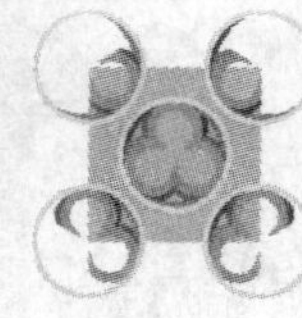

[参考文献]

1. 支晓强:“管理层持股与业绩关系的理论分析”[J],《财经科学》,2003(2)。
2. Agrawal, A. and Knoeber Ch.R. (1996), “Firm Performance and Mechanisms to Control Agency Problems between Managers and Shareholders”. *Journal of Financial and Quantitative Analysis* 31.3, 377 - 397.
3. Benston, G.J. (1985), “The Self - serving Management Hypothesis: Some Evidence”, *Journal of Accounting and Economics* 7, 67 - 84.
4. Bethel, J.J. Liebeskind and T.Opler. (1998), “Block Share Purchases and Corporate Performance”, *Journal of Finance* 53 (2), 605 - 634.
5. Cho, M.H. (1998), “Ownership Structure, Investment, and the Corporate Value: an empirical analysis”, *Journal of Financial Economics* 47, 103 - 121.
6. Chung and Pruitt (1996), “Executive ownership, corporate value, and executive compensation: A unifying framework,” *Journal of Banking & Finance* 20, 1135 - 1159.
7. Clifford G. Holderness, “A survey of Blockholders and Corporate Control”, *FRBNY Economic Policy Review*/Forthcoming.
8. Core, J.E., R.W. Holthausen and D.F. Larcker. (1999), “Corporate Governance, Chief Executive Officer Compensation, and Firm Performance”, *Journal of Financial Economics* 51, 371 - 406.
9. Dahya, J., J.J. McConnell and N.G. Travlos. (2000), “The Cadbury Committee, Corporate Performance and Top Management Turnover”, *Working Paper*.
10. Demsetz, H. and K. Lehn, (1985), “The Structure of Corporate Ownership: Causes and Consequences”, *Journal of Political Economy* 93, 1155 - 1177.
11. Denis, D.J. and D.K. Denis, (1995), “Performance Changes Following Top Management Dismissals”, *Journal of Finance*, Vol. 50, pp. 1029 - 1057.
12. Faccio, M. and M.A. Lasfer. (2000), “Managerial Ownership, Board Structure and Firm Value: The UK Evidence”, *Working Paper*.
13. Fama, E.F. and M.C. Jensen. (1983), “Separation of Ownership and Control”, *Journal of Law and Economics* 88 (2), 301 - 325.
14. Harold Demsetz and Belen Villalonga, “Ownership structure and corporate performance”, *Journal of Corporate Finance* 7 (2001) 209 - 233.

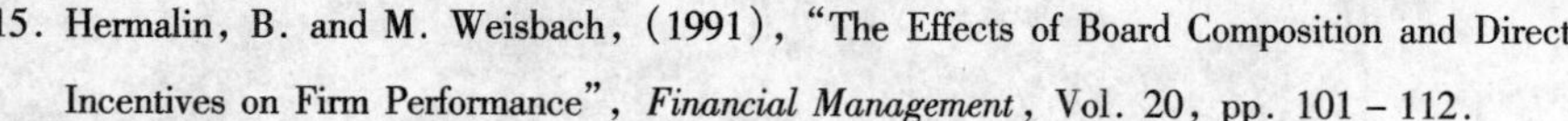

15. Hermalin, B. and M. Weisbach, (1991), "The Effects of Board Composition and Direct Incentives on Firm Performance", *Financial Management*, Vol. 20, pp. 101 – 112.

16. Himmelberg, C.P., R.G. Hubbard and D. Palia. (1999), "Understanding the determinants of Ownership and the link between Ownership and Performance", *Journal of Financial Economics* 53, 353 – 384.

17. Jensen, M.C. (1986), "Agency Costs of Free Cash Flow, Corporate Finance and Takeovers", *American Economic Review* 76 (2), 323 – 329.

18. Jensen, M.C. and W.H. Meckling. (1976), "Theory of the Firm: Managerial Behaviour, Agency Costs and Ownership Structure", *Journal of Financial Economics* 3 (4), 305 – 360.

19. Kaplan, S.N. (1989), "The Effects of Management Buyouts on Operating Performance and Value", *Journal of Financial Economics* 24 (2), 217 – 254.

20. Morck, R., Sleifer, A., and Vishny, R. (1988) "Management ownership and market valuation: an empirical analysis", *Journal of Financial Economics*. 20, 293 – 315.

(厦门大学管理学院　戴亦一　潘越)

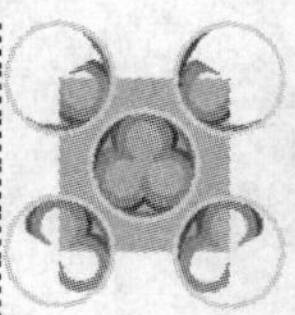

第二十一章 DIERSHIYIZHANG

基于动态环境的企业战略重构

企业与环境的相互关系是管理学界探讨的热点问题。如何认识和把握企业与环境的关系，正确认识和把握企业与环境动态变化及相互作用的一般规律、路径，从而使企业在多变的竞争环境中作出科学的决策，是企业管理实践中提出的一个重要研究课题。环境是企业战略构成的重要维度之一。近十几年来，企业环境发生了重大变化，集中表现为日益复杂、动态与不可预测性，导致传统的企业战略理论日益不适应企业发展的要求。在这种情况下，为了能更好地适应环境变化而求得企业的生存与发展，有必要重新设计企业战略。

一、企业与环境关系的理论阐释

任何企业都处在特定的环境中。企业只有在与外界环境进行持续不断的物质、能量和信息的交换过程中，才能获得生存和发展的现实基础和未来条件，进而增强企业的生命力。人们对企业与环境之间关系的认识经历了一个较长的过程。起初，人们将企业看成是一个高度结构化

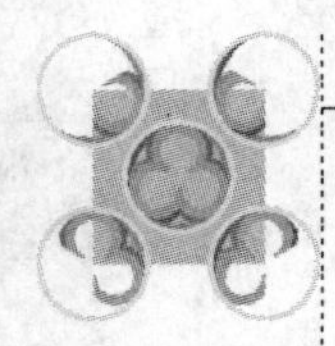

的、机械的、封闭的系统，而基本忽略了外界环境的变化与影响。人们形成这种看法，一方面是受认识能力的限制，另一方面也是由于当时的市场环境造成的。后来随着市场环境和顾客需求的变化，人们对企业与环境之间关系的认识也不断演进。组织理论在近60年中有很大的发展，主要原因之一就是，组织机械论中机械、封闭的思维方式越来越无法满足组织实践的需要。人们发现，仅仅考虑目标、效率和结构等技术指标，并不能使企业保持持久的生命力。

企业与环境之间究竟是什么关系呢？学术界和企业界一直存在较大的争论，派系林立，莫衷一是。在对企业与环境的关系的认识上，目前主要存在着四种观点：决定论（Determinism）、适应论（Adaptation）、改造论（Change）和战略选择论（Strategic Choice）。

（一）决定论

持决定论的种群生态学（population ecology）学者们套用生物学中的变异—选择—保留模式，将是否适应环境作为企业的最终检验，适者生存是最高法则（如 Aldrich，Hannan & Freeman 等人）。另外，以Bertalanffy为主提出的开放系统理论的主要观点指出，企业要满足自身的各种需要，要生存和发展下去，就必须像生物体一样对环境开放，建立一种与周围环境融洽的关系。这一观点与古典管理理论有着根本的不同，后者极少关注环境，只重视组织内部的设计并将其封闭起来。

（二）适应论

适应论从权变的视角，认为企业可以根据环境的变化作出相应的组织结构上的调整（如 Burns & Stalker，Lawrence & Lorsch 等人）。权变理论认为，企业除了要对环境开放外，还必须考虑如何适应环境的问题。英国学者 TomBurns 和 G.M.Stalker 在20世纪50年代完成了建立权变理论的一部分重要工作，两人在考察了不同企业后提出，企业的组织和管理应该适应不同的环境变化率。当环境变化率高、技术与市场的变化不断带来新问题和新机遇时，应采用开放灵活的企业组织形式。McGill 大学的 HenryMintzberg 界定了五种企业组织形式：机械官僚型、部门型、专家官僚型、简单结构和灵活型，并指出了它们各自适用的环境。Lawrence 和 Lorsch 的研究则更加完善了权变理论。提出由于子环境的不同，即使在同一企业内部，组织各子系统也应该具有不同类型。

（三）改造论

Bernard Burnes 在《变革时代的管理》中说，企业“通过企业内部环境的改造，影响或改变外部环境”。在国内外众多的企业管理的实践中，也有足够的证据表明，企业可以改变、控制或“操纵”组织运作的环境。

20 世纪 90 年代以后，产业环境变得日益动态化，企业之间以及企业与环境之间的界限逐渐变得模糊不清。Hamel 和 Prahalad 在《竞争大未来中》，深入研究了环境的动荡与企业发展战略的内在关系。他们认为，要创造公司的美好未来，必须通过三个方面——从根本上改变行业旧的游戏规则、重新划定行业间的界限和创造全新的行业来实现。他们观点的战略逻辑是通过创新未来产业或改变现有产业结构来为企业寻求战略发展空间，表明企业可以能动地改造企业所处的环境。波特也认为，企业应该以创新来改善资源生产力，以提高企业的整体竞争力，该观点也显示企业具有改善环境的能动性。波特在《竞争优势》一书中提出：“竞争战略对产业吸引力的增减颇具影响力。与此同时，企业可以通过战略选择明显地增强或削弱其在产业内的竞争地位。所以，企业的竞争战略不仅对环境做出反映，而且试图根据企业的利润来塑造环境。”

（四）战略选择论

战略选择论更重视战略选择的作用，并把它视为一个受到多方面因素影响的过程（如 Child 等人）。但这种选择，也是在既定环境下的选择，或者说是对现实环境的利用。种群生态学则又比权变理论更进一步。权变理论认为组织要适应环境，而种群生态学则要回答这样一个问题：如果现在有几个同类的组织都适应环境，那么哪一个组织能生存发

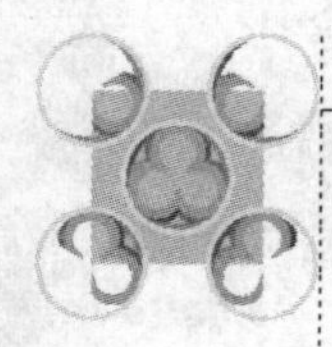

展得最好呢？种群生态学主要是将达尔文的自然选择学说移植到了组织分析中，认为组织像自然界中的生物一样，其生存依赖于它们获得充足资源的能力。由于面临其他组织的竞争及资源的稀缺性，只有“最适应”环境的组织才能够生存。在某个特定时间里，组织的性质、数量和分布依赖于可得到的资源及各种组织种群内部和相互之间的竞争。因此，环境通过优胜劣汰选择最强者，环境成为决定组织成败的关键因素。

战略选择论强调竞争，由于组织必须争夺有限的资源以维持自身的生存和发展，因此，组织之间的关系以竞争为主，尤其是属于同一种群的组织，更是互为直接竞争者。

综上所述，我们可以看出，企业与环境的关系是复杂的、动态的，它们之间既有合作的成分、也有竞争的成分；既可以称为合作竞争，又可以称为共同进化，当然在不同的情况下，企业与环境的关系可能会表现出某种主流的特征，而这主要依赖于不同的环境因素。企业需要根据不同的环境因素。正确地确定企业与环境的这种主流关系。需要强调的一点是，企业与环境的关系不是一成不变的，不存在僵化的模式。影响企业与环境之间关系的各种相关因素是变化的，可以相互转化的，企业与环境之间的循环往复的合作和竞争，最终会导致企业与环境的共同进化。因此，我们无须也无法探寻企业与环境的最优关系模式，而至多只能追求一种相对满意的状态。

二、企业战略的环境因素分析

企业总是在一定环境中运营的，企业战略也是在一定环境因素制约下制定与实施的。环境决定企业的战略，企业的战略决定相应的组织结构和管理方式。认识环境就成为环境分析的起点，经过许多战略学家的努力，对战略环境及其构成要素的研究已经比较全面。

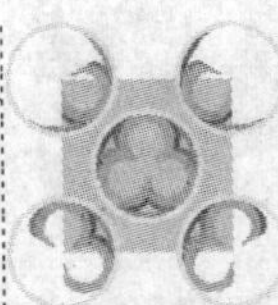

（一）企业战略环境因素

一般而言，企业战略的环境因素包括企业外部环境因素和内部环境因素：

1. 现代企业的生产经营活动日益受到外部环境的作用和影响

企业要进行战略管理，首先必须全面的、客观的分析和掌握外部环境的变化，以此为基础和出发点来制定企业的战略目标和实现战略目标的战略。企业与其外部客观的经营条件、经济组织及其他外部经营因素之间处于一个相互作用、相互联系、不断变化的动态过程之中。这些影响企业的成败，担忧在企业外部而非企业所能全面控制的外部因素就形成了企业的外部环境。对这些外部环境分析的目的就是找出外部环境为企业所提供的可以利用的发展机会以及外部环境对企业发展所构成的威胁，以此作为制定战略目标和战略的出发点、依据和限制的条件。

外部环境诸因素对一个企业的影响程度是不同的。

第一类：产业环境，它是企业微观的外部环境。

第二类：企业的宏观外部环境，它们间接地或潜在地对企业发生作用和影响。

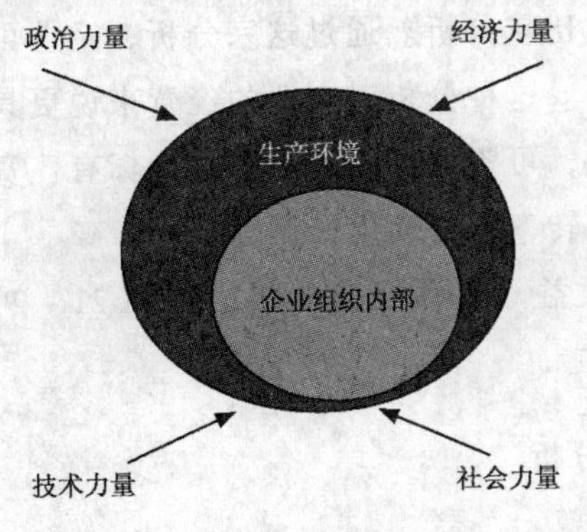

图 21－1 企业宏观外部环境

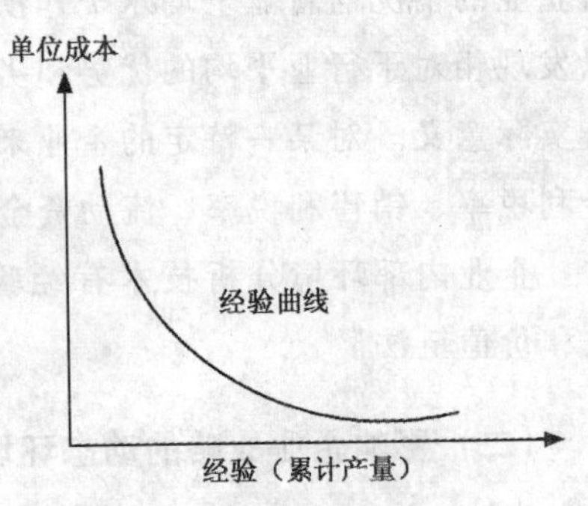

图 21－2 经验曲线

2. 企业战略目标的制定和战略选择要知己知彼

企业战略目标的制定及战略选择不但要知彼，即客观的分析企业的

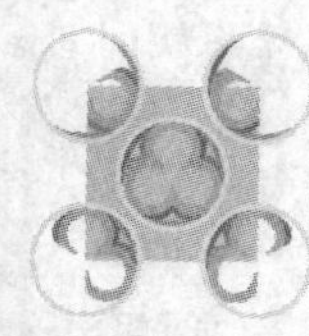

外部环境，而且要知己，即对企业自身的内部条件和能力加以正确的估计。所谓企业的内部环境或条件是指企业能够加以控制的内部因素。企业内部环境或条件是企业经营的基础，是制定战略的出发点、依据和条件，是竞争取胜的根本。对企业的内部环境进行分析，其目的在于掌握企业目前的状况，明确企业所具有的长处和弱点，以便使确定的战略目标能够实现，并使选定的战略能发挥企业的优势，有效的利用企业的资源；同时对企业的弱点，能够加以避免或采取积极改进的态度。

一般说来，一个企业的内部环境包括下列方面：财务状况、产品线及竞争地位、设备状况、市场营销能力、研究与开发能力、人员的数量及质量、组织结构、企业过去确定的目标和曾经采用过的战略等。对每一方面的分析和评价，需要回答一系列的问题。从对这些问题的答案中，就可明确企业所具备的长处和劣势。

企业内部环境分析的方法以企业的不同情况而呈现出多样化。但是，一般说来各种各样的分析方法可归纳成两大类：一类是进行纵向分析，即分析企业的各个方面（职能）的历史沿革，从而发现企业的哪些方面得到了发展和加强，以及在哪些方面有所削弱。根据这种纵向分析，在历史分析的举出上对企业各方面的发展趋势做出预测；另一类是将企业的情况与行业平均水平作横向比较分析。通过这宗分析，企业可以发现相对于行业平均的优势和劣势。这种分析对企业的经营来说更具有实际意义。对某一特定的企业来说，可资比较的行业平均指标有：资金利税率、销售利税率、流动资金周转率、劳动生产率等。

企业内部环境分析技术有经验效益（或称经验曲线，如图 21－2）法和价值链法。

（二）影响企业战略的动态环境分析

企业实际面临的环境远比上述理论分类复杂得多，企业实际所处的环境往往是模糊而难以分辨的，这需要企业决策层有正确而统一的判断。同时，随着时间的变化，企业环境可能处于不断变化之中，而且最难以判断的是，当某种外部环境要素发生变化时，由环境系统本身具有

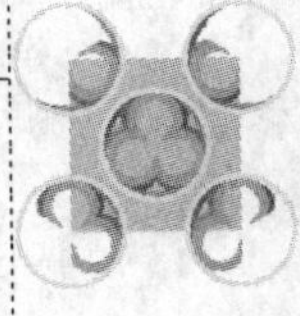

的要素相关性和复杂混沌性决定的其他环境要素往往随着发生程度和方向均难以预料的变化。这些情况大大加剧了企业环境动态变化的程度，增加了环境管理的难度。显然，在所有环境类型中，复杂动态环境是最能体现当今市场特点的环境类型。

具体而言，企业战略的动态环境表现在以下几个方面：

1. 商业活动日趋全球化。

跨国商品与服务交易及国际资本流动规模和形式的增加，技术的广泛迅速传播使世界各国经济的相互依赖性增强。商业活动全球化是指世界各国的经济在生产、分配、消费各个领域所发生的一体化趋势。从当前情况看，其进程进一步加快，主要表现在：世界统一大市场加速形成、生产全球化日益加深、生产要素全球化在迅速扩展等。面对商业活动全球化的机遇和挑战，企业必须首先从战略上作出选择。不同的行业类型，不同的企业规模，不同的资源禀赋，以及不同的企业文化，都会导致不同的企业发展战略。但不论采取什么样的战略，核心的问题是要根据外部环境和自身条件，培育和提升企业的核心竞争力。

2. 速度日益成为关键要素。

能否准确的、迅速的进行复杂问题的判断考验了一个企业的反应能力，而知识管理便是在全局角度提供复杂决策的一个体系。同样用来提高企业的反应速度，标准作业流程带给企业的是更强的竞争条件，在企业的战术层面，这是行之有效的信息系统工具，而知识管理能让企业聪明地赢得战略的胜利。企业实际的知识管理系统不仅支援着战略决策，也在竞争情报、员工培训、信息交流等很多战术领域发挥着作用，这些部分都表现在企业里需要深度智慧的智能单位中。我们现在可以理解为支持标准作业流程的业务信息系统就像是人的中枢神经系统，使人能够对简单的刺激做出迅速而准确的反应，而服务于企业战略层面的知识管理系统就像人的大脑，使人能够进行复杂的逻辑推理、判断以及创造。因此，速度是关键，它决定了企业能在多紧迫的时间内掌握新技术并与原有的技术结合，也决定了企业在与环境之间互相协调和适应的周期长短。

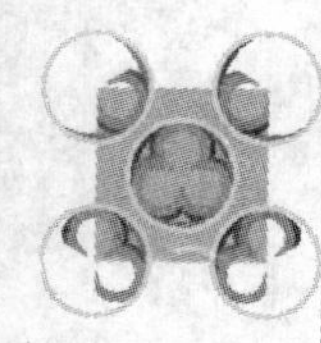

3. 战略环境复杂程度大大加深，可测度大为下降。

现代企业的战略环境变得日趋复杂，其中各个因素不但在持续变化，而且它们之间的相互作用也在不断变化着，形成了一个混沌复杂的巨系统。企业与政府、员工、顾客、供应方等利益相关者之间以及上述各因素之间都在进行着复杂的互动作用。在技术进步速度加快的情况下，试图从上述复杂过程中识别出对企业成败的关键因素是比较困难的。不但产业环境会影响企业行为，企业也能够改变产业结构及竞争格局，在这个混沌系统中，原因与结果之间的关系是非线性的。

4. 技术对企业战略环境的影响越来越强。

科学技术对经济社会发展的作用日益显著，当今世界，企业环境的变化与科学技术的发展有非常大的关系，特别是在网络经济时代，两者之间的联系更为密切。在信息等高新技术产业中，教育水平的差异是影响需求和用户规模的重要因素，已被提到企业战略制定的议事日程上来。

复杂动态环境反映了当前市场，特别是高科技行业存在的全球竞争，消费需求变化加快且难以预测，窄的顾客利基，产品生命周期缩短，新技术层出不穷，技术创新呈现连续中断（continuous discontinuity）而导致产品及市场可能很快出现和消失，竞争规则发生变化，大规模定制等不确定性变化的特点。它们是当今企业面临的复杂动态环境的具体表现。

三、动态环境下企业的战略重构

虽然不同的战略范式对企业和环境研究的重点不同，但无论战略理论还是战略实践都将企业与环境的匹配视为基本假设。当今企业所处的环境呈现变化范围广、速度快、方向不确定等复杂动态系统的特点。面对日益复杂动态的战略环境，企业应当以动态能力为基础，采取动态的

战略，并根据环境和组织条件，进行战略重构，以动态地匹配环境。

（一）企业传统战略观念的不足之处

在以环境为视角的主流战略理论中，设计学派、计划学派、结构学派和学习学派都强调战略与环境要相匹配。但根据我们对企业与环境关系的更深入、全面探讨，不难发现，这些主张战略应适应环境的观念存在许多缺陷，并且不能完全解释企业发展实践中的问题。而事实上，以适应环境为立足点的主流企业战略并未对指导企业管理实践产生显著作用。相反，一味坚持企业战略与环境相适应，只会使企业处于被动地位，失去改造自身所处的环境的机遇，对企业在现代复杂动态环境下的健康持续发展是不利的。

（二）复杂动态环境下企业战略重构的框架

关于企业与环境的匹配模式，已经形成了许多不同的理论，如：早期的SWOT框架基于企业内部的优势、劣势及环境的机会、威胁的分析，实质上是一个企业如何匹配环境的模型；战略理论中的环境学派（Environmental School）则强调，企业在特定的环境中如何获得生存和发展，它存在两种不同的发展方向。一种是“权变理论”（Contingency Theory），侧重于研究企业在特别的环境条件下和面临有限的战略选择时所做的预期反映。另一种是“规制理论”（Institutional Theory），它强调的是企业必须适应环境，战略的制订必须充分考虑环境的变化，了解和掌握环境变化的特点。此外，IBM公司高级企业研究所战略研究主任亨克尔（Stephan H. Haeckel）和 Gareth Morgan 分别提出适应性企业理论和能动型公司理论。

综合分析这些理论，我们可以得出这样以下结论：将战略视为“行动之前的概念”的观念，当企业在面对复杂动态的环境时是不相宜的。应当强调战略的动态性，而把它视为企业与其环境的相互作用的过程，有时甚至把战略视为企业经营过程的自然结果。因此，企业应当树立动态的战略观。同时，企业应当重视变革能力的培养。变革能力是企业动

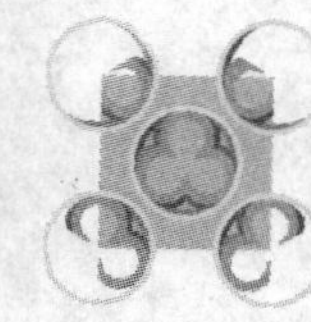

态能力的基本成分。Zaijac 等学者提出了战略变革匹配环境的规范模型，对企业的战略变革及企业如何调适与企业的匹配关系具有较强的指导意义（如图 21 - 3）①。

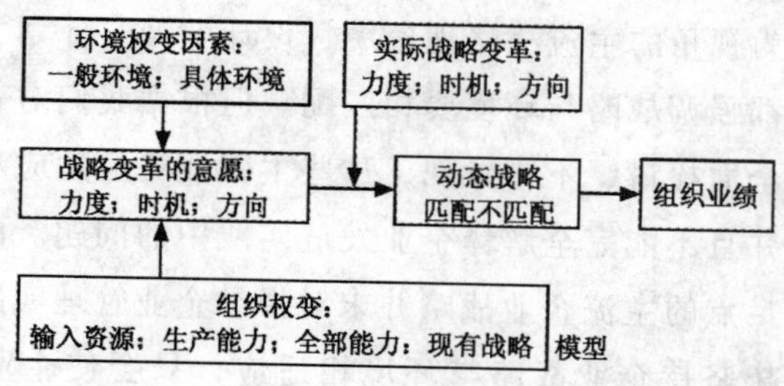

图 21 - 3

企业复杂动态的战略环境越来越不稳定且难以预测，因而，有必要重新构造面向不确定性环境的战略框架。这一框架可以概括为：通过分析企业的外部环境的不确定性层次及各自的特点，确立面向环境的战略态度，选择塑造环境的战略、改变环境的战略、适应环境的战略或者追随环境的战略。各种战略对环境的能动性、价值、风险以及价值的来源等判断各不相同。进一步地，由于环境的不确定性和战略实施的不可逆性，环境的不确定往往能给予某种战略在时机选择上的价值。

（三）复杂动态环境下企业的战略选择

1. 培育动态学习的组织新模式。

不仅企业所处的环境在不断的变化，而且这种变化还会导致企业与环境之间关系的变化。一个组织能否动态地适应这种关系的变化是反映其组织学习能力的重要指标。企业要保持长久的竞争力和持续的优势，就必须正确全面地认识和把握它与环境的关系，放弃传统的适应论的悲观理念，制订出正确的竞争策略和管理模式。

2. 树立动态竞争与合作的新理念。

① 见周晓东、项保华："复杂动态环境、动态能力及战略与环境的匹配关系"[J]，《经济管理·新管理》，2003 年第 20 期。

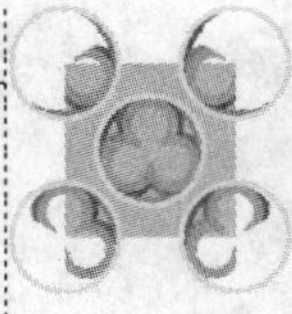

传统的企业奉行的是静态竞争观念，这种观念现在看来已经完全与现实不一致。企业与环境之间的关系不是一成不变的，而是动态变化的。因为影响企业与环境之间关系的各种相关因素处在不断的变化之中，而且合作与竞争之间本来就是对立统一、可以相互转化的。合作的发展会导致竞争，竞争的发展也会导致合作。企业与环境之间的这种循环往复的合作和竞争，最终会导致企业与环境的共同进化。企业只有深刻领会合作与竞争之间对立统一、相互转化的辩证关系，才能够自己立于不败之地。

3. 倡导柔性灵活的管理风格。

企业柔性要从企业管理和组织设计这两个方面来着手：一方面，将企业柔性作为一项管理工作来看，其着眼点在于系统“控制能力”的质量或管理的能力；另一方面，将企业柔性看成是一项组织设计工作，其所关心的则是组织的“可控性”。此外，要确保管理措施的多样性和系统实施控制管理措施的快速性。

4. 实施追随和塑造环境的企业发展创新战略。

在这种战略的指导下，企业不谋求与环境的即时变化，尽量避免做出不成熟的决策，通过延迟投资以获得更好的信息，或保存实力以等待环境稍微稳定时再大举投资参与竞争。同时，实行塑造环境的战略，通过设计标准、创造或引导新需求以及发展破坏性新技术，在行业竞争中，取得先导地位。

四、结　论

总体来看，在环境日趋复杂、动态、无序的情况下，企业战略难以如同在稳定条件下那样精微而细致，企业管理者要考虑到战略对复杂多变环境的动态适应性及灵活反应性、实施上的简洁性、有效性。在战略环境变得更为不可控的情况下，从目标及企业实力与环境中抽象出一些

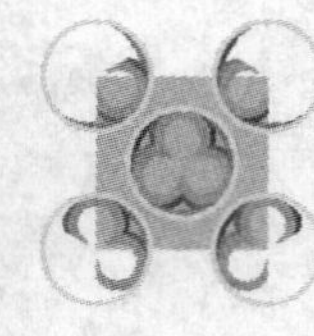

操作规则，对战略环境的变动影响进行监控与筛选，进而指导企业的经营。总之，企业环境及企业与环境之间的关系是动态的，因此，企业发展的战略也应是动态的。

[参考文献]

1. Hannan M.T. and Freeman. J. "The population ecology of organizations" [J]. *American Journal of Sociology*, 1977, 82, 929-984.

2. Prof. Chris Moore, Corporate Environment (University of Strathclyde 2002/2003), http://www.strath.ac.uk.

3. David J. Teece, Gary Pisano, and Amy Shuen. Dynamic Capabilities and Strategic Management [J]. *Strategic Management Journal*, 1997, 18 (7).

4. Giovanni Dosi, Richard R. Nelson and Sidney G. Winter. *The Nature and Dynamics of Organizational Capabilities* [M]. London: Oxford University Press, 2001, (1).

5. 陈国权："组织和环境的关系及组织学习"[J]，《管理科学学报》，2001 (5)。

6. 王永龙："动态复杂性环境中的组织创新研究"[J]，《经济管理·新管理》，2002 (6)。

7. 周晓东、项保华："复杂动态环境、动态能力及战略与环境的匹配关系"[J]，《经济管理·新管理》，2003 年第 20 期。

8. 龙正平："面向环境的战略重构"[J]，《中国工业经济》，2004 (8)。

9. 赵锡斌："企业环境研究的几个基本理论问题"[J]，《武汉大学学报》，2004 (1)。

10. 陈卫东等："管理系统中的复杂性特征及其控制探讨"[J]，《中国软科学》，2001 (12)。

（武汉大学商学院 温兴琦 赵锡斌）

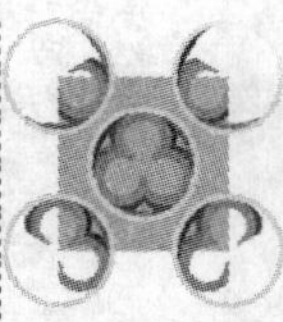

第二十二章 DIERSHIERZHANG

困境公司的管理者激励*

一、引　　言

作为现代企业内部控制机制之一的管理者激励（Coughlan 和 Schmidt，1985）① 被认为应能随着环境以及企业经营情况的变化相应调整其方式以及结构，从而有效地降低股东与管理者之间代理成本（Smith 和 Watts，1983；Lambert 和 Larcker，1985）。尤其当公司或因时运不济，或因自身乏力而陷入困境之时更会调整激励机制，希冀以此来激励管理者把公司带出困境。总体而言，身陷困境的公司对管理者的激励一方面要对原有的管理者进行评估，辞退不称职的管理者，尤其是作为管理团队之首的总经理，即“大棒”式激励。否则会如代理理论的巨擘 Jensen 和 Ruback（1983）所言，业绩差的公司的管理人员拒绝被辞退可能是成本最高的代理问题。另一方面则要给与管理者更为积极的正向激

* 本文为国家自然科学基金（70372033）的阶段性成果。感谢厦门大学管理学院财务研究与发展中心沈艺峰教授和博士生班其他同学对本所提出的意见。

① 其他主要的内部控制机制包括董事会的监督（Fama，1980）、大股东监督（Demsetz 和 Lehn，1985；Shleifer 和 Vishny，1986）等等。

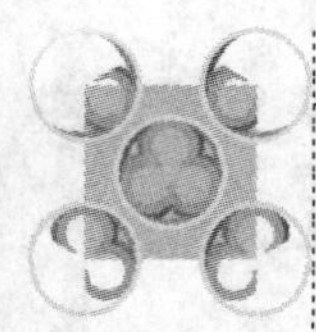

励，例如，给与其股票、期权或现金薪酬，即“胡萝卜”式激励。正如 Gilson 和 Vetsuypens（1993，p426.）所说：“薪酬政策通常是企业为解决困境而付之实施的整体战略的重要组成部分，通过薪酬条款给与管理者以激励……，所有变化的净结果是为了在困境发生后提高 CEO 财富对企业股价表现的敏感度……”。在中国目前外部控制机制尚不强势的情形下，内部控制机制承担着大多监督、约束与激励管理者的任务。为此，本文研究作为内部控制机制之一的管理者激励在面对公司困境时能否发挥其应有的或者说被期望的作用。

二、文献回顾

归纳而言，现代公司对管理者的激励主要包括三种机制：(1) 惩戒性激励，因为业绩不佳而被公司辞退使得管理者自身人力资本价值下降的可能；(2) 权益激励，管理者持有的股票或者期权的价值变化；(3) 流量薪酬，包括工资、红利、新获得的权益激励等等（Antle 和 Smith，1986；Jensen 和 Murphy，1990）。先前关于管理者激励的研究大多围绕这三种激励机制展开，为此本文在此小节对三种激励作一简要的回顾。

（一）对管理者的惩戒性激励

从 Coughlan 和 Schmidt（1985）开始的大量研究表明，总经理变更的概率会随着公司业绩的下降而增大。这意味着，业绩不佳的管理者更容易丢掉工作。此种结果通常被视为是对代理理论的支持：因为业绩不佳而被解雇的威胁会激励管理者把股东利益与自身利益结合起来。后续的研究，如 Warner 等（1988）、Weisbach（1988）等都进一步印证了 Coughlan 和 Schmidt（1985）的结论。对德国、英国和日本的研究结果也大致与美国相同（见 Kaplan，1994a，b；Cosh 和 Hughes，1997；Kang 和

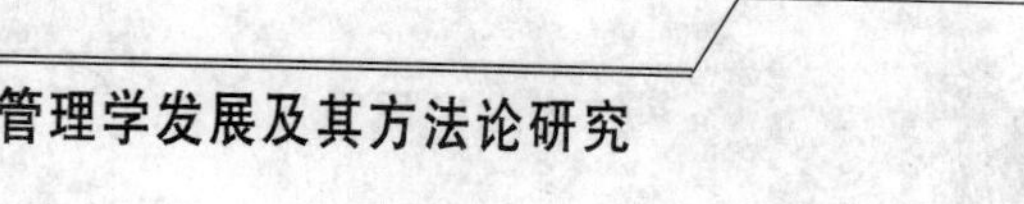

Shivdasani，1995）。

有关困境公司管理者变更的研究：Ang 和 Chua（1981）研究了 1969－1973 年间 52 家填报破产申请的公司为样本，研究每家公司获得报酬最高的前三位管理者的变更情况。他们发现在填报破产申请后的两年内，30%的管理者丢掉了工作。Gilson（1989）以 1979－1984 年间普通股收益经历极端下降的 381 家公司为样本，研究了高级管理人员（CEO，总裁以及董事会主席）的变更问题。52%的样本公司在困境期间出现了高级管理人员变更，而在公司未发生困境之时相应的变更概率只有 19%。Gilson 和 Vetsuypens（1993）研究 1981－1987 年填报破产申请或者私下重组债务的 77 家公司的管理者薪酬政策时，发现有 1/3 的 CEO 被替换。

（二）对管理者的权益性激励

在对管理者的激励中，以股票和期权为代表的权益激励在理论与现实中都发挥着重要的，甚至是举足轻重的作用。权益激励通过把管理者的财富与股东的财富紧密地联系在一起，被认为能有效地弥合管理者与股东之间潜在的利益不一致。理论上，Jensen 和 Meckling（1976）认为当管理者在公司中有一定的股权利益时股东和管理者之间的代理冲突会得到缓解。据他们的分析，这样公司的管理者和董事都是内部股东，他们既参与决策制定也享受所有权带来的好处，而外部股东在决策制定中仅仅扮演消极的角色，因此提高这些内部股东的股权比例可能会提高公司的价值。经验研究上，Murphy（1985），Jensen 和 Murphy（1990），Hall 和 Liebrman（1998）的研究都表明，绝大多数美国公司对 CEO 的激励是来自赋予其的股票与期权。[①]

深陷困境的公司通常都会把激进的和创新的激励计划作为最后一招

---

① 研究管理者或董事持股等权益性激励与公司业绩关系的文献国内外都很多，可参考 Morck、Shleifer 和 Vishny（1988）、McConnell 和 Servaes（1990）、孙永祥等（1999）、吴淑琨（2002）等等。

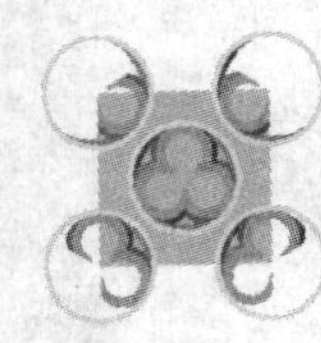

Murphy（1999）。例如，Gilson 和 Vetsuypens（1993）发现，其作为样本的 77 家困境公司中有 64 家公司采取行动使得高级管理人员的财富与公司普通股的价值的关系更为紧密。他们发现困境公司的 CEO 们持有的股票期权与股票的中值和均值在公司被认定为已经陷入困境之后都呈现增长之势。Dial 和 Murphy（1995）研究表明，20 世纪 90 年代初冷战结束后，美国通用动力公司（General Dynamics）以及其他国防产业公司面对市场饱和而陷入困境时大幅度地提高以股票为基础的薪酬。从而在两年后的 1993 年给股东带来巨大的收益，利润达 45 亿美元，股利再投资收益高达 553%。按 Dial 和 Murphy 的说法，"该项研究表明激励是如何有助于战略的……"。

（三）对管理者的流量性薪酬激励

在代理理论框架下，薪酬设计也是为了弥合管理者与股东之间的利益冲突，因此大多数有关管理者薪酬的研究关注于报酬与业绩之间的关系。Murphy（1985）以 1964－1981 年 73 家美国大型制造企业为样本，分析了管理者报酬与股东收益（用股票溢价与股利）之间的关系。在探究了数据的面板特性后，Murphy 发现管理者报酬对股价业绩的弹性显现很强的关系并且在统计上显著。现金与总体薪酬对公司价值的弹性大约等于 0.1。Coughlan 和 Schmidt（1985）也研究了 CEO 现金报酬变化与公司业绩之间的关系，与 Murphy（1985）的结果相一致，他们也发现薪酬变化与股价业绩呈现显著的正向关系。但 Jensen 和 Murphy（1990）提出：虽然 CEO 报酬与股价业绩在统计上显著相关，但这种关系是否足够的强以至能提供有意义的管理者激励值得怀疑。他们发现股东财富每变化 1000 美元，CEO 的财富就相应变化 3.25 美元。换言之，所有渠道的财务激励等于持有 0.325%的外在股份。Jensen 和 Murphy 由此认为报酬—业绩的敏感度太低以至不能提供有意义的激励。

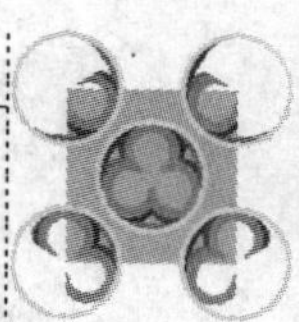

三、制度背景与样本选取

（一）管理者激励信息披露规定的演变

中国上市公司对于管理者激励政策的信息披露显示在年度报告中。而自1992年证券市场设立以来，随着对上市公司年报信息披露内容与格式要求的数次修订（这主要体现在《公开发行证券的公司信息披露内容与格式准则第2号——年度报告的内容与格式》的有关规定），关于管理者激励的信息披露内容与形式也随之变化。归纳起来主要可分为三个阶段：第一阶段，1998年之前。按照证监发字［1994］7号与证监发字［1995］200号的规定，上市公司应当在年报中披露“公司董事、监事及高级管理人员年初、年末持股数量、年度内股份增减变动量及增减变动的情况；公司董事、监事及高级管理人员年度报酬情况（以公司支付为限），包括采用货币形式、实物形式和其他形式的工资、奖金、福利、特殊待遇及有价证券等”，但从1998年以前的年报中并不能找到管理者报酬的数据。第二阶段，1998、1999、2000年度。上市公司切实在年报中公布高管年薪却是从1998年开始的。证监上字［1997］114号、证监公司字［1999］137号的规定在此方面的要求分别增加了披露“在报告期内离任的高级管理人员姓名及离任原因”与“公司应按自己的实际情况划分年度报酬数额区间，披露董事、监事、高级管理人员在每个区间的人数，并列明不在公司领取报酬的董事、监事、高级管理人员的姓名。在报告期内离任的董事、监事、高级管理人员姓名及离任原因。聘任或解聘公司经理、董事会秘书的情况”的信息。从增加的规定中可以看出高管的离任与继任的相关信息。这里尤其要详细说明的是，1998年全部公司都具体披露每位高管与董事的薪酬，但在1999与2000的年报中，一部分公司详细披露每位管理者的薪酬情况，有一些公司只是披

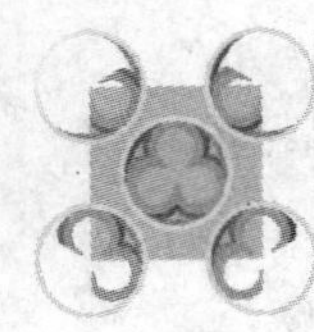

露在一定的薪酬区间内高管与董事、监事的人数。第三阶段，2001与2002年。证监发［2001］153号新增加了“金额最高的前三名董事的报酬总额、金额最高的前三名高级管理人员的报酬总额”信息披露的要求。但自此上市公司只是披露整体的薪酬情况，不再具体披露个人的薪酬。

（二）样本的选取

首先，本文要对困境公司作认定。中国上市公司的特别处理制度在这方面提供了很好的研究样本。特别处理制度来源于1998年3月16日中国证券监督管理委员会发布的《关于上市公司状况异常期间的股票特别处理的通知》，所谓异常状况包括财务异常和其他异常状况。其中财务异常是指公司连续两年亏损或净资产低于面值。① 从制度规定来看上市公司被特别处理意味着公司经营的失败，因此本文选取特别处理公司为基础研究样本。

作为本文样本的特别处理公司在被特别处理前后可以划分为三个时间段：正常公司阶段、陷入困境前的危险阶段、被特别处理当年。由于在1998年年报中上市公司才开始切实披露管理者薪酬数据，因此最早只有从2001年被特别处理的公司开始才能看全这三阶段的数据。综合特别处理制度规定和上市公司年报中包含的管理者激励信息，本文选取2001年和2002年被特别处理的公司作为研究样本。

在上海和深圳两个证券交易所A股市场上市的公司中2001与2002年分别有24家与48家公司被特别处理。对这些公司特别处理的原因包括：最近两个会计年度的审计结果显示的净利润均为负值；最近一个会计年度股东权益低于注册资本，即每股净资产低于股票面值；最近两个会计年度的审计结果显示的净利润均为负值，且最近一个会计年度每股净资产低于股票面值；交易所或中国证监会认定为财务状况异常；追溯

① 2000年对特别处理公司的认定上再保留原有的两条标准的基础上，又增加了注册会计师意见以及对追溯调整后的情况的考虑。

调整导致最近两年连续亏损；追溯调整导致最近两年连续亏损，最近一个会计年度股东权益低于注册资本；被注册会计师出具无法表示意见或否定意见的审计报告；取消 PT，实施 ST；恢复上市，实施 ST 等九种情况。最后两种情况由于属于非首次被特别处理的情况因此不列入本文统计。除此之外，公司被特别处理共有七种原因。

表 22-1　2001 与 2002 年新增 ST 公司被特别处理的原因统计*

	2001 年	2002 年	合计
最近两个会计年度的审计结果显示的净利润均为负值	6	22[a]	28
最近一个会计年度股东权益低于注册资本，即每股净资产低于股票面值	1	13[b]	14
最近两个会计年度的审计结果显示的净利润均为负值，且最近一个会计年度每股净资产低于股票面值	11	3	14
追溯调整导致最近两年连续亏损	1	1	2
追溯调整导致最近两年连续亏损，最近一个会计年度股东权益低于注册资本	2	0	2
交易所或中国证监会认定为财务状况异常	3	3	6
被注册会计师出具无法表示意见或否定意见的审计报告	0	6[c]	6
合　计	24	48	72

*除本表所列出的其中原因外，公司被特别处理还包括：“取消 PT，实施 ST”与“恢复上市，实施 ST”等两种情况，但因为这两种情况属于非首次被特别处理，因此不列入本文统计之中。2002 年 A 股市场因为这两种情况被特别处理的公司分别各为 5 家：

a. 含 1 家“最近两年连续亏损，且被会计师事务所出具无法表示意见或否定的审计意见”的公司；

b. 含 1 家“最近一个会计年度股东权益低于注册资本，被注册会计师出具无法表示意见或否定意见的审计报告”的公司；

c. 含 1 家“被注册会计师出具无法表示意见或否定意见的审计报告，交易所或中国证监会认定为财务状况异常”的公司。

从表 22-1 中可以看出，因财务状况异常，或者连续两年亏损，或者净资产低于面值，或者两者兼而有之的公司，而被特别处理的公司占多数，72 家公司中共计 56 家。为了使选取的样本特征一致，本文最终

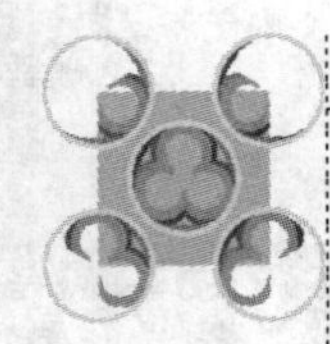

以这56家公司为样本研究困境公司管理者激励政策变化。

本文把公司被特别处理的当年记为第t年，对这56家公司研究跨三个时间段：被特别处理前三年即第t－3年为时间段一，在此期间公司还处于“正常”公司时期；被特别处理前三年即第t－2年与第t－1年为时间段二，在此期间公司已经进入危险期；被特别处理当年即第t年为时间段三，在此期间公司实质上已经宣告陷入困境。表22－2描述性统计了这56家公司从t－3至t年共计四年的经营境况。

表22－2 困境公司被特别处理的基本状况统计（均值与中值）

	第t－3年	第t－2年	第t－1年	第t年
总资产（百万元）	1567.18 (1011.45)	1589.85 (971.58)	1263.63 (714.51)	1232.44 (630.13)
每股收益（元/股）	0.12 (0.11)	－0.23 (－0.27)	－0.71 (－0.56)	－0.20 (0.02)
每股净资产（元/股）	2.20 (1.96)	1.80 (1.60)	0.80 (0.83)	0.67 (0.92)
每股主营业务收入（元/股）	2.35 (1.94)	1.93 (1.38)	1.67 (1.03)	2.26 (1.39)
负债率（%）	0.51 (0.51)	0.57 (0.60)	0.76 (0.74)	0.86 (0.74)

从表22－2可以看出：从公司陷入困境前的第t－3年开始，直至第t－1年，样本公司的总体经营情况呈现明显下降的趋势。总资产、每股收益、每股净资产以及每股主营业务收入的均值和中值几乎呈单调下降的趋势，而负债率则呈现明显上升的走势。这些公司负债率的上升，不是来自举债的进一步增加而是更多的由公司的净资产减少所至。从表22－2同时可以看出，公司被特别处理的当年，样本公司的经营业绩比以前年度有了改善。尤其是盈利性指标每股收益与每股主营业务收入都呈现增长的势头。这可能主要归功于一部分公司在特别处理当年扭

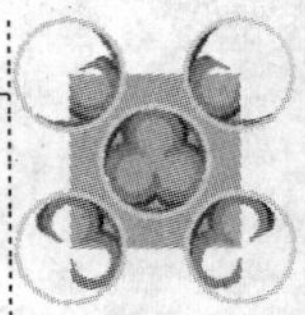

转颓势，改善经营业绩摘掉特别处理的帽子的“功劳”。[①]

四、实证研究与分析

以上文的文献回顾以及样本的描述性统计为基础，后续的研究按照三种管理者激励的形式展开。下文将递序考察：困境公司的惩戒性激励的力度，从第 t－3 到第 t 年困境前后四年对管理者的权益性激励（表现为持股量和持股率）以及对管理者的流量性薪酬激励（在中国上市公司中表现为现金薪酬）有何种变化趋势，总经理变更与继任对权益性激励和流量性激励的影响，最后研究管理团队的薪酬与公司的业绩之间的关系在困境前后是否出现显著的变化。

（一）惩戒性激励

本文对遭受到特别处理的公司从第 t－3 年至第 t 年历年总经理变更的家数与比率做了统计，统计结果见表 22－3。四年间 56 家样本公司的总经理变更共计 95 位次，占样本数次的 42.41%。为了与整体上市公司作比较，本文以在上海证券交易所 1999 年前上市的 461 家公司为样本（剔除在 1998－2002 年曾被特别处理的公司），统计了上市公司总体的总经理历年变更情况，时间段为 1999－2002 年，与 56 家被特别处理公司的时间段基本相同。

① 根据本文的统计，于 2001 年和 2002 年分别被特别处理的 18 家与 38 家样本公司在次年即摘掉特别处理的帽子的分别为 11 家和 19 家，比例分别为 61% 和 50%。而公司想脱离特别处理队伍重返正常公司的行列的主要条件就是经营业绩的改善。可能正是这 30 家脱帽公司通过多种途径改善经营业绩在次年摘掉特别处理的帽子，从而使得总体样本公司在特别处理当年的业绩出现翻转。

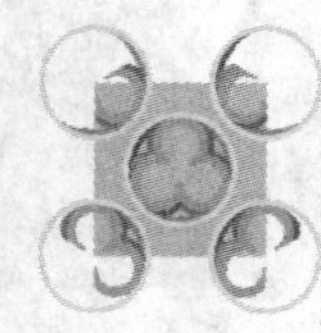

表 22－3　困境公司被特别处理前后总经理变更情况统计*

	平均年变更率（%）	变更数	样本数	总经理接任者特性	
				来自外部	来自内部
第 t－3 年	21.43	12	56	5	7
第 t－2 年	44.64	25	56	19	6
第 t－1 年	48.21	27	56	17	10
第 t 年	55.36	31	56	22	9
合计	42.41	95	224	63	32

*有 2 家公司 1998 年尚未上市，但这两家公司是在 2002 年被特别处理，因此样本仍为 56 家。

从表 22－3 与表 22－4 的对比中可以看出，与"正常"公司相比，困境公司总经理发生变更的概率明显高于正常公司，并且随着公司困境的日益加深——表现在距离被特别处理的日期越近，公司总经理发生变更的概率越高，从第 t－3 年的 21.43%增到被特别处理当年的 55.36%。这显示困境公司在管理者激励上使用"大棒"的方式还是较为普遍的。另外如表 22－3 所示，这 95 位次的总经理变更，其后继者大约有 2/3 是来自外部（63 位次），这表明上市公司在遭遇困境之时，更多地希冀外部来的管理者来解救公司的水深火热。

表 22－4　在上海交易所上市的公司总经理变更情况统计

年　份	变更数	样本数	平均年变更率（%）
1999	99	461	21.48
2000	129	461	27.99
2001	121	461	26.25
2002	109	461	23.64
合计	458	1844	24.84

为了估计公司业绩（股票收益或者会计收益）对总经理变更的影响，本文使用 Logit 回归模型。模型的因变量是 1、0 变量，在某一年中出现总经理变更时因变量等于 1；当总经理不变时，因变量为 0。作为自变量的有当年与前一年的股票收益 SR 和 SR_{-1}以及当年与前一年的会

计收益 AR 和 AR_{-1}。另外，还有一个哑变量 D，当公司在某年被特别处理之时，D = 1；否则 D = 0。

Logit 的回归结果见表 22 - 5。从表 22 - 5 的第二个回归方程与第一个回归方程结果的对比中可以看出，加入哑变量 D 能显著的提高回归方程的整体解释能力（这从模型 P 值的变化中可看出）。并且与预料的一样，哑变量 D 的系数为正且十分的显著（P 值 = 0.008）。这说明特别处理的实行对总经理变更与否有十分重要的影响。另外，十分值得注意的是股票收益率与总经理变更之间关系的结果。无论是模型（1）、（2）还是（3），股票收益率与总经理变更之间呈现的是正向的关系，尤其是前一年的股票收益率 SR_{-1} 与总经理变更之间的关系是显著的正向。这意味着前一年公司股票的收益越好，总经理被撤换的可能性越高！这一结果与国外相关研究，例如，Warner 等（1988）、Gilson（1989）的结果是截然相反的。但与李常青等（2003）对在上海交易所上市的公司的总经理变更的情况相似。在上交所上市的正常公司中，总经理变更的概率也是与公司上一年的股票收益率呈显著的正向关系。

表 22 - 5　　总经理变更的 Logit 回归估计

解释变量	系数估计			
	(1)	(2)	(3)	(4)
截距	-0.406** (0.027)	-0.700*** (0.002)	-0.590** (0.040)	-0.417** (0.025)
D	—	1.023** (0.019)	0.994*** (0.008)	0.627 (0.106)
SR	0.242 (0.380)	0.504* (0.100)	0.428 (0.104)	—
SR_{-1}	0.689** (0.019)	0.878*** (0.006)	0.875*** (0.006)	—
AR	-0.139 (0.553)	-0.271 (0.284)	—	-0.257 (0.287)
AR_{-1}	-0.452 (0.123)	-0.060 (0.848)	—	0.018 (0.952)
模型 P 值	0.092	0.018	0.081	0.202

*在 10%水平下显著，**在 5%水平下显著，***在 1%水平下显著。

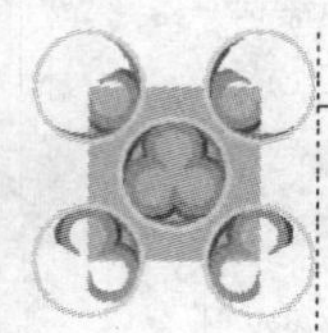

从本小节的研究结果来看，特别处理的实施对公司总经理的变更能产生显著的影响：随着距离被特别处理日的日益临近，公司总经理发生变更的概率越来越高，这显示困境公司在管理者激励上使用“大棒”的方式还是较为普遍的。并且新任总经理多来自外部，给公司带来新鲜血液。但这外来的“和尚”来到“破庙”之后受到的激励有何不同呢？这是（三）、（四）以及（五）小节的研究任务之一。

（二）权益性激励

目前，中国上市公司对管理者的权益性激励仍以管理者持股为主，且管理人员的持股比重总体上很低。高管持股率最高不过1.479%（张俊生，2002）。这样低的持股比例上不能赋予管理者与足够的投票表决权，因此也不会增强“管理者防御”。诸多研究表明管理者持股在比例较低的范围内产生的激励效果是与持股比例呈现正向关系的（例如，Morck等，1988；McConnell和Servaes，1990）。因此，公司陷入困境后在推论上是应当增加管理者的持股比例以增强对管理者的激励效果。为此，本文对特别处理公司从第t-3年至第t年前后共四年时间的高管持股情况作了统计，结果见表22-6。如表22-6所示，从第t-3至第t年样本公司的董事持股比例、管理者持股比例都总体呈现下降的趋势。董事持股比例的均值从第t-3的万分之三点七三下降至第t年的万分之一点五六，管理者持股比例的均值从第t-3的万分之二点一九下降至第t年的万分之一点二八，下降幅度分别为58%和42%。据张俊生（2002）的统计，2002年深市502家样本公司的董事会与管理团队持股率的均值分别为万分之十八点五六和万分之五点三二。由此可看出，与正常公司作比较，即将或已经陷入困境的公司的董事持股比例和管理者持股比例要远远低于正常公司。

表 22-6 困境公司董事与管理者所持公司股份的均值与中值

	第 t-3 年	第 t-2 年	第 t-1 年	第 t 年
董事持股比例（10^{-4}）	3.73 (1.41)	3.07 (1.24)	1.90 (0.59)	1.56 (0.05)
董事会规模	10.21 (9.5)	9.88 (9.00)	9.16 (9.00)	7.88 (7.00)
持股董事比例（%）	42.43 (44.44)	34.06 (30.77)	25.86 (18.80)	18.00 (11.00)
持股董事平均持股率（10^{-4}）	1.03 (0.50)	1.03 (0.47)	0.79 (0.44)	1.05 (0.03)
管理者持股比例（10^{-4}）	2.19 (1.00)	1.50 (0.56)	1.01 (0.03)	1.28 (0.00)
管理团队规模	5.76 (6.00)	5.45 (6.00)	5.31 (5.00)	5.27 (5.00)
持股管理者比例（%）	60.00 (55.00)	34.00 (33.00)	25.02 (16.67)	15.00 (0.00)
持股管理者平均持股率（10^{-4}）	0.82 (0.37)	0.85 (0.41)	0.78 (0.34)	1.29 (0.25)
董事长持股率（10^{-4}）*	0.63 (0.18)	0.48 (0.08)	0.27 (0)	0.04 (0)
总经理持股率（10^{-4}）**	0.66 (0.24)	0.60 (0.00)	0.24 (0)	0.29 (0)

* 董事长持股数为零的公司数从第 t-3 年至第 t 年分别为 21、25、36、47 家。

** 总经理持股数为零的公司数从第 t-3 年至第 t 年分别为 20、29、36、44 家。

为了研究是否因为董事会或者管理团队规模变化引发了持股比例的下降，本文又分别统计了第 t-3 年至第 t 年的董事会规模、管理团队规模、持股董事比例以及持股管理者比例等情况。从统计结果来看，四年中董事会与管理团队的规模呈现单调下降的趋势。董事会规模从平均 10.21 人降至 7.88 人，而年报中披露的管理团队规模从平均 5.76 人微幅下降到 5.27 人。持股董事比例，即有持股的董事人数占董事会总人数的比例，从 42.43%单调降到 18.00%；持股管理者比例从 60.00%单调降至 15.00%。这说明随着公司困境的延续，越来越少而不是越来越多的管理者或董事有持股。董事或者管理者更换后，新接任者并未增加持股量，甚至到第 t 年持股管理者比例为零的公司数达到 35 家，使得样本公司被特别处理当年持股管理者比例的中值为零。这意味着理论上

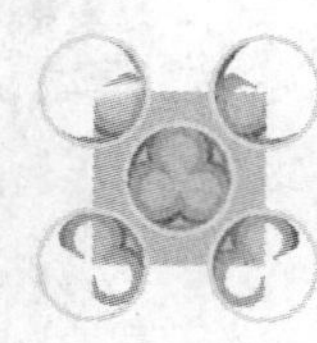

被认为会把股东利益与管理者利益联系更为紧密的权益激励，在中国陷入困境的公司中并没有得到实际的运用。这可能与管理者对公司未来不抱有信心，从而不愿意与股东坐同一条船有关。从另一方面也说明，作为股东代言人的董事约束、激励管理者不甚到位。

即便是作为董事会之首的董事长的持股率的均值也从第 t-3 年的万分之零点六三降至第 t 年万分之零点零四，并且董事长持股数为零的公司数从第 t-3 年的 21 家单调上升至第 t 年的 47 家。而作为管理团队领袖的总经理的持股率也呈现出总体下降的趋势，从第 t-3 年的万分之零点六六降至第 t 年万分之零点二九，总经理持股数为零的公司数从第 t-3 年的 20 家单调上升至第 t 年的 44 家。上述结果意味着，到公司被特别处理的当年，分别有 84% 和 79% 的样本公司的董事长和总经理未持有所在公司的股份。曾被理论上视为能激励管理者与公司荣辱与共的管理者持股在中国困境公司的实际中遭到了冷遇。

（三）流量性薪酬激励

目前，中国上市公司的正向激励仍以现金薪酬为主。如在第三部分关于上市公司管理者激励信息披露规定的演变的介绍中所归纳的那样，中国上市公司对管理者薪酬的披露分为三个阶段。1998-2002 年五年间关于高管与董事的薪酬信息是不相同的，为了使样本在不同时间进行比较具有可比性，本文统计了 1998-2002 年中能通过计算获得的金额最高的前三名董事的报酬总额与金额最高的前三名高级管理人员的报酬总额，其中在 1999 与 2000 年中只有详细披露每位管理者薪酬的公司才可用。按照从被特别处理前的第 t-3 年至被特别处理当年的第 t 年的时间顺序对样本作描述性统计。从第 t-3 到第 t 年数据全部齐全的公司共计 11 家公司，只占 56 家样本公司的 19.64%。但只有这 11 家公司的数据才能提供一个可比的同时比较准确的信息。[①]

① 有一部分公司只有两位或者一位董事拿薪酬，但这 11 家公司全部都有前三位董事拿薪酬，因此不存在调整的问题。

表 22-7 困境公司董事与管理者薪酬的中值与均值

		第 t-3 年	第 t-2 年	第 t-1 年	第 t 年
董事前三薪酬	均值	157032.36	157915.91	174362.04	183672.73
	中值	129661.00	115180.00	110600.00	143000.00
	标准差	142822.54	144579.41	168591.98	115731.81
	最小值	26970	30874	32400	70000
	最大值	516000	516000	580500	420100
管理者前三薪酬	均值	130311.68	129159.00	155708.64	161111.82
	中值	125061.00	114362.00	107000.00	158000.00
	标准差	98757.94	100371.31	116984.98	76281.39
	最小值	26970	28160	34000	69000
	最大值	372000	372000	372000	320000

从这 11 家公司显示的信息来看，从被特别处理前的第 t-3 年至被特别处理当年的第 t 年，获得的金额最高的前三名董事的报酬总额与金额最高的前三名高级管理人员的报酬总额整体呈现上涨的趋势。获薪最高的前三位董事的总薪酬从 15.70 万上涨到 18.37 万；获薪最高的前三位管理者的总薪酬从 13.03 万上涨到 16.11 万。这意味着随着公司困境的延续，主要管理者的薪酬不降反升。

（四）总经理变更与继任者对权益性激励和流量性激励的影响

总经理作为管理团队的负责人，总经理对董事会负责，主持公司的生产经营管理工作，组织实施公司年度经营计划和投资方案等等，对公司的生产、经营运作负有主要责任。因此，当一家公司的总经理发生变更时，其主要经营与激励政策通常要出现一些变化。为此，本文按照是否实现总经理变更以及出现总经理变更新任总经理是来自内部还是外部等三种情况，观察总经理变更以及新任总经理内外部特性对管理者权益性激励以及现金薪酬激励的影响。由于年报披露的限制，不能获得总经理历年的薪酬数据，本文为此参照 Ang 和 Chua（1981）的方法，取以获薪最高的前三位管理者薪酬总和代之。

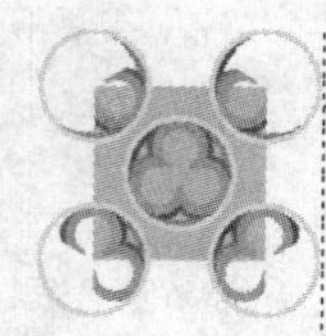

表 22－8　总经理变更与继任对权益性激励和流量性激励的影响

	出现总经理变更				未出现总经理变更	
	外部继任		内部继任		总经理未变	
	样本数	均值 中值	样本数	均值 中值	样本数	均值 中值
总经理持股比例（10^{-4}）变化						
第 t－2 年	15	－0.417 －0.143	10	－0.267 －0.029	31	0.181 0
第 t－1 年	17	－0.738 0	10	－0.821 －0.109	29	0.025 0
第 t 年	21	－0.227 0	9	0.032 0	25	－0.018 0
管理团队持股比例（10^{-4}）变化						
第 t－2 年	15	－1.248 －0.393	10	－0.843 －0.601	31	－0.368 0
第 t－1 年	17	－1.155 －0.624	10	－0.499 －0.028	29	－0.033 0
第 t 年	21	－0.400 0	9	－0.110 0	25	－0.045 0
获薪最高的前三位管理者薪酬总和变化万分率						
第 t－2 年	5	－710.32 －711.27	5	11.363 0.000	12	58.973 －4.975
第 t－1 年	6	－699.31 －1476.97	5	1500.0 0.00	8	3737.47 718.95
第 t 年	10	3573.89 －87.114	7	1394.84 1432.55	13	778.30 286.40
获薪最高的前三位管理者薪酬总和绝对量的变化						
第 t－2 年	5	－14497.20 －8168.00	5	387.50 0.00	12	－2850.70 －50.00
第 t－1 年	6	－14170.5 －14800.0	5	76887.8 0.00	8	34465.38 3600.00
第 t 年	10	4538.50 10250	7	－2074397 20288	13	20399.08 1200.00

从表 22－8 的统计结果来看，总经理的持股比例的变化会因为总经理变更的特性而不同。在总经理未更换的公司中，续任总经理的持股比例整体会出现增长的趋势，例如第 t－2 年比第 t－3 年增加 0.181 个万

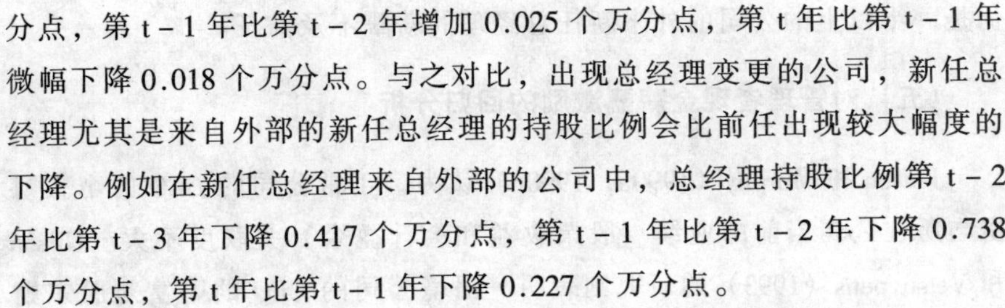

分点，第 t－1 年比第 t－2 年增加 0.025 个万分点，第 t 年比第 t－1 年微幅下降 0.018 个万分点。与之对比，出现总经理变更的公司，新任总经理尤其是来自外部的新任总经理的持股比例会比前任出现较大幅度的下降。例如在新任总经理来自外部的公司中，总经理持股比例第 t－2 年比第 t－3 年下降 0.417 个万分点，第 t－1 年比第 t－2 年下降 0.738 个万分点，第 t 年比第 t－1 年下降 0.227 个万分点。

从表 22－8 的统计结果来看，总经理的持股比例的变化会因为总经理变更的特性而不同。在总经理未更换的公司中，续任总经理的持股比例整体会出现增长的趋势，例如第 t－2 年比第 t－3 年增加 0.181 个万分点，第 t－1 年比第 t－2 年增加 0.025 个万分点，第 t 年比第 t－1 年微幅下降 0.018 个万分点。与之对比，出现总经理变更的公司，新任总经理尤其是来自外部的新任总经理的持股比例会比前任出现较大幅度的下降。例如在新任总经理来自外部的公司中，总经理持股比例第 t－2 年比第 t－3 年下降 0.417 个万分点，第 t－1 年比第 t－2 年下降 0.738 个万分点，第 t 年比第 t－1 年下降 0.227 个万分点。

管理团队持股比例的变化情况与总经理持股比例的变化情况基本一致。只是在总经理未出现变化的公司中，管理团队总体的持股比例也出现了不断下降的趋势。当新任总经理来自外部之时，管理团队的持股比例下降的幅度最大，新任总经理来自内部次之，总经理未变时管理团队的持股比例下降的幅度相对最小。

再来看管理者薪酬的变化情况。整体而言，总经理未出现变化的公司以及总经理出现更换。但新任总经理来自内部的公司的获薪最高的前三位管理者薪酬总和会出现逐年增长的势头，虽然历年的幅度不甚相同。最高值出现在第 t－1 年的未出现总经理变更的公司中，其年获薪最高的前三位管理者薪酬总和增幅的均值达到 37.37%。相对于总经理未变或者新任总经理仍是自家人的管理同仁而言，来自外部的新任总经理的就没有如此的好命了。第 t－2 与第 t－1 年，这些公司的新任总经理的整体薪酬都出现 7%左右的下降幅度，即便是看似大幅度上升的第 t 年（上升幅度的均值达到 35.74%），但从仍为负数的增幅中值来看，

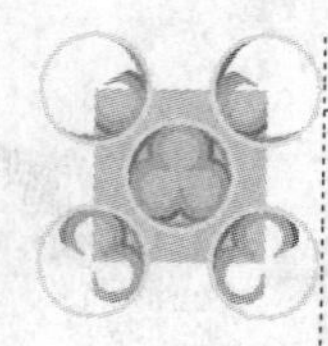

仍是一半以上的公司的外来新任总经理的薪酬不及前任。

（五）对管理者现金薪酬激励的回归分析

Jensen 和 Murphy（1990a，1990b）认为，正常公司的 CEO 的个人财富与所在公司当前的业绩（股票收益和会计盈余）关联度不大。Gilson 和 Vetsuypens（1993）的研究则表明，困境公司的 CEO 的财富对股东财富的敏感度较高，并在陷入困境后敏感度会得到提高。

假设管理者报酬与公司业绩（股东财富变化或者会计收益）之间存在线性的关系则在 t 年的第 i 家公司的管理者薪酬与公司业绩的关系为：

$$(COMP)_{it} = \alpha_{it} + b\ (PERF)_{it} + e_{it} \tag{1}$$

COMP 代表管理者薪酬，PERF 代表公司业绩，截距 α_{it} 代表其他对管理者薪酬有影响但可以忽略的多种因素，并且假设这些因素在管理者任期内不变（Gilson 和 Vetsuypens，1993）。根据 Jensen 和 Murphy（1990a，1990b）的一阶差分的方法对管理者薪酬与公司业绩之间关系的估计可按照如下关系表示：

$$\Delta\ (COMP)_{it} = b\Delta\ (PERF)_{it} + \mu_{it} \tag{2}$$

系数 b 代表着管理者薪酬对公司业绩的敏感度，并假设对所有的管理者都相同。管理者薪酬由获薪最高的前三位管理者的薪酬之和来表示。本文公司业绩分别由股东财富变化和净利润来表示。回归方程参照 Gilson 和 Vetsuypens（1993）的方法，包含两组交叉项。哑变量（T－1）和（T）用以控制管理者报酬与公司业绩之间关系随时间的流逝而出现的变化。当观察值出现在第 t 年的时候，（T－1）＝0，（T）＝1；当观察值出现在第 t－1 年的时候，（T－1）＝1，（T）＝0；当观察值出现在第 t－2 年的时候，（T－1）＝0，（T）＝0。哑变量 OUT 和 IN 用以控制由于总经理变更的特点而引起的对管理者激励的变化。当新任总经理来自外部之时，OUT＝1，IN＝0；当新任总经理来自内部之时，OUT＝0，IN＝1；当总经理没出现变化之时，OUT＝1，IN＝0。对以股东财富变化、公司净利润以及主营业务收入来表示的公司业绩的回归结果分别见表 22－9 和表 22－10。

表 22－9　管理者薪酬与股东财富之间关系的回归估计

自变量	因变量（Δ管理者薪酬）	t值	P值
Δ股东财富	－0.000086	－0.911	0.366
(T－1)*Δ股东财富	－0.000765	－3.735	0.003
(T)*Δ股东财富	0.001157	4.440	0.000
OUT*Δ股东财富	0.000122	0.399	0.691
IN*Δ股东财富	0.000947	4.279	0.000
调整 R^2	0.647		
样本数	72		

从表 22－9 的回归结果可以看出，总体来看管理者现金薪酬变化与股东财富变化之间存在显著的关系。没更换总经理或者总经理来自外部之时，三个时间段上的系数或者不显著或者为负。第 t 年对所有的三种类型的总经理都显著且为正值，来自内部的新任总经理在三个时间段上的系数都为正且显著，第 t－2 年、第 t－1 年以及第 t 年的系数分别为 0.000861、0.000096 和 0.002018。这意味着当新任总经理来自内部之时，股东财富每增加 1000 元，管理者从第 t－2 年到第 t 年的薪酬分别相应增加 0.861 元、0.096 元和 2.018 元。这样的结果远远小于 Jensen 和 Murphy（1990a）的股东财富每增加 1000 美元 CEO 财富增加 3.25 美元的结果，更远远低于 Gilson 和 Vetsuypens（1993）的结果。Gilson 和 Vetsuypens（1993）的研究表明，当公司陷入困境且更换总经理时，如果新任总经理来自内部，则股东财富每增加 1000 美元，CEO 财富增加 22.00 美元。

表 22－10 描绘了管理者薪酬变化与公司净利润之间关系。从结果来看，管理者薪酬与净利润之间关系比管理者薪酬与股东财富变化之间的关系更为显著。但是只有在没有出现总经理变更的公司三个时间段上的系数都为正且显著，第 t－2 年、第 t－1 年以及第 t 年的系数分别为 0.002218、0.004684、0.000058。这意味着当总经理未变化时，股东财富每增加 1000 元，管理者从公司被特别处理前的第 t－2 年到被特别处

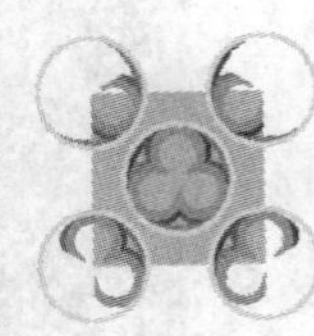

理当年的第 t 年的薪酬分别相应增加 2.218 元、4.684 元和 0.058 元。

表 22-10 管理者薪酬与净利润之间关系的回归估计

自变量	因变量（Δ管理者薪酬）	t 值	P 值
净利润	0.002218	3.231	0.002
(T-1)* 净利润	0.002466	2.638	0.010
(T)* 净利润	-0.002160	-3.278	0.002
OUT* 净利润	-0.001900	-2.491	0.015
IN* 净利润	-0.006210	-28.705	0.000
调整 R^2	0.942		
样本数	72		

(六) 实证结果总结

综合第四部分的实证结果，困境公司在管理者激励上使用辞退不称职管理者的惩戒性方式还是较为普遍，并且新聘的总经理多来自外部。但是出现总经理变更的公司，新任总经理尤其是来自外部的新任总经理的持股比例会比前任出现较大幅度的下降。同时，管理团队持股比例的变化情况与总经理持股比例的变化情况基本一致。当新任总经理来自外部时，管理团队持股比例下降的幅度最大。再看现金薪酬，相对于总经理未变或者新任总经理仍是自家人的管理而言，来自外部的新任总经理整体薪酬不升反降，即便是看似大幅度上升的第 t 年仍有一半以上的公司的外来新任总经理的薪酬不及前任。

通过回归分析来看，管理者现金薪酬变化与股东财富变化之间存在显著的关系。尤其是对来自内部的新任总经理在三个时间段上的系数都为正且显著，股东财富每增加 1000 元，管理者从第 t-2 年到第 t 年的薪酬分别相应增加 0.861 元、0.096 元和 2.018 元。管理者薪酬与净利润之间关系比管理者薪酬与股东财富变化之间的关系更为显著。但是只有在没有出现总经理变更的公司三个时间段上的系数都为正且显著，当总经理未变化时，股东财富每增加 1000 元，管理者从公司被特别处理

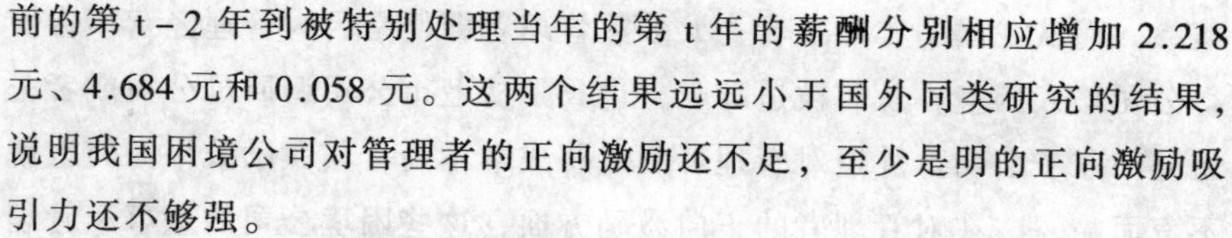

前的第 t-2 年到被特别处理当年的第 t 年的薪酬分别相应增加 2.218 元、4.684 元和 0.058 元。这两个结果远远小于国外同类研究的结果，说明我国困境公司对管理者的正向激励还不足，至少是明的正向激励吸引力还不够强。

五、总结与结论

本文选取 2001 与 2002 两年因为财务状况异常而被特别处理的 56 家公司为样本，实证研究了作为内部控制机制之一的管理者激励，具体表现在惩戒性激励、权益性激励以及现金薪酬为代表的流量性激励在公司陷入困境时能否发挥其应有的作用。

本文的实证结果表明，公司在陷入困境之时会比较多的使用惩戒性激励来辞退管理团队之首的总经理。总经理变更的比例从特别处理前第 t-3 年的 21.43%单调递增到第 t 年的 55.36%。在权益性激励方面，出现总经理变更的公司，新任总经理尤其是来自外部的新任总经理的持股比例会比前任出现较大幅度的下降，其所领导的管理团队的持股比例下降幅度更大。到公司被特别处理的当年，分别有 84%和 79%的样本公司的董事长和总经理未持有所在公司的股份。在现金薪酬为代表的流量性激励方面，总经理未出现变化的公司以及总经理出现更换，但新任总经理来自内部的公司的获薪最高的前三位管理者薪酬总和会出现逐年增长的势头，最高均值达到 37.37%。而来自外部的新任总经理的整体薪酬都出现 7%左右的下降幅度。管理者现金薪酬变化与股东财富变化以及与净利润之间都存在显著的关系，但敏感系数远远小于国外同类研究的结果。

综上所述，我国的上市公司陷入困境时对管理者会较多的采取惩戒性激励，即辞退管理者。但是，正如 Gilson（1989）所言，只有困境带给管理者的成本较高时，才能激励管理者在决策上努力降低公司破产的

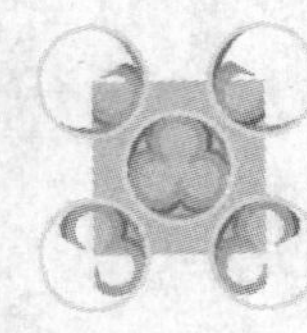

概率。而从我国的实际来看，大多数管理者即便是因为管理经营不善使得公司陷入困境，从而被迫辞职，也只是从上市公司调回母公司或者去另外一家子公司。辞退对管理者的威胁成本不高，其激励效果如何也就不言而喻了。在对管理者的正向激励方面，这些困境公司的董事和管理者的持股比例相当低，并且随着公司困境的延续持股比例不断下降。在理论上被视为能激励管理者与公司荣辱与共的管理者持股至少在中国困境公司的实际中没有被理会。同时，管理者现金薪酬变化与股东财富变化以及与净利润之间虽然都存在显著的关系，但敏感系数非常之小，远远小于国外同类研究的结果。对管理者持股与现金薪酬研究综合表明，我国困境公司对管理者的正向激励还不足，至少是明的正向激励的吸引力还不够强。综合而言，作为内部控制机制之一的管理者激励，在我国上市公司陷入困境时未能发挥其应有的或者说被期望的作用。管理者激励是失败的。

[参考文献]

1. Ang, J. and J. Chua, 1981, Corporate Bankruptcy and Job Losses among Top Level Managers, *Financial Management*, Winter: 70 – 74.
2. Antle, R. and A. Smith, 1986, An Empirical Investigation of the Relative Performance Evaluation of Corporate Executives, *Journal of Accounting Research*, 24: 1 – 39.
3. Cosh, A and A. Hughes, 1997, Executive Remuneration, Executive Dismissal and Institutional Shareholdings. *International Journal of Industrial Organization*, 15: 469 – 492.
4. Coughlan, A. and R. Schmidt, 1985, Executive Compensation, Management Turnover, and Firm Performance: An Empirical Investigation, *Journal of Accounting and Economics*, 7: 43 – 66.
5. Denis, D. R. and D. K. Denis, 1995, Performance Changes Following Top Management Dismissals, *Journal of Finance*, 50: 1029 – 1057.
6. Dial, J. and K. J. Murphy, 1995, Incentives, Downsizing, and Value Creation at General Dynamics, *Journal of Financial Economics*, 37: 261 – 314.
7. Fama, E. 1980, Agency Problems and the Theory of the Firm, *Journal of Political Economy*, 88: 288 – 307.

8. Gilson, S., 1989, Management Turnover and Financial Distress, *Journal of Financial Economics*, 25: 241 - 262.

9. Gilson, S. and M. Vetsuypens, 1993, CEO Compensation in Financially Distressed Firms: An Empirical Analysis, *Journal of Finance*, 48: 425 - 58.

10. Hall, B.J., Liebman, J.B., 1998. Are CEOs really paid like bureaucrats? *Quarterly Journal of Economics*, 113: 653 - 691.

11. Jensen, M. and W. Meckling, 1976, Theory of the Firm: Managerial Behavior, Agency Costs and Ownership Structure, *Journal of Financial Economics*, 3: 305 - 360.

12. Jensen, M. and K. J. Murphy, 1990a, Performance Pay and Top - Management Incentives, *Journal of Political Economy*, 98, 225 - 64.

13. Jensen, M. and K. J. Murphy 1990b, "CEO Incentives: It's Not How Much, but How, *Harvard Business Review*. (May/June)

14. Jensen, M. and R. S. Ruback, The Market for Corporate Control: The Scientific Evidence. *Journal of Financial Economics*, 11: 5 - 50.

15. Kang, J. and A. Shivdasani, 1995, Firm Performance, Corporate Governance, and Top Executive Turnover in Japan, *Journal of Financial Economics*, 38: 29 - 58.

16. Kaplan, S., 1994a, Top Executive Rewards and Firm Performance: A Comparison of Japan and the United States, *Journal of Political Economy*, 102, 510 - 46.

17. Kaplan, S. 1994b, Top Executives, Turnover, and Firm Performance in Germany, *Journal of Law, Economics and Organization* 10: 142 - 59.

18. Lambert, R. and D. Larcker, 1985, Golden Parachutes, Executive Decision - Making, and Shareholder Wealth, *Journal of Accounting and Economics*, 7, 179 - 203.

19. 李常青、赖建清、张俊生："2002.我国上市公司董事会效率的实证研究"，《上海证券交易所研究报告工作稿》。

20. 李志文、张为国、蔡祥："中国证券市场会计问题实证研究述评"，《中国首届实证会计国际研讨会论文集》，2001年，第1 - 33页。

21. McConnell, J. and H. Servaes, 1990, Additional Evidence on Equity Ownership and Corporate Value, *Journal of Financial Economics* 27: 595 - 612.

22. Morck, R., A. Shleifer and R. Vishny, 1988, Management Ownership and Market Valuation: An Empirical Analysis, *Journal of Financial Economics* 20: 293 - 316.

23. Murphy, K. J., 1985, Corporate Performance and Managerial Remuneration: An Empirical Analysis, *Journal of Accounting and Economics*, 7: 11 - 42.

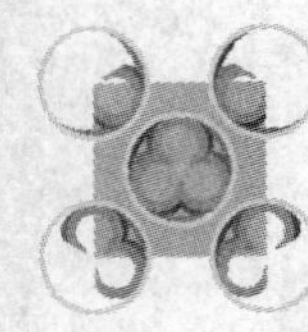

24. Murphy, K. J., 1999. Executive compensation. In: Ashenfelter, O., Card, D. (Eds.), Handbook of Labor Economics, Vol. 3. North - Holland, Amsterdam, pp. 2485 - 2563.

25. Smith, C. and R. Watts, 1983, Incentive and Tax Effects of Executive Compensation Plans, *Australian Journal of management*, 7: 139 - 157.

26. 孙永祥、黄祖辉："上市公司的股权结构与业绩"，《经济研究》，1999 年第 12 期，第 23 - 30 页。

27. Warner, J, R. Watts, and K. Wruck, 1988, Stock Prices and Top Management Changes, *Journal of Financial Economics*, 20: 461 - 492.

28. Weisbach. M. 1988. Outside Directors and CEO Turnover, *Journal of Financial Economics*, 20: 431 - 460.

29. 吴淑琨："股权结构与公司业绩的 U 性关系研究——1997 - 2000 年上市公司的实证研究"，《中国工业经济》，2002 年第 1 期，第 80 - 87 页。

（厦门大学管理学院财务研究与发展中心　张俊生）

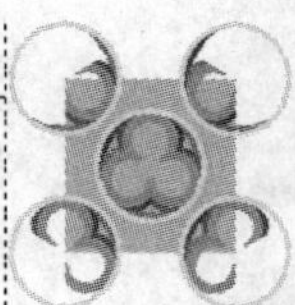

第二十三章 DIERSHISANZHANG

盈余管理的国际比较

——企业盈余管理的制度性分析

内部人控制是盈余管理的重要条件。而投资者保护程度的不同是造成不同国家企业盈余管理差异的重要原因之一。内部人控制可以为管理者带来利益，但如果一个国家的法律体系或企业治理结构对投资者有较强的保护，那么，这种强投资者保护体制就在一定程度上限制了经营者控制利益的获得，由于经营者控制利益获得空间的缩小，也就减小了通过经营者盈余管理藏匿利润的动机。换句话说，投资者保护程度与企业盈余管理之间存在着密切联系。

一、国际研究的观点

宾州大学沃顿学院的 Christian Leuz，杜克大学的 Dhananjay Nanda 和剑桥大学的 Peter D. Wysocki（2003）对 31 个国家企业盈余管理的制度性差异进行了比较。他们提出并证明了企业管理者出于内部人控制的考

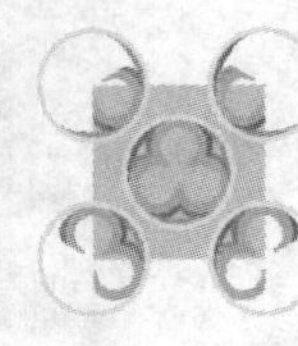

虑，运用盈余管理来对外部人掩饰真实的企业绩效。

Shleifer 和 Vishny（1997），La Porta，Lopez - de - Silanes，Shleifer 和 Vishny（2000）将投资者保护程度作为影响公司政策选择的一个重要制度因素。Leuz 等人将投资者保护作为各国企业盈余管理活动的重要因素，他们认为企业进行盈余管理是为了增加经营者内部控制的利益，降低外部人的投资者保护。通过盈余管理扭曲企业利润的原因部分在于企业内部人与外部人的利益冲突，控股股东或经营者可以利用他们对企业的控制，通过资产转移等手段损害其他利益相关者的利益而为自己谋取利益。

投资者保护的法律制度赋予了投资者约束内部人的权利（譬如撤换经营者），并订立了限制内部人控制利益的契约（La Porta，Lopez - de - Silanes，Shleifer，and Vishny，1998；Nenova，2000；Claessens，Djankov，Fan，and Lang，2001；Dyck and Zingales，2002；Leuz，Nandab，Wysocki，2003），因此，使外部投资者得到有效保护的法律制度可以减少企业内部人隐瞒自己活动的需要。因此，Leuz，Nandab，Wysocki（2003）指出，在外部投资者法律保护弱的国家，盈余管理的现象更为普遍。因为这些国家的企业内部人享有更大的内部人控制利益，因此有更为强烈的隐瞒企业利润的动机。

实践中，很难清楚地界定和判断企业到底是运用哪种手段来进行盈余管理，绝大部分研究都将其分为利润平滑和应计项目操纵两类。Leuz，Nandab，Wysocki（2003）分析了 31 个国家的 8000 家企业从 1990 年到 1999 年的财务会计数据。他们将有相同法律和制度特征的国家归为一类，共分为 3 组。第一组是所谓“外部人经济”国家，如美国、英国，他们拥有较大的股票市场，公司所有权分散、高度的投资者保护以及完善的法律体系；第二组是所谓“内部人经济”国家，如德国、瑞士，这些国家股票市场不发达，公司所有权集中，投资者权益保护较弱，但这些国家有完备的法律体系；第三组是所谓弱法律的“内部人经济”国家，如意大利、印度，这些国家与第二组国家一样，股票市场不发达，公司所有权集中，投资者权益保护较弱，其区别是法律体系尚不

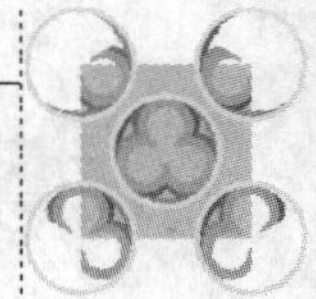

完备，法律力量较弱。他们设置了4个衡量指标来代表该国企业内部人运用会计判断掩饰企业经营业绩程度。研究发现，这三类国家的企业盈余管理存在较大差异。总体来看，外部人经济国家企业盈余管理的水平较低，法律薄弱的内部人控制经济国家企业盈余管理的水平较高。

为了检验内部人控制给控股股东和管理当局所带来的利益以及投资者保护对盈余管理的影响，他们作了一个复回归分析，用少数股东权利程度和法制质量程度代表外部投资者保护，结果显示，盈余管理与外部人权利和法制力负相关。在考虑了投资者保护的内在性以及不同国家经济发展、宏观经济的稳定性、产业结构以及企业的特征后，这个结论依然具有意义。他们还证明了盈余管理与内部人所享受的控制利益正相关。但是，这些结论表明内部人进行盈余管理的动机是为了隐瞒个人控制利益。由于会计制度可以限制内部人进行盈余管理的能力，因此他们对不同国家会计制度的差异进行了控制，结果发现上述结论仍然很强。最后，他们证明了在样本国家中剔除或加入个别国家（特别是美国），上述结论并不会改变。研究证明了外部投资者保护的程度决定了企业对外部投资者所披露的财务信息的质量，有助于了解法律保护如何影响外部投资者和控制内部人之间的代理冲突。法律保护软弱导致了财务报告的质量低下，会严重影响资本市场的发展进程，见表23-1、表23-2、表23-3。

表23-1　样本国家的制度特征（根据综合盈余管理分类）

国　家	法律来源	法律传统	外部投资者权利	法律力量	权益市场的重要性	所有权集中度	披露指数
奥地利	德国	CD	2	9.4	7.0	0.51	54
希腊	法国	CD	2	6.8	11.5	0.68	55
韩国	德国	CD	2	5.6	11.7	0.20	62
葡萄牙	法国	CD	3	7.2	11.8	0.59	36
意大利	法国	CD	1	7.1	6.5	0.60	62
台湾	德国	CD	3	7.4	13.3	0.14	65

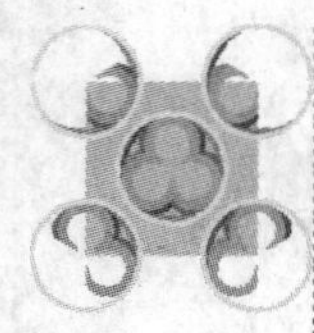

续表

国　家	法律来源	法律传统	外部投资者权利	法律力量	权益市场的重要性	所有权集中度	披露指数
瑞士	德国	CD	2	10.0	24.8	0.48	68
新加坡	英国	CM	4	8.9	28.8	0.53	78
德国	德国	CD	1	9.1	5.0	0.50	62
日本	德国	CD	4	9.2	16.8	0.13	65
比利时	法国	CD	0	9.4	11.3	0.62	61
香港	英国	CM	5	8.9	28.8	0.54	69
印度	英国	CM	5	5.6	14.0	0.43	57
西班牙	法国	CD	4	7.1	7.2	0.50	64
印度尼西亚	法国	CD	2	2.9	4.7	0.62	NA
泰国	英国	CM	2	4.9	14.3	0.48	64
巴基斯坦	英国	CM	5	3.7	7.5	0.41	NA
荷兰	法国	CD	2	10.0	19.3	0.31	64
丹麦	斯堪的纳维亚	CD	2	10.0	20.0	0.40	62
马来西亚	英国	CM	4	7.7	25.3	0.52	76
法国	法国	CD	3	8.7	9.3	0.24	69
芬兰	斯堪的纳维亚	CD	3	10.0	13.7	0.34	77
菲律宾	法国	CD	3	3.5	5.7	0.51	65
英国	英国	CM	5	9.2	25.0	0.15	78
瑞典	斯堪的纳维亚	CD	3	10.0	16.7	0.28	83
挪威	斯堪的纳维亚	CD	4	10.0	20.3	0.31	74
南非	英国	CM	5	6.4	16.3	0.52	70
加拿大	英国	CM	5	9.8	23.3	0.24	74
爱尔兰	英国	CM	4	8.4	17.3	0.36	NA
澳大利亚	英国	CM	4	9.5	24.0	0.28	75
美国	英国	CM	5	9.5	23.3	0.12	71

Dyck, A., L. Zingales, 2002. Private benefits of control: An international comparison. Unpublished NBER *working paper* (8711).

表 23-2　　盈余管理与制度特征的相关性

	外部投资者权利	法制力	资本市场的重要性	所有权集中度	披露指数
综合盈余管理	-0.538 (0.002)	-0.291 (0.112)	-0.418 (0.019)	0.434 (0.015)	0.686 (0.000)
外部投资者权利		-0.026 (0.888)	0.515 (0.003)	-0.344 (0.058)	0.568 (0.002)
法制力			0.522 (0.003)	-0.396 (0.028)	0.393 (0.038)
资本市场的重要性				-0.315 (0.084)	0.647 (0.000)
所有权集中度					-0.398 (0.036)

Dyck, A., L. Zingales, 2002. Private benefits of control: An international comparison. Unpublished NBER working paper (8711).

表 23-3　　不同组别国家制度特征的平均值

制度变量	第一组国家	第二组国家	第三组国家
股票市场的资本化	0.82	0.46	0.21
上市公司	49.56	18.58	9.50
IPOs	4.04	0.55	0.37
所有权集中度	0.34	0.37	0.50
反对董事长的权利	4.50	2.62	2.90
披露指数	74.38	66.67	58.13
司法制度的效率	9.78	9.04	5.50
法制	9.02	9.07	5.65
腐败指数	8.80	9.09	5.13
	外部人特征	←→	内部人特征

Dyck, A., L. Zingales, 2002. Private benefits of control: An international comparison. Unpublished NBER working paper (8711).

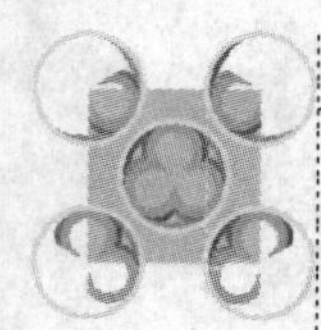

二、公司治理结构与盈余管理模式比较

盈余管理得以存在的前提是所有权与经营权分离产生的委托代理关系。这种委托代理关系导致的股东与经理人利益不一致广泛存在于各国经济实务中。

（一）公司治理结构对盈余管理的影响

公司治理的实质就是要解决两权分离产生的代理问题。公司治理结构对盈余管理的影响体现在内部治理结构和外部治理结构两方面：

1. 外部治理结构对盈余管理的影响

外部治理结构是指股东通过竞争性市场手段对经理人实施的间接约束。这其中最基本的三重约束是产品市场、资本市场（特别是权益性资本市场）和经理人市场。结合到盈余管理这一具体问题，又数资本市场和经理人市场的影响最大。

就资本市场而言，会计盈余信息在资本市场上有巨大的影响，它直接关系到企业市场价值的高低。因此，一旦企业市场价值与经理人个人利益发生联系，精明的经理人就会产生强烈的通过操纵盈余信息进而影响企业价值的动机，而企业价值与经理人的联系则是毋庸置疑的。首先，股东与经理人之间的信息不对称形成了委托代理关系，二者利益函数不一致加上自利倾向使得经理人很难尽心尽力地以股东利益最大化为其工作导向，机会主义不可避免，于是产生了监督经理人行为的必要性。但考虑到任何监督都不可能十全十美，以及监督行为本身高昂的成本，另一种变通的做法是通过迫使经理人承担其行为后果来同化二者的利益函数，即赋予经理人一定比例的剩余索取权（股权）。这样，企业价值与经理人利益紧密联系起来，出于自利的考虑，经理人必然会有动力去操纵盈余数字朝着有利于自身的方向发展。其次，资本市场对经理

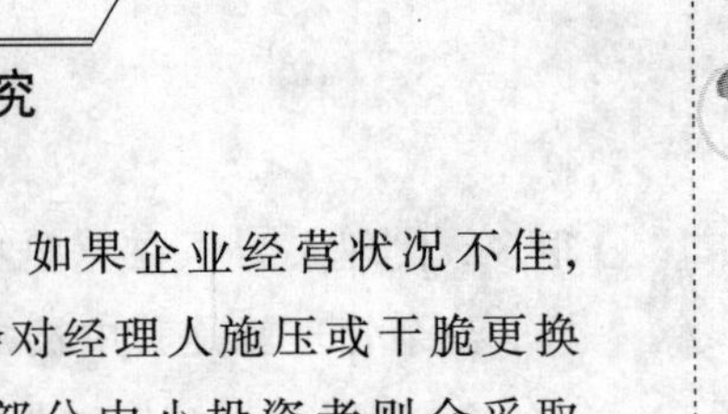

人的约束主要来自代理权竞争机制。一方面，如果企业经营状况不佳，股票市场价格低靡，股东为维护自身权益就会对经理人施压或干脆更换经理层。另一方面，股票市价低靡，相当一部分中小投资者则会采取“用脚投票”的方式抛售公司股票，这就给新的投资者创造了低价收购公司股票进而接管公司的机会，随之而来的也必然是原有经理层的全面调整。这种潜在的威胁客观上促使了经理人会通过盈余管理来平滑收益从而稳定股票市价。

以上讨论的均是权益性资本市场对盈余管理的影响，其实，盈余信息在债务性资本市场中也扮演着一个重要的角色。这是因为，在债务契约的签定过程中，债权人大多会对诸如流动比率、速动比率、股利发放率等指标做出一系列限制性规定。为获得贷款，经理人往往不得不对这些指标进行一定程度的粉饰。获得贷款后，为避免违约，经理人也会在必要时通过盈余管理将这些指标控制在限制性范围之内。

就经理人市场与代理人竞争而言，会计盈余信息是经理人能力及其价值评估的一个重要因素，而这种评估的前提是存在着一个完善、健全的经理人市场。在这一市场上，经理人人力资本的价值取决于他们所经营的企业的所有者获利水平，即企业的盈利水平。通过竞争机制，能力强的经理人会得到大量的工作机会，而且往往是被高薪聘用，而那些能力不强的经理人则往往会被替换，从而面临失业的威胁。这样，经理人的利益在某种程度上就和股东利益联系了起来，为提高自身收益，经理人必须努力去提高股东收益。因此，他一方面会努力工作以增加企业实际盈余；另一方面，在实际盈余既定的情况下，他又会采取某种的手段来影响实际盈余在不同会计期间的反映和分布，以达到平稳股价、减少所得税支出等目的。这最终都会给股东和经理人自己带来有利影响。

就代理人竞争与盈余管理的关系而言，主要有两个方面：第一，代理人竞争会影响公司的会计政策和程序，进而影响会计盈余。代理人之间的竞争处于不同态势时，其选用的会计方法和程序存在较大的差别，等额报告盈利所代表的真正的业绩水平也是不一样的；第二，经理人员也会利用盈余管理影响代理人之间的竞争。影响代理人竞争结果的因素

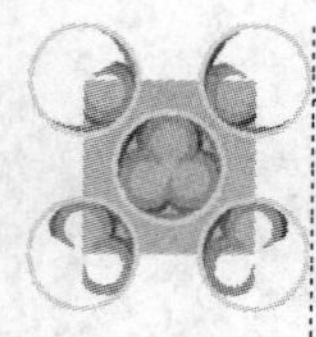

很多，代理人为了在竞争中取得优势或获胜可采用的手段也有多种多样，盈余管理就是其中被常用的一种。

2. 内部治理结构对盈余管理的影响

考虑到经理人在会计信息生成过程中的自然控制权，为美化自己的受托责任，必然有动力通过选择适当的会计政策使盈余数字变得有利于自己。这时，盈余管理完全是作为经理人的一种机会主义行为而出现的，即“契约摩擦与沟通摩擦”理论。

（二）公司治理结构模式比较

我们以英国、美国的公司治理结构模式（强调外部市场约束）和日本、德国的公司治理结构模式（强调公司内部约束）来进行比较。上述两种公司治理结构模式的差异主要体现在以下三个方面：

1. 股权结构差异

股权结构具体可分解为两个方面：股权集中度和股东的构成。英美等国公司的股权集中度普遍较低，股东构成的主体是分散的中小投资者，大股东主要为机构投资者（如养老金、人寿保险、互助基金等）且持股比例不高。相比之下，日德等国公司的股权集中度较高，股东主要由实业公司、银行和创业家族构成且持股比例一般较高。

2. 公司组织体系差异

分权制衡是英美日德四国公司中共同奉行的组织机构设置原则，但具体机构设置上也有不同。英美等国公司大多实行董事会和经理层分开运作的机制且不专设监事会。日德等国公司的董事会和经理层往往却有一定程度的重合，二者共同负责公司日常经营事务，监事会则是一个重要的日常监督机构。

3. 经理人权限差异

美国公司的董事会中与企业没有雇佣关系的外部非执行董事占了绝对多数，英国公司的董事会成员虽然主要是内部执行董事，但他们往往又担任了一定的经营管理责任。因此，经理人在上述两国的公司治理中掌握着绝对控制权，虽然这并不排斥股东通过市场“投票”实行的强有

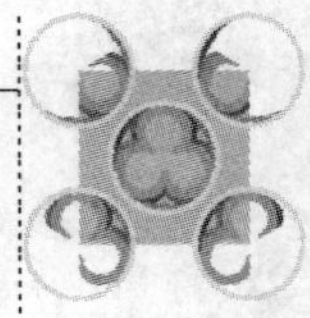

力的间接控制。而日本和德国由于股权集中度高，相关利益者都能参与决策与经营管理，这种联合控制则使得经理人往往权力有限。

（三）盈余管理模式比较

盈余管理作为经理人在既定制度安排下的一种理性选择行为，自然会受到公司治理结构的影响，上述两种治理模式的不同也就造就了两种截然不同的盈余管理模式：

(1) 从盈余管理主体来看，英美等国的公司由于董事会和经理层分开运作，加上经理人在会计信息生成过程中的自然控制权，盈余管理主体明确就是企业经理人自己。日德等国的公司中由于相关利益者都能参与企业决策与经营管理，因此，盈余管理主体往往是企业管理当局的整体，包括董事会、总经理和高层管理人员等。

(2) 从盈余管理目的来看，经济主体的价值取向都是其自身利益最大化，不同盈余管理主体的目的也必然是其各自利益的最大化。在英美等国的公司中，经理人作为盈余管理主体其目的在于获取个人利益，如经理的分红、认股权以及晋升机会等（当然，对每一个盈余管理的参与者来说也不是利益均沾的）。相比之下，日德等国的公司中盈余管理主体是由相关利益各方组成的一个利益共同体，这种利益共同体成员之间的互相监督和约束在一定程度上避免了其自利行为的发生，盈余管理往往倾向于提高公司整体的市场价值。

(3) 从盈余管理动机来看，盈余管理的产生有着非常复杂的各种动因。英美等国的公司中经理人的价值取向是个人利益最大化，故驱动其盈余管理行为的主要是和其自身利益密切相关的分红计划动机和 CEO 变动动机。日德等国的公司中盈余管理立足于公司价值最大化，因此，他们所考虑的大多是债务契约动机、税务节约动机和政治敏感动机。

(4) 从盈余管理类型来看，英美等国的公司中由于股权高度分散，股东一般难以直接控制经理人行为，相比之下，“用脚投票”可能更为便捷，这决定了英美等国公司的股东更注重眼前的股票收益。公司经营

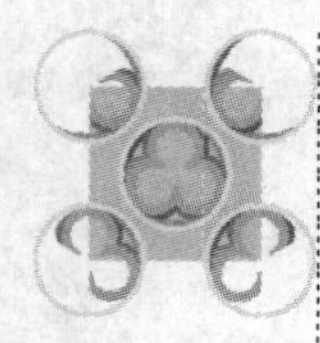

行为趋于短期化的同时，盈余管理也倾向于提前确认收益，最大化当期盈余数字。日德等国的公司中大股东持股比例较高，“用手投票”机制可以很好的发挥作用但大股东很难退出企业，这样，他们的考虑是趋于长期化的，更注重规模扩张、市场占有率提高以及企业的长远发展。因此，盈余管理类型多是利润最小化或利润平滑以实现节税、避开潜在竞争者等目的并维护一个稳定发展的企业形象。

(5) 从盈余管理的范围看，英美等国公司比日德等国公司盈余管理的可选择域要广得多。理由有两点：第一，英美等国公司提供会计信息的首要评价标准在于决策相关，这样，不仅提供的信息量较多，为确保相关性，准则中规定的会计政策选择余地也较大。第二，英美等国公司的实际控制权掌握在经理人手中，相关利益各方无法对其进行有效监督，这又给经理人的盈余管理行为提供了较大的活动空间。相比之下，日德等国公司的盈余管理可选择域要窄得多。

三、我国上市公司的治理与盈余管理

我国的市场机制正处于转轨阶段，由于产权结构的限制和市场机制环境的缺陷，上市公司普遍存在着内部人控制、经营者腐败等现象及监督制约机制不得力的问题。此外，由于政府的监督方式、监督力度、社会独立审计的制度安排等滞后于社会经济现实、滞后于业务创新、金融创新。因此，盈余管理，无论从其发生条件还是其实施主体来看，都不仅仅是一个会计问题，它涉及到一系列更深层次的问题即公司的内部治理和外部治理问题。

（一）我国公司治理结构的特点

经过数年的公司制改造实践，我国虽然初步建立起了一整套公司治理结构，但不管是外部治理结构还是内部治理结构，存在的问题都很明

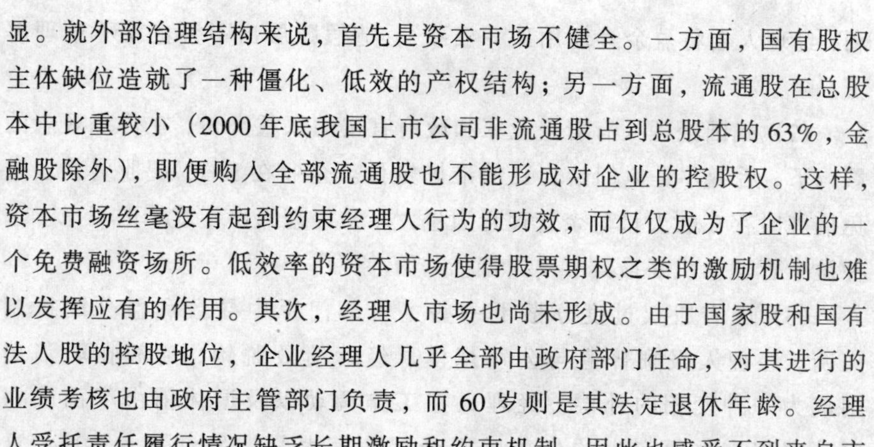

显。就外部治理结构来说，首先是资本市场不健全。一方面，国有股权主体缺位造就了一种僵化、低效的产权结构；另一方面，流通股在总股本中比重较小（2000年底我国上市公司非流通股占到总股本的63%，金融股除外），即便购入全部流通股也不能形成对企业的控股权。这样，资本市场丝毫没有起到约束经理人行为的功效，而仅仅成为了企业的一个免费融资场所。低效率的资本市场使得股票期权之类的激励机制也难以发挥应有的作用。其次，经理人市场也尚未形成。由于国家股和国有法人股的控股地位，企业经理人几乎全部由政府部门任命，对其进行的业绩考核也由政府主管部门负责，而60岁则是其法定退休年龄。经理人受托责任履行情况缺乏长期激励和约束机制，因此也感受不到来自市场竞争的压力。

就内部治理结构来说，则主要表现为严重的“内部人控制”。首先，由于国有股权“一股独大”以及主体缺位使得持股主体行为能力和股权权能发生背离，股东大会形同虚设，控股股东侵害中小股东利益的现象严重。据统计，沪深交易所1104家上市公司中，第一大股东平均持股比例高达45%，个别的占到80%－90%。其次，董事会与经理层高度重合，有的企业甚至连董事长和总经理也合二为一，这就造成了二者之间监控关系的失衡，给“内部人控制”大开方便之门。再次，上市公司与控股股东之间存在过多的关联交易，与控股股东在人员、财务、资产上没有实现真正分开，控股股东以此控制或操纵上市公司。最后，监事会成员大多来自企业内部，不仅监督效果值得怀疑，在股东大会形同虚设的情况下，他们也无法对经理人的不当行为采取有效措施。

（二）我国上市公司盈余管理的特点

奇特的公司治理结构使得我国上市公司盈余管理不同于英美以及日德模式，表现出较为明显的中国特色。概括地说，它完全是经理人机会主义行为的一种表现，具体有以下4个方面：

（1）由于企业内、外部治理结构不健全，它不能对经理人实行有效约束，这就给经理人的盈余管理留下了很大的运作空间。为了一己私

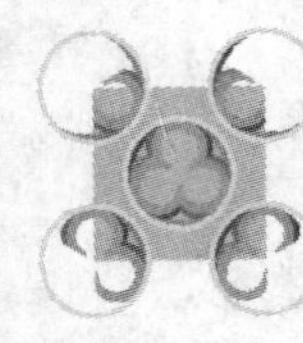

利，经理人会将盈余管理用到“极致”，造假账层出不穷也就不难理解了。

(2) 我国经理人有着企业家和政府官员的双重身份，在传统观念的影响下，后者才是他们给自己的准确定位。企业在IPO、配股资格、避免摘牌时存在的大量盈余管理行为也大多是经理人出于政绩的考虑。这种盈余管理动机是最具“中国特色”的。

(3) 国有股权过度分散于一些主管部门手中导致利益分配机制失衡，经理人报酬普遍与公司规模、经营绩效脱钩，高额在职消费则成为一种变相的补偿。经理人在工作调动以及退休前由于面临在职消费权丧失而产生的失落感则会促使其大量增发红利，然而，这都需要较高盈余数字的支持。因此，我国企业中的盈余管理类型多为短期利润最大化。

(4) 我国股票发行的额度与规模控制使得上市资格事实上已经成为一种具有很高价值的稀缺商品，企业必然会极力争取。而企业融资后规模的扩大最终也会有利于地方就业和财政税收，这样，企业在IPO、配股资格、避免摘牌时往往会得到地方政府的大力扶持。

(三) 完善上市公司治理

盈余管理的存在是经理人在既定制度安排下，采取合法手段自身利益最大化的理性行为的结果，有利有弊。考虑到我国企业中的盈余管理大多是一种机会主义行为，而不是企业长远利益的考虑，弊多利少，对其进行规范化治理就显得尤为重要了。我国企业中盈余管理不当主要是公司治理结构不健全造成的，因此，规范化治理的对策也应立足于治理结构方面的考虑。

1. 改善资本市场，解决委托人缺位问题

资本市场上“一股独大”的国有股权“所有者缺位”是外部治理不力最主要的原因。解决这一问题可行的办法也许只能是股权分置改革，改变股权结构过于集中的局面，形成国有股权适当分散持有、国有股权代理人之间有效竞争、相互制衡的持股结构，并放宽对私人持股的限

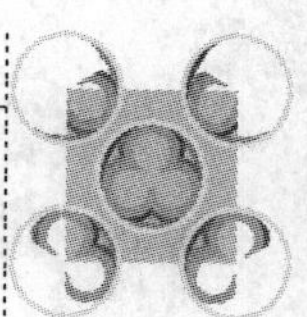

制，使其因拥有企业盈余而去监督和约束经理人。同时，为避免股权高度分散造成的小股东势单力薄以及“搭便车”心理，在股权分置改革的过程中应注重大力培育机构投资者，包括国内社会保障基金和金融资产管理公司、国外合格机构投资者。以发挥机构投资者在公司治理中的积极作用。

2. 完善报酬契约

我国企业中经理人收入普遍偏低且与业绩不挂钩，使得经理人与股东利益发生背离，从而很难有积极性去搞好企业，而是热衷于高额的在职消费。盈余管理也出现了短期利润最大化的倾向。而仅靠年薪制和股票期权之类的手段激励经理人也只是一次性博弈，短期行为难以避免。因此，一个改进的做法是将经理人超出生活必需的一部分奖励收益留存于企业，在其经营期限届满后的一定期限内一次返还。这样就避免了短期化盈余管理行为，同时这部分留存于企业的奖励收益还构成了经理人行为不当的风险抵押基金。

3. 建立经理人市场

经理人市场上的声誉机制也是激励和约束经理人行为的一种有效机制。可我国由于经理人市场的缺乏，企业经理的任命和考核由政府负责，经理人利益与企业利益脱钩，导致其盈余管理行为往往会以企业利益为代价来谋求个人利益，危害极大。通过建立经理人市场，充分发挥声誉机制的作用则可在一定程度上避免这一情况的发生。

4. 引入独立董事制度

我国已经在公司内部治理结构中引入了外部董事，建立独立董事制度以加强对经理人的监督。同时，授权由独立董事组成的审计委员会负责外部审计师选聘工作，也可保持外部审计的独立性，防止经理人的“意见采购”。从而发挥出外部审计师在揭发企业经理人盈余管理不当方面的效力。

[参考文献]

1. Beneish, M. D., 1997, Detecting GAAP violation: *Implications for assessing earnings*.

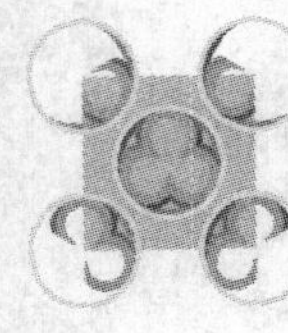

2. Dyck, A., L. Zingales, 2002. Private benefits of control: An international comparison. Unpublished NBER *working paper* (8711).

3. Fan, J., T. Wong, 2001. Corporate ownership structure and the informativeness of accounting earnings in East Asia. *Journal of Accounting and Economics* 33, 401 - 426.

(中国社会科学院工业经济研究所　杜莹芬)

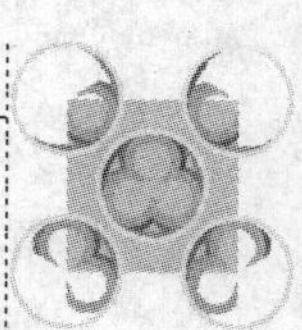

第二十四章 DIERSHISIZHANG

中国企业成长理论的四维模型探讨

——兼析中国转轨经济对企业成长的影响

一、问题的提出

上个世纪后半叶，伴随着企业战略研究的兴起，企业成长理论也成为业界研究的课题之一。自法国经济学家吉布莱特（Gibrat，1931）对企业规模与成长和产业结构之间的关系问题进行了开创性的研究、英国学者彭罗斯（Penrose，1959）从企业内部资源的角度对企业成长理论进行了系统的研究以后，经济学家或管理学家们基于不同的研究视角对企业成长理论进行了广泛的拓展，形成了诸如企业成长的交易费用学说、产业学说、资源学说、能力学说、知识学说、不确定性学说等等，这些学说极大地丰富了企业成长理论的内容。但总体来说，西方的研究及得出的结论毕竟是基于成熟的市场经济体制下，对于转轨经济国家中企业成长的研究不是太多（有限的研究也是集中在东欧的几个国家，如罗马

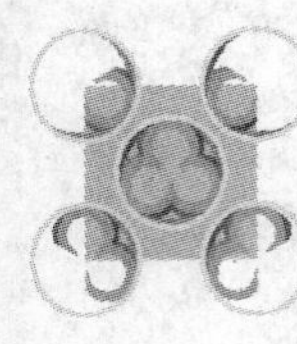

尼亚、保加利亚和匈牙利等），特别是中国的体制转轨及其释放出的巨大的生产力对于企业成长理论的影响研究甚少。本文试图以中国的体制转轨为背景，从制约企业成长的角度来对转轨经济中企业成长理论进行初步探讨，以抛砖引玉。

二、以往文献综述

关于企业成长的课题，过去50年的研究，特别是最近30年的研究形成了大量的历史文献。有的研究虽然不是以企业成长理论为研究出发点，但其结论却对企业成长理论有着巨大的指导意义。因此对这些理论的梳理只能删繁就简、突出重点，我们从主流的数家学说中以影响企业成长的主要研究维度来进行分类，从而形成一维模型和二维模型的假设，即按照他们研究企业成长的主要变量是一维或二维的角度来进行分类，形成如下的归纳：

（一）一维模型论

主要以一维变量来研究企业的成长，以科斯的交易费用说、彭罗斯的内部资源说、波特的产业竞争说和哈默的流程再造说等为代表，他们分别从企业内部维度，或者外部的产业分析维度这个一维视角来研究企业成长，现分别简述如下：

1. 科斯的交易费用说

科斯是从交易费用这个维度来打开企业这个“黑箱”的，他（科斯，“企业的性质”，1937）认为，企业是价格机制的替代物，当市场的交易费用大于组织内部的运营成本时，企业就产生了。企业成长的边界在于：首先，当追加的交易由企业家来组织时，企业就变大；当企业家放弃对这些交易的组织时，企业就变小。其次，企业倾向于扩张直到在企业内部组织一笔额外交易的成本，等于通过在公开市场上完成同一笔

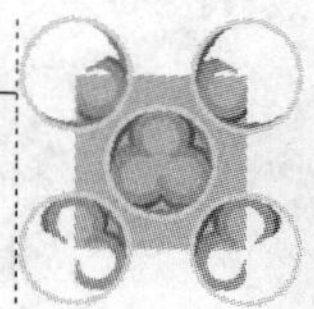

交易的成本或在另一个企业中组织同样交易的成本时为止。

2. 彭罗斯的内部资源说

彭罗斯是从企业内部资源这个维度来分析企业的成长的，她（彭罗斯，“企业成长理论”，1959）认为，企业是一种有意识地利用各种资源获利的组织，包括生产性资源和生产性服务，前者必不可少，但后者对生产性资源的利用，才是企业独特性的根源。生产性服务分为企业家服务和管理服务两部分，企业家服务用来发现和利用生产机会；管理性服务用来完善和实施扩张计划。换言之，她认为，企业的成长取决于企业所拥有的内部资源以及管理这种资源的能力。

3. 波特的产业竞争说

波特是从产业组织竞争这个维度来分析企业的成长的，他（波特，“竞争战略”，1981，“竞争优势”，1985）认为，企业成长取决于产业结构，即五种力量（买方、卖方、替代品、潜在对手和业内竞争）的博弈中，企业所采取的三种战略（低成本战略、聚焦战略和差异化战略），这种战略促使企业谋取独特的价值链，从而获得竞争优势。

4. 哈默的流程再造说

哈默是从企业内部的流程再造这个维度来分析企业的成长的，他（哈默，“再造工程”，1990，“企业再造”，1993，“超越重规划”，1996）认为现代企业能否快速发展取决于企业能否根本地、彻底地重塑其运营流程，即“BPR（Business Process Reengineering）工程”，这种流程包括业务流程和管理流程。后来，由于 BPR 不高的成功率，哈默反思到，重要的不是彻底地抛弃一切，而是流程本身，是一系列从起点到终点的完整活动，这些活动一起为顾客创造价值。

（二）二维模型论

主要以二维变量来研究企业的成长，以吉布莱特的企业规模说、普拉哈拉德的核心能力说、沃勒菲尔特（Wernerfelt）的资源基础说、肯特（Kogut）的知识基础说等为代表，他们分别从企业内部维度和外部的产业分析这两个维度来展开企业成长的研究，现分别简述如下：

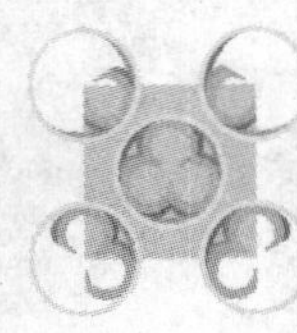

1. 吉布莱特的企业规模说

吉布莱特是从企业规模的大小与企业成长的速度之间的关系来展开研究的，吉布莱特（Gibrat，“非均衡经济学”，1931）认为，企业成长是一个随机过程，影响企业成长的因素过于复杂，因而无法对其进行准确预测和把握，不同规模的企业成长率并不会因为规模的不同而有所差异。吉布莱特的研究成果被人们称作吉布莱特定律（Gibrat's law：firm growth is independent of size）。

2. 普拉哈拉德的核心能力说

普拉哈拉德是从企业是否具有核心竞争能力来研究企业的成长的，他们（普拉哈拉德/哈梅尔，“企业核心竞争力”，1990）认为，企业能否长期发展，其竞争优势取决于能否以比对手提供更低的成本和更快的速度构建核心竞争力，这些核心竞争力将为公司催生出意想不到的产品，管理层有能力把整个公司的技术和生产技能整合成核心竞争力，使得各项业务能够及时抓住不断变化的机遇。

3. 沃勒菲尔特的资源基础说

沃勒菲尔特是资源基础论（RBV，Resource - Based View）的奠基者，他从企业战略的优势来研究企业的发展，他（Wernerfelt，“基于资源的企业观”，1984）认为，企业以及企业的战略优势都建立在、而且应该建立在它所拥有的一系列特殊资源以及资源的使用方式上。科利斯和蒙哥马利（Collis，Montgomery，1998）指出了企业在这一过程中经常犯的两种错误：第一，高估了企业战略资源的转移能力；第二，高估了企业一般资源对于创造竞争优势的能力。

4. 肯特的知识基础说

肯特是从知识管理的角度来研究企业特别是跨国企业的发展的，是知识基础论的奠基者之一，他们（Kogut/Zander，“企业的知识与跨国企业演化理论”，1993）认为，企业知识以及企业创造、转移和整合知识的能力决定了跨国企业的边界。获得知识的途径之一是学习。圣吉（Senge，1990）认为，未来最成功的企业将是“学习型组织”，因为未来惟一持久的优势就是你有能力比竞争对手学习得更快。艾莉（V. Allee，

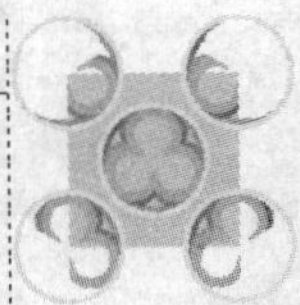

1997）指出，知识经济时代企业的成长来自于其知识竞争力，基于知识的进化及获取的核心知识竞争力是企业保持长期成长的独一无二的能力。

（三）结论

当然，除了上述的八个主要学说外，爱迪思的企业生命周期说（Adizes，1996），高哈特/凯利（Gouillart/Kelly，1995）的企业蜕变说也对企业成长理论做出了杰出的贡献，等等。上述各种学说总体来说，都是基于西方成熟的市场经济环境下所作出的卓有成效的理论探索，他们分别从企业内部、产业结构及竞争等角度来开展研究的。很显然，对于转轨经济中的中国来说，仅从上述变量来展开企业成长理论的研究还不够，因为中国还正在向市场经济的过渡之中，距离成熟的市场经济体系还相差甚远，上述理论的很多前提在中国并不具备。因此在我们看来，研究转轨经济，特别是中国的企业成长理论除了从企业内部、产业结构的维度进行研究外，还需要增加新的分析维度。

三、制约企业成长的四维模型假设

上文对国外企业成长理论的研究作了简单的回顾，我们发现国外关于企业成长理论的研究主要集中在两个维度：一是企业内部的角度：交易费用，内部资源，流程再造，核心竞争力，知识管理等。二是从产业组织的角度：产业结构，产业竞争，产业整合等。我们认为，在转轨经济中研究企业成长理论还要有两个维度，即市场需求及市场容量，政府规制及产业政策。市场需求及其容量决定了企业成长的极限空间，华为公司总裁任正非（1997）曾说："只有大市场才能孵化大企业"。政府规制及产业政策为企业的成长提供了初始条件，只有符合政府制定的产业政策，企业才可能获得长期发展。因此我们认为，市场和政府这两个变

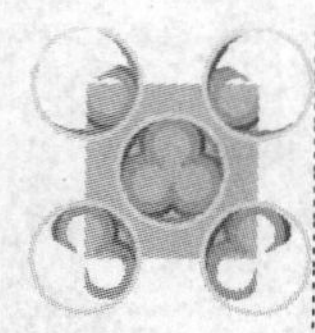

量也是企业成长不可或缺的重要维度。

基于上述分析，在构建转轨经济中制约企业成长的模型时，我们假设包括四个维度，这四个维度构建了一个由企业——产业——市场——政府的逐级扩大和递进的企业成长环境：

首先是企业内部维度，企业内部资源整合及运营效率，是企业成长的知识瓶颈（假如我们同意企业是知识的联合体，Kogut/Zander，1993）。

其次是产业组织的竞争与合作，这是企业成长的制约边界，产业内部竞争与合作的结果，决定了每个企业在产业组织内的地位及其市场份额。

再次是市场需求及市场容量，它决定了企业成长的极限空间，市场经济作为买方经济，需求决定供给，市场决定企业，在绝大多数时候是一个客观规律。

最后是政府规制及产业政策，它们为企业的成长提供初始条件和游戏规则，公平、公正、公开的制度及政策供给，是企业之间展开平等博弈的前提。

制约企业成长的上述四维模型如图 24－1 所示的“企业成长的丛林”，下文将就每个维度进行探讨。

图 24－1　企业成长的丛林

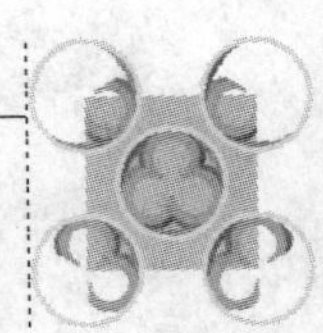

四、制约企业成长的四维模型分析

下文我们将对制约企业成长四维模型的每个维度展开分析，分析方法是首先简单总结西方学者在该维度研究上的最新进展或经典成就，而后我们将结合中国国情，分析在中国的转轨经济过程中制约企业成长的每个维度需要重视的问题。

（一）资源整合与运营效率——企业成长的知识瓶颈

企业内部的资源整合与运营效益，西方学者近年来从不同角度做出了新的精细的分析：关于战略，明茨伯格等（1998）系统地分析了十大战略管理学派；关于营运，科利斯等（1998）提出了公司资源体系运营模型，并得出三种高度统一的运营战略；关于组织协作，古尔德等（1998）对公司协作的利弊以及是否需要协作提供了评价标准，并指出六种协作模式；关于业务选择，坎贝尔等（1995）提出契合度评估模型用以进行业务精选；关于流程，斯托克等（1992）提出基于流程的能力建设，并且指出企业的新增长逻辑——能力掠食者；等等。

基于中国转轨经济的背景和中国企业的实际状况分析，我们认为，企业的内部资源整合与运营效益着重需要解决如下主要问题，这些问题是中国企业成长必须克服的障碍：

成长的烦恼 1：战略失误

1. 战略定位是否适当	2. 战略是否得到有效执行
—业务战略：多元化还是专业化	—执行团队的操控能力
—竞争战略：竞争优势如何形成	—战略是否存在柔性
—资源战略：资源是否能够支持战略	—战略风险如何控制

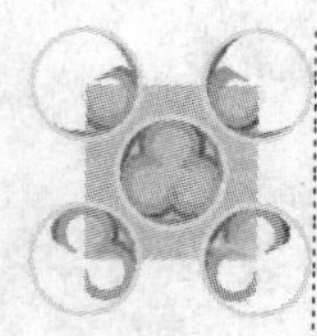

成长的烦恼 2：组织智障

1. 法人治理结构是否有效	2. 组织构架能否高效运营
—股权设置	—战略的匹配性
—董事会的构成	—主营业务流程的匹配性
—决策层与执行层的权利配置	—行业关键成功要素的匹配性

成长的烦恼 3：运营体系失效

1. 权责体系	2. 价值链管理
—授权与汇报体系	—经营模式与盈利模式的选择
—计划与预算体系	—供应链管理
—内部控制与活力建构体系	—目标管理

成长的烦恼 4：人力资源危机

1. 激励体系	2. 人力资本增值体系
—报酬体系	—培训体系
—考评体系	—企业文化体系
—奖惩体系	—人才梯队建设

（二）产业组织竞争与合作——企业成长的制约边界

西方学者在产业组织理论方面的文献可谓汗牛充栋，把产业理论引入微观经济分析也做出了巨大的贡献：“三安范式”（Anthony - Ansoff - Andrews Paradigm，1960s）之后，波特继竞争三部曲后再一次为我们廓清“什么是战略”（1997）；哈佛学派的 S - C - P（Structure - Conduct - Performance）分析范式（F.M.Scherev，1970）以及基于同一原理的 PIMS（Profit Impact of Marketing Strategy）分析范式（哈佛市场营销研究所，

1980）提供了科学而规范的分析工具；麦肯锡的行业参与者模型对S-C-P范式进行了进一步优化；等等。

我们认为产业组织的竞争与合作，不仅决定每个企业在产业中的地位，决定企业的成长边界，同时也是影响企业成长的一个重要杠杆。对于中国企业而言，要突破边界获得快速成长，合纵联横，产业经营是必由之路，因此要做好以下三个方面的工作：

突破边界1：战略联盟。战略联盟作为企业合作运行的新方式，始于上世纪80年代并很快在国际经济舞台上大量出现。从1990年以来，美国跨国性质的战略联盟每年以25%的速度快速增长，缔约国际战略联盟成为跨国公司增强国际竞争力的重要手段。战略联盟的核心是：合作竞争，多方共赢，共同发展。其形式有：合资，专项或多项合作协议，相互换股、持股，定牌加工，特许经营等。中国企业近年来也出现了一定程度的战略联盟，但总体看来，联盟的层次和效果还有待于提高。

突破边界2：虚拟企业。虚拟企业是战略联盟的一种特殊形式，其概念是1991年由美国著名学者罗杰·内格尔首先提出，主要针对市场需求急速变化，产品周期日益缩短的现状，建议采取企业内部和企业间的资源灵活重组，以企业联盟体形式共同应付市场挑战。虚拟经营的核心是：做自己最擅长的，专注于自己的强项，外化自己的弱项，竞争求生存，合作谋发展。其形式有：ODM，OEM，销售外包，企业职能托管，虚拟战略业务单位等。中国企业目前虚拟经营的最大问题在于企业的诚信问题，这在转轨经济中也很难避免。

突破边界3：企业并购。以企业并购的方式来获得企业快速发展对于中国企业并不陌生，最近中国的联想公司收购IBM的PC业务就是中国企业跨国并购合同金额最大的一桩案例。对中国企业来说，企业并购的策略和工具的运用还有待提高。我们认为，企业并购有两个关键环节必须予以足够的重视：

首先是并购目标的选择，必须至少要符合下述四个目标之一：快速获得核心技术或资源；优势互补，追求协同效应；产业整合的需要；规

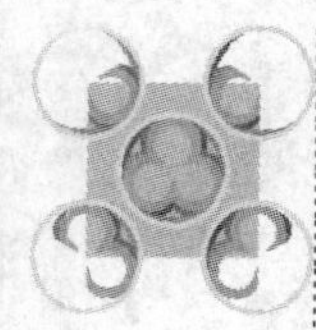

模经济和范围经济的需要。

其次是并购工具的选择，不论是资本运营，股权整合，债权/债务重组，还是杠杆收购，股权置换，或者 MBO，在符合企业战略的前提下，都要追求最佳的费效比。

（三）市场需求及市场容量——企业成长的极限空间

对于该维度的研究，从市场需求的经济学分析来看，在经典的西方经济学中都能觅得其踪迹：宏观经济学中的对于特定市场的总需求与总供给的均衡，居民收入及购买力水平，国际贸易与全球市场；微观经济学中对于特定产品的需求及有效需求，需求的成长性，潜在需求及替代品分析，需求曲线及价格弹性等。从市场需求的营销学角度来看，在市场需求研究中：客户的核心价值及性价比分析，客户的消费特征，客户的广告特性，市场创新等；在营销策略选择中：由 4P'S 引申的 11P'S 策略，CRM（Customer Relation Management，客户关系管理），4C'S（对应于 4P'S，分别是 Customer，Cost，Convenience，Communication），IMC（Integrated Marketing Communication，整合营销传播）等。从市场需求的消费心理学角度来看，客户的需求层次理论，购买过程分析及对策等。上述西方经济管理理论都对市场需求及其容量进行了大量的科学的分析。

对于转轨经济中的中国企业来说，要取得快速成长，上述的规范分析是必须的，同时我们还认为既要在既定的市场需求中不断地挖掘潜力外，还必须结合新经济的特点，进行需求创新，以超越极限获得额外的市场。具体来说，有两条路径可以选择：

超越极限 1：绝地反击—拓展新需求

1. 产品功能拓展	2. 产品市场拓展
—新用途：老产品，新用途	—新的区域市场
—功能提升：更优的性价比	—新的市场空间
—功能分解与集成	—新的渠道：网络营销与电子商务

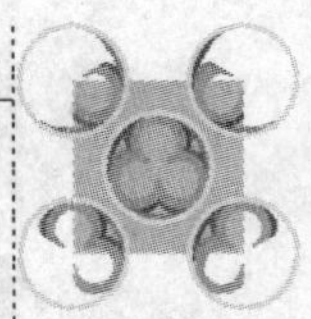

超越极限 2：横空出世—引导新消费

1. 基于客户需求的产业创新	2. 基于技术发展的需求创新
—新产品开发	—IT 技术
—新的实现手段	—生物工程技术
—新的消费方式	—新材料技术

（四）政府规制及产业政策——企业成长的初始条件

对于政府规制及产业政策这一维度的研究，在政府规制这个方面，现代的主流经济学如新制度经济学、产权经济学、交易费用经济学等，都做出了大量研究，如科斯的“企业的性质”（1937），“社会成本问题”（1960）；德姆塞茨的“一个研究所有制的框架”1988），“竞争的经济、法律和政治制度”（1992）；戴维斯/诺斯的“制度变迁的理论：概念与原因”（1976），“制度创新的理论：描述、类推与说明”（1976），等等。在产业经济理论及产业政策这个方面，植草益的“产业组织论”（1988）；施蒂格勒的“产业组织和政府管制”（1989）；吉海正宪的“日本的产业技术政策”（1985）；朴昌根的“韩国产业政策”（1998），等等。这些理论对于中国的经济改革和产业政策的制定都具有重大的借鉴或指导意义。

我们认为，作为企业成长的初始条件，政府规制与产业政策是最能够反映一个国家的经济和社会特色的维度，作为转轨经济中的中国，其政府规制及产业政策对于企业成长的影响是不言而喻的。中国的企业从所有制类别来分总体上有三类企业，即国有企业、民营企业和外资企业，这三类企业各有特色，其成长模式和成长机制并不完全相同，但作为初始条件的提供者，政府规制和产业政策是共同的土壤，因此，我们认为上述企业可以从下面三个角度来获取其成长的机会：

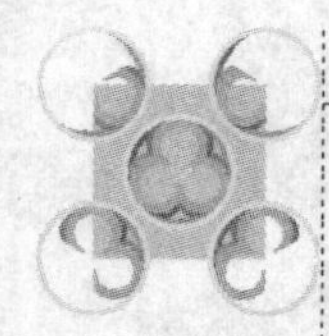

成长的机会1：政府规则与企业成长

1. 游戏规则的制定	2. 企业的制度创新
—政府、企业和市场的关系界定	—法人企业的规则界定
—法制经济基础的确立	—产权配置与法人治理结构
—后 WTO 时代的全球竞争规则	—资本市场与企业上市

成长的机会2：市场干预与企业成长

1. 经济发展周期与政府管制	2. 市场失灵与政府调节
—企业成长与经济发展周期	—市场恶性竞争与政府管制
—企业成长与财税、货币政策	—反垄断立法与企业成长
—企业成长与政府宏观调控	—资本市场扭曲与企业成长的误区

成长的机会3：产业政策与企业成长

1. 产业规划	2. 税收政策
—政府中长期发展规划	—税收优惠及减免
—政府对于特定行业/地区的政策规定	—合法避税
—国家鼓励发展的行业指南	—税务、投资筹划

五、结束语——转轨经济中企业成长理论启示

首先，本文回顾并整理了国外学者关于企业成长理论的研究，我们可以发现，企业成长理论作为一个发展时间不长的研究论题，其众多研究成果大都分散在经济学或管理学的诸多领域之中，还远未形成它自身

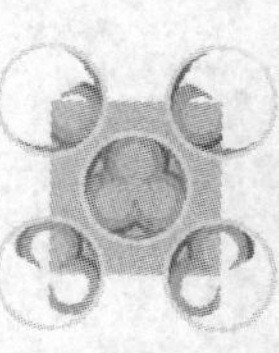

的体系和研究框架，也没有形成它自己的分析工具。这一方面与其发展的时间较短有关，而另一方面也与其特性有关：可以说管理学研究的全部中心内容，就是如何促进一个组织的健康成长或者发展，经济学为企业这个微观个体建构外部经济环境的分析工具。所以，本文的启示之一是：要研究企业成长理论，我们就必须而且应该借鉴经济学和管理学以及其他学科的相关研究成果，尽快形成这个理论的研究框架和分析工具，并尽量使其结构化、模块化。

其次，西方关于企业成长的研究毕竟与其经济环境及企业发育的程度相关。在转轨经济中，特别是中国，由于政治、经济、社会、文化、技术等环境和条件不同，关于企业成长的研究，我们应该有自己的特色，方能对中国的企业有所帮助和指导。本文就是在西方关于企业成长理论的两维变量的基础上，尝试引进市场与政府这两个另外的变量来加以研究，而恰恰是这两个变量隐含着众多国情差异和国别信息，而这些国情差异将导致企业成长的模式和机制有所不同。因此本文的启示之二是：如何在转轨经济中，特别是在较为复杂的中国国情下建构企业成长理论，本文作出了初步探讨，在此抛砖引玉，以期引起业内人士的共同探讨。

[参考文献]

1. Coase, The Nature of the Firm, 4 Economica, New Series, 1937.
2. Gibrat, R., *Les inequalites economiques*, Librairie du Recueil Sirey, Paris, 1931.
3. Gouillart and Kelly, *Transforming the Organization*, McGraw - Hill, Inc, 1995.
4. Hammer and Champy, *Reengineering the Corporation*, Harper Business, New York, 1993.
5. Hammer, Beyond Reengineering, Harper Collins, 1996.
6. Hammer, Reengineering Work: Don't Automate, Obliterate, *Harvard Business Review*, 1990, 7 - 8.
7. *Harvard Business Review on Corporate Strategy*, Collis, D.J. Harvard Business School Press, 2001.
8. Ichak Adizes, *Managing Corporate Lifecycles*, Prentic Hall, 1996.
9. Kogut and Zander (1993), Knowledge of the firm and the evolutionary theory of the

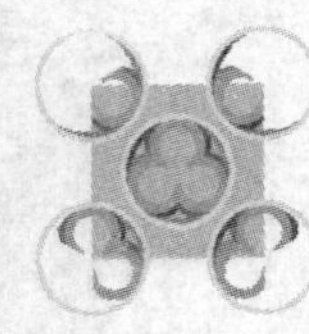

multinational corporation (Reprint), *Journal of International Business Studies Fourth Quarter* 2003.

10. Lindert, *International Economics Ninth Edition*, Irwin Press, Boston, 1991.

11. Mintzberg Ahlstrand and Lampel, Strategy Safari: *A Guided Tour Through the Wilds of Strategic Management*, The Free Press, 1998.

12. Penrose, The Theory of the Growth of the Firm, *Oxford Basil Blackwell*, 1959.

13. Prahalad and Hamel, The Core Competence of the Corporation, *Harvard Business Review*, 1990, 5-6.

14. Verna Allee, *The Knowledge Evolution*, *Butterworth - Heinemann*, 1997.

15. Wernerfelt, A Resource - based View of the Firm, *Strategic Management Journal*, 1984, 9-10.

16. 埃森·拉塞尔:《麦肯锡方法》,华夏出版社 2001 年版。

17. 保罗·萨缪尔森/威廉·诺德豪斯:《经济学》(第 12 版),中国发展出版社 1992 年版。

18. 彼得·圣吉:《第五项修炼——学习型组织的艺术与实务》,上海三联书店 1994 年版。

19. 波特:《竞争战略》,《竞争优势》,华夏出版社 1997 年版。

20. 波特:"什么是战略?",《哈佛商业评论》,2004 年第 1 期。

21. 德姆塞茨:《竞争的经济、法律和政治制度》,上海三联书店 1992 年版。

22. 菲利普·科特勒:《营销管理》,上海人民出版社 1990 年版。

23. 吉海正宪:《日本的产业技术政策》,东洋经济新报社 1985 年版。

24. 科斯等:《财产权利与制度变迁》,上海三联书店 1994 年版。

25. 朴昌根:《韩国产业政策》,上海人民出版社 1998 年版。

26. 芮明杰:《现代企业的管理创新》,上海译文出版社 1994 年版。

27. 施蒂格勒:《产业组织和政府管制》,上海三联书店 1989 年版。

28. 唐·舒尔茨:《整合营销传播》,内蒙古人民出版社 1998 年版。

29. 邬爱其、贾生华:"国外企业成长理论研究框架探折",《外国经济与管理》,2004 年第 9 期。

30. 植草益:《产业组织论》,中国人民大学出版社 1988 年版。

(复旦大学企业管理研究所　许晓明)

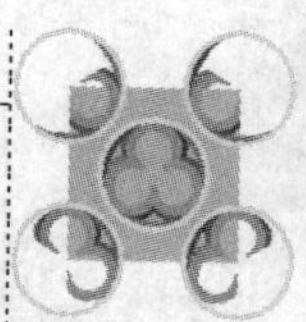

第二十五章 DIERSHIWUZHANG

知识经济时代的中国企业管理创新研究

20 世纪 90 年代初，世界级管理大师彼得·杜拉克在他的新作《后资本主义社会》中指出，知识社会是一个以知识为核心的社会，受到良好教育的人都将成为社会的中坚。杜拉克说："世界上没有贫穷的国家，只有无知的国家。"他更一步指出："知识的生产率将日益成为一个国家，一个行业，一家公司竞争的决定因素。"

在世界进入 21 世纪后，知识经济正在取代工业经济向我们迎面走来。知识经济的提出是基于这样一个事实：当今世界经济的发展比以往任何时候都更加依赖于知识的扩散和应用，计算机，微电子等知识密集型产业是所有产业中增长最快，产值最高的。联合国经济合作发展组织所有成员的科研经费的近 2/3 投向新技术，该组织主要生产国的 50%以上的国内生产总值的完成是以知识为基础的。

所谓知识经济，是以知识和信息的生产、分配和使用为基础，以创造性的人力资源为依托，以高科技产业及智业为支柱的经济。如果说，新观念或新理论的出现往往标志着时代的变迁，那么，资讯管理等新管理理论的问世，知识产业、学习型组织等新企业形态的出现，商业生态系统、数字神经网络等新经营理念的流行，知识工人、虚拟企业家等新

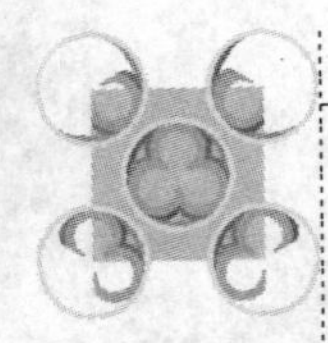

企业角色的登台等，无一不标志着一个崭新的经营管理时代已经悄然来临。

改革开放以来，我国企业在管理创新方面已经取得了很大的进步，特别是在引进国外先进管理思想，管理方法和管理手段方面取得了长足的进展。但是，从总体上看这方面的工作还远远不能适应形势发展的要求，企业管理仍需要进一步创新。

一、知识经济对中国企业管理的挑战

世界经济球化的发展趋势，对我国的企业管理提出了新的要求。对于我国企业来说，具体面临着以下几方面的挑战：一是日益增大的国际竞争的压力。近些年，世界最大 500 家工业企业中已有半数以上进入中国。它们不仅在我国境内设立商务机构，大规模地销售其产品，还直接投资建厂，进行就地生产和销售。我国企业的产品不用走出国门便感受到国际竞争中的压力。二是企业生产经营活动在地域上的延伸和扩大。目前，对于我国的绝大多数企业来说，企业的生产经营活动不限于国内，能够从事跨国经营的企业只是极少数。而随着经济全球化的深入，将有更多的企业参与国际分工与合作，开展国际贸易，有条件的企业还将向跨国公司方向发展，这就要求国内企业将其生产经营活动拓展中延伸到其他国家。三是企业全球网络化的建立。为适应经济全球化的需要，企业管理也必须依靠高效，便捷，可靠的全球化要素传输流动网络，其中包括对信息、物资、资金和人员等要素的快速传输流动。与此相适应，现代企业必须采用各种先进的要素传输手段，特别是信息传输手段。四是企业管理组织的变革。在经济全球化的推动下，国外企业管理领域也掀起了革新的浪潮。从美国发起并在日本和欧洲广泛传播的“企业流程再造”是这次企业管理革命的核心。对于我国的企业来说，传统的企业组织无疑已难以适应新形势发展的需要，借鉴国外的先进管

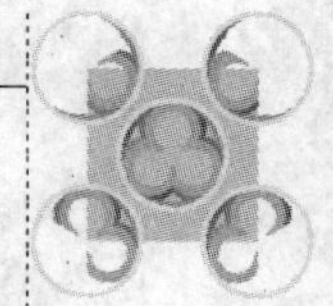

理经验，并结合我国自身现实的国情，建立高效率的企业管理组织，也是我国广大企业面临的一个重要问题。

知识经济的悄然兴起是一场无声的革命，它对我们现有的生产方式、生活方式、思维方式、教育、决策活动、传统科技等将产生重大影响。当然也包括我国的企业管理在内。知识经济对我国企业管理的影响，主要体现在以下方面：

（一）对企业组织结构的影响

传统企业中的组织结构大多是金字塔式的管理结构，其特征是官僚结构，层层负责，人浮于事。其缺点是信息传递速度缓慢，失真，工作效率较低，管理难度较大。在知识经济时代，信息和知识高度发达。信息化实现了最高决策层和底层的执行单位直接联系，原有的管理层次将逐渐减少，部分中间管理层（或管理者）的作用消失，中间“梗阻”的现象不易发生。生产者与消费者之间的鸿沟缩小，界限模糊。他们可以直接联系和接触，相互掌握对方信息。消费者可参与企业管理监督，参与产品（或服务）的设计和生产过程，实现自我个性化的需求。

在工业经济社会，企业存在的组织形式是高度实体化的、有形的。传统的企业管理是对实体企业的管理。这种管理要负责企业的各种实物的保存和管理。在知识经济时代，经济活动实现了数字化和网络化，一方面使空间变小，世界成为“地球村”；另一方面又使空间扩大，除物理空间外，还有媒体空间（Cyberspace）的存在。虚拟企业随之应运而生，比如虚拟商店，虚拟银行，网上交易市场等。因而，企业管理中就必然增加对这部分虚拟企业或企业虚拟机构的管理。与对实体的企业管理相比，对虚拟企业或企业虚拟机构的管理难度更大，技术要求更高，信誉管理更为重要，对企业管理人员的素质提出了前所未有的新要求。

（二）对企业管理主要职责的影响

学术界对传统企业管理的职责存在不同的说法。一是认为企业管理的职责是计划、组织、控制；二是认为其职责是计划、组织、指挥、协

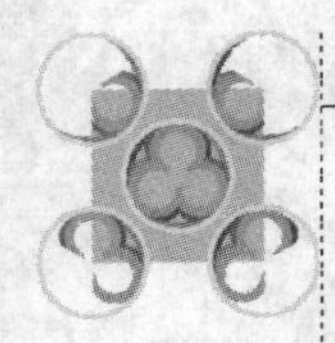

调、控制；第三种观点是在五大职责的基础上增加“激励”。显然，传统企业管理注重有形资本，对作为无形资本的知识资本的创造和培育没有放在十分重要的位置。知识经济是以无形资产投入为主的经济。传统企业管理中，资金、设备等有形资产具有非常重要的作用。而知识经济时代的企业管理，则是知识、智力等无形资产的投入起决定性作用。当今，在企业资产中，无形资产的比例正在大大增加。据测算，美国很多企业的无形资产比例已高达50%－60%。无形资产的升值也将带来企业价值观的变化。有效管理无形资产，进一步增加无形资产投入，是多数传统企业管理没有的或不重要的工作内容。科学的公共关系日益受到企业管理阶层的重视。

所以在全球性的知识经济时代，企业的管理职责发生变化，对无形资本，特别是知识资本十分看重。企业管理的主要职责就是要创造和培育知识资本，主要是为企业内外的新知识资本的发展创造良好的环境。

（三）对企业员工的管理和领导方式的影响

在知识经济时代的企业管理过程中，企业被看成是“学习型组织”。企业管理并不仅仅是以物质资源和资本的管理为中心，而是强调以知识和人才的管理为主，并重视组织文化的建设与管理。新型的组织机构管理重视知识、尊重人才，并要求员工不断地获取和学习新知识，实现知识的共享。传统企业比较重视规章制度的建设，管理过程中注重规章制度执行。其企业文化的形成多为自然的，总结提升式的。在知识经济时代，在重视规章制度建设的同时强调企业文化建设。每一个成功的企业都具有自己独特的企业精神和共同的价值观。这种企业文化的形成是自觉的、预先设计的，由专业化人员或组织落实后形成，影响着各项管理职能的实现和组织效率的提升。

传统的企业管理常常是“管理过度”而“领导不足”。知识经济时代的企业管理要求传统企业转型的同时，领导方式也要随之转变。要把各行其是的众多部门整合为一体，既保持员工个人和团体的高效率，又要建立起良好的公共关系。在这种情况下，需要有新的领导方式，让每

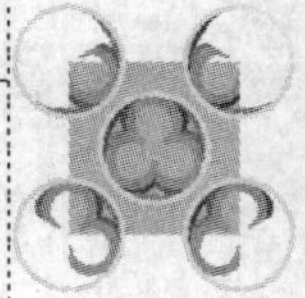

个成员都有参与领导的机会，要领导组织进行学习，扩展其成员的能力。

因而，可以看出知识经济时代，中国企业不仅面临着新的挑战，也获得了新的发展机遇。我们应当深入研究这种变革的趋势，不断实现企业经营管理的创新，才能在国内外市场的竞争中获得长足发展的优势。

二、中国企业管理创新必须处理好的几个关系

企业管理创新是一项涉及到企业各个方面复杂的系统工作，需要协调进行。面对我国企业管理的现状，在进行企业管理创新时，目前必须处理好以下几个方面的关系：

（一）企业管理创新和制度创新的关系

改革开放前，我国企业效益欠佳、活力不足的根本原因是实行了一套不适应市场经济发展需要的、以等级为基础、以命令为特征的、僵硬垂直化的企业管理模式。经过二十多年的改革，虽然取得了巨大成就，但仍存在着重视制度创新、技术创新，忽视管理创新的问题，从而导致了我国企业管理水平与国外企业现代化管理水平的差距不断拉大。因此，现在的当务之急是把握世界范围的现代企业管理的发展趋势。结合我国的实际情况，首先要理顺企业管理创新与制度创新的关系。

企业制度创新是指随着生产的不断发展而产生的新的企业组织形式。其实质是对利益格局的调整。我国始于20世纪90年代的旨在建立“现代企业制度”的改革就是国有企业改革从放权让利走向企业制度创新的成功实践。企业制度创新和管理创新存在着密切的联系，两者是相互促进，相辅相成，相互保证的关系，不能把两者割裂开来，更不能对立起来。企业制度创新为企业管理创新提供制度基础，形成相应的激励

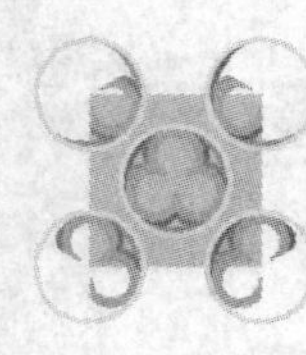

与约束机制。任何企业管理活动都需要相应的激励与约束机制，企业制度创新的作用就在于通过改变产权结构，为企业管理活动提供激励与约束机制。而企业管理创新是企业制度创新的组织管理保证。没有不断的企业管理创新，成功的制度创新是不可想象的。例如：我国的国有企业如果不适应社会主义市场经济发展的客观要求，以建立现代企业制度为方向，实行公司制改革，就搞不活；而仅仅建立现代企业制度，如果企业的管理观念、管理方式、组织结构等都没有随之创新，企业同样也搞不活。

由于信息技术的发展，当前的企业管理已进入了全球化和知识化阶段。在这阶段持续增长成为管理目标，知识管理创新成为管理主题，企业将进入新的形态。知识管理创新使得企业在决策过程，管理结构，工作方式和价值链等方面均发生变化，如管理结构上变成以客户为导向式的管理等，通过这些变革使企业具有更强的竞争力，从而在制度上和管理模式上为企业参与竞争提供了优势源泉。

（二）处理好企业管理创新与企业技术创新的关系

企业的技术创新是指根据市场需求从事新产品或新工艺构想的产生，研究开发、投入或用于生产，开拓市场并实现商业利润等活动。其主要特征是：将市场适销、经济高效、技术进步作为追求的目标，将技术优势转变为经济优势，进而转变为市场优势。企业技术创新与管理创新同样存在着相互配合、相互促进的关系。首先，企业通过管理创新，提高投入于技术创新过程中资源的配置效率和技术创新的成功率，推动企业进行更多的技术创新；而技术创新本身以及技术创新成果的应用将给管理创新带来新的课题和动力，推动管理创新的开展，并为管理创新提供物质技术条件，形成相应的技术能力保障机制。其次，企业管理创新是企业技术创新的组织保证。企业新技术的研发和推广，需要企业有与之相适应的管理模式。所以，进行管理创新，推进管理现代化必须与技术创新、技术进步结合起来同步进行，统筹考虑。如果企业只注重引进先进技术设备，不注意掌握、创新现代化的管理方法，最终会影响先

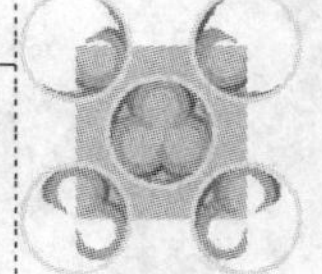

进技术设备性能的发挥，给企业造成浪费和损失。

（三）处理好企业管理创新与企业改革的关系

企业管理创新既是企业改革的首要内容，又是衡量企业改革成败的标准。企业改革的目的在于增强企业活力，而企业活力来源于企业管理创新。同时，只有企业管理创新，才能为深化改革创造条件，打好基础，从而确保改革成果的巩固。企业改革能够为企业管理现代化扫清障碍和提供良好的制度基础。通过以建立现代化企业制度为目标的企业产权制度的改革，使企业实现科学规范管理；通过改革，变原有的以执行国家计划为中心的企业管理旧模式为以市场需求为导向，以提高经济效益为目标的新模式，把企业管理纳入市场经济的运行轨道上来，这样，企业才能在国际国内激烈的市场竞争中立足、发展和壮大。

21 世纪来临，人类社会正在从工业时代进入知识时代，国际企业在基于空间关系复杂组织的模式上，逐渐变革成基于时间关系的网络结构；而且两个时代的管理内涵并非完全排斥，后者是以前者为兼容性的革新。对于我国绝大多数仍处于工业化进程中的企业来说，落后的管理基础与国际企业管理发展趋势存在着很大的差距，既要清醒地认识到这一严峻的挑战，又要抓紧改革创新。对于我国的企业而言，既要了解国际管理发展趋势，又要立足于我国国情和自身情况；既要找到现实差距和当代管理“接口”的途径，又要把握管理创新可行性和适度的进程。尤其在知识经济条件下，企业是否具有创新能力则成为企业发展乃至生存的关键。因此，企业只有通过管理创新，企业才能获得生机，并永葆青春。

三、中国企业管理创新的方式和对策

中国传统企业今天所面临的核心的问题是基础管理。企业管理是分

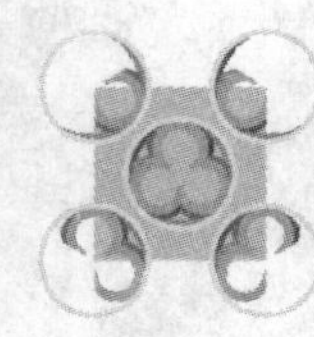

层次的，首先是投资决策，这是企业的最高决策，决定了企业的发展方向和目标，也就是企业想做什么，能做什么，什么能赚到钱；其次是经营管理决策，也就是在具体战略上的实施方案，更强调企业的方法、目标和理念；而第三个层面就是基础管理，是企业基本业务的管理。比如像制造企业的物流管理，从原材料到产成品，包括从产品到销售环节以及最终到客户手中。在这当中每一个环节都是相互衔接的，当中有许多过程控制的问题，像成本控制、资金控制，都属于典型的基础管理问题。

在上述三个层面的企业管理内容中，基础管理是最基本的，如果没有基础管理，其他的任何决策都不可能实现。所以，中国企业从整个管理的角度看，基础管理环节是比较差的。中国企业的管理者不缺乏经营决策头脑，包括国有企业的管理者在经营决策方面的水平都不低。但是，当企业有一个好的投资方向，经营决策也没有什么大问题时，最根本的差距还是在基础管理的实施和操作上面。比如，原材料采购环节如何控制？产品出来后在销售过程中，如何用最快的速度送到消费者手中？企业整体效益的好坏，将取决于基础管理的好坏。

现实的市场中可以看到很多活生生的企业实例，大方向、大的决策都没有错，但为什么有的企业能成功，能赚到钱？而有的企业却不成功，赚不到钱？它们之间的差距不仅在经营决策方面，而且还在基础管理层面的过程控制和把握。比如说，用友公司当年做软件，很多人都能看到软件业这个大方向。而且当时做财务软件的企业也不止用友公司这一家，为什么有的企业今天已经看不见了，而用友公司却能成为这个领域比较优秀的企业？问题就是在基础管理方面，谁能把软件行业的基础管理做好，谁就能成为这个行业中的佼佼者。

企业管理创新是一项创造性、开拓性、科学性很强的系统工程，在实际工作中不能随心所欲，而应注重做好“四个结合”。

（一）管理创新与坚持市场化相结合

企业管理就是把企业内部的人、财、物等生产要素有机地结合起

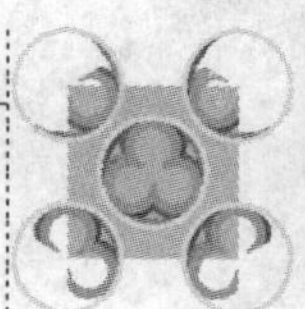

来，形成一个实体的生产能力。在市场经济条件下，企业面向市场，生产和销售也依赖市场。因此，必须把管理创新与坚持市场化紧密结合，让企业的一切行为自觉服从市场，按照市场机制的规律去有效地配置资源。特别是生产与营销要紧密地联系起来，努力满足顾客的要求。我国企业要进行有效的管理创新，就必须紧密围绕市场，去探索和实施新的管理模式和方法。

（二）管理创新与坚持企业决策的民主化相结合

创新的过程是一个发扬民主、集思广益的过程。科技的迅猛发展，使社会分工愈来愈细，作为一个企业的领导者其知识、经验、技能及思维能力等毕竟有限，这就对企业管理创新工作提出了一个客观要求，即企业的每一项新决策，都必须发扬民主精神，在充分酝酿，集思广益的基础上形成，以保证决策的科学性和可行性。

（三）管理创新与建立员工风险利益机制相结合

管理创新的目的就是要通过管理机制、方法和手段调动员工的积极性、主动性和创造性，形成企业的凝聚力，提高企业的生产力，以最大限度地实现企业的效益。而要调动员工的“三性”，就必须实行“利益驱动”，根据“利益驱动”原则去探索企业管理的新途径，这就要把管理创新与员工的风险和利益紧密结合起来。如在股份制或股份合作制等模式的管理下，员工通过认购企业的股份，真正成为企业财产的所有者之一，把风险与利益紧密地联系在一起，极大程度地激发了员工工作的积极性、主动性和创造性，给企业带来了新的活力。这不失为一种有效的企业管理模式。

（四）管理创新与企业特色相结合

创新就体现个性，体现自己的特色。因此，企业管理创新必须从本企业的人、财、物等实际条件出发，因地制宜，因时制宜，因事制宜，形成自己的特色，切忌盲目跟风，不加消化地盲目全盘地引进西方管理

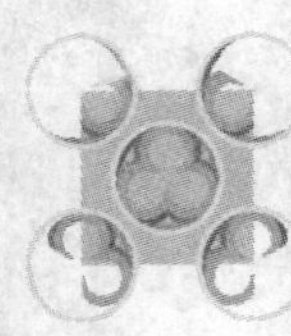

模式。企业只有通过管理创新，才能在全球复杂市场的激烈竞争中立于不败之地。

[参考文献]

1. Smits Ruud. Innovation studies in the 21st century [J]. *Technological Forecasting and Social Change*, 2002, 69 (9): 861 - 883.
2. Roberts Rhonda. Managing innovation: The pursuit of competitive advantage and the design of innovation intense environments [J]. *Research Policy*, 1998, 27 (2): 159 - 175.
3. Hobday Mike, Rush Howard. Innovation in complex products and system [J]. *Research Policy*, 2000, 29 (7): 793 - 804.
4. 王衍行："知识管理与企业管理创新" [J],《学术交流》, 2004, 118 (1): 51 - 54。
5. Plessis M, Boon A. Knowledge management in e - Business and customer relationship management: South African case study findings [J]. *International Journal of Information Management*, 2004, 24 (1): 73 - 86.
6. Chang, Pao - Long, Shih, Hsin - Yu. The innovation systems of Taiwan and China: a comparative analysis [J]. *Technovation*, 2004, 24 (7): 529 - 539.
7. 郑继方、向虹："经济全球化与中国企业管理创新" [J],《中国科技论坛》, 2003 (2): 41 - 45。
8. Guan J, Ma N. Innovative capability and export performance of Chinese firms [J]. *Technovation*, 2003, 23 (9): 737 - 747.
9. Gopalakrishnan, Shanthi; Bierly, Paul. Analyzing innovation adoption using a knowledge - based approach [J]. *Journal of Engineering and Technology Management*, 2001, 18 (2): 107 - 130.
10. Elfvengren, K., Role of careful customer need assessment in product innovation management - empirical analysis [J] *International Journal of Production Economics*, 2002, 80 (1): 85 - 103.
11. Vermeulen Patrick. Managing Product Innovation in Financial Services Firms [J] *European Management Journal*, 2004, 22 (1): 43 - 50.

(厦门大学管理学院　叶伟芳)

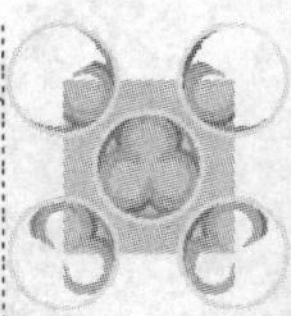

第二十六章 DIERSHILIUZHANG

中国式集权管理模式探讨*

一、引　言

谈到中国式管理，人们就会联想到易经、孔子、道、仁义等。甚至有的学者把中国式管理分四类：由儒家思想现代管理；从《孙子兵法》演绎出的经营谋略；中国帝王学与企业管理；禅宗与管理人员个人修炼。但无论哪一类、哪一种管理思想，无不涉及中国传统的政治思想，无不出自于古代中国的政府管理社会的思想。而且，如果说到真正具有"企业"意义的组织，最早也不过是近代史上外国人在中国投资开设的工厂或企业，而在传统思想的组成部分里，对于"组织"的概念除了"家"便是"国"了。因此，中国的管理思想脱离不了政府管理社会的窠臼，其思维结构、思维模式必然也带有这种痕迹。

另外，雷原先生指出："研究中国式管理必须从研究中国文化开始，只有抓住中国文化所揭示的最深层次的理念、价值观，才能真正了解中国人。"而且他认为，要真正了解、把握中国文化，就必须了解农耕文

* 本文获"厦门大学新世纪优秀人才支持计划资助"。

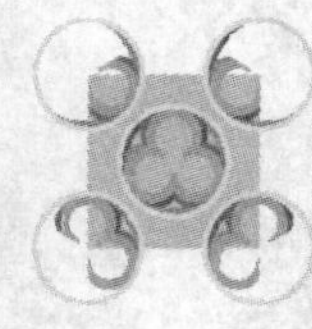

明的特点。了解这种农耕文明为什么会导致独特的、不同于西方的管理思维结构、思维模式。

还有的学者研究后得出观点认为，中国人的某些思维结构的特点不利于大规模组织的生产。包括《新教伦理与资本主义精神》的作者——韦伯，也认为西方资本主义产生和发展的精神支柱是新教伦理，而中国却缺乏这种宗教背景作为发展的动力。还有日裔美国学者福山在《信任：社会美德与创造经济繁荣》一书中讲到，中国的信任关系是建立在血缘关系上的，因此在超越家庭以外的大型企业中，是一种低信任度的文化，缺乏量化思维，不善团队合作等等，那么中国企业的前途何在？这种单向度地批判中国文化传统的做法，对中国式管理是一种悲观的论调，主要原因之一就在于没有深究中国式管理的内在思维结构和思维模式。

因此，对中国式管理模式的讨论，必须从其内在的思维结构、思维模式之特征开始，因为这些是构成中国式管理的主要内容，也是其存在的最大理由。

二、集权化管理的思维结构和模式

由此，我们将开始来探讨农耕文明下的思维方式的特点。首先，民族生存的自然环境的因素。自然环境是人类赖以生存和获取生产、生活资料的基础，然而，每个民族的自然环境和生存条件是极不相同的。尤其在生产力发展处于程度较低的阶段，人们对大自然的依赖性很大，所谓“靠山吃山，靠水吃水”，自然环境的不同使一些民族的地理、气候条件适宜于从事农业，而另一些则适宜于从事商业、贸易。这样，各民族在不同的环境下创造着各自不同的生活方式，同时也就形成了各自的文化体系。有的民族具有封闭性，而有的民族则具有开放性，如我国的传统文化相对而言就具有封闭性的特点。

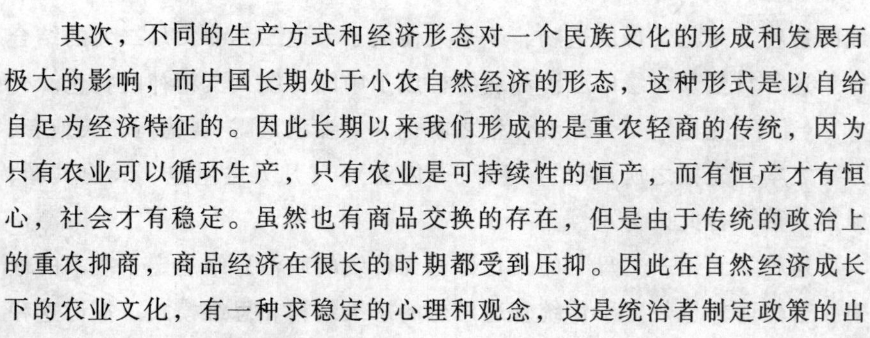

其次，不同的生产方式和经济形态对一个民族文化的形成和发展有极大的影响，而中国长期处于小农自然经济的形态，这种形式是以自给自足为经济特征的。因此长期以来我们形成的是重农轻商的传统，因为只有农业可以循环生产，只有农业是可持续性的恒产，而有恒产才有恒心，社会才有稳定。虽然也有商品交换的存在，但是由于传统的政治上的重农抑商，商品经济在很长的时期都受到压抑。因此在自然经济成长下的农业文化，有一种求稳定的心理和观念，这是统治者制定政策的出发点，也是政府管理社会的价值取向。

再次，不同的社会政治生活结构，决定了不同的政治文化体系。在我国古代，以小农为基础的自然经济，在政治上形成了中央集权的君主专制制度。同时，血缘关系长期影响着我国社会，在我国的政治文化中长期保留了专制思想和家族观念，人们对君权的认同，清官思想的保留，家长作风的存在，都是其表现。所以，不同的政治生活结构，就创造不同的政治文化环境，培植不同的政治情感和政治心态，形成不同的政治观念，也就造成不同的政治文化。从政治文明的角度来看，这种政治文化确实与现代政治文明所强调的民主、独立、自由等格格不入，但从另一方面看，在这种政治文化影响下的政府管理思想，在大到国家，小到家庭的组织管理中维持了那么长的历史，这在某种程度上说，这种管理是非常成功的，其合理的内核不应该被忽略。

农业社会的生产方式还影响了中国传统文化中关于人的构成理论，在农耕社会中，人们要取得理想的收成，必须具备有关天气、播种以及收获贮藏等方面的丰富知识，而在古代以父系家庭或家族为基本生产单位的情况下，此类知识往往靠家族内部的代相传承。因此祖先不仅具有血缘传递的属性，还兼有农耕社会的经验传递这一属性。滋生于农业社会的孝道理论于是就包含了两个方面的内容：一是孝养，二是继志述事。

《礼记·中庸》：“夫孝者，善继人之志，善述人之事也。”

实际上，关于“人”的原初观念，就是农业社会中自然崇拜和祖先崇拜的结合体，也就是说，人的构成与天地父母是分不开的，人既是天

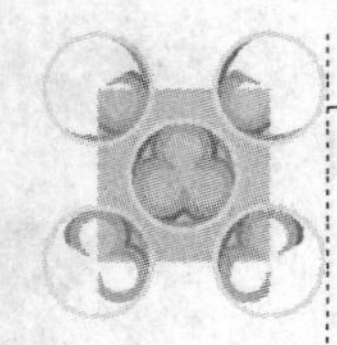

地的造物，又是父母的造物，于是人便成了天地二元和父母二元的结合体。这种自然及血缘的互渗和纠缠构成了中国传统人文精神的特色。

《荀子·礼论》："天地者，生之本也。"《春秋繁露·观德》："天地者，万物之本，先祖之所出也。"《管子·内业》："凡人之生也，天出其精，地出其形，合此以为人。"

这种"天地—父母"的文化原型为传统的政治思维规定了基本的框架，自然而然也规定了传统管理思想的思维结构和思维模式。探讨这种文化原型的意义，是因为它在人格形成的过程中具有普遍意义，尤其是古代帝王，就是这种文化原型的人格化。组织的管理者的人格特征也不可例外地受到文化原型的框架的约束，正是在这个意义上我们来讨论中国式管理，才能凸显出其特殊性。这种"天地—父母"文化原型论正是探讨集权化管理中思维模式与管理者行为的内在逻辑关联的可借鉴之处。

在"天地—父母"文化原型的思维结构中，抽掉任何一个元素都将使"人"成为不完全的"人"，这种崇拜的观念和对"天人合一"的崇尚，使得注重人的群体意识和顺从诚敬意识成为人们的价值判断和行为的内在取向之一。但另一方面，在"天地—父母"这种思维结构中衍生出来的是一些只具有"小孩"、"子民"意识的个体，这种个体很难有自主意识，缺乏独立精神和敢于负责态度，这也是传统中国人都把政治的好坏归结于为政之人的好坏而非制度的原因。因此在中国的组织或企业中，最高管理者被赋予超过其职责的期望，因而也比较容易拥有权威，这是中国式管理中具有集权化倾向的内在逻辑。

这种思维结构和模式归结起来：一是封闭性特点，所以解决问题会有向内寻求解决之道的倾向，着眼于精神状态的完善；二是稳定的价值取向，尤其是善于调整人际关系，缓和矛盾，使之不至于达到冲突严重的状态；三是基于血缘关系上的信任倾向，也就是信任的范围小，但信任程度高，注重小规模团体内的良好关系，形成高度信任的小团体。那么，有没有这种可能的存在，即完善这种集权化管理，使之成为中国式管理理论的组成部分？

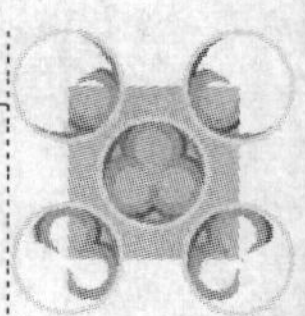

三、集权化管理模式的优势分析

学术界在论到中国人与西方人在管理思维方式上之不同有很多，典型的如曾仕强先生所总结的：中国人在思维上讲究集思广益，重视归纳法，西方人则重视逻辑推理，强调演绎法；中国人喜欢系统思考，喜欢坐而论道，西方人比较重视实践操作，强调运作。这种情况在企业的改革、重组中尤为明显，组织的结构变了，但思维的结构和模式没有改变，实际上其改革达不到深层次的效果。

我们关于“管理”的定义有很多，但认为人是管理的核心，这在中国式管理的观点中是得到大家的认同的。中国的管理文化从某种意义上可以说就是一种“治人”文化，正确地选人、用人和育人，历来是治国之本，同时也是现代企业管理的中心工作。中国人特有的思想结构与模式的特征，以及受传统文化因素约束的管理思想，只要能够为中国企业带来持久竞争力的管理方法、模式和风格，都应该被视为对中国式管理的有益探索。

因此，我们归纳整理出了集权化管理模式的优势方面的理论。首先，经营战略决策以稳重为取向，着眼于企业组织的稳健和长治久安。“求稳”的观念要与“保守”的观念相区别，求稳并不是不变，相反，中国式管理中的变动性，即弹性理论，已经得人们的普遍认同。决策上的稳重取向，是要根据情况的不同采取不同的措施，毕竟我们处在一个复杂多变的大环境中。从中国现阶段来看，国有企业正处于深化改革的阶段，民营企业正处于不断的发展壮大中，注重稳健、着眼将来，无疑是对正处于发展上升阶段的企业最为明智的战略选择。

其次，组织中的管理者通常拥有较高的权威，这比较有利于管理者对组织的领导，提高管理者对组织资源的支配以及对组织成员进行奖励和惩罚的能力。领导是管理工作的一项重要职能，其定义一般包含三个

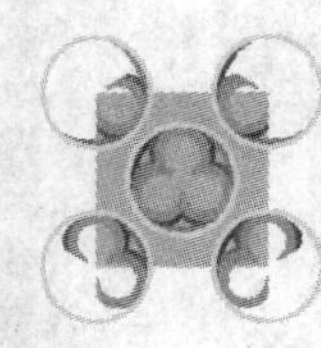

要素：一是有被领导者；二是拥有影响被领导者的能力；三是领导的目的是通过影响部下来达到组织的目标。由此可以看出，领导行为更多是建立在个人影响力、专长和模范作用的基础上，非强制性的影响力将在很大程度上影响领导目标的实现。而这一点恰恰是中国管理思想中的优势所在，也就是宋儒极力弘扬的正心诚意、修身齐家、治国平天下的理论。其实质就是以道德的人格力量感化他人，达到上行下效、内圣外王的境界。

《论语·宪问》："知所以修身，则知所以治人，知所以治人，则知所以治天下。"

再次，"无为而治"的管理思想，强调人与自然的和谐关系，以自然顺势的方式处理问题。"无为而治"的管理思想有时也叫"太极"思想，是一种管理的境界，在实践中通常要与个人的修养水平、知识能力等相联系，主要突出的是合理的管理思想，亦即中庸思想。

《中庸》："执其二端，用其中于民。"《论语·子路》："君子和而不同，小人同而不和。"《左传·昭公二十年》："宽以济猛，猛以济宽，政是以和。"

可以看出，中庸思想突出的是妥善协调各方面的矛盾，实现和谐的价值目标，不能把中国古代官场上那一套不偏不倚的折衷倾向理解为中庸之道，简单地把中庸等同于折衷主义。西方的管理发展可以最简单的方式描述，就是合理化然后制度化，合理化贯穿于管理的发展历程。但过度制度化甚至僵化之后，就要回归根本，重新思考合理与否的问题。这些中国传统的管理思想的精髓，与现代企业经营管理的内在要求相适应，当然是我们今天仍要继承的。注重合理的中国管理思想，有利于企业组织的制度化建设，尤其是目前中国的企业，其内在的精神就是，培育与组织制度相协调的组织文化，提高组织的整体绩效。

最后，注重修身、用人，重人心向背、人才归离。以德为先，不仅要求作为管理者的个人，加强道德修养，提高自身素质，规范作为管理者的言行，以身作则；还要求管理者在用人的时候，要坚持"以德为先"的原则，以权衡德与才。

《管子·五辅、枢言篇》:“德以合人”,“人以德使”。《孙子兵法·势篇》:“故善战者,求之于势,不责于人,故能择人而任势。”《吕氏春秋·求人》:“得贤人,国无不安广…·失贤人,国无不危。”

传统文化的思维结构中,中国人都会认为政治的决定因素是人,而人的根本又在于他的道德修养。“因此,为了政治系统的稳定和久长,必须培养贤人,而这一切必须从培养道德情操着手。”我国素有“求贤若渴”一说,表示对人才的重视,能否得贤能之助,关系到国家的兴衰和事业的成败。在今天竞争如此激烈的时代,人才的争夺甚至是国家民族之间竞争的最重要因素,而一个企业要生存,同样离不开对人才的吸纳与培养。这种管理思想有利于组织中的成员的自我发展和自我管理,以德为立身之本的人才观,不仅适应了当前人力资源观念处于转型期的大环境下企业的运行,而且在集权化管理模式下,有利于简化管理内容。因为除了组织的刚性约束,这种建立在道德修养之上的标准也是一种软性的约束,二者为管理者与被管理者的相互信任创造了良好的条件,从另一方面间接地提高了授权的质量,同时也减少了监督控制的成本。

四、集权化管理模式的劣势分析

由此看来,以集权化管理为倾向的中国式管理,至少在目前我国企业的这种发展阶段中,这种管理模式是有其优势的,但是事物总是有两面性的,我们在谈到其优势之所在时,不能不分析其弊端,有的学者就指出,中国式集权化管理恰恰取了美、日二者的弱点,虽然集权但组织没有力量,不像美国集权化公司,组织力量强大;同时,横向协作沟通没有建立起来,又无法弥补因组织功能不健全而必须人为补充的协调一致,这又不像日本分权化公司,组织协调性非常好,组织间网络系统非常发达。这些弱点正如我们前述所分析的,有其内在的思维结构和模式

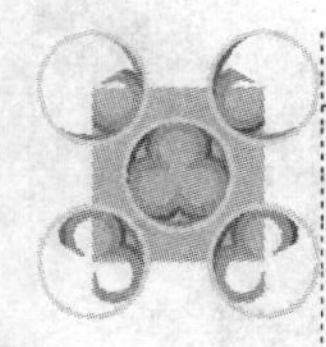

引起的逻辑后果，但它不是与现代企业经营管理的理念格格不入的，而是需要我们去认识。只有规避其不利于的一面，才能真正做到使之成为有借鉴意义的中国式管理的理论组成部分。

首先，集权化管理的组织，其最高管理者拥有很高的权威，特别是家族企业，甚至带有一种家长式的权威。这就可能带来最高管理者与被管理者的等级差别意识，表现在领导者有没有遵守组织的规章制度缺乏必要的监督，仅凭个人好恶评价员工的表现的好坏，甚至成为组织制度的主要破坏因素。

其次，注重道德修养，强调“修己安人”，“安人”先“修己”，先把人做好，才能谈管理。这本身是一个理想的状态，但它却包含着另一条思维逻辑，即只要“修己”了，就可以理所当然地“安人”了，但什么程度才算是“修己”成功，这本身很难界定，因此在组织中的管理总是强调“安人”多于“修己”。这样，一方面就可能造成管理者侵犯到被管理者的个人权利的问题，因为中国文化与西方文化传统不一样，西欧国家信仰基督教，只有上帝或是上帝的代表——教会或牧师才有道德教化的权力，而在中国，这种道德教化的权力就包括在“圣贤”或“君主”的道德感化力量中，这种思维结构不可避免地使组织的最高管理者具有道德教化的权力意识，他可以以自己的标准去要求员工，不管是工作或生活，都可能受到干涉，这就有侵犯个人权利的危险。其后果就是造成管理者与被管理者的关系不和谐。另一方面，就是有可能使组织的效率受到影响，在一些中国的企业，尤其是家族式企业，员工的构成中通常带有人际关系的特点，但有一部分人并不一定是其岗位的最佳人选，这样就常常会产生一些冗员。然则基于伦理道德、人之常情或风俗习惯等原因，管理者一般倾向于在效率与道德底线中选择了后者，因为若不如此，他将蒙上道德的阴影从而使其权威受到极大的影响。出于这种考虑，致使资源，特别是人力资源得不到最优的配置，影响了企业的效率。

再次，“天地—父母”的文化原型，从另一方面也揭示了传统文化中的“子道”特征，即往往以人之为人子来定义人之为人，这在伦理层面表现为对孝道的执著强调。这不仅如前述所说的不利于培养具有独立、自主、负责的人格精神，而且使得沟通难度增加，信息成本提高，甚至滑向分裂，如果加入局部利益关系，还可能导致局部割据，不利于企业组织的长远发展。

最后，应该说中庸思想倡导的崇尚和平，讲究信义，注重人与自然、人与社会、人与国家、人与群体的和谐，是社会政治稳定与发展所必需的基本条件，对调适、化解、规范社会各方面利益的矛盾与冲突，使社会不至于在无谓的利益冲突中频繁动乱乃至消亡，有着不可低估的作用。但是通常表现在形式上时，就是模糊矛盾者的视线，做好好先生，却没有真正解决矛盾的办法。

五、以人为本的集权化管理模式

根据以上对中国人的思维模式和思维结构的分析，可以说在我们这样一个具有封闭性文化传统的国家里，集权化的管理是比较合适的。中国的企业管理，要做到像西方那样的权利分散所要跨越的困难会更大，因为我们不具有这样的文化背景，同时我们所谈到的集权化管理不是简单的权力集中，是糅合了人本管理思想的集权管理。权力集中但不弱化组织和组织中的人，反倒是把激励人的主动性、创造性作为着眼点。韦尔奇说过一段非常著名的话，可以描述这种管理类型的特点："我只不过是不喜欢那些刻意和'管理'结合在一起的怪癖倾向——如控制、打压人们，让他们处身于幽暗之中，将他们的时间浪费在繁琐的杂务与报告中。掐着他们的脖子，你无法将自信注入他们心中。你必须松手放开他们，让他们成长，允许他们获得胜利。"

集权化管理包括以人为本和以事为本两种原则，中国式管理是真正倡导以人为本的，从组织的运作和管理的结果来看，西方管理侧重于把人组合起来，形成一个比较稳定的程序化的机器，纳入组织的运转；而

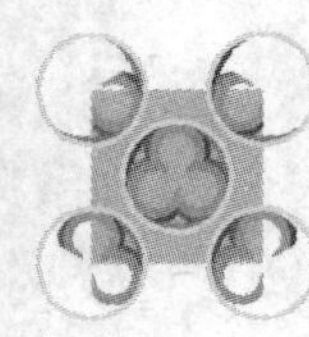

中国的管理倾向于把组织看成一个人，机动而灵活。随着自由时代的到来，人越来越不适应企业将自己物化成生产工具，而需要更多的自动自发，因为人在本质上不可能成为机器的。因此，这种以人为本的集权化管理才能激励人的主观能动性，从而使组织中的人真正成为组织的首要资源。总结起来，我们要注意三个问题：

（一）以激励为主要方式

激励是指管理者针对下属需要，采取外部诱因进行刺激，并使之内化为按照管理要求自觉行动的过程。激励是一个领导行为的过程，它主要是激发人的动机，使人产生一种内在动力，朝着所期望的目标前进的活动过程。未满足的需要，才会引起动机，所以它是激励的起点。激励必须是领导者利用某种外部诱因，刺激人的未满足的需要，诱发人的“潜在的需要”，一旦潜在的需要变成现实的需要，就会引起动机。人的需要包括精神的和物质的，因此外部诱因也应有物质的和精神的，我们应该用不同的诱因刺激人们相应的需要。激励的目的是激发起人们按照管理目标要求行事，因此在中国这样的一个特殊的文化背景下的国家，在激励方面，不能只假设人是一个经济人，他更多的应该是一个社会人。在满足了人们的生理，安全，情感需求三个层次的要求之后，有一个受人尊重的需求，也就是中国人所说的“面子”。中国人很看中自己的社会需求，所以我们在满足了员工经济方面的需求之后，更多应该注重员工的精神需求。同时适时的时候都应当给足“面子”。

（二）建立和谐的人际关系

人们在一定的社会中生产、生活，就必然要同其他人结成一定的关系，不同的人际关系会引起不同的情感体验，也会影响到个体行为、工作效率和组织的凝聚力。实行人本管理，就是为了达到使矛盾和冲突缓和的人际和谐，达成企业成员之间的目标一致性，以形成目标期望的相容从而建立和维持和谐关系。现代企业的人际关系相当复杂，企业和企业之间，劳方和资方之间，上级与下级之间，同事之间的关系等，而这些关系又因为人们的价值观、利益和生活经历的不同，变得更加复杂。在如此条件下，如何处理好这么复杂的关系，对整个企业来讲是个非常关键的问题。尤其是在家长式的思维模式长期存在的社会文化背景下，领导应当注意对员工个人权利的尊重，千万不能用自己的标准去要求员工，干涉员工的私生活。中国人的观念历来讲究“家和万事兴”，因为有了人和，人与人之间就能够相互沟通，相互理解，各种矛盾都可以得到最大程度的缓和，那么整个组织就能达到最小的内耗，最大的效益，实现企业价值最大化。

（三）培育和发挥团队精神

中国几千年的文化中，血缘关系长期影响着我们的社会，在一个家族或一个有血缘关系的团体内的团队精神是非常令人惊叹的，也可以说在中国，信任关系很大程度上建立在血缘关系上。信任关系是培育团队精神的基础，但是大多数中国人本着“内外有别”的原则行事，所以对别人都抱有戒心，很难有团队精神，而且很容易在企业内行成许多小团体，破坏整个企业的凝聚力。培育团队精神是提升一个企业战斗力的一个很关键的步骤。它受许多因素的影响，需要有系统配套的措施：

1. 明确合理的经营目标

我们要有导向明确、科学合理的目标，把经营目标、战略、经营观念融入每个员工头脑中，成为员工的共识。为此，我们必须把目标进行分解，使每一部门、每一个人都知道自己承担的责任和应做出的贡献，把每一部门、每一个人的工作与企业总目标紧密结合在一起。

2. 增强领导者自身的影响力

领导是组织的核心，一个富有魅力和威望的领导者，自然会把全体员工紧紧团结在自己的周围。

3. 良好的沟通和协调

沟通主要是通过包括思想在内的交流达到认识上的一致，协调是取得行动的一致。

4. 强化激励，形成利益共同体

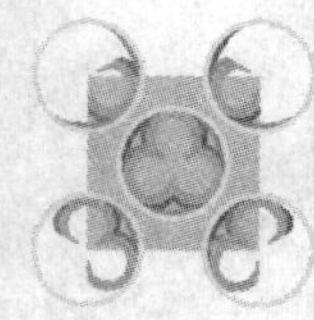

通过有效的物质激励体系，形成一种荣辱与共、休戚相关的企业命运共同体。

5. 引导全体员工参与管理

这样企业能够做到吸引每一个员工都能够直接参与各种管理活动，使全体员工不仅贡献劳动，而且还贡献智慧，直接为企业发展出谋划策。

六、总　结

集权化管理要坚持管理科学化和制度化。科学管理思想的精髓是严格、精确、自律和试验。这些思想要贯彻到管理职能的所有方面，包括计划过程和由此而产生的制度、程序、政策、战略和目标、组织过程和组织结构以及激励和领导。尤其是自律，因为它是一种很高的境界，是一种能够持久地激发人的自我意识的制度环境。我们不反对“企业人道主义”或“人本化管理”，但是我们应该认识到“人本化管理”是在科学管理基础上进行的，是在员工和管理者都能自觉地贯彻科学思想之后才能有效进行的。没有科学管理做基础，“人本化管理”将是无本之木。

集权化的管理相对分权式管理来讲，管理者拥有更多的权威。由于缺少监督，使得管理者很有可能会滥用职权。而对员工来讲，在集权化的管理环境下，依赖心理会非常强烈，不利于培养独立、自主、负责的人格精神。因此，确立制度的权威性显得特别重要，而制度得以执行的重要前提是制度本身是科学合理的，也就是在制度的制订过程中，就必须考虑执行的问题。针对企业的实际情况，真实准确地反映某一方面的问题和需要，具体地提供解决这些问题的途径或方法，确保制度得以贯彻执行。企业是一个复杂的系统，企业的管理制度也必然是一个复杂的体系，它要随着内外环境的变化，不断地加以补充、修订和加强。

总之，在中国这样一个具有比较特殊的传统文化背景的国家中，在综合考虑中国的经济发展内外部环境及经济发展程度下，糅合了人本管理的集权化管理模式是比较适合中国企业的实际情况的，是可以提高中国企业管理水平的。

[参考文献]

1. 雷原：《中国人的管理智慧》[M]，北京大学出版社 2004 年版。
2. 徐大同："政治文化民族性的几点思考"[N]，《天津师大学报》，1998 年第 4 期。
3. 何平：《中国传统政治思维探源》[M]，天津人民出版社 2003 年版。
4. 苏东水：《东方管理》[M]，山西经济出版社 2002 年版。
5. 朱仁显："人治、王权、礼治、清官期盼——论中国传统政治文化的基本特点"[J]，《福建学刊》，1996 年第 4 期。
6. 张源坤："集权化管理：以人为本模式胜出"[N]，《中国经营报》，2005 年 7 月 4 日。

（厦门大学管理学院　唐炎钊　郭丽华）

第四篇

管理学科建设问题研究

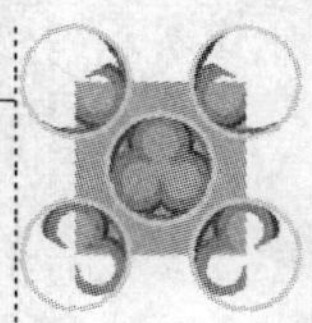

第二十七章 DIERSHIQIZHANG

管理学性质的重新认识及其学科体系发展脉络的分析*

随着人类社会的发展，人们对管理学性质的认识正在不断深化，这种对管理学性质的重新认识，又推动着管理理论的分化与不同管理理论整合活动的方兴未艾。本文拟在比较分析国内外管理学教材内容体系的基础上，采取一种反省、质疑与批判的态度，对管理学学科体系发展脉络进行梳理。

一、管理学性质的重新认识

生产力的进步和人类管理实践活动的深入推动着管理思想发展，大量的、系统化的管理思想经过整理，形成了能够指导管理实践的管理理论。人类在管理理论的指导下，又进一步促进了生产力的提高，推动着

* 本文系安徽省省级精品课程《管理学》建设项目（2004－2008）的中期成果，负责人为陈忠卫教授。

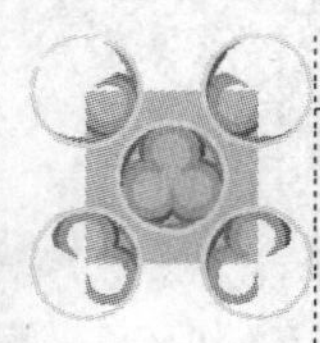

管理升级和管理再造活动的展开。在从管理实践、管理思想、管理理论到管理升级的螺旋式上升过程中，传统的管理学性质也在悄然发生改变。

(一)“管理是科学性和艺术性统一”的认识不够全面

传统观点认为，管理是一门科学，强调管理活动所具有的内在规律性，这种规律性可以作为人们分析问题、解决问题的方法论。同时，管理又是一门艺术，强调管理者在实践过程中应当灵活运用各种知识和技能，不要过于教条；所以，管理既是科学，又是艺术，是科学和艺术的统一。

但是，从20世纪后期以来，伴随着环境环染、商业欺诈、财务丑闻等事件的增多，人们越来越在反思：企业追逐利润的同时是否应当承担保护自然的责任，企业与企业、企业与消费者之间是否应当真诚相待，为什么一定组织内管理者的管理水平的提高却会带来内部财务造假或者化公为私的情况。类似情形的出现，又反过来推动着人们从道德与社会责任的角度对管理性质的重新认识。使得越来越多的学者主张，管理是科学性、艺术性和道德性的统一。

管理的道德性是指管理者在管理实践中必须以一定的道德水准为前提，这种道德限度必须是以社会能够接受的范围为界。管理的道德性既体现在管理者身上，又体现在管理者与被管理者之间关系的处理上，还体现在管理者与其外部利益相关者关系的处理上。如果说管理的科学性强调管理是一个“求真”的过程，管理的艺术性强调管理是一个“求美”的过程，那么，管理的道德性强调管理是一个“求善”的过程。从本质上说，管理是一个“求真”、“求美”和“求善”的统一。

(二)生产力的进步既推动着人们对管理科学性的把握，但它又让人们发现管理越来越是一门“不精确”的科学

时代变迁往往是由重大技术的突破为其动力支撑，从人类开始改进耕地种田、制造武器及改进纺织机械开始，技术一直是在不断发展的。

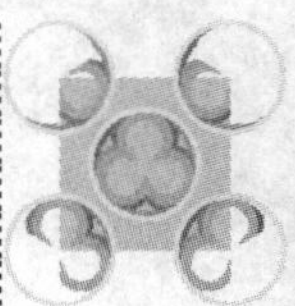

从蒸汽机的出现、电的发明、计算机的诞生到今天网络社会的形成，都在不断地促进人们对管理科学性的认识，一方面技术进步的成果作为人们认识管理科学性的工具，使得原本力所不能及的管理问题得到了深刻把握；另一方面，技术进步又使得自然资源和人力资源的结合程度不断提高，人类对与赖以生存的自然界的关系的认识也在发生变化，从怀有“征服自然”的野心开始，后来演变为改造自然，到今天越来越多的人认识到与自然界共生（天人合一）才是真正的归宿。随着技术的进步，人类活动范围在扩大，管理研究的边界也在加大。一方面像载人航天技术的突破，使得人类在一个更加浩瀚的空间中认识管理，另一方面像纳米技术的不断成熟，使得人类对微观层次的认识也不断深刻。管理的科学性在人类认识能力的提高过程中不断受到质疑，管理是一门“不精确”科学的观点成为一种共识。

（三）管理研究的对象不能局限在对特定组织内的管理职能性的研究视野，应当充分考虑与组织外部环境的关系

虽然普遍承认管理是一种社会现象，但很长一个时期以来，人们却往往把管理研究的视野置身于组织这个“黑匣子”，甚至有的学者把组织与其外部关系的研究界定为“经营”而非“管理”的研究范围。罗纳德·科斯在其经典之作《企业的性质》中指出，“经营意味着预测与通过签订新契约，利用价格机制进行操作。管理则仅仅意味着对价格变化作出反应，并在其控制之下安排生产要素。”显然，其本义是把经营看作是与市场打交道，利用价格信号合理安排生产要素及参与市场交换，从而获得企业利润。而管理却并不与市场打交道，重点关注管理者通过管理手段的运用来整合组织内部各种资源以获得最佳资源配置效果的过程。国内有专家指出，管理学是一门研究和探讨组织及组织内资源配置的构造、过程、方式、方法的科学。按此思路，管理学的研究范围就应当包括两个方面，一是组织本身包括组织的动力学机制、组织的构造及运营等；二是组织内依靠行政机制运作的各种管理方式方法，包括对资源配置的整体性系统方法和针对局部问题的各种职能性方法。但是，组

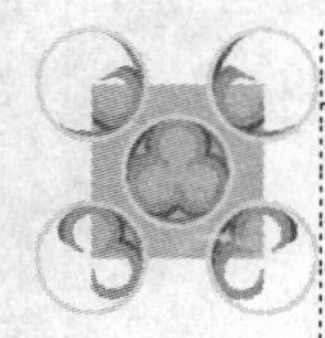

织与其外部环境是密不可分的。特别是从20世纪90年代以来，我们所面对的是一个动态复杂性的外部环境条件。一方面，外部环境具有动态性的特点，这种动态性意味着环境因素瞬息万变，“速度经济”成为一个十分时髦的字眼，甚至产品生命周期也因环境的动态性而在被普遍缩短；另一方面，外部环境还具有复杂性的特点，影响组织生存和发展的因素正在不断增多，且这些因素往往以一种相互交织的状态影响管理者的决策过程和决策结果。正是因为如此，如果还固守把管理学的研究范围局限性在管理性职能的视野则必然会影响到管理的有效性，而权变理论的主张在21世纪将被得到有效研究和广泛应用。

二、管理学教学内容体系的比较分析

西方发达国家已经形成较为成熟的管理学体系，有一套完整的体系、内容和方法。而中国对管理学的研究十分薄弱，只是在20世纪80年代才真正有一批学者开始注意在借鉴吸收国外管理理论的基础上，开始探索构建中国特色的管理学课程内容体系问题。

近年来，国内不少高校专家教授打破了传统的管理学框架结构，即按计划、组织、领导、控制等管理职能来设计篇章，成功地根据我国国情和理论研究的进展，形成了许多较有特色的管理学教材（如表27－1），并努力构筑起了新型管理学课程内容体系。

然而，西方的管理学课程内容体系也在悄然发生着变化，相对于哈罗德·孔茨按其所主张的管理职能（计划、组织、人事、领导、控制）设计管理学内容体系而言，斯蒂芬·P. 罗宾斯、约瑟夫·M. 普蒂、詹姆斯·斯通纳、加雷思·琼斯等学者近年来根据管理环境的变化对管理学内容体系进行了调整和补充（如表27－2）。

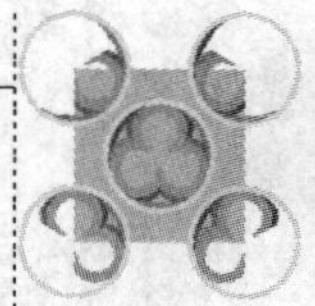

表 27－1　国内外有代表性的《管理学》教材内容体系比较

作者	内容体系	创新之处	出版社及出版时间
许庆瑞	绪论；管理过程；管理与环境；组织的结构；组织结构的演化理论；学习型组织；管理者；行为理论；管理行为；管理的目标；管理的规划与决策；管理的控制；管理学比较与借鉴；未来管理的展望	1. 突破了传统的按管理职能设置篇章的编写模式，形成了自己独特的理论体系 2. 在国内较早导入了“学习型组织”的内容 3. 对比较管理学的论述，对管理如何做到“洋为中用”以及本土化有参考价值	高等教育出版社 1997 年 7 月版
芮明杰	管理的内涵；管理的基本问题；管理的架构；管理的过程；管理的方式；管理的绩效	1. 从“任何一个组织资源是有限的”中导出了管理的必要性和重要性 2. 突破了传统的按管理职能设置篇章的编写模式，形成了自己独特的内容体系 3. 吸收了学习型组织、共同愿景、流程再造等新内容，并把交易成本、委托代理等理论引入管理学进行探索	上海人民出版社 1999 年 9 月版
吴照云	管理与管理者；管理思想与理论的沿革；管理环境；目标与目标管理；计划工作；决策；战略管理；组织设计与运作；组织变革与发展；人力资源管理；领导行为基础；沟通；激励；控制工作；控制方法	1. 写作模式上注意既对“是什么”和“为什么”作出阐述，更对“怎样做”和“发展动态”进行描述 2. 案例选取尽力做到了本土化	经济管理出版社 2000 年 1 月版
席酉民	管理、管理研究与管理理论；政府管理；国有资产管理；企业管理；非盈利性组织管理；领导理论；组织理论；管理行为与管理模拟；战略管理理论；决策理论；现代管理技术与相关理论	1. 首次把管理学分割为“面向对象的管理理论”与“面向过程和方法的管理理论” 2. 按管理研究对象看，管理学研究四个方面：政府管理；国有资产管理；企业管理和非盈利性组织管理	机械工业出版社 2000 年 5 月版
周三多 陈传明	管理活动与管理理论；道德与社会责任；信息获取；决策；计划与计划工作；战略性计划；计划的组织实施；组织设计；人力资源管理；组织变革与组织文化；领导概论；激励；沟通；控制与控制过程；控制方法；企业技术创新；企业组织创新	1. 增设“道德与社会责任”、“信息获取”两章具有时代意义 2. 把“信息获取”视为一项独立的管理职能富有创新性 3. 在“创新”职能上的论述较为全面和系统	高等教育出版社 2000 年 8 月版

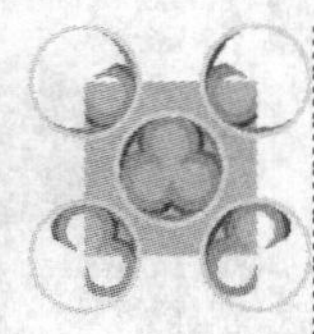

续表

作者	内容体系	创新之处	出版社及出版时间
张玉利	管理实践；管理理论与管理学；管理理论与实践的侧重点；组织的目标；环境分析；决策；计划；组织设计与组织结构；人员配备与激励；领导理论与领导方式；领导技能；控制工作基础；绩效评价；构建有效的控制系统；组织变革与创新；21世纪管理实践的挑战	1. 尝试按侧重于提高效率、侧重于效果、侧重于人三个方面梳理管理思想发展脉络 2. 吸收了最新的管理学成果，如创业管理、标杆管理、平衡计分卡等 3. 书中穿插大量的管理小故事：引导性案例、解释性案例与巩固性案例	南开大学出版社，2004年5月第2版
邢以群	管理与管理学；管理者；管理思想的演变；管理与环境；目标及其确定；计划及其制定；决策及其过程；组织结构的设计；人员的配备；权力的分配；领导理论；沟通方法；激励原理；控制基础；控制方式与方法	1. 打破了第一版职能性框架的写作模式 2，创造性地提出管理的基本思维方式：具体问题具体分析、“兼容并蓄”、责任在自我	浙江大学出版社，2005年1月第2版

表 27－2　　近年来国外学者对管理学内容体系的深化

作者	内容体系	特色与评价	出版时间及版别
斯蒂芬·P. 罗宾斯（第4版）	导论（管理者与管理、管理的演进）；定义管理者的领域（组织文化与环境、国际管理：响应全球环境、社会责任与管理道德、决策：管理者工作的实质）；计划（计划的基础、战略管理与企业家精神、计划的工具和技术）；组织（组织的基础、组织与职务设计选择、人力资源管理、变革与创新的管理）；领导（行为的基础、理解群体与工作团队、激励员工、领导、沟通与人际交往的技能）；控制（控制的基础、信息控制系统、作业管理）	1. 增加了TQM概念及其技术，并贯穿于全书 2. 围绕着组织面对的动态复杂环境，专门设计主题框，专门用于讨论今天的管理者应当如何面对动态变化，以及如何作出响应 3. 强调全球化视野，专门设计了“全球视野的管理”主题框 4. 对管理道德性问题的高度关注，在每一章中都设计了一个“管理的道德困境”	1994年第4版

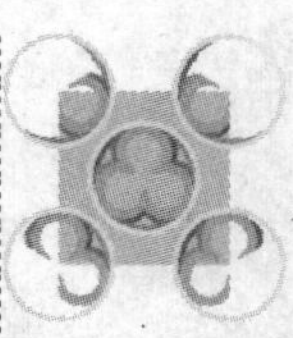

续表

作者	内容体系	特色与评价	出版时间及版别
詹姆斯·斯通纳；爱德华·弗里曼；丹尼尔·小吉尔伯特	导论（管理与管理者、管理理论的演变）；21世纪的管理（组织环境与自然环境、社会责任与伦理、全球化与管理、组织的开创与再开创、文化与多元文化主义、质量）；计划（制定决策、计划与战略管理、战略实施）；组织（组织设计与组织结构、权力与职权分配、人力资源管理、管理组织的变革与创新）；领导（激励、领导、团队与团队工作、沟通与谈判）；控制（有效控制、作业管理、信息系统）	1. 主张管理是关于时间与人际关系的专业，认为管理者无时无刻不在考虑时间和人际关系的问题 2. 突出强调21世纪管理的"动态融合"。其中，"动态"强调持续的变化，"融合"强调与他人的密切交往 3. 重点探讨了动态融合的六大管理主题：新组织环境、社会责任与伦理、全球化与管理、组织的开创与再开创、文化与多元文化主义、质量	1995年第6版
约瑟夫·M. 普蒂；海因茨·韦里奇；哈罗德·孔茨	企业环境；管理的本质和涵义；管理思想的演变和发展；管理中的人际关系；计划；目标管理；决策的过程；组织；组织职权；控制；人员配备；领导；员工激励；管理沟通；组织中的参与；生产率与质量控制；管理绩效的改进；企业文化管理；文化对管理的影响；日本的管理实践；管理与社会：社会责任与伦理	1. 继承了传统管理职能框架的基础，增加了不少与时俱进的内容，如参与式管理、标杆管理、社会责任与伦理等 2. 全书辅之以亚洲背景下的管理实践，有助于亚洲地区的读者更为清晰地掌握管理学框架并应用于实践 3. 对宏观环境以及宏观环境下管理问题的阐述，使人们更加深刻地体会到管理的艺术性	1998年亚洲版
加雷思·琼斯；珍妮弗·乔治；查尔斯·希尔	管理（管理者与管理、管理理论的演化）；管理环境（企业环境，全球环境，道德规范、社会责任与多元化）；管理决策与计划（作为决策者的管理者、作为计划者与战略者的管理者）；管理组织架构（管理组织架构、组织控制与文化、人力资源管理）；管理个人与团体（作为个人的管理者，激励，领导，群体和团队，沟通，组织冲突、谈判、政治与变革）	管理核心作业与过程（管理信息系统与技术，运营管理：质量管理、效率管理与顾客响应度管理，对创新、产品和企业家才能的管理）	2000年第2版

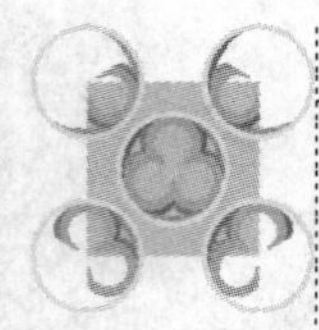

续表

作者	内容体系	特色与评价	出版时间及版别
托马斯·贝特曼；斯科特·斯耐尔	管理的基础（管理、外部环境、制定管理决策）；计划：设计战略价值观（规划与战略管理、道德与社会责任、新创企业）；组织：构建动态组织（组织结构、负责任的组织、人力资源管理、多样化员工的管理）；领导：带领员工（领导、绩效的激励、团队管理、沟通）；控制：学习与变革（管理控制、技术与创新管理、创造与启动革命）	1. 指出了管理环境的四大背景：互联网、全球化、知识管理、跨越边界的合作 2. 把道德与社会责任纳入"计划"职能的范畴 3. 关注新创建企业与内部企业家精神	2002 年第 5 版
小约翰·谢默尔霍恩	管理背景（当代管理，环境、多样化与竞争优势，全球化与国际管理，道德与社会责任）；计划与控制（计划：设置方向、战略管理与企业家精神、控制：确保成效）；组织（创建组织、组织文化与设计、人力资源管理系统）；领导（领导：士气、激励与工作设计、团队和团队合作、沟通与人际技能、变革型领导与压力）	1. 对管理背景的分析较为全面而系统 2. 指出了企业家精神并不只是局限于小企业范畴，也包括大公司 3. 突出强调计划与控制职能的密不可分 4. 探讨了新的管理主题：民族优越感、电子商务、压力管理等	2004 年第 1 版

相对于自然科学和工程技术科学而言，管理学更不能简单地采取"拿来主义"。这是因为：一是管理研究的核心是"人"，任何人都是有思想、有感情的，且不同文化背景下成长起来的管理者和被管理者有着不同的思维模式和价值观体系，这给管理增添了难度，也加大了管理学的差异性；二是不同国情条件的组织面临的环境各不相同，尤其是宏观的制度政策对组织经营管理上的影响尤为深刻，盲目地照搬一国的成熟理论、管理方法和成功模式在另一国家执行未必就能同样成功。所以，《管理学》课程内容体系的构建，必须在博采众长的基础上，取其精华，为我所用。

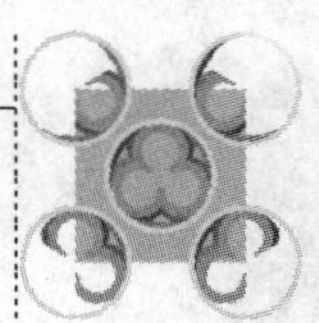

三、管理学学科体系发展脉络的基本判断

管理学科体系的发展始终以丰富多彩的管理环境为基本研究背景，其发展的基本脉络可以根据动态复杂性环境对管理范式的影响、全球化对管理本质的影响、信息化对管理方式的影响、柔性化对管理模式的影响等四条主线来进行梳理（如图 27－1）。通过对国内外管理学内容体系的对比分析，笔者认为，管理学学科体系的发展应当并且必然会从以下四个方面加以深化。

（一）就研究的基本单位而言，管理学与经济学是不是完全表现为两个截然不同的研究方向

许多学者认为，经济学研究的最小单位是“组织”，研究方向是探讨组织与外部市场环境的关系，而管理学的研究的最大单位是“组织”，其研究方向是探索组织内部的高效运营。一般地说，经济学更关注市场价格，重点研究如何通过市场进行资源配置以实现利润最大化；而管理学更关注组织内部的人，重点研究如何调动和发挥人的积极性、能动性和创造性以实现高效率和高效益。近年来，国外管理学研究的最新趋势表明，管理学的研究边界越来越不能脱离外部环境而只是狭隘地研究组织内部问题，如管理学界对企业社会责任、响应全球竞争环境、利益相关者管理的高度关注恰恰说明管理学与经济学是不可割裂的。

（二）全球化背景对管理学研究的影响

一方面，国内管理学者比国外管理学者研究显得更为狭窄，包括近年来国内出版的管理学教材也并没有以较大篇幅来进行论述，而像斯蒂芬·P. 罗宾斯、詹姆斯·斯通纳、加雷思·琼斯等学者的最新管理学著作

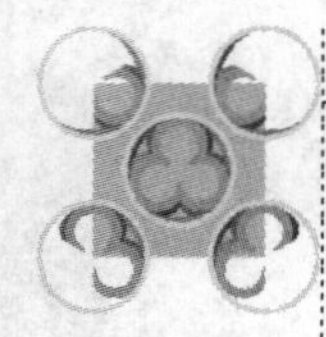

中都特别重视研究全球化对传统管理职能、管理方法、管理模式的深刻影响。21 世纪的管理者必须把自己定位于世界公民的位置，而不能只局限于某一特定的国界去考虑如何造就竞争优势。如目前一辆世界级名牌汽车并不可能完全是由某个国家的某个企业制造的，在这种背景下，任何“美国汽车”、“中国汽车”的提法都是不恰当的。

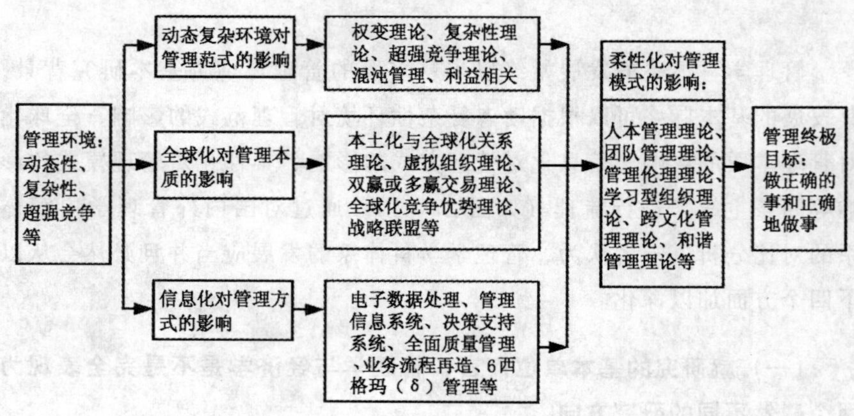

图 27－1 管理学学科体系发展的基本脉络

（三）信息化时代对管理产生的影响

随着计算机的普及和互联网的广泛应用，传统的时空概念正在发生改变，“地球村”成为一种趋势。虽然不同层次的管理者具有不同的信息需求，但他们都发现，以计算机为基础的信息系统为有效的管理提供了必备的条件。信息时代的到来，业务流程的再造（BPR）、电子商务（EC）已经成为一种被社会广泛采用的管理创新模式，而且，我们还发现，信息化技术的发展对传统的计划模式、组织结构设计、领导方法、控制手段的影响是全方位的。现代管理学研究应当对此高度关注。

（四）柔性化成为管理模式的一个发展方向

相对于信息技术所产生的“硬性”管理而言，一种“软性”管理因素越来越受到管理学界的注意。组织文化是指在历史发展过程中积淀下来的某种思想观念、价值体系、行为准则和行为范式。这种组织文化可

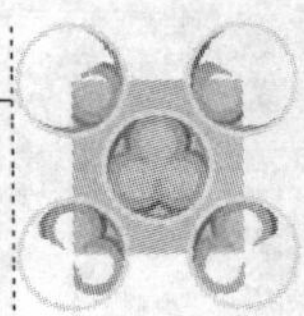

以以一种潜移默化的方式被传授给未来的组织成员，从而成为人们感觉、思考、理解相应问题的模式。沿着组织文化这一线索展开的管理学研究热点包括：文化多元化、管理伦理等。总之，如何让管理的软性因素真正促进“人的全面发展”，让管理的硬性因素成为引导管理效率改进的催化剂，并寻求一种和谐管理的效果是管理理论工作者矢志不渝的方向。

四、结　论

对管理学学科体系发展体系脉络的梳理是建立在管理学性质重新认识的基础上，随着生产力的进步和人们认识能力的提高，今天的管理理论远比“丛林（jungle）”阶段还要混沌许多，而且各种不同管理流派之间所提出的学术观点既可能一致，也可能存在严重分歧。从上个世纪80年代的“追求卓越”、90年代的“公司再造”直到上个世纪末以来的“知识管理”、“创业管理”热潮，管理学学科体系的发展历程恰好验证了20世纪60年代哈罗德·孔茨的观点，“管理学的学派林立以及方法论的多样性是这门学科尚未成熟的标志”（Koontz H.，1961）。所以，管理学学科体系的完善和成熟还需要一个漫长的探索过程。

管理学学科体系的发展和完善需要经常性地改变人们对管理学的传统思维，包括：一是必须打破传统管理职能的研究框架，从单纯地探索新的管理职能到重新设计管理理论的发展主线的转变；二是必须打破管理理论由西方学者为主导的现状，从盲目地不断引进全新的西方管理理论到与努力挖掘中国传统管理思想的精髓相结合的转变；三是必须打破线性地研究范式，从盲目地追求管理学科的精确性到努力寻求与其他学科（如经济学、心理学、社会学等）相结合的转变。

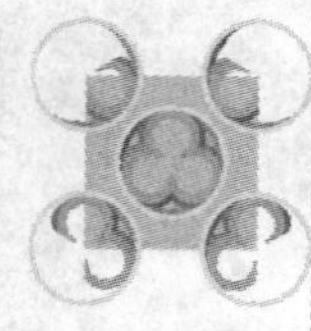

[参考文献]

1. 周三多:《管理学》,高等教育出版社 2000 年版。

2. 芮明杰:《管理学:现代的观点》,上海人民出版社 1999 年版。

3. 许庆瑞:《管理学》,高等教育出版社 1997 年版。

4. 席酉民:《管理研究》,机械工业出版社 2000 年版。

5. 吴照云:《管理学》,经济管理出版社 2000 年版。

6. 张玉利:《管理学》,南开大学出版社 2004 年版。

7. 邢以群:《管理学》,浙江大学出版社 2005 年版。

8. 哈罗德·孔茨、海因茨·韦里奇:《管理学》(第 9 版),经济科学出版社 1993 年版。

9. Bateman, T. S. and Scott A. Snell, *Management: Competing in the New Era*, 5th ed., McGraw - Hill Companies, Inc., 2002.

10. Harold Koontz, Management Theory of Jungle, *Academy of Management Journal*, 1961, Vol.3, Issue 4, pp.174 - 188.

11. Jones, G. R., George, J. M., and Charles W. L. Hill, *Contemporary Management*, 2nd, *ed.*, McGraw - Hill Companies, Inc., 2000.

12. Putti, J. M., Weihrich, H., and Harold Koontz, *Essentials of Management: An Asian Perspective*, McGraw - Hill Book Co - Singapore, 1998.

13. Robbins, S. P., *Management*, 4th *ed.*, Prentice Hall Inc., 1994.

14. Schermerhorn, J. R., Jr., *Core Concept of Management*, John Wiley & Sons, Inc., 2004.

15. Stones, J. A. F., Freeman, R. E., and Gilbert D. R., Jr., *Management*, *6th ed.*, Prentice Hall Inc., 1995.

(安徽财经大学管理学院 陈忠卫)

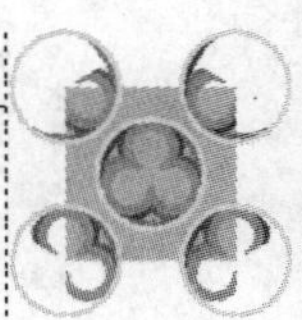

第二十八章 DIERSHIBAZHANG

现代管理学与经济学、工学融合发展

——以电子商务专业发展为例*

一、问题的提出

学科是按科学知识的性质而划分的知识门类。学科是专门的系统化的知识体系。按现有学科分类，我国高等教育涵括了哲学、经济学、法学、教育学、文学、历史学、理学、工学、农学、医学、军事学、管理学这12种类型，高校的专业化教育为社会培养了大批适合专门岗位需要的人才，支撑着社会系统的运行，改善了社会环境。这是工业社会的特点。随着经济全球化、信息化特征的出现，学科竞争越来越激烈，社会对复合型人才的需求越来越高，这给高等教育工作带来了新课题。学科的交叉融合正是为解决此问题而出现的不可逆趋势。

* [项目资助] 教育部“全国普通高等院校电子商务人才培养现状调查”课题。

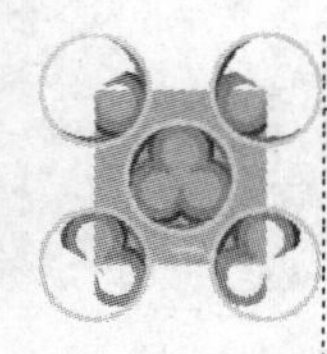

跨学科设置交叉学科专业，是培育和发展新兴学科的重要途径，也是国际上许多发达国家本科专业建设的共同趋势。电子商务正是由管理学、经济学、工学相关专业知识交叉融合的专业，它的出现和发展顺应了社会发展的需要，也体现了多学科交叉融合的优势，真正实现以经济学为目的，以工学技术为工具手段，以管理学为组织依赖目标的目的。

本文籍此背景为前提，选择管理学、经济学和工学三类学科，对它们之间的相互影响、相互作用进行分析，并以我国电子商务专业发展状况为例进行研究，阐明三学科聚合所产生的强大社会驱动力。

二、三学科各自运行状况分析

按照教育部的分类标准，管理学包括管理科学与工程、工商管理、公共管理、农业经济管理、图书档案等5个学科类，共18个本科专业。经济学只有经济学一个学科类，两个一级学科：理论经济学和应用经济学，在理论经济学下有政治经济学、西方经济学两个二级；在应用经济学下有十个二级学科。而工学则包括地矿、材料、机械、仪器仪表、能源动力、电气信息、土建、水利、测绘、环境与安全、化工与医药、交通运输、海洋工程、轻工纺织食品、航空航天、武器、工程力学、生物工程、农业工程、林业工程、公安技术等21个学科类，共有79个本科专业。

国务院学位办公室发表的统计数据表明，1999－2003年授予的硕士和博士学位中，管理学硕士占硕士总数的9.18%，经济学和工学的硕士分别占总数的8.41%和37.7%；管理学博士占博士总数的4.64%，经济学和工学的相应比例为5.33%和39.92%。另据教育部高校学生司发布的博士生导师资料统计，在全国大学21406名博士生导师中，管理学、经济学和工学的博士生导师数分别为981名、743名和8614名，比例依次为4.58%、3.47%和40.24%。2004年开设管理学、经济学和工

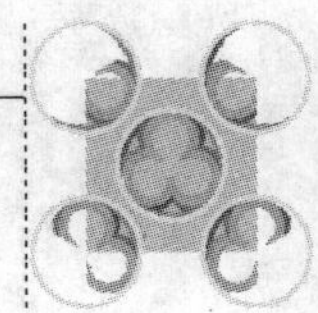

学的大学分别为548所、426所和527所，具体数据见表28－1。

表28－1 我国高校管理学、经济学和工学学科发展的有关数据

	管理学学科	经济学学科	工学学科
学士（占学士总数的百分比，1999－2003年）	NA	14.36	44.95
硕士（占硕士总数的百分比，1999－2003年）	9.18	8.14	37.7
博士（占博士总数的百分比，1999－2003年）	4.64	5.33	39.92
博士生导师（占总数21406人的百分比）	4.58	3.47	40.24
开设本学科的学校数量（所，2004年）	548	426	527

注：数据来源于《中国大学评价》，NA表示未获得该数据。

以上数据表明，管理学、经济学和工学三门学科在我国都已经有了较好的发展，呈现出光明的前景。

从研究内容来看，管理学是研究和探讨组织及组织内资源配置的构造、过程、方式、方法的应用性学科，有人群出现的地方就有管理。以1911年泰罗的《科学管理原理》和1916年法约尔的《工业管理和一般管理》为标志的现代管理学，经历不到100年时间，却有了长足的进步和发展，管理学的研究者、学习者和管理著作文献等均呈“指数级数上升”，显示出这门年轻学科蓬勃向上的生机和兴旺发达的影响。1985年复旦大学经国家教委批准成立了全国综合大学第一个管理学院，1997年学科调整后管理学科从原来属于经济学、工学、理学中分立出来成为一大类，反映出我国经济发展对管理人才产生了巨大需求的现实。汪应洛院士将管理学科中首位学科——管理科学与工程描述为“是综合运用系统科学、管理科学、数学、经济学和行为科学及工程方法，结合信息技术研究解决社会、经济、工程等方面的管理问题的一门学科。”现代管理学科体系本身就是自然科学与社会科学交叉、融合的跨学科、综合性学科。

经济学是研究人和社会如何进行选择、使用可以有其他用途的稀缺资源，以便生产各种商品，并在现在或将来把商品分配给社会的各个成员和集团的科学。据此我们可以认为，当人类社会有了社会分工和私有

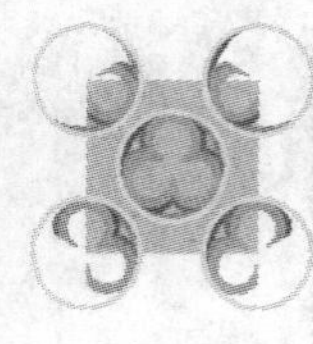

制之后，就出现了经济现象和经济问题，而现代主流经济学溯源则往往上至亚当·斯密，经济学先后经历了微观倾向和宏观倾向，较为完善的经济学科则起于萨缪尔森将微观经济学和宏观经济学纳入同一个框架形成经济学体系。可以说，经济学在世界范围内是一个古老而又极其广泛的学科。我国的经济研究也源远流长，而现行的经济学科却时间较短，可上溯至建国后恢复经济建设时期，借鉴前苏联计划经济的经济学科模式，进行马克思、列宁等无产阶级革命导师的经济思想传播。真正的经济学科却在确定建立市场经济体制思想的 20 世纪 80 年代之后，直到 90 年代中期往后，主流经济才慢慢散播，经济学科逐渐走向完善成熟。目前一个涵盖国民经济各领域、包容社会经济活动各方面和各层次的经济学科体系基本形成，基于此的经济学科专业建设和人才培养不断取得成就。著名经济学家林毅夫则宣称 21 世纪将会是中国学者的世纪。他的这种想法是基于经济学作为一门社会科学在本质上是用来解释社会经济现象的一套逻辑体系的特性而推论的，并根据世界经济理论研究中心从原来的英国转移到现在的美国的现象观察而得来。

工学已经成为高校众多学科中涉及面最广、培养人才最多的学科类，其形成可追溯到 18 世纪自然科学基础知识和工艺学知识的传播，而在 19 世纪之后的两次技术革命及学科分化与综合，使得工学发展速度快，也比较成熟。各类工学人才直接推动着我国的经济建设和工程技术领域的发展。从其所包含的学科门类及教育系统的专业设置不难看出，工学学科涉及到人类社会生活的方方面面，工学知识的传播和运用关乎人类衣食住行全领域和生老病死全过程，工学的发展水平高低直接决定着一国综合竞争力的大小。特别是以信息技术为主的工学学科是信息时代最为兴旺的学科，为信息时代的各项管理和经济的应用提供了强有力的支持。

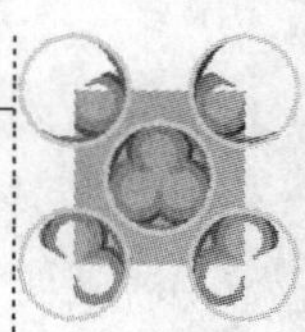

三、三学科融合形成强大驱动力

管理学、经济学和工学三门学科在社会经济生活中发挥着重要作用，它们各自的知识体系和培养的专业人才成为创造持续、高效发展和构建和谐社会的三个重要支柱，是驱动社会前进的“三驾马车”。然而，一个学科的发展要求不断创新，当创新受到这种“条条”式学科划分限制，或者说在域内趋于饱和时，向外扩散的冲动就产生了。目前在高教界，强调科技教育与人文教育相融合的办学理念，已经得到越来越普遍的认同，加强理、工、文、管等学科交叉、渗透和结合，已成为共识。2001 年 10 月教育部下发《关于做好普通高等学校本科学科专业结构调整工作的若干原则意见》的通知，其中第五点强调了“鼓励高等学校积极探索建立交叉学科专业，探索人才培养模式多样化的新机制”、“鼓励有条件的高等学校打破学科壁垒，在遵循学科专业发展规律和人才培养规律的基础上，积极开展跨学科设置本科专业的实验试点，整合不同学科专业的教学内容，构建教学新体系。”多学科交叉并形成了新的学科领域与生长点，是科技创新的重要发生地。不同领域的知识对流、模式组合和方法碰撞，就形成了学科协同效应。种种学科交叉和学科融合的事例层出不穷，绝大多数都能迸发出强大的生命力。那么，管理学、经济学和工学三类学科是否有交叉、融合的必要性和可能性呢？回答是肯定的。

按照钱学森院士的观点（1990），社会是一个开放的、复杂的巨大系统。随着科技、社会的发展和国际一体化，组织从过去的简单系统走向分工协作，再随着信息社会的到来，组织间竞争与合作日益加剧，组织环境和内部结构日趋复杂多变，新的分工协作形式不断涌现，组织系统日趋复杂。复杂系统中存在的问题，不是某一个学科所能解决得了的，人、财、物等各种要素都在变化发展，按照管理学中的“问题导

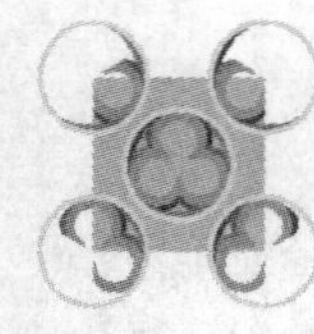

向”和“环境依赖”原则，就必需有多学科的综合。由此可见，学科交叉、融合来源于复杂系统的内生需要。

社会需求也要求现代管理、经济和工学的学科融合。不可逆转地向前发展，空间扩大了，时间变化加快了，个体需求突出了，竞争激烈了等等，都要求处于各环节的人员有应对复杂多变环境的能力，而纯、专型人才往往虽然适合于机械原理统治下的社会，却难以适应信息时代的需要。复合型人才才能更好地参与、利用并改造世界。而要培养这种人才，非交叉学科莫属。因此，我国学科发展总导向应是：集中有限力量支持一批优势明显的基础学科、高新技术学科，在注意建设人文、社会学科的同时，大力发展应用学科，重点扶持新兴学科、交叉学科和边缘学科。这正反映了当前的实际需要。

因此，我们有足够的理由认为，现代管理学、经济学和工学有必要在某些方面进行交叉融合。而这种交叉融合能否成功呢？各学科的属性及其发展现状对此给予了明确的肯定回答。

管理学对资源进行配置，提供了实现系统目标的手段和途径，工学研究各领域的生产过程，为达到目标提供技术与工具，而经济学则是研究效率和效益的问题，反映了系统的最终目标。不难看出，三门学科在系统目标上达成了统一，都是围绕系统建设而运行的。三者之间相互作用、相互影响、密切配合，才能确保系统的良性运转。管理学解决非程序化问题，工学则解决程序化问题，二者互补才能达到经济的最终目标。换个角度看，经济学总结出各种规律，为管理提供坚实的理论基础，工学则在工作中研究出各种技能和工具，为管理提供机器设备和技术支持，确保管理高效实施。再换一个角度看，经济学为工学提供效率衡量标准，也发出明确的系统需求，促使工学研究更加符合实际，管理学则以科学和艺术相结合的方式提升工学研究和工学实践领域的效率，并确保其有序运行。不同角度的分析表明，管理学、经济学和工学完全能够形成交叉融合点，现实也提供了充分的事例证明。

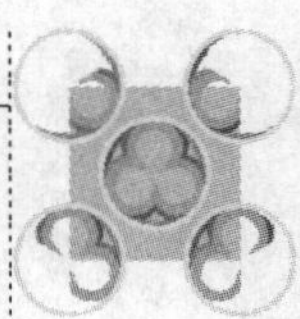

四、电子商务专业的发展示例

电子商务是指在信息社会里，掌握信息技术和商务技术的人，系统化运用电子工具，高效率、低成本、安全、可靠、方便地从事以商品交换为中心的种种经济事务活动。它应时代发展需要而生，从现象上看，市场经济活动中空间和时间限制、影响了经济发展，经济活动的主舞台——商贸领域的革命需要形成了直接的冲动，对电子商务产生了社会需求，而信息技术革命则使这种冲动得以实现。电子商务本身就是现代管理、经济和技术的复合体，具备着“混血儿”式种族融合的优势。而培养电子商务人才的任务理所当然地由电子商务学科来完成。

我国的电子商务教育稍晚于西方发达国家。最早有若干个学校开设了电子商务课程，并在相关专业推出电子商务方向。2000 年底经教育部高等教育司批准设立了普通高校电子商务本科专业，2001 年 13 所高校开设电子商务本科专业并开始招生；2002 年增加第二批高校，2005 年已达到 275 所。而各种类型的高职高专及电子商务自学考试和业务培训等机构并不在此范围内。在这么短暂的时间内发展到这个规模，正表明了电子商务这样的复合型专业越来越成为学科新增长点的事实。

2005 年 5 月至 8 月，我们受教育部高教司委托，完成了教育部“全国普通高等院校电子商务专业人才培养现状调研”项目研究，对我国普通高等学校电子商务专业人才培养现状进行了一次全国性的问卷调查。调查对象为教育部正式批准的 275 所开办电子商务本科专业的院校的教学主管部门、教师和学生。有 124 所院校积极参加并回收有效问卷。这些学校涵盖了理工、农林、医药、财经、政法、师范、语文、综合及其他九大类型，分布于华北、东北、华东、中南、华南、西南和西北共七大地区，既有“211 院校”，也有非“211 院校”。

从回收问卷的 124 所高校中，电子商务专业学生人数已经从 2000

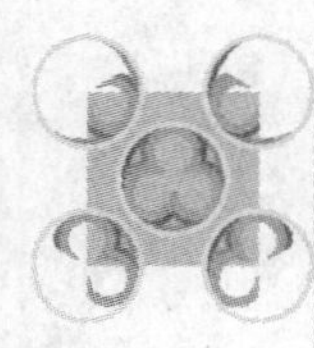

年的515人增加到2004年的8303人（图28-1），增长速度足以说明社会对这个专业的认同；各高校电子商务专业本科新生入学分数明显高于该校新生平均入学分数（以2004年为例，有41.46%的回收问卷选择该校入学分数高于平均分数，47.15%的回收问卷选择该校入学分数处于平均分数）（图28-2），电子商务专业学生中分布在理工类院校、综合类院校、财经类院校居多（表28-2）。

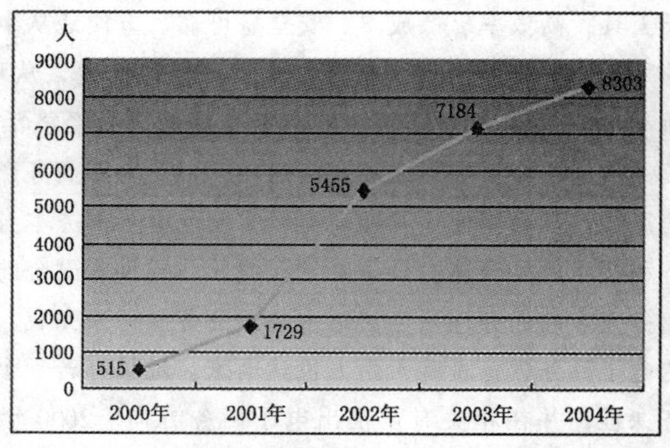

图28-1 2000-2004年电子商务专业招生人数

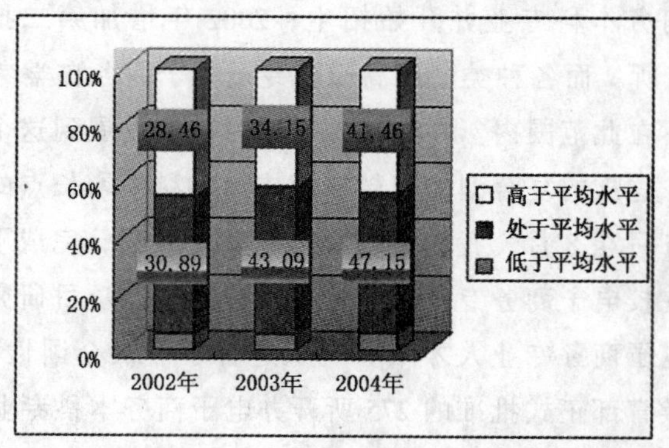

图28-2 2002-2004年本科新生入学分数状况

在填写电子商务专业归属学院题的58所学校中，39.7%的（23所）学校将电子商务专业设在管理学科或信息管理学科，34.5%的（20所）学校设于经济学科或商学院，8.6%的（5所）学校设于计算机学科，

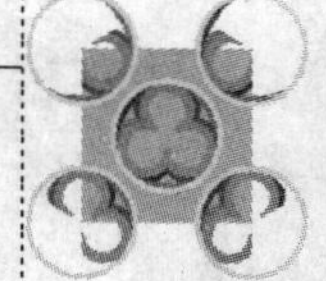

还有个别设于交通运输学院、数理学院等情形。

表 28－2　不同类型院校电子商务专业本科生招生状况

学校类型	2000 年	2001 年	2002 年	2003 年	2004 年
A 理工类	260	591	1788	2093	2874
B 农林类	0	0	336	480	458
C 医药类	0	125	85	138	119
D 财经类	38	255	979	1577	1532
F 师范类	48	196	302	513	871
G 语文类	0	0	71	146	139
H 综合类	169	562	1782	2176	2241
I 民族类	0	0	112	61	69

而在电子商务专业的专业课教师的所学专业背景调查中看到，绝大多数教师都来自与管理学、经济学、工学学科有关的专业。35％的教师毕业于管理科学与工程专业，33％毕业于计算机等相关专业，27％毕业于经济学（图 28－3）。虽来自不同专业，但出于对电子商务专业的热爱，也由于教学和研究需要，都投入到电子商务专业。这次调查还显示，29.02％的电子商务专业教师认为本专业发展前景很好，有 56.08％的专业教师认为本专业发展前景较好（图 28－4），说明经过这五年的发展，电子商务专业教师对本专业是充满信心的。

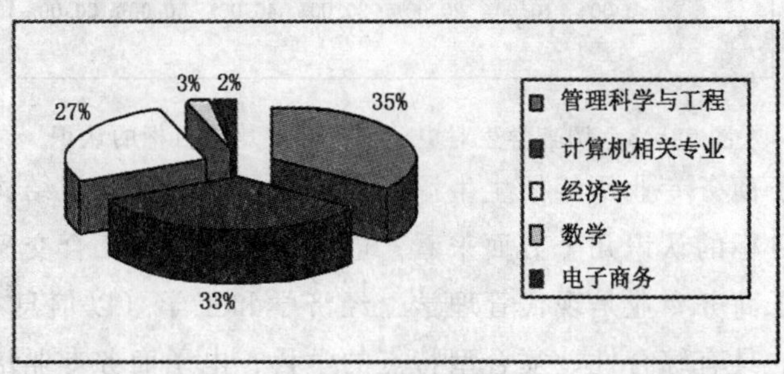

图 28－3　调查教师所学专业分布

在电子商务专业学生问卷中更显示出学生对电子商务专业的认识和期待。有 55.64％的学生认为电子商务的培养目标是复合型的人才，有

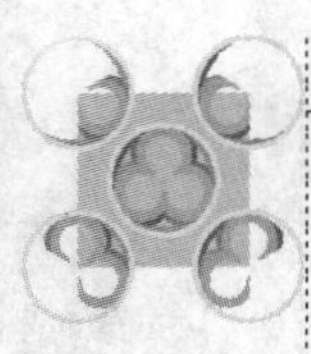

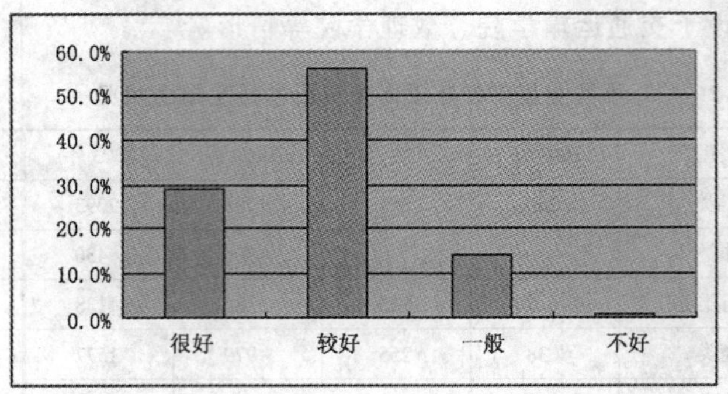

图 28－4 调查教师对电子商务专业的前景估计

22.19%的学生认为电子商务专业的培养目标是应用型的人才（图28－5）。足以可见电子商务专业既需要多学科融合知识的支持，也强调应用型能力的培养。

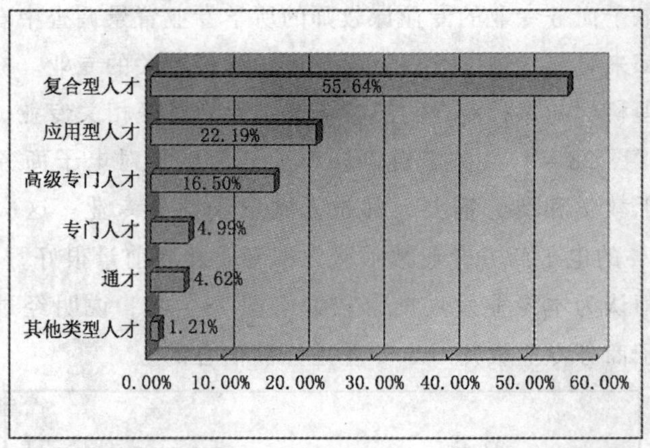

图 28－5 调查学生对电子商务专业培养目标的认识

从电子商务专业历年招生生源、学科归属、教师知识结构、学生对专业培养目标的认识几个方面来看，电子商务专业的复合交叉特征是明显的。电子商务专业是现代管理学、经济学和工学（以信息技术为主）融合形成的具有综合性、复合型特点的学科，电子商务专业培养的是适应现代社会需要的复合型人才，因此电子商务专业的建设和发展必然要求得到管理学、经济学和工学的合力支撑，所以，我们说电子商务是这“三驾马车”的合力体。

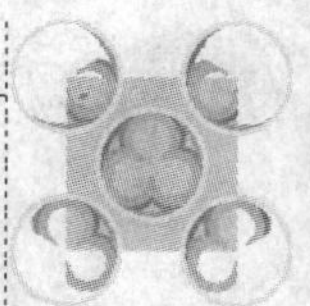

五、结论及展望

综合调研及分析，我们看到现实需求和学术发展都朝着多学科融合交叉的方向发展。电子商务专业的发展情况更是体现了其融合发展学科的优势和前景。教育部调查项目结果反映了中国电子商务专业教育发展的现实情况，也说明了多学科融合发展的新学科的旺盛的生命力。在调研数据的支撑和理论分析的基础上，我们得出以下几个结论：

(1) 作为现代管理学、经济学、工学（以信息技术为主）学科融合的新学科——电子商务是满足信息时代要求的新的学科，呈现较为明显的复合型特征。这种多学科聚合所造就的电子商务形成了新的先进的社会生产力，在社会经济发展中发挥着越来越显著的作用。

(2) 电子商务专业最重要的目标是培养适应现代社会需要的复合型人才。应该通过电子商务专业的教学与实践，更多地培养学生运用信息技术的相关技能、经济意识和管理能力，而不能片面地培养学生单一技能。

(3) 在新的复合型学科的教学和科研过程中，要充分利用多学科特点，又不能受限于某个学科。如电子商务专业建设需要基于一个统一的平台，充分交流，资源共享。各院校的电子商务专业设置应该统筹安排，聚集管理、经济和技术等各方面力量，塑造知识面广、适应面宽、创造力强的学科面貌。

(4) 新的复合型的学科建设更强调团队协作。因为新出现的复合型事物离不开多方面资源的支撑，这些资源分别来自原有的其他学科，因而需要对各类资源统一协调，至少多学科应该互相理解、互相支持。融合要建立在协作的基础上。协作型的团队建设对复合型专业的发展有着非常重要的作用。

(5) 交叉融合学科已经在实践中不断出现并积极发展着，但关于多

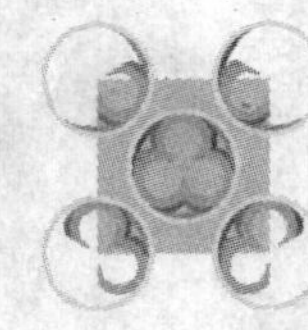

学科交叉融合学科方面的理论研究却是滞后的。我们对电子商务专业的研究可以作为复合型学科的范例，希望对其他交叉融合型学科的研究发展有借鉴意义，从而发挥现代管理学对经济社会的更大作用。

[参考文献]

1. 苗素莲："学科发展的动力机制与大学学科体制创新"[J]，《教育发展研究》，2005年第3期。
2. 钱颖一："谈大学学科布局"[J]，《清华大学教育研究》，2003年第6期。
3. 中华人民共和国教育部：《关于做好普通高等学校本科学科专业结构调整工作的若干原则意见》，2001年10月。
4. 中国高校网，http：//www.China－school.net[N]，2005年5月17日。
5. 武书莲、吕嘉、郭石林："2004中国大学评价"[J]，《科学与科学技术管理》，2004年第1期。
6. 芮明杰主编：《管理学：现代观点》[M]，上海人民出版社1999年版。
7. 郑绍濂："管理学科的发展：回顾与展望"[J]，《思想理论教育导刊》，1998年第Z2期。
8. 汪应洛："当代中国管理科学与工程的学科发展与创新"[J]，《管理学报》，2005年第1期。
9. 萨缪尔森、诺德豪思：《经济学》（第14版）[M]，北京经济学院出版社1996年版。
10. 何自力："经济学科发展的回顾与前瞻"[J]，《理论与现代化》，2000年第1期。
11. 林毅夫："经济学研究方法与中国经济学科发展"[J]，《经济研究》，2001年第4期。
12. 林林："工程学科发展的途径、问题与对策研究"[J]，《高等工程教育研究》，2004年第4期。
13. 陈景春：学科融合："合并高校学科发展新的增长点"[J]，《黑龙江高教研究》，2005年第2期。
14. 席酉民、郭菊娥、李怀祖："如何求解大学学科交叉与科研合作中的矛盾"[J]，《中国高校科技与产业化》，2005年第1期。
15. 席酉民："21世纪的管理与管理研究"[J]，《中国软科学》，1997年第12期。
16. 李琪："中国电子商务现状、趋势与对策研究"[J]，《当代经济科学》，2000年

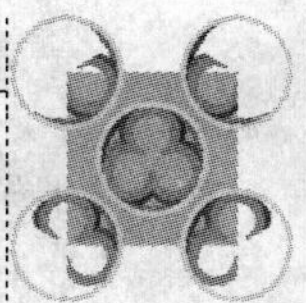

第 6 期。

17. 李琪、张仙锋："我国高校电子商务专业本科人才培养"[J],《计算机教育》,2004 年第 1 期。

（厦门大学管理学院　彭丽芳；
西安交通大学经济与金融学院　储新民；
西安交通大学经济与金融学院　李琪）

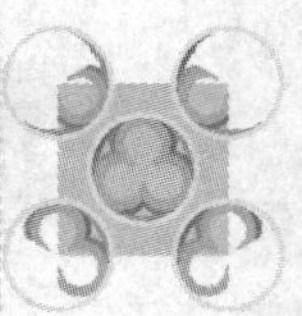

第二十九章 DIERSHIJIUZHANG

管理科学教育中存在的问题及分析

由于21世纪管理学发展的需要，我校管理学院成立了管理科学系，包含电子商务、管理科学、系统工程、物流工程、项目管理等专业。管理科学系的教师来自各个学科方向，如数学、计算机、系统科学、电子工程、管理学、经济学、法学等。所开设的课程包含好几个专业，如经济及管理类课程：微观经济学、宏观经济学、管理学、会计学原理、财务管理、生产运作管理、工程经济学、物流管理、电子商务等。计算机基础及信息系统类课程：大学计算机（一）、程序设计、软件基础、数据库技术、计算机网络技术、面向对象与可视化程序设计、管理信息系统、Java技术，及部分安排在短学期的电子商务技术类选修课程等。数学基础及相关专业课程，主要包括：一元微积分、多元微积分、微分方程及其应用、线性代数、概率论与数理统计、经济统计学、运筹学、数学建模、管理决策方法与模型、管理系统仿真、供应链管理等。由于这些教师来自各个学科方向，所开的课程庞杂，有学科之间的交叉却很少有学科间的融合，存在各种问题亟待解决。本人根据这几年来在管理科学系的教学和科研的实践，提出以下看法与同行商榷，以期抛砖引玉。

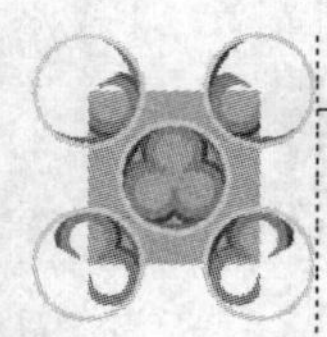

一、计算机、数学等学科在管理学中得到广泛应用

从上个世纪管理学的发展至今，我们可以看到许多学科如计算机科学、数学及系统工程的许多方法广泛地被用于管理学中，如：

(1) 20世纪20年代的科学管理学派。代表人及代表作：泰勒，1911年出版《科学管理原理》。

(2) 20世纪30年代的行为科学学派。代表人及代表作：梅奥，1933年出版《工业文明中人的问题》。

(3) 20世纪40年代的数学管理学派。代表人及代表作：康托纳维奇，1940年出版《生产组织与计划中的数学方法》。

(4) 20世纪50年代的决策管理学派。代表人及代表作：西蒙，出版《管理决策新科学》。

(5) 20世纪70年代的系统科学学派。代表人及代表作：卡斯，1970年出版《组织与管理——从系统出发的研究》。

(6) 20世纪70年代至今，信息科学和网络广泛而深入地应用于管理学中，见图29-1所示。

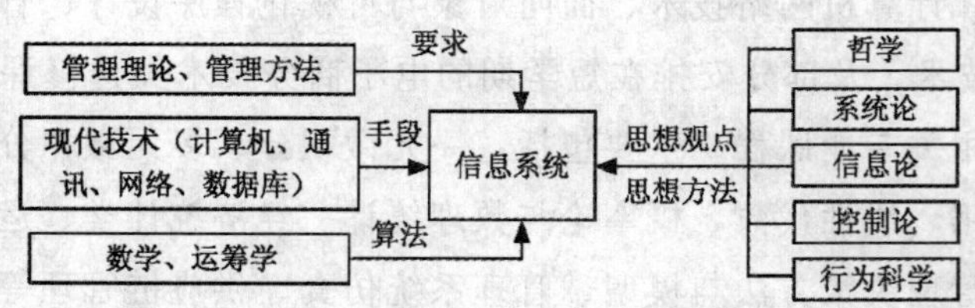

图29-1 信息系统与各学科之间的关系

近几十年来，企业管理理论和管理方法要求企业建立信息系统，信息系统的开发和实施过程，正是将系统科学、管理科学、运筹学、行为

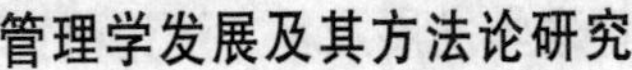

科学等相关学科的理论与方法通过先进的信息技术综合应用到企业管理工作中的过程，也是各个管理学派的管理思想的综合应用。相关学科及相关内容如表 29－1 所示：

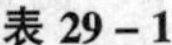
表 29－1　　相关学科与相关内容

相关学科	相关内容
计算机系统科学	计算机技术　数据通信技术　计算机网络技术　数据库技术等
管理学	会计学　市场学　生产管理　质量管理　物资管理　人事管理等
运筹学	规划论　存储论　排队论　决策分析　PERT 等
系统工程	MIS 战略规划　MIS 系统分析及系统设计　系统评价　系统仿真等
行为科学	人处理信息的特点　MIS 与人的关系　MIS 对企业的影响　系统开发的组织与管理等

可见，企业的管理信息系统是多学科理论与方法的有机结合，是许多管理学派管理思想的综合应用，管理信息系统的三要素：(1) 系统的观点；(2) 数学的方法；(3) 计算机的应用。

二、管理科学中计算机教学存在的问题及分析

就我系开设的一系列计算机类课程的教学及应用中，存在以下主要问题：

(一) 对专业方向的误解

首先我们的学生应是管理类的，而不是纯技术类的学生，懂得管理是主要的，技术、数学、系统科学的理论、网络只是工具，学生不但要懂得技术，更重要是的要懂得如何在管理中有效利用它。技术的使用是为了提高效率、减少成本、取得竞争优势，不是为了技术而技术，不应

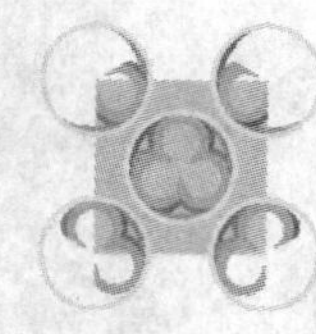

将技术摆在第一位，吉姆·柯林斯的《从优秀到卓越》，是《商业周刊》2001年10佳商业书，本书是柯林斯和21人的研究团队，在5年里进行了一项规模巨大的研究，对1965年以来《财富》杂志历年500强排名中的每一家公司（共1400多家）逐一分析，耗费了10.5人年，阅读并整理了近6000篇文章，记录了2000多页的专访内容，创建了3.84亿字节的电脑数据，收集了28家公司过去50年，甚至更早的所有文章，进行了大范围的定性和定量分析，得出的关于技术方面的结论是企业成功的前5个关键因素都不是技术。

虽然教师来自各个方向，每个教师由于自己专业的局限性，教学都倾向于各自专业的方向。又如计算机类的教师教授计算机类课程时，又把计算机系学生所学的课照搬过来，没有把重点放在管理类学生到底应该如何合理地把所学的计算机知识用到管理中。结果是学时有限、精力有限，教出来的学生数学不如数学系学生、计算机不如计算机系学生、管理学不如管理学院的学生，又不知如何合理地把所学的计算机、数学、系统工程理论合理应用于管理中，四不象，没有自己的定位与特色。

（二）管理科学专业的师资问题

管理科学专业的教师来自许多个学科方向，每个老师对自己原来的专业精通，而对其他方向一无所知或一知半解，特别是这些老师如果不是管理类出身，对我们这个专业的研究目标常常不明确，会导致教学和科研方面只注重技术或数学方面而忽略最重要的管理方面，即有效地解决管理问题。如果想让每一位老师去精通各个学科，显然要耗费的大量时间和精力，效果又往往是面广而不精，难度颇大。因此，解决问题的办法还是得走教师之间的合作，以达到优势互补。目前，关键的难题是在一个相互竞争的环境中，如何建立一个有效机制，才能促进教师之间的合作。

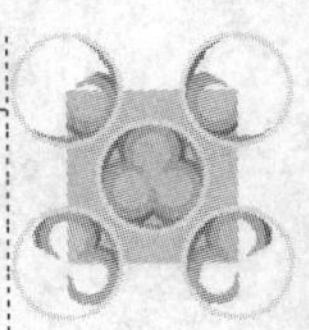

(三) 学生不光要学会技术,更重要的是学会在管理中合理使用技术

我们往往拼命地向学生灌输有关技术重要性的思想，却忽略技术在企业中不是万能的，只有合理地使用，才能取得效果。管理类学生和技术类学生在技术方面的要求是不一样的，技术类学生侧重于研究技术本身，注重细节，而管理类学生侧重于研究技术的应用。

有技术价值的并不一定有市场价值，且技术是有成本的、有风险的。根据《管理信息系统》中的价值键模型，教师应教会学生分析企业运作中哪些环节要用技术，哪些不用。

如麦当劳在人员管理不需要用信息系统，因为它的每一个店面面积很小，没地方摆电脑，人员很少，且大部分是临时的小时工，工作时间没有办公桌，不能坐，工作安排只要用一个小黑板就可实现，如果在人力管理上买电脑、设计人力资源信息系统、架网络，其成本将远大于产生的效益。而麦当劳的采购配送环节要用到网络与信息系统。并不是任何企业任何业务环节都必须用技术。技术至上，这是完全错误的。

了解吉姆·柯林斯的《从优秀到卓越》中的三环理论、刺猬理念，认识技术在企业从优秀到卓越的转变过程只是加速器而非发展动因，让学生学会分析企业哪些环节需要用到什么技术，应全力投资，哪些根本不要投资。换句话说：不光决定哪项技术应投多少钱，用在哪方面，还要知道这些技术项目为什么是最符合企业的刺猬理念应该重点做好，哪些应该完全放弃。正如书中所说："实际上，轻率地依赖技术是一种债务，而不是资产。只有合理地使用技术，让这种技术服务于一个简单、清晰、连贯并且已经被深刻理解的概念时，技术才会成为加速发展的根本推动力。相反，当技术没有被合理使用，只是被当作一个简单的解决办法，也没有深刻地认识到它是如何与一个清晰连贯的概念联系在一起的时候，技术就是你加速灭亡的工具。"

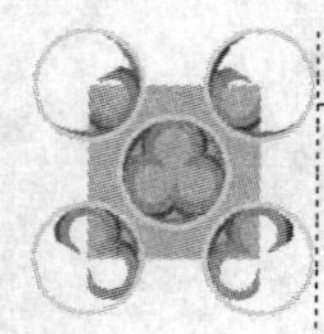

三、管理科学中数学教学存在的问题及分析

（一）决策科学的发展需要运用数学和计算机

千百万年来，人类在征服自然的过程中，无时无刻不在做出各式各样的决策，但在决策科学产生以前，决策停留在自发的直观的状态。决策科学诞生之后，人们把决策的过程系统化，并研究出各种定量的决策方法，从而大大提高了决策的有效性与科学性。管理者为提高决策水平，避免误打误撞式的决策，必须了解决策的过程和决策常用的科学方法。

传统的决策依靠决策者个人的经验，凭直觉判断，因而决策被认为是一种艺术和技巧。近50年来，由于生产规模的扩大和自动化技术的应用，使得管理的性质和环境都发生了巨大的变化。管理性质的改变表现在组织机构更加庞大，管理功能更加复杂。环境的改变表现在产业部门之间的联系愈来愈紧密，社会经济状态对于所采取的决策的影响因素愈来愈复杂。因而管理决策问题不仅数量多，而且复杂程度高、难度大。心理学家的研究表明，在制定决策时，若要求决策者本人同时考虑10个以上的变动因素或相互矛盾的因素，或者要求考虑20—80个以上的单项因素，决策者就已经感到十分困难，而在实际的生产活动中，经常需要根据几百个，甚至几千个因素和相互关系进行决策。显然，在这种情况下，以领导者的艺术、洞察力、理智和经验为基础的传统决策方法远远不能满足日益复杂的管理决策的需要了。与此同时，决策科学化就被提上了日程。决策的科学化，一方面是现实管理提出的要求，另一方面是计算机和近代数学的发展，为它提供了实现的可能性。

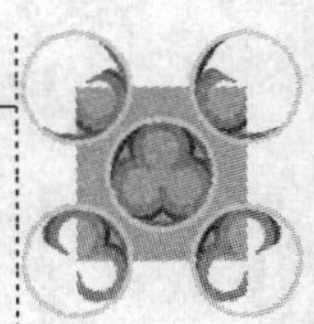

（二）管理科学中数学和计算机教学存在的问题及分析

1. 重点是明确管理问题及解决的正确方向，数学和计算机只是解决问题的工具

管理科学系的数学老师如果对经济管理的知识一无所知或一知半解，对计算机工具也不很精通，很容易误导学生，结果会出现一些问题，如数学教师教授管理统计、运筹学等课程时，认为数学在管理中应用的重要性，于是，把这些课定位为一类数学课，与数学系的学生学的一样。但作为管理学院管理类的学生却不愿接受纯数学的知识，他们更愿意知道所学的数学知识到底是如何应用于所学的管理类知识中，希望数学与管理学有机地融合在一起。

在科研与学生论文指导中，教师对企业管理中的问题及应用目标不明确，文章中强调的是数学的方法，而忽略研究得出的结论对企业是否有实际的参考意义。如，用数学方法研究网络泡沫，把股市泡沫计算得很精确，并认为股市泡沫是有害的，因为如果有一方赚了，另一方必将损失，因而文章研究了如何消除股市泡沫。其实，网络泡沫并不完全是消极的。股市的主要作用是为了企业融资。任何一个新兴行业想要快速发展，就需要得到人才、资金，股市泡沫起一定的积极作用。如互联网行业，巨大的泡沫，使得资金、人才、注意力聚集到这个行业，因此互联网业也取得其他行业所没有的高速发展。国企三年改革中股市持续上扬，吸引了大量闲置在银行的个人存款，国企因此融到了企业改造与发展所需的资金，比起国家的一系列需求拉动策略有效得多。当你研究股市泡沫对个人的消极作用时，是否想到国家政策的导向？互联网企业的需求？是否想到自己是属于研究企业管理的，重点应放在企业管理中企业的需要而不是研究个人需要？就像研究企业竞争时不必去怜悯失败者一样。从历史上看，股市泡沫总是不断地产生又不断地消失。一会儿是铁路行业的泡沫，一会又是电子行业的泡沫。一会儿是无线电通信行业的泡沫，一会又是计算机行业的泡沫。再后来就

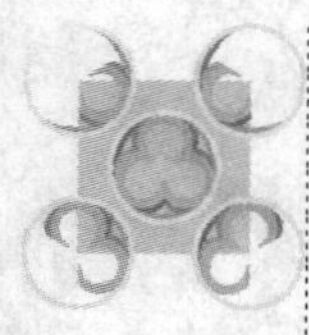

是互联网的泡沫了。总之，随着不可预见的新技术的到来，泡沫将不断产生。然而在这些一系列的变化中，卓越的公司能够不断调整自己，最终生存下来，如同大浪淘沙，差的企业淘汰，卓越的企业生存下去。实际上，在过去的100年中，大多数可以真正称得上是卓越的公司，从沃尔玛到沃尔格林，从宝洁到金伯利一克拉克，从默克到雅培，它们的发展都源于曾经经历过电子时代、电视时代和互联网时代等数代技术的变革。它们以前一直不断地调整自己，最终脱颖而出。即使是最优秀的公司还需要继续调整，以适应时代的变化。因此，对管理科学系的师生来说研究企业比研究个人投资得失意义大得多。

又如在研究网络营销时，在线营销理论应与离线营销理论成为一个有机整体，但由于有些教师和学生认为自己属于技术类学生，只需研究技术部分就行，因此重点放在在线营销方面，忽略离线营销理论，常产生不切实际的研究结论，如在研究网络广告效果测评，采用数学方法以及网络上一些可跟踪的行为进行定量分析，数学方法很完美，但由于对企业促销了解不深入，只研究网络广告对购买行为产生的影响，而忽略其他媒体广告及其他促销方式对购买的影响，得出完全错误的结论。还有很多网络方面的研究只是将传统营销中的关键词前面加上“网络”或“在线”，当成自己的研究成果，这没有什么实际意义。

2. 数据模型的应用是为了更精确地考虑问题

人脑在考虑简单问题时（如10个以下管理变量）可以从容应对，但复杂的管理问题经常会有超过10个以上的变量，超出人脑力所能及的范围，为了定量地分析问题，才引入数学模型，而这种复杂的运算是手工方法无法解决的，必须用计算机。正如管理信息系统所说的，三要素：（1）系统的观点；（2）数学的方法；（3）计算机的应用。用数学模型是让考虑问题复杂化、精确化。而我们的师生在研究此类问题时则出现相反的现象：将研究问题简化，仍用手工计算方面结合数学模型，这是完全错误的。如，在研究采购模型

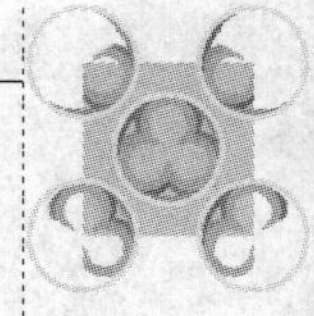

时，实际的采购模型很复杂，要考虑的因素很多，有些学生将这些因素简化成4—5个，采购时间间隔和采购数量实际是随机分布的，但有些学生为了简化计算将它简化成均匀分布，文章的重点放在数学方法上，完全忽略采购模型的分析，在模型建立过程为了人工计算可以进行又作了一系列简化，结果让人一看就知道研究结论与实际需要有很远的距离，对企业毫无参考价值。

3. 数学模型与计算机工具相结合

由于有些数学教师缺乏计算机知识，不能有效地在研究中使用计算机工具，使用手工计算去研究一个复杂问题，当计算方面有问题时，在数学模型中不得不作很多简化，以适应手工计算的需要。原本使用数学模型是想达到比人工的定性分析更精确的定量分析，考虑更多的管理因素、分析更多的历史数据，得出更精确的结论，从而达到管理决策更加科学，但由于数学教师缺少管理知识和计算机知识，其结果正好与管理科学化的目标背道而驰。

四、结　论

总之，在管理学院，研究纯数学、纯计算机、纯系统科学理论是没有必要的，这些东西可以放在数学系、计算机系、自动化系去研究。管理学院的教师首先应熟悉企业管理中要解决的问题（这是目标），然后懂得选择合理的工具，如数学方法、计算机工具等（这是手段），以求比定性方法更加精确地解决问题。有句话说得好，选路比走路更重要，路选对了，即使手段和方法差一点也是每走一步距离目标更近一点；如果路选错了，手段和方法很好的话，只会让我们距目标越来越远。正如《从优秀到卓越》一书中所述：企业如果选择合适的技术并加以应用，技术就会成为企业发展的加速器，如果选错了，则技术有可能成为企业衰败的加速器。

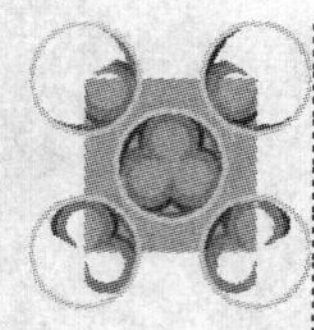

[参考文献]

1.［美］吉姆·柯林斯：《从优秀到卓越》［M］，中信出版社 2002 年版。
2. 薛华成：《管理信息系统》［M］，清华大学出版社 2002 年版。
3. 张靖：《管理信息系统》［M］，高等教育出版社、上海社会科学出版社 2001 年版。

（厦门大学　潘丽卿）

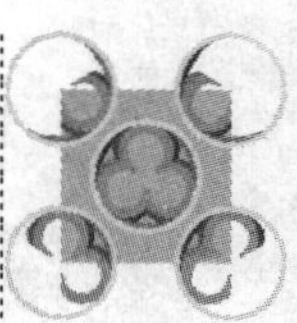

第三十章 DISANSHIZHANG

我国管理学教材建设上若干瓶颈问题探讨

起步于20世纪80年代中期的我国高校管理学教材建设历经有20年，20世纪80年代为起步性发展阶段，90年代是积聚性发展阶段，正在进行的是新世纪头10年的这一深化性发展阶段。作为这20年间这一过程的经历者，笔者认为今后的管理学教材建设应注意解决好如下六个瓶颈问题。

一、案例开发问题

案例教学在管理学教学实践中具有重要的作用，这在管理学界是一个共识。现在的问题是，管理学教学过程中如何更自觉、切实有效地采用案例教学的方法。案例教学涵盖管理学课程教学的全过程，课堂讲授、学生课外自习和学生之间的学习交流都需要管理学教学案例的支持。因此，管理学的正式教材或配套教材中能否载有足够适用的教学案例，就成为能否有效开展案例教学的一个关键。综观在社会上流通的国

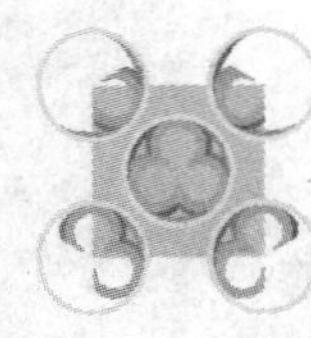

内管理学教材，可发现一个较为普遍的“一长一短”现象，那就是理论阐述上呈长，说明、理解或分析用的案例表达为短。对于本科教学来讲，学生对于管理科学总体知识的了解首先是从对管理学这门课程的学习开始的。这就决定了该课程具有这么一个特性，即其所提供的知识是导论性或具基础性的。因此，管理学教材中提供的案例难度不应过大，可有一定比例的涉及跨章节理论、知识、方法、技能的综合性案例，但还是应以帮助学习者理解用、供他们形象或感性掌握有关内容需要的小品型案例为主。案例教学有两个基本功能，一是培养学生提出问题、分析问题和解决问题的能力，二是通过实例或所规定情景的阅读，增强学生对具体的管理实践的感性认识。由于管理学课程的基础特性，管理学教材中的配合案例应该主要着眼于后一个功能。管理学教材中提供的案例或配套建设的案例库还应予以适时更新，前者调整、更新的周期与教材的修订、再版周期同步，后者的更新则更容易做到经常性、动态性。管理学教材所提供案例的丰富化、更新度、多样性（故事、实例、小品、典故、情景、人物、事件、相关企业有关情况介绍、分析案例等）、贴切性、有用性、原创性应是评价管理学教材或其配套教材建设质量的一类重要指标。今后管理学教材上的案例开发工作可围绕教材各章节知识点、关联章节的知识点组合，通过调查或参与管理实践的原创性编写、通过“小说性”的编写或新闻性改编以及通过师生在教学过程中的共同努力而形成作品这三个办法来重点开展。院校内部要通过任课教师团队来合力开发管理学教学案例，也可考虑借助跨院校的资源来合作开发管理学教学所需的案例。

二、配套教材建设问题

配套教材是指围绕正式教材而提供的所有教学媒体信息的统称，其载体形式有教学手册、教学录像带、教学演示光盘、PowerPoint 演示课

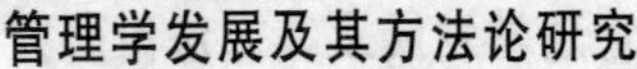
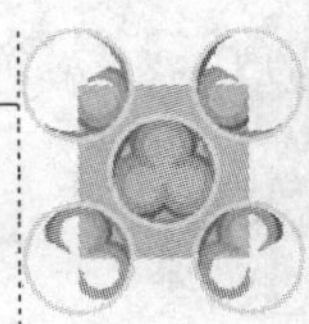

件、课程网站等，包括学生学习用书、学生用光盘、教师使用说明、题库或计算机化题库、配套教学演示光盘或课件、可资利用的在线资源介绍等具体形式。配套教材建设目的在于帮助学生更有效地把握教材内容以及其他有关的课程教学信息，更有利于学生课外自习、做作业和互动学习，并有利于提高单位课时的教学信息量，从而可从多条途径提供正式教材没有或不便提供的知识和信息。在国内管理学教学中，与正式教材建设相比，配套教材的建设起步晚，经验欠缺，版本少，载体形式不够多样性，且配套教材的流通量小，各院校之间的交流力度也较小。应该说，管理学教学过程中与课堂讲授平行的另一个教学平台即课外学习平台的开发仍不够得力、不同程度的粗放式教学的存在，都与配套教材建设工作跟不上去或欠得力有关系。管理学课程配套教材建设应列为今后管理学教材建设一个重点。可喜的是，越来越多的高校在管理学配套教材建设上资源投放力度加大了，所需经费已不成为主要问题了，这在十年前是连想都不敢想的形势。但还应看到，比起管理学正式教材建设，配套教材建设难度一点都不小，任务仍很重。

三、概念用词的规范与统一的问题

我国管理学的知识体系、基本理论、核心知识点和主要概念的基本确立，得益于对外开放政策的推行。但长期存在的一个问题是，管理学教材涉及的不少概念用词存在着容易产生歧义性理解或混淆表达的不同翻译用词，同样一个源自英文管理学教科书的管理词汇，国内不同版本的管理学教材就有不同的翻译表达。比如说，effectiveness，国内有用成或译成“效益”、“效果”或“有效性”；ethics，有的表意为“伦理规范”这一中文词、有的则译成“伦理”，也有取“道德”之解的。这样的英文词为数不少，还比如说：benchmarking，command group，diversity，emotional intelligence，entrepreneurship，groupthink，initiating structure

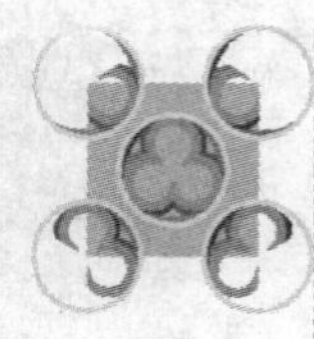

behavior, internal locus of control, organizational commitment, organizational socialization, production blocking, self - efficacy, transactional leadership, vicarious learning 等。国内一些管理学教材中存在的诸多概念用词的欠规范和不够统一的这一现象，反映出我国管理学教材建设上存在着一定的"食洋不化"问题。这不仅给读者的学习、研究带来一定的困惑，也不利于我国管理学教学工作者与国外同行之间的交流，还反映出国内管理学教材建设上不同程度存在着对技术性、细节性学术问题重视不够。要说管理学教材建设的初期阶段（20 世纪 80 年代末至 90 年代初）这一现象的存在有些理由，但发展到今天，我们就有迫切的责任来解决这一问题。对于这一问题的解决，除了管理学教学工作者的努力外，更需要借助院校之间的协作资源、社会上其他力量，还可通过下文将要提及的管理学教材评论平台，通过定期或不定期召开跨单位的管理学教学研究会议来进行。

四、教材评论平台建设问题

在过去的 20 年间，我国管理学教学工作者为满足国内各类组织、管理理论知识的需求，为提高该课程的建设质量，通过自身的不懈努力，在加强与国外同行间接交流与直接沟通的基础上，博采众长、兼收并蓄、借鉴学习，扬弃并重，管理学教材建设质量得以逐步、明显的提升，形成了一大批颇有价值的理论、知识成果和相当数量的优秀教材成品。管理学教学工作者通过自身的教学和研究积累起来的信息、知识、理论、理念、方法全面并深层次地进入了社会运用。然而，从总体上看来，国内管理学教材建设还不同程度上存在着如下这些问题：低水平重复；前沿性不够；与管理实践结合不够密切；所确立的体系尚有商榷、探讨之处；着眼于技能性训练文字少；内容抽象生动性不强；载体形式、体例形式多样性不够；案例性内容、阅读材料配套不够；中国古代

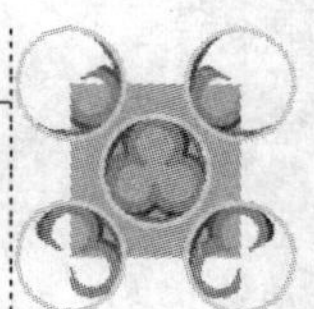

管理思想体现不够；术语欠规范性和统一性；理论、方法、技能要均衡体现的要求贯彻不自觉。由于我国管理学教材需求主体的多样性，也由于许多院校自身就拥有较大的教材使用量，出版的教材出现“滞销”的情况不容易存在，还由于社会上对各种版本的管理学教材从正面肯定和不足之处的评论工作做得不多，所以，长期以来存在的实乃问题而似乎不成问题的这些问题就有了存在的基础和条件。另外，尤其是进入新世纪后，社会上流通的管理学翻译类教材也越来越多，这些引进教材也需要研究性评论工作跟上去。因此，从有助于管理学教材交流或选择出发，从加强国内管理学教材建设的经验挖掘和问题解决力度看，从促进管理学教材、学科建设着眼，都需要建立对管理学教材进行系统评论的这类平台。笔者认为，中国企业管理研究会等单位于 2005 年 9 月份在厦门大学联合召开的“管理学发展及其方法论问题”学术研讨会，就可作为建设如此平台的依托之一。

五、针对不同类别学习者的教材建设问题

管理学教材还有一个针对不同的学习者而存在的分工建设或侧重建设问题，也就是说本科生层次与研究生层次（包括 MBA、EMBA、MPA）的管理学教材建设上应有哪些区别？工商管理专业与非工商管理专业的管理学教材在内容上有哪些共同之处，还应有什么样的不同？管理学教材与后续开设的其他管理类课程教材在内容结构上应如何分工、承继或侧重建设？国内管理学界在处理这个问题时主要有四种办法：一是在教材中明示出其书供某类学生或人员学习或参考使用；二是在教材中指出其书可供某些类别的学生或人员（如本科生、硕士生、企事业单位参加培训的学员）学习使用，但没有示出对不同类别学习者的具体的教与学建议要求；三是在教材中注明其书可供多类别的学习者使用，还给出了不同类别学习者的具体教学建议；四是教材里没有说明其书是供什么样

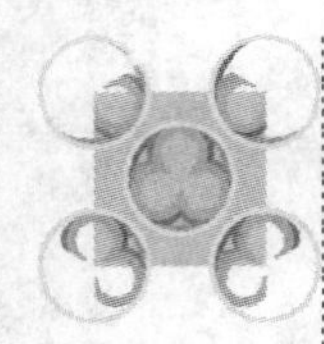

的学习者学习用的，寄望由教师或学习者自己去判断。不管采用哪一个处理办法，首先有必要明确的是管理学教材是作为本科生或尚未修过管理学课程研究生层次学生学习管理科学入门性知识用的。明确了这一点，管理学教材写作上就容易围绕初学者或需要夯实管理学基础的学习者来组织相应的章节内容，提供适合的案例和阅读材料，考虑如何方便具体的教学方法的采用，体现出如何进行较恰当的思维训练和技能培养的用意，乃至于构设思考题和练习题等。对这一点不够明确，就可能把管理学教材当作一个筐，不管什么样的管理理论、知识、观点、方法、技能、实践情况，不管是经典的内容还是最新的管理思潮与动态，都往里面装。管理学教材编写和使用过程中，既要考虑所给学时的多少，也应考虑到课堂讲授、课外自习、课堂交流讨论、课外实践这几个方面的均衡安排问题；既要使学生在学完之后对管理学所涉及的基本概念、基本原理、知识要求、主要方法能有系统、明确、深透的掌握，还能够将其运用到给定的管理问题的分析和解决中去。由此看来，上述四个处理办法中第一个办法为佳，第三个办法也可供选用。至于如何满足已修过管理学课程人们的继续学习、研究管理学的需要，可考虑通过采用基于管理学基础知识而编写的管理学专题研究这样的变通方法来加以进行。

六、管理学教材建设的中国化问题

今后我国管理学研究与发展上仍须重视对国外管理学教材建设情况进行动态性跟踪和借鉴，但更重要的一个任务是要探索出一条有中国特色的管理学发展之路。用中国的各类组织管理实践诠释管理学所涵盖的理论，系统体会、整理、介绍、传播“老祖宗”的深刻、独到意义的管理思想，将它们有效地运用于各类组织管理实践，这个任务越来越迫切。应该肯定，蕴藏于经史子集中丰富的管理思想有其现实运用的广阔天地。我国管理学建材建设要追求挖掘中国传统管理思想的继承性创

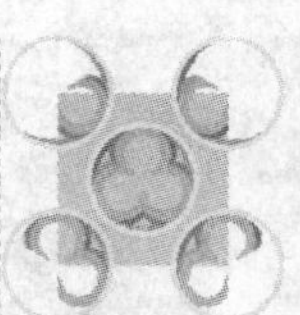

新，并有机地贯彻在管理学知识体系的主要模块中。遗憾的是，我们只看到个别版本在这方面做出了令人欣慰的努力，不少版本的管理学教材从体系、知识、实例，甚至所用的表述语言，“西味”得很，其恰当的冠名应是《西方管理学》。如此看来，今后我国管理学教材优化建设的任务还是很重的，有很长的路要走。管理学教材所提供的内容应从古今中外这样的切入点去把握，对这个要求或诉求应有较均衡的回应，即既体现有国外经典、先进的管理理论与方法，又包括有中国源远流长、十分丰富、仍须光大的传统管理思想，又概括有当今国内组织管理实践的新进展、新经验。我国管理学教材建设上努力要做好的工作是，将古今中外的管理思想或实践融为一体，既满足学生对新的管理理念、管理变革了解的需要，也要让学生接受历史上管理思想的熏陶和浸润。

（北京工商大学商学院　黄煜平）

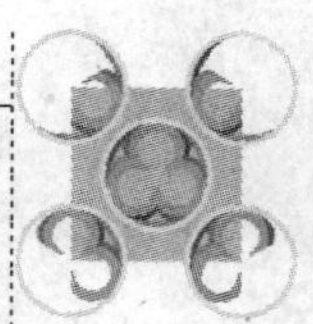

附录一：FULUYI

“管理学发展及其方法论问题”学术研讨会综述

改革开放以来，随着市场化改革进程的推进，中国管理科学化进程取得了巨大发展。但是，与国外现代管理科学发展水平相比，我国管理科学发展水平还有很大差距。我国除少数学科方向外，在大多数管理科学领域中的学术研究成果，还未达到国际水平，还没有形成符合中国国情的、科学指导中国企业管理实践的系统管理理论、方法和学科体系。加快推进我国管理科学化进程，探索中国管理科学发展的道路和方法，形成中国的管理理论、方法和学科体系，进而提高中国管理实践的科学化水平，无疑是一个十分重大的问题。

2005 年 9 月 23 日至 9 月 24 日，中国企业管理研究会、厦门大学管理学院、中国社会科学院工业经济研究所、中国社会科学院管理科学研究中心、《经济管理》杂志社、中国社会科学院重大课题“企业管理科学化及其方法论问题研究”课题组联合举办的“管理学发展及其方法论问题”学术研讨会在福建省厦门市召开。

全国人大常委、中国社会科学院副院长陈佳贵研究员出席了会议并作重要讲话。陈副院长指出，近些年，我国工业化进程的加快，为企业管理实践与管理科学研究带来了不断创新的挑战。世界各国的现代化进

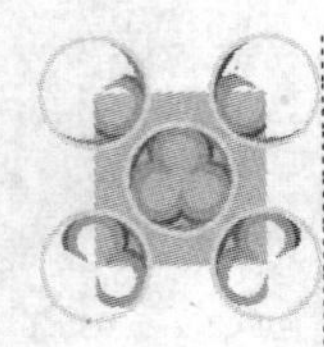

程表明，在工业化的实现过程中，尤其是在工业化的中后期阶段，工业化的推进不仅仅取决于技术创新和技术进步，还取决于管理创新和科学化的程度。进入新世纪，中国经济的持续高增长，中国模式、中国经验，在全世界倍受关注。正是在这种时代背景下，我国管理学术界肩负推进我国管理科学化进程、提升我国管理科学研究水平、构建我国管理学科学理论和方法论体系的历史重任。担当这个重任，一方面，要把握国际管理学最新研究成果和发展趋势，促进国外先进管理理论的中国化；另一方面，要秉承我国著名的企业管理学家袁宝华同志提出的“以我为主，博采众长，融合提炼，自成一家”的方针，深入研究中国的管理科学化问题，分析我国管理科学化进程的规律，对中国企业管理实践和创新进行科学总结，积极探索，构建中国特色的管理科学理论体系和方法论，为中国的管理理论研究、管理学学科建设与世界接轨奠定基础、创造条件。

厦门大学副校长吴世农教授在致辞中回顾了中国管理教育发展的四个阶段。1920 年至 1949 年，是中国管理教育的萌芽阶段，这段时期里，一批高等院校先后设立了商学校，当时的管理教育主要集中于本科教育和专业技术教育。第二个阶段是新中国成立到改革开放之前，在这段时期里，管理学被纳入了经济学的范畴，管理研究主要集中于生产管理领域。上个世纪 70 年代末、80 年代初至 2000 年是中国管理教育发展的导入阶段，我国管理教育界开始大规模地从西方发达国家引进、吸收和学习先进的管理思想、方法和知识。进入新世纪，中国管理教育正步入它发展的第四个阶段，管理学正逐步从经济学、工科等大学科分支中独立出来。吴教授还特别强调了，MBA 教育在改革开放以来中国管理理论与管理实践的发展中起到了重要且积极的作用。

会议期间，中国社会科学院工业经济所黄速建研究员、中国人民大学商学院徐二明教授、厦门大学管理学院沈艺峰教授、沈维涛教授主持会议，中国社会科学院工业经济所黄群慧研究员，厦门大学林志扬教授、宋培林副教授、郭霖副教授，武汉大学谭力文教授、赵锡斌教授、李燕萍教授，西南财经大学罗珉教授，江西财经大学吴照云教授，安徽

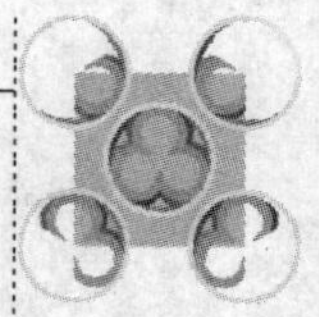

财经大学陈忠卫教授等作主题发言；黄群慧研究员还代表中国社会科学院重大课题"企业管理科学化及其方法论问题研究"课题组向与会代表汇报了课题主要研究成果。70多位来自全国各地高等院校和学术机构的代表出席了会议，为会议提交40余篇学术论文，提出了许多具有启示性的和值得重视的观点。以下从三个方面就研讨内容进行综述。

一、管理学及其方法论的发展现状

虽然经历了近百年的发展，管理学的学科体系仍然是一个有着浓郁的非科学色彩的学科体系，在当前的管理科学研究领域，充斥着性质差异巨大和种类众多的方法，管理学派林立。

本次会议上，多位学者探讨了管理学的学科发展为什么会呈现出这种"非科学性"和"方法多元化"的特征的问题。有学者从管理活动及其中所涉及的个人、组织的复杂性和不确定性的角度，分析了管理学"弱科学性"和管理理论复杂性的根本原因。也有学者从管理研究者本身的立场的不同、文化背景的不同、所处时代的社会经济特点的不同，解释了管理理论主张纷争、林立的必然性与合理性；同时也批判那些因为种种功利动机而标新立异、乱上添乱的"伪"科学研究。还有学者尝试运用相对单一的线索——比如，关于人性的假设的变化，或者是企业经营环境的变化，来梳理和归纳众多的管理理论的演进逻辑。

虽然与会学者对于管理学的混沌的发展现状的认知基本一致，但是，在对"管理学是一门科学吗"及对当前管理学发展的规范程度这类基本问题的认识上，学者们彼此之间存在明显的分歧。一部分学者认为，管理学是一门科学，但这门科学目前还不成熟，是一个"纯"度不高的"软"科学，管理理论的发展明显滞后于管理实践。也有学者认为，管理学是一门科学，而且，已经形成了比较完善的科学理论体系，能够指导管理工作的实际，引导其沿着规范的方向发展。从管理行为的

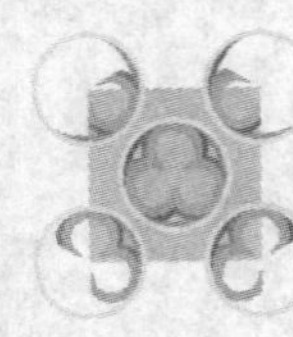

“艺术性”和管理活动的强实践性出发，必须肯定当前管理学及管理理论缺乏一般科学所有的纯粹性的积极意义。持这种观点的学者认为，“管理理论丛林虽然降低了管理理论的科学性和可教育性，但却使管理学享有比其他科学更贴近实际的成名”；管理学“目前的不完善就是她当今应有的完善，目前的不完善就是她当今应有的不完善，目前的不科学就是她当今应有的科学”。也有个别学者主张，管理学的焦点已经超越了管理理论丛林的流派之争，转变为现代性、超现代性和后现代性之争，当务之急是要打破传统的工厂化背景下形成的管理理论，重新建构管理学知识体系。还有一部分学者坚持认为，管理是应用性和实践性非常强的活动，管理理论是为管理实践的科学化而服务的知识、方法的集合，管理学应该以应对和解决现实经济中的种种问题为其学科建设的主旨，管理学本身的科学化与否以及是否真正成其为一门严谨的学科，并不那么重要。

二、管理学的未来发展：多元方法论与元理论的共兴共荣

无论是站在管理（学）的科学性的旗帜下，还是站在管理（学）的艺术性的旗帜下的学者，就其内心而言，都对人类管理实践和管理理论在未来发展中不断走向科学化，寄以厚望。在“管理学将如何走向科学化”这个关键问题上，本次会议上突出了两个重要概念：一个是“多元方法论”，另一个是“元理论”。为多数学者所认同的观点是，未来一段时期，管理科学化进程的推进和管理学科学性的提高，将有赖于管理学者对管理学科体系中的多元方法论的理解和对管理学的元理论的深入研究。

在上述普遍共识之下，学者们对于一些基础性的问题，各持己见。比如说，多元方法到底仅仅是管理学在特定的不成熟的发展阶段中的特

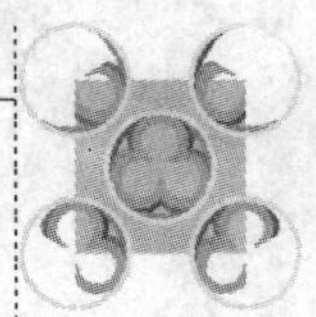

征，还是管理学所固有的学科特质？如果承认“多元方法”是管理学所固有的学科特质，那么，我们又将如果确立管理学与其他学科的边界，以及如何区分和处理管理学学科体系内部的不同分支学科之间的关系？再比如说，元理论的含义到底是什么？到底是一种萃取各家之所长的理论“硬核”，还是一种用于“处理不同研究范式之间关系的”元方法论，再或者是一种让管理学保持其“大众科学”特性的简单原则，还是一种不断发展着的、用以支撑管理知识体系的组成元素的集合体，还是其他？

在与管理学科学化进程相关的许多具体问题上，也存在着诸多争议。比如说，在多元方法论与元理论的关系上，是应该以多元方法论为主、为重、为先，还是应该以元理论为主、为重、为先？有学者认为，科学发展并无一定之规，尤其是在人们对于组织及其管理的了解仍然是不完全的情况下，在管理学发展中突出多元方法论的作用，是必要的。按照这种主张，管理学的科学化进程极有可能是一个自然演化的过程，自始至终处于一种群龙无首、百花争鸣，学科建设水到渠成的状态。也有学者认为，由于长期受到来源于实践活动的功利主义的诱惑，管理学的混沌状态始终没有自发地出现转变的迹象，为此，管理学的科学化需要学者们在理论研究与学科建设上付出“为科学化而科学化”的主观能动努力。即使管理学不能像经济学那样有一个清晰的主流学说体系，管理学术界也应该鼓励和倡导对元理论的研究，促进管理理论知识集聚化和有序化，以利于形成管理学的相对独立、完整的学科体系。

以上存在的及可能存在的认识分歧，在很大程度上，与人们缺乏对“什么是管理学走向科学化的评判标准”的共识有关。这种共识的稀缺，一如大家缺乏对“什么是最佳管理实践的评判标准”的共识一样——各位学者心中不尽相同的评判标准，可能是思辨性层面的，可能是方法论层面的，还有可能是解释力层面的，抑或是应用的有效性层面的。在这个问题上，厦门大学管理学院院长翁君奕教授在主持分组讨论时的一段发言，发人沉思，他说：科学，就是一般，就是完全一样。管理实践本身并不追求科学，它追求的出类拔萃的卓越，科学只是管理实践活动的

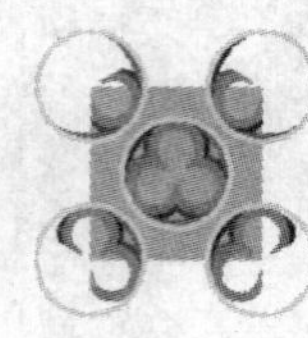

一个方面。盲目追求管理实践的科学，就是抹杀管理实践的创新性，这也等于抹杀了管理理论创新的源动力。

三、管理学及其方法论的中国化

与会学者一致认为，与西方发达国家相比，中国管理学发展相对滞后。中国管理学术界的当前任务，不仅是要加快吸收和借鉴国外已有的管理学理论研究成果，还要积极从我国企业管理实践活动中，探索、形成和发展符合中国国情的管理理论、研究方法和学科体系，以进一步提高管理实践的科学化水平。

关于“是否存在中国的管理学”这个问题，与会学者按照观点的不同，可以被划分为两方阵营。一方认为：但凡学科，就是研究一般规律的。管理学作为一门学科，是全人类的知识财富，她应该和数学、物理学那样——既然没有中国式的或中国特色的数学、物理学，也就不存在“中国式的管理学”这类说法。尽管质疑“中国的管理学”的提法，持这种观点的学者并不不论，在实践层面上，是存在中国特色的、中国式的管理实践的，他们也认为，“有效的管理，植根于本民族（国）的文化传统之中”；在理论层面上，中国特色的、中国式的管理理论作为一个学说流派，也是可以存在的。另一方则认为，管理学是社会人文科学的一种，由于掺杂了人的因素，管理学区别于自然科学，可以像历史学、心理学那样带有国别、地域、民族的异质性。持这种观点的学者所要强调的是，中国不能照抄照搬国外管理学，必须立足本国实际，建构和发展中国特色的、符合中国国情及适合国内管理实践需要的管理学，致力于解决我国社会经济现实中涌现的大量的管理实践问题。

本次会议上，学者们还探讨了中国的管理学学科建设如何与西方国家的管理学接轨的问题。主要观点是：第一，管理的科学化包含管理实践、管理理论研究和管理学学科建设的科学化这三个方面的内容，中国

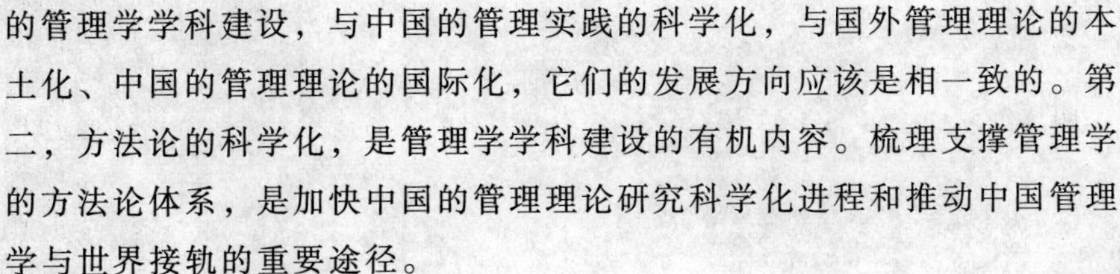

的管理学学科建设，与中国的管理实践的科学化，与国外管理理论的本土化、中国的管理理论的国际化，它们的发展方向应该是相一致的。第二，方法论的科学化，是管理学学科建设的有机内容。梳理支撑管理学的方法论体系，是加快中国的管理理论研究科学化进程和推动中国管理学与世界接轨的重要途径。

（中国社会科学院工业经济研究所　余菁）

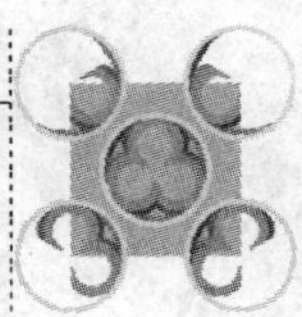

附录二：FULUER

中国企业管理研究会简介

中国企业管理研究会（英文名：the Chinese Institute of Business Administration），原名中国工业企业管理教育研究会，创建于1981年。1995年3月经国家民政部批准，改名为中国企业管理研究会。作为全国性的社团组织，研究会承担着向政府反映企业管理中出现的问题、提出企业管理政策建议；总结和推广企业的先进管理经验，并开展管理咨询服务；进行企业管理理论研究和学术交流；组织协调全国大专院校企业管理教材的编写和教学经验的交流；开展企业家经营管理知识培训和国际间的学术交流等任务。我国著名经济学家马洪担任研究会名誉会长，中国社会科学院副院长陈佳贵担任研究会会长，中国社会科学院工业经济研究所副所长黄速建担任研究会理事长。

研究会成立以来，已组织召开学术研讨会25次，年会14次，顾问理事会议11次，组织编写企业管理教材20本。研究会在会员单位所在地举办全国性企业管理理论与实践研讨会15次，向会员单位提供管理咨询50次。研究会已组织培训中层以上管理干部3万多名，组织企业家出国考察12余次，组织国际学术交流上百人次。研究会不但为我国大中型企业培训了许多优秀的经营管理人才，而且还曾就高等管理教育的改革、成人教育的发展等问题向国务院和中央有关部委提了一些重要

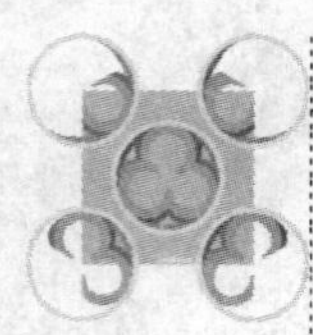

建议，受到中央有关领导同志的好评。

中国企业管理研究会现设立了研究咨询部、教育培训部、会员协作部、国际交流部和秘书处五个职能部门。

研究会现有理事单位230多家，其中：企业145家，大专院校80多所，新闻出版单位5家。为了更好地为我国企业的管理和管理教育服务，理事会决定将吸收更多的工商企业和院校加入中国企业管理研究会，使管理科研和教育更好地为我国经济建设服务，力争把研究会办成管理科学的发展中心、企业管理理论与实践的交流中心、企业经营管理人才的活动中心。中国企业管理研究会，将以新的面貌、新的姿态、新的效率为我国各类型的企业和高等院校服务，为企业家和企业管理教师、学者、专业人员服务。

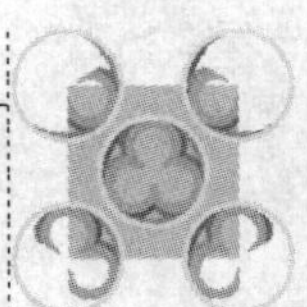

附录三：FULUSAN

“光辉的足迹”

——中国企业管理研究会大事记

1. **1981 年**，在著名经济学家马洪、蒋一苇倡议下，中国工业企业管理教育研究会在京成立。同年，中国工业企业管理教育研究会组织编写了高等学校文科教材《工业企业管理》（上、下两册）。该教材 1986 年修订再版，分为三册。以上两版均由中国财政经济出版社出版，仅 1986 年修订版发行量就达 22.6 万套。1998 年中国企业管理研究会对该书进行了再次修订。

2. **1995 年 3 月**，经民政部批准，中国工业企业管理教育研究会更名为中国企业管理研究会，成为全国性的、企业管理专业学术研究的社团组织。

3. **1999 年 10 月 23 – 25 日**，中国企业管理研究会在京举办了“跨世纪中国企业改革与发展暨中国企业管理研究 1999 年年会”，近 200 名与会代表围绕中共中央十五届四中全会关于国有企业改革与发展若干重大问题的决议，对国有企业改革与发展的重大问题进行了研讨，并选举了第二届中国企业管理研究会理事会。

4. **2000 年 9 月**，中国企业管理研究会编辑、经济管理出版社出版

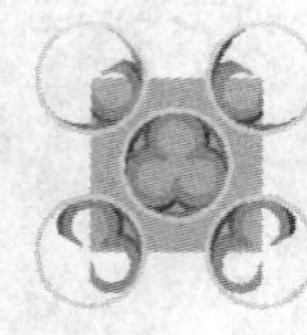

了《跨世纪中国企业改革、管理与发展》一书。

5. **2000 年 10 月**，中国企业管理研究会与兖州矿务集团公司在山东省兖州市共同举办了“网络经济与企业管理创新暨中国企业管理研究会 2000 年年会”，100 多名与会代表对网络经济、知识管理等问题进行了探讨。

6. **2001 年年初**，在中国企业管理研究会倡议和协办下，《经济管理》由月刊改为半月刊，其中下半月刊为《经济管理·新管理》，定位为全国性的纯管理学术性杂志。中国企业管理研究会也有了自己的会刊。

7. **2001 年 11 月 17－18 日**，中国企业管理研究会与中国小商品城集团公司在浙江省义乌市共同举办了“中国中小企业改革与发展暨中国企业管理研究会 2001 年年会”，100 多名与会代表围绕中小企业改革、管理与发展问题进行了研讨。

8. **2002 年 4 月**，由中国企业管理研究会和首都经贸大学联合举办了企业管理学科建设研讨会，全国各大高校管理学科的带头人参加了这次研讨会，对我国未来企业管理学科发展的若干重大问题进行了探讨。

9. **2002 年 10 月**，首本中国企业管理研究会年度报告《中国中小企业改革与发展》由中国财政经济出版社出版。

10. **2002 年 11 月 30 日－12 月 2 日**，中国企业管理研究会与苏州创元集团在江苏省苏州市共同召开了“核心竞争力与企业管理创新暨中国企业管理研究会 2002 年年会”，100 多名与会代表就企业核心竞争力的界定、评价、培育等一系列问题进行了研讨。

11. **2003 年 2 月**，在企业会员单位支持下，中国企业管理研究会设立了五个招标课题，向全体会员单位招标，到当年 10 月，各个招标课题都被高质量地完成。

12. **2003 年 8 月**，第二本中国企业管理研究会年度报告《企业核心竞争力问题研究》由中国财政经济出版社出版。

13. **2003 年 11 月 30 日－12 月 1 日**，中国企业管理研究会与东胜精攻石油开发股份有限公司在山东省东营市共同举办了“中国能源企业的改革与发展暨中国企业管理研究会 2003 年年会”，100 多名与会代表围

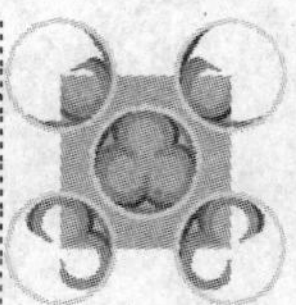

绕能源企业发展战略、企业改革和管理创新等问题进行了全面的探讨。

14. **2004年9月**，第三本中国企业管理研究会年度报告《中国能源企业的战略选择与管理创新》由中国财政经济出版社出版。

15. **2004年9月18－19日**，中国企业管理研究会与辽宁大学工商管理学院在辽宁省沈阳市共同举办了"东北老工业基地振兴与管理现代化暨中国企业管理研究会2004年年会"，近200名与会代表围绕东北老工业基地振兴与管理现代化问题进行了研讨，并选举了中国企业管理研究会第三届理事会和领导人员。

16. **2005年4月**，第四本中国企业管理研究会年度报告《东北老工业基地振兴与管理现代化》由中国财政经济出版社出版。

图书在版编目（CIP）数据

管理学发展及其方法论研究/中国企业管理研究会，中国社会科学院管理科学研究中心，中国社会科学院企业管理重点学科编．—北京：中国财政经济出版社，2005.12

ISBN 7-5005-8791-0

Ⅰ．管… Ⅱ．①中…②中…③中… Ⅲ．管理学-研究 Ⅳ．C93

中国版本图书馆 CIP 数据核字（2005）第 137568 号

中国财政经济出版社 出版

URL：http：//www.cfeph.cn

E-mail：cfeph @ cfeph.cn

社址：北京市海淀区阜成路甲 28 号 邮政编码：100036

发行处电话：88190406 财经书店电话：64033436

北京财经印刷厂印刷 各地新华书店经销

787×960 毫米 16 开 28.5 印张 402 000 字

2005 年 12 月第 1 版 2006 年 12 月北京第 2 次印刷

定价：56.00 元

ISBN 7-5005-8791-0/F·7647

（图书出现印装问题，本社负责调换）